21世纪职业教育立体化精品教材
"互联网+"新形态教材

汽车底盘构造与维修

王有坤　孙少明　逄淑一　主　编
解方喜　文　鑫　副主编

东南大学出版社
SOUTHEAST UNIVERSITY PRESS
·南京·

内容提要

本书系统介绍了汽车底盘系统的构造与维修。全书共分 5 个项目，并以任务的形式进行讲解，通俗易懂，实战性强。内容主要包括汽车传动系统、汽车行驶系统、汽车转向系统和汽车制动系统等四大系统的构造与维修。

本书在编排上注重理论与实践相结合，采用任务式教学模式，突出实践环节，充分体现了“工学结合一体化”的教学思想。本书将每个项目分解为若干任务，每个任务由任务引入、任务分析、知识准备、任务实施四部分组成，全书共设置任务 14 个。正文中设置了小提示、知识链接、课堂讨论等特色模块，意在提高学生的学习兴趣，促进学生的全面发展。为了方便教师教学，在每个任务最后还编写了实训报告单和教师考核方案以帮助学生巩固学习。在项目的最后还设置了项目小结和项目检测内容。

本书内容广泛翔实，适用于高等职业类、应用型本科类、技工类等学校及企业岗前培训，也可供从事汽车设计制造、汽车维修管理等工程技术人员阅读参考。

图书在版编目（CIP）数据

汽车底盘构造与维修/王有坤，孙少明，逄淑一主编．
—南京：东南大学出版社，2017.9
21 世纪职业教育立体化精品教材
ISBN 978-7-5641-7443-9

Ⅰ.①汽… Ⅱ.①王… ②孙… ③逄… Ⅲ.①汽车—底盘—结构—高等职业教育—教材②汽车—底盘—车辆修理—高等职业教育—教材 Ⅳ.①U463.1②U472.41

中国版本图书馆 CIP 数据核字（2017）第 248830 号

汽车底盘构造与维修

出版发行：东南大学出版社
社　　址：南京市四牌楼 2 号，邮编 210096
出 版 人：江建中
印　　刷：天津市蓟县宏图印务有限公司
开　　本：787mm×1092mm　1/16
印　　张：20.5
字　　数：426 千
版　　次：2017 年 9 月第 1 版
印　　次：2017 年 9 月第 1 次印刷
书　　号：ISBN　978-7-5641-7443-9
定　　价：48.00 元

（凡因印装质量问题，请直接与营销中心调换，电话：025－83791830）

PREFACE

前　言

为了适应并推动高等职业技术教育的发展，以及社会经济发展和汽车专业技能型人才培养的要求，使汽车专业学习人员能够了解汽车底盘的结构、原理、使用和维修技术，作者参考了国内外有关资料，并结合实际工作积累的经验编写了本书。

本书采用项目式教学的方法，讲授汽车底盘构造与维修知识，以“实际、应用、实践”为原则，同时注重知识的应用价值、可操作性在教材中的科学体现，使学生掌握汽车底盘的构造、工作原理，掌握汽车底盘的正确使用、维修、检测、调试的方法，具有分析、判断和排除常见故障的能力。全书内容共分 5 个项目，具体如下：

项目一主要介绍汽车底盘的技术发展、汽车底盘的总体构成及作用。项目二主要介绍汽车传动系统，包括离合器、变速器、万向传动装置及驱动桥的构造与维修。项目三主要介绍汽车行驶系统，主要包括车架和悬架、车轮与轮胎、车桥的构造与维修。项目四主要介绍了汽车转向系统，包括机械转向系统、动力转向系统、四轮转向系统的构造与维修。项目五介绍了汽车制动系统，其主要包括汽车常规制动系统、汽车防抱死制动系统和驱动防滑系统等主要内容。

为了满足新形势下职业教育的需要，编者在书籍编写过程中积极查阅了大量资料并结合汽车底盘故障检修实际案例，采用真实任务引入的方式以激发学生的学习兴趣；通过任务分析、知识准备使学生掌握解决任务所需知识点，变学生被动学习为主动学习；通过任务实施，保持任务的贯穿性，以提高学生实训效果，强化学生动手能力。在每个项目结束，安排了项目总结、实训报告单、教师考核方案及项目检测，以巩固所学知识点，以便达到融会贯通的目的。

本书由长春汽车工业高等专科学校王有坤，中科院合肥智能研究所孙少明和吉林大学逄淑一担任主编，吉林大学解方喜和吉林大学文鑫担任副主编，王有坤负责全书的统稿工作。其中项目一、项目二由王有坤编写，项目四由孙少明编写，项目三由逄淑一编写，项目五由解方喜和文鑫编写。参与本书整理及校对工作的还有吉林大学任锐、王德福、张敬东等，在此一并表示感谢。

由于编写时间仓促和作者的水平有限，书中难免有错误和不妥之处，敬请读者批评指正。

编者

CONTENTS

目 录

参考文献

项目一

汽车底盘概述

项目导读

一辆汽车由发动机、底盘、电气设备及电子控制装置、车身及附件四大部分组成。底盘作为汽车的一个重要组成部分，其作用为：支承、安装汽车发动机及其各部件、总成，形成汽车的整体造型，并接受发动机的动力，使汽车产生运动，保证汽车正常行驶。汽车底盘的工作性能好坏直接影响到汽车行驶的动力性、经济性、平顺性、操作稳定性及安全可靠性等性能。通过本项目的学习，可以使学生对底盘的总体构造有一个明确的认识，为进一步深入学习汽车底盘各部分的构造、维修知识和技能做准备。

项目要点

- 汽车底盘的组成；
- 汽车底盘各部分的作用；
- 汽车底盘工作性能优劣对汽车性能的影响。

任务　汽车底盘构成

任务引入

小王是一名大一新生，一天他陪着爸爸去 4S 店购买新车，销售人员向他们介绍了一款新型 SUV 汽车。在介绍其优点时，说该车底盘高，通用性好。小王对汽车底盘产生了浓厚兴趣，为了了解汽车底盘的相关知识，小王到汽车学院找到了李老师，希望能够获得李老师的帮助。

任务分析

首先要熟悉汽车底盘由几个系统构成，每个系统的作用是什么，其次要掌握底盘各系统出现故障后对汽车性能有何影响。

知识准备

一、汽车底盘技术的发展

早年生产的汽车是人们的代步工具，当时的汽车是将产生的能量转换成机械能。20 世纪 50 年代后，汽车设计主要考虑人体工程学和汽车外观完美的流线型。60 年代，随着汽车保有量和汽车速度的增加，交通事故频发，造成了较严重的社会问题。为了防止交通事故的发生，除国家制定新的交通法规加以限制外，汽车制造企业还改造了制动装置和添加了许多安全装置。70 年代后，能源危机和环境保护是汽车业的最大问题。汽车设计强调轻量化、低油耗和在底盘方面如何减少行驶阻力，此时的汽车以机械控制系统和液压控制系统为主。到了 80 年代，随着电子技术的发展，汽车上的电子系统可以说无处不见。电子控制成为汽车上的主要控制系统。如今，汽车控制系统已由传统电器发展到以电脑、传感器为核心的电子技术阶段。现代汽车广泛采用电脑及先进的传感器等电子部件，使汽车性能大为改善，提高了经济性、操作方便性、工作可靠性、维修简便性与乘坐舒适性，排气污染也得到较好的控制，尤其是在汽车的安全性、操作智能化方面更加突出。在汽车底盘方面，随着电脑控制的引入，汽车行驶状态中的各种动作，都可以进行更加精密的控制。如制动防抱死系统（ABS）、汽车电子控制悬架（ECS）及汽车速度自动控制系统（CCS）等极大地提高了汽车的安全性、舒适性。总之，电子控制系统使汽车控制项目增多，精度提高，功能增强，特性稳定。

课堂讨论

说一说你所了解的汽车底盘电子控制技术及其所应用的车型。

二、汽车底盘构成及作用

汽车底盘是汽车各大总成和部件的安装基础，保证它们有正确的相对位置，承受汽车各种动、静载荷，接收发动机的动力，使汽车能够按照驾驶员操作而正常行驶。汽车底盘一般由传动系统、行驶系统、转向系统与制动系统四大系统组成，如图 1-1 所示。

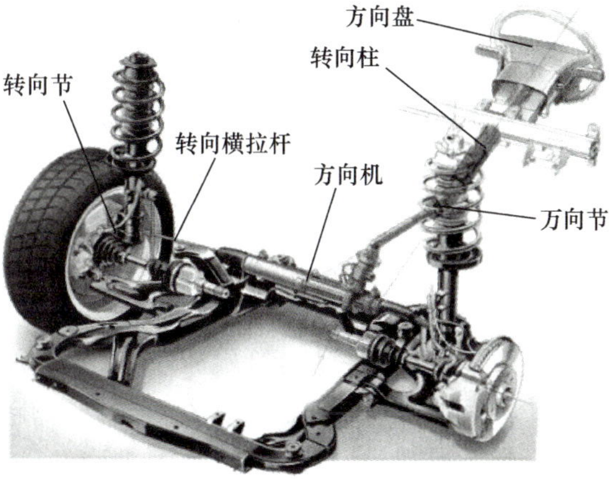

图 1-1 汽车底盘构成

(1) 传动系统由离合器、变速器与分动器、万向传动装置、驱动桥组成。传动系统的基本功用是将发动机发出的动力传给汽车的驱动车轮，产生驱动力，使汽车能以一定速度行驶。

(2) 行驶系统由车架、悬架、车桥和车轮组成。行驶系统的主要作用是通过车轮与路面之间的附着作用，使传动系统传来的力矩变为汽车行驶的驱动力矩。同时，行驶系统的作用还包括支承汽车总质量，传递路面作用于车轮上的各种力及力矩，缓和冲击力，减小振动，保证汽车的行驶平顺性。此外，行驶系统还与转向系统配合保证汽车的操纵稳定性。

(3) 转向系统由转向器、转向操纵机构、转向传动机构组成。转向系统的作用是通过汽车驾驶员的操作，根据需要改变或保持汽车行驶的方向。

(4) 制动系统由制动供能装置、控制装置、传动装置、制动器组成。制动系统的作用是能使行驶中的汽车迅速地降低车速或停车，在下坡时维持一定的车速，保证汽车可靠地停放而不会自行滑动。

汽车底盘的作用由各系统的作用决定。概括地说，底盘的作用是用以支撑汽车，接受发动机发出的动力并传给驱动轮；控制汽车行驶速度和方向，使汽车在不同的道路、气候等条件下正常行驶。

汽车整车的性能主要受底盘性能的影响。

(1) 动力性：汽车的动力由发动机供给，但动力是否能被充分合理利用，使汽车爬坡能力强、加速快、速度高，这取决于底盘离合器万向传动机构的传动效率和变速器、分动器、减速器的速比及制动机构的性能。

(2) 燃料经济性：汽车发动机在最佳工作状态下，其燃料经济性还取决于底盘影响动力性的因素。

(3) 牢固性（使用寿命）：汽车的耐用程度、使用寿命长短关键在于车架及底盘其他总成的刚度与安全系数。

(4) 操纵轻便性：主要靠转向机构来保证。

(5) 通过性（越野性）：由汽车的变速器、分动器、减速器的速比及离地间隙、接近角、离去角和纵向通过半径来决定。

(6) 舒适性（行驶平顺性）：取决于车身造型、座位形式，以及车架、悬架等底盘总成的设计。

(7) 安全性（稳定性）：由底盘轮距、轴距、前轮定位设计悬架结构及制动机构的可靠性保证。

(8) 维修方便性：同样由底盘的结构及布置来决定。

综上所述，汽车底盘是汽车的主体，底盘性能的好坏直接影响汽车的性能。因此，要系统地了解底盘各总成的设计原理、基本构造、维修方法、排除故障的措施，才能合理使用、正确维修汽车。

任务实施

在实训场所认识汽车底盘的总体构造

李老师邀请小王参加学生的实训课，讲解了汽车底盘的构成，并完成了下列任务。

(1) 在理实一体化教室观察传动系统、行驶系统、转向系统、制动系统；

(2) 在实训台架上学生分组操纵各系统，观察各系统的工作过程；

(3) 使用举升机举起车辆，观察汽车底盘各系统的安装位置及相互间的传动关系，如图 1-2 所示。

使用举升机时需注意以下事项。

(1) 为避免汽车举升过程中重心偏移，应取出行李舱中的杂物；

(2) 在抬升和降下举升器前检查操作手柄、安全保险装置、钢丝绳等是否正常；

(3) 车辆驶入，变速器入 P 挡，调整举升机支撑架至合适部位；

(4) 安排一名学生操纵举升机，在举升机启动前，应向所有学生发出信号；

(5) 当轮胎稍离地时，轻轻推汽车两侧，感受支撑是否稳固；

(6) 检查一下车辆，除支撑部件外，没有其他部件在现场；

图 1-2　举升车辆观察底盘

（7）将车辆举升到合适的高度，待举升机自锁装置起作用后才可以在车底观察。

实训报告单

汽车底盘构造认识	姓名		学号	
	班级		日期	

一、基础知识准备

1. 汽车底盘由________、________、________、________四部分组成。
2. 传动系统的功用：________________。其组成：一般是由________________等组成。
3. 行驶系统的功用：________________。其组成：一般是由________________等组成。
4. 转向系统的功用：________________。其组成：一般由________________等组成。
5. 制动系统的功用：________________。其组成：一般由________________等组成。

二、实训考核

1. 举升车辆时，有哪些安全注意事项？

2. 你所用的举升机是剪式举升机还是柱式举升机？举升机的操作规范有哪些？

3. 针对所举升起的车辆，说出你所看到的底盘构造及零部件名称。

教师评语	本次实训成绩		
	良好	合格	不合格

教师考核方案

汽车底盘构造认识	姓名		学号	
	班级		日期	

一、基础知识准备（每空 2 分、共 24 分）

1. 汽车底盘由____________、____________、____________、____________四部分组成。
2. 传动系统的功用：______________________________。其组成：一般是由____________________________等组成。
3. 行驶系统的功用：______________________________。其组成：一般是由____________________________等组成。
4. 转向系统的功用：______________________________。其组成：一般由____________________________等组成。
5. 制动系统的功用：______________________________。其组成：一般由____________________________等组成。

二、实训考核（每题 12 分，共 36 分）

1. 举升车辆时，有哪些安全注意事项？

2. 你所用的举升机是剪式举升机还是柱式举升机？举升机的操作规范有哪些？

3. 针对所举升起的车辆，说出你所看到的底盘构造及零部件名称。

三、实训评估

采用自评、小组评和教师评的方式对实训情况进行评分，每项分值为 10 分。

评价人	基本知识掌握程度	工作态度	团队合作能力	任务完成情况
自评				
小组评				
教师评				
平均分				

注：总分＞80 为优良；80≥总分≥60 为及格；总分＜60 为不及格。

项目总结

1. 汽车底盘的组成部分。

传动系统、行驶系统、转向系统与制动系统四大系统组成汽车底盘。

（1）传动系统由离合器、变速器与分动器、万向传动装置、驱动桥组成；

（2）行驶系统由车架、悬架、车桥和车轮组成；

（3）转向系统由转向器、转向操纵机构、转向传动机构组成；

（4）制动系统由制动供能装置、控制装置、传动装置、制动器组成。

2. 汽车底盘的作用。

汽车底盘的作用是用以支撑汽车，接受发动机发出的动力并传给驱动轮；控制汽车行驶速度和方向，使汽车在不同的道路、气候等条件下正常行驶。

项目检测

简答题

1. 简述汽车底盘的基本组成及功用。
2. 底盘性能对汽车整体性能有哪些影响？
3. 简述汽车传动系统的构成。

测试题

选择题

测试题

判断题

项目二

汽车传动系统

项目导读

汽车发动机与驱动轮之间的动力传递装置称为汽车的传动系统。它应保证汽车具有在各种行驶条件下所必需的牵引力、车速，以及保证牵引力与车速之间协调变化等功能，使汽车具有良好的动力性和燃油经济性；还应保证汽车能倒车，以及左、右驱动轮能适应差速要求，并使动力传递能根据需要而平稳地结合或彻底、迅速地分离。传动系统包括离合器、变速器、传动轴、主减速器、差速器及半轴等部分。通过本项目的教学可以使学生掌握传动系统的结构及工作原理、传动系统故障诊断及维修方法，使汽车制造、汽车修理专业学生打下扎实的专业基础。

项目要点

- 离合器的结构、工作原理及离合器的检修与调整；
- 变速器的结构、工作原理及变速器的检修与调整；
- 万向传动装置的结构、工作原理及其检修与调整；
- 驱动桥的结构、工作原理及其检修与调整。

任务 2.1　检修离合器

任务引入

修理厂迎来一辆捷达前卫汽车，车主反映该车起步时，感到挂挡困难，如果强行挂入 1 挡，还来不及松开离合器踏板，汽车就会前进或是熄火。李师傅认为离合器出了问题，决定拆解离合器。

任务分析

离合器是传动系统中的重要部件，在汽车行驶过程中，驾驶员可通过踩下或松开离合器踏板，来切断或传递发动机的动力输出。要想掌握离合器的功用和构造，还要了解整个传动系统的组成、作用及布置等知识。

知识准备

一、传动系统的组成、作用及布置

汽车传动系统将汽车发动机发出的动力按需要传给驱动车轮，使路面对驱动车轮产生一个牵引力，推动汽车行驶。其按结构和传动介质分为机械式、液力机械式、静液式（容积液压式）、电动式几种。其功能是与发动机协同工作，以保证汽车能在不同使用条件下正常行驶，并具有良好的动力性和燃料经济性。具体如下：

（1）减速和变速。

（2）实现汽车倒驶：发动机转速不变，驱动轮反向，在变速器中加倒挡。

（3）必要时中断传动：在发动机与变速器之间设置一个靠摩擦来传动且其主动和从动部分可在驾驶员操作下彻底分离，随后再柔和接合的机构——离合器；长时间停驻，保持中断状态，变速器要设置空挡。

传动系统的组成如图 2-1 所示，包括离合器、变速器、万向节、主减速器、差速器和半轴几部分，各部分功能如下：

（1）离合器：使发动机与传动系统平顺接合，把发动机的动力传给传动系统，或者使两者分开，切断传动。

（2）变速器：实现变速、变扭和变向。

（3）万向传动装置：将变速器传出的动力传给主减速器。

（4）主减速器：降低转速，增加扭矩。

（5）差速器：将主减速器传来的动力分配给左、右轴。

（6）半轴：将动力由差速器传给驱动轮。

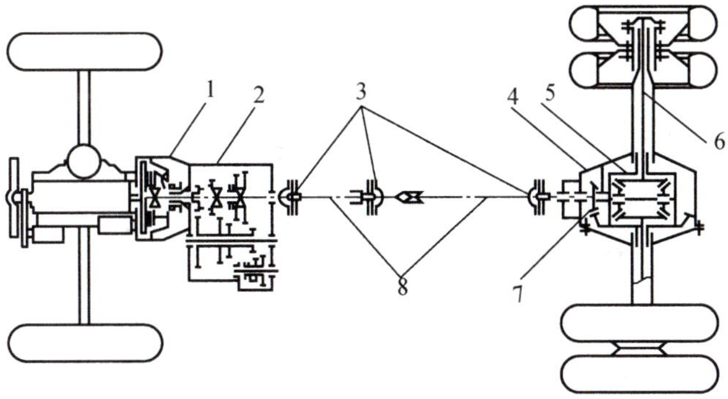

图 2-1 发动机传动系统组成

1—离合器；2—变速器；3—万向节；4—驱动桥；5—差速器；6—半轴；7—主减速器；8—传动轴

另外，根据汽车的使用性质、发动机的安装位置和汽车的驱动形式，汽车传动系统主要有 5 种布置形式，如图 2-2 所示。

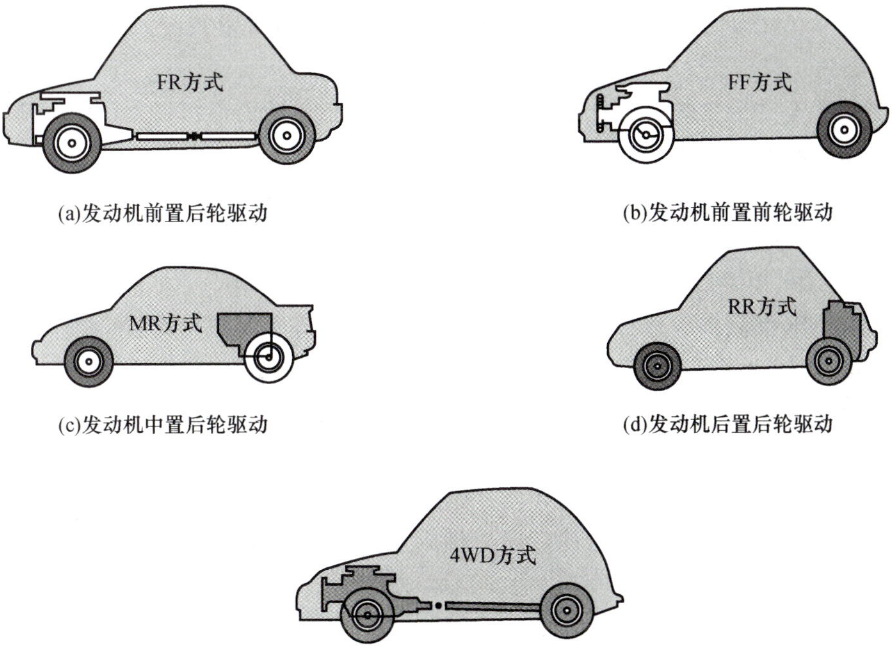

(a)发动机前置后轮驱动

(b)发动机前置前轮驱动

(c)发动机中置后轮驱动

(d)发动机后置后轮驱动

(e)全轮驱动

图 2-2 汽车传动系统布置形式

（1）发动机前置后轮驱动（Front-engine Rear-drive，FR），如图 2-2（a）所示，FR 为前置发动机后轮驱动的缩写。发动机装在驾驶室前方，由传动轴连接到后桥，通过变速器来驱动后轮。由于质量前后分散，质量分配接近于理想，即前轮 50%，后轮 50%。但是，驱动轮与发动机安装位置分开后，需要一根很长的传动轴将它们连接，这样不仅增加了车重，也影响了动力传动系统的效率。由于发动机是纵置，所以变速器会伸入驾驶室内，再加上传动轴就更加缩小了驾驶室内的空间，这种方式对于空间的利用是不利的。

特点：FR 是传统的布置形式，大多数货车、部分乘用车和客车采用此种形式。

小提示

对于乘用车而言，前置后驱车辆由于质量前后分散，因此驱动轮与地面附着力较小，在冰雪路面上，其爬坡性能劣于前置前驱型。

（2）发动机前置前轮驱动（Front-engine Front-drive，FF），如图 2-2（b）所示，即发动机、变速器和驱动桥装置在驾驶室前驱动前轮的方式。FF 方式不需要像 FR 方式那样在底板下穿一根很长的传动轴，因此便可减轻质量，使驾驶室内宽敞，可以说，在车身布置上这种方式是十分合理的，很多 FF 车都是横置发动机。即发动机曲轴与车身呈横向设置，这样可以有效地利用发动机室内的空间，而且无需在动力传动系统的中途扭转 90°，动力传动效率好。

FF 方式也有其弱点：在需要靠驱动力进行加速时前轮负载变小，所以在加速时牵引力下降了。但是，由于 FF 车的重心处于前方，前轮的质量较大，故有时将发动机纵置。

由于 FF 车的前轮既是转向轮又是驱动轮，因此前轮胎的负担很大，前轮制动力的负担也相应增大，很难实现前后轮的平衡。

特点：FF 是在乘用车上逐渐盛行的布置形式，具有结构紧凑、减小乘用车的质量、降低地板的高度、改善高速行驶时的操纵稳定性等优点。

（3）发动机中置后轮驱动（Middle-engine Rear-drive，MR），如图 2-2（c）所示。

特点：MR 是目前大多数运动型乘用车和方程式赛车所采用的布置形式。

（4）发动机后置后轮驱动（Rear-engine Rear-drive，RR），如图 2-2（d）所示。

RR 是后置发动机后轮驱动的缩写。发动机装于车身的后部，后轮驱动。发动机装于后车轴的后面与 FF 方式形成鲜明的对比，它的质量集中于汽车后部，发动机距驱动轮很近，可在最短距离内驱动车轮，车身质量较轻，驾驶室内宽敞，从这些方面来看，它与 FF 车一样比较合理，驱动的后轮车轴附着力大，启动加速时的牵引力良好。但是，牵引力虽大，转弯性能却存在一些问题，即当超过转弯极限时，就会发生转弯过小的倾向。

特点：RR 是大、中型客车盛行的布置形式，具有降低室内噪声、有利于车身内部布置等优点。

（5）全轮驱动（4 Wheel Drive，4WD），如图 2-2（e）所示。

4WD 方式起源于以前的军用车。与其他方式相比，它的特点是向路面传递驱动力的能力强，善于行驶坏路，爬坡能力好。4WD 方式主要用于越野车，与发动机前置、后轮驱动的 4×2 汽车相比较，其前桥既是转向桥也是驱动桥。为了将发动机传给变速器的动力分配给前后两驱动桥，在变速器后增设了分动器，并相应地增设了从变速器通向分动器、从分动器通向前后两驱动桥之间的万向传动装置。由于前驱动桥又是转向桥，所以左右两根半轴均分为两段，并用万向节相连。

特点：4WD有多个驱动桥，在变速器后加了一个分动器，其作用是把变速器输出的动力经几套万向传动装置分别传给所有的驱动桥，并可以进一步降速增扭。

二、离合器的结构形式及工作原理

（一）离合器的结构形式

离合器的基本功用是使发动机与传动系统接合，把发动机的动力传给传动系统，也可以使两者分开，切断动力的传递。发动机与传动系统的接合或分开，是通过离合器自身的主动部分与从动部分的接合或分离实现的。离合器主、从动两部分的接合实现了发动机与传动系统的接合，使发动机的动力经离合器传递给其他装置。离合器的主、从动两部分分离时，即切断了发动机与传动系统的联系，从而中断动力传递。

离合器的功用有以下3个：

第一，保证汽车平稳起步。汽车起步时是从完全静止的状态逐步加速的，如果传动系统与发动机刚性连接，则变速器一挂上挡，汽车就会因突然接上动力而猛烈地向前冲一下，但并不能实现起步。这是因为汽车从静止状态到向前冲，要克服很大的惯性力，这给发动机造成很大的阻力矩。在惯性阻力矩作用下，发动机转速在瞬间急剧下降到最低稳定转速以下，发动机将熄火不能工作，汽车也就不能起步了。在传动系统中装设离合器后，在汽车起步前，驾驶员可踏下离合器的主动与从动踏板，将离合器的主动与从动分离，使发动机与传动系统脱开，再将变速器挂上挡，然后逐渐松开离合器踏板，使离合器逐渐接合。在离合器逐渐接合的过程中，发动机所受阻力矩逐渐增加，与此同时再逐渐踏下加速踏板，使发动机的转速始终维持在最低稳定转速以上，不致熄火。由于离合器的接合紧密程度逐渐增大，发动机经传动系统传给驱动车轮的转矩便逐渐增加，到牵引力足以克服起步阻力时，汽车即由静止状态开始运动并逐渐加速，实现平稳起步。

第二，保证传动系统换挡平顺。在汽车行驶过程中，变速器要经常换用不同挡位，以适应行驶条件的变化。这样，在换挡前必须先踏下离合器踏板，切断动力传递，以使原用挡位啮合着的齿轮副脱开，同时有可能使新挡位齿轮副的啮合部分逐渐同步，从而减少啮合时的冲击和齿轮损坏。所以，离合器的第二个功用是保证传动系统换挡时工作平顺。

第三，防止传动系统过载。当汽车紧急制动时，若没有离合器，则发动机会因和传动系统刚性相连而急剧降低转速，因而其中所有运动件将产生很大的惯性力矩（数值可能远远超过发动机正常工作时所发出的最大转矩），对传动系统造成超过其承载能力的载荷，而使其机件损坏。有了离合器，可在紧急制动时使其分离，即使在不分离的情况下，也可依靠离合器主动部分和从动部分之间可能产生的相对转动（打滑）来消除这一危险。由于离合器能通过其打滑来限制所传递的转矩，从而也可以防止传动系统过载，保护传动系统零件免遭破坏。

要实现离合器的几个作用，离合器的结构应保证主动部分与从动部分既可以暂时分离，又可以逐渐接合，并且在传动过程中还要有可能相对转动。所以离合器的主动件与从动件之间不可采用刚性连接，而是借二者接触面之间的摩擦作用或其他的方式来传递转矩。因此，离合器的结构形式有多种。就传递转矩的方式而言，离合器可分为摩擦式离合器、液力式离合器和电磁式离合器 3 种。

1. 摩擦式离合器

摩擦式离合器是利用主动件与从动件二者摩擦面之间的摩擦作用来传递转矩的。

摩擦式离合器按摩擦面的形状可分为锥式、鼓式（蹄式）和片式 3 种。片式离合器又可按以下几种方法分类：

（1）按摩擦片（从动盘）的数目可分为单片式、双片式和多片式；

（2）按摩擦片的工作条件可分为干式、湿式（在油中工作）；

（3）按压紧弹簧的形式可分为圆柱螺旋弹簧式、膜片弹簧式和锥形弹簧式；

（4）按压紧弹簧的安装位置可分为圆周均布螺旋弹簧式、中央弹簧式和斜置弹簧式等。

2. 液力式离合器

液力式离合器的主、从动两元件间利用液体介质进行转矩的传递。常见的有液力耦合器和液力变矩器两种，主要用于中、高级乘用车及一些大型公共汽车和重型自卸汽车上。

3. 电磁式离合器

电磁式离合器的主、从动两元件间是利用电磁力的作用来传递转矩的。

离合器的结构形式虽然各不相同，但在使用中的基本要求却是一致的。离合器的结构应满足下列主要要求：

（1）具有合适的储备能量，既能保证可靠地传递发动机的最大转矩，又能防止传动系统过载。

（2）分离要迅速、彻底，以保证发动机与传动系统彻底脱开，便于换挡和发动机启动。

（3）接合要平顺、柔和，以保证汽车平稳起步。

（4）从动部分的转动惯量应尽可能小，以减轻换挡时齿轮副的冲击。

（5）散热性好，以保证离合器在工作中不致因温升过高而影响其使用寿命和工作的可靠性。

（6）操作轻便，以减轻驾驶员的疲劳。

摩擦片式离合器较好地满足了上述要求，并且结构简单、维修方便，是目前绝大部分汽车所采用的一种离合器。这种离合器通常简称为摩擦式离合器。本章以下所述都是指这种离合器。

小提示

在行车中无事踩离合器或长时间将脚放在离合器踏板上，会使离合器经常处于接合、分离或半滑转状态，会加速离合器摩擦片、压盘的磨损，使发动机的动力不能全部传到驱动车轮。

（二）摩擦式离合器的结构和工作原理

摩擦式离合器的结构如图 2-3 所示。

发动机飞轮 1 与压盘 5 是离合器的主动部分。带有摩擦片的从动盘 4 与从动盘毂 3 铆在一起，为其从动部分。发动机工作时，压盘与飞轮同步旋转，如放松踏板 6，压紧弹簧 9 即推动压盘，将从动盘紧压在飞轮上，使离合器经常处于接合状态，这时在飞轮、压盘与从动盘接触面之间即产生摩擦力矩。发动机的转矩就靠飞轮、压盘与从动盘接触面之间的摩擦作用而传到从动盘上。再由此经从动盘毂传给变速器输入轴 8，然后再依次经传动系统其他装置传给驱动车轮。

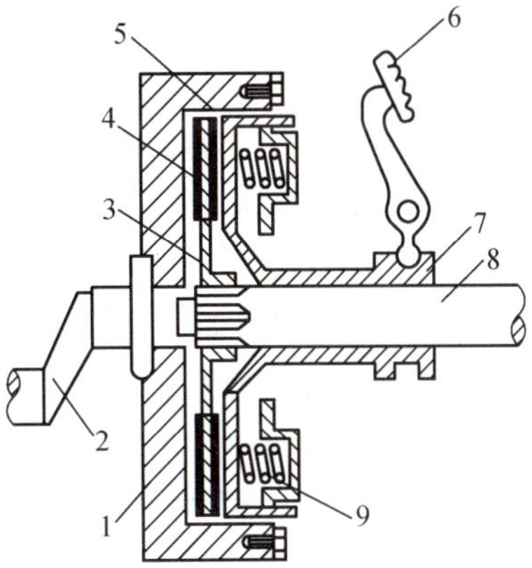

扫一扫 图 2-3 摩擦式离合器的结构

1—飞轮；2—曲轴；3—从动盘毂；4—从动盘；5—压盘；6—踏板；7—分离套筒；8—变速器输入轴；9—压紧弹簧

当需要离合器分离时，踏下踏板 6、分离套筒 7，驱动压盘克服压紧弹簧的张力右移而离开从动盘，同时从动盘因被解除压力也与飞轮脱离接触，离合器便处于分离状态，于是摩擦力矩消失，转矩的传递即被中断。

当需要离合器重新接合时，可缓慢松开踏板，使压盘在压紧弹簧张力的作用下向左移动，并推动从动盘左移与飞轮恢复接触。随着踏板的逐渐松开，从动盘与飞轮及压盘接触面间的压力逐渐增加，相应的摩擦力矩也逐渐增加。当从动盘与飞轮及压盘接合还不很紧密时，从动盘与飞轮及压盘不能同步旋转，即离合器处于打滑状态。随着从动盘与飞轮、压盘接合紧密程度逐渐增大，从动盘与飞轮及压盘的转速差逐渐减少，直到同步旋转，离合器完全接合。

由工作原理可知，摩擦式离合器所能传递的最大转矩取决于摩擦面间的最大摩擦力矩，若转矩超过离合器的最大摩擦力矩，则离合器打滑。因此，对于一定结构的离合器来说，其最大摩擦力矩必须满足传递转矩的需要，但又不能过大，以防止传动系统过载。

离合器的最大摩擦力矩由摩擦面上的最大压紧力、摩擦面尺寸、摩擦副的材料及摩擦面数等决定，可用式（2-1）表达：

$$M_c = \sum P \cdot \mu \cdot R_c \cdot Z \tag{2-1}$$

式中：M_c—— 离合器的最大摩擦力矩；

$\sum P$—— 作用在摩擦面上的总的压力；

μ—— 摩擦系数；

R_c—— 摩擦面的平均摩擦半径；

Z—— 摩擦面数，$Z = 2n$（n 为从动盘数）。

在上述因素中，R_c 受到飞轮尺寸的限制，μ 因摩擦副材料的性能也有一定的限度。因此在某种情况下，可从 $\sum P$ 和 Z 两方面采取措施来满足传递转矩的需要。

当摩擦系数、从动盘数及其平均工作半径相同时，离合器所能传递的最大转矩取决于压紧弹簧的压紧力。压紧力越大，离合器的最大摩擦力矩越大，所能传递的最大转矩也越大。但过分加大弹簧的压紧力，在采用螺旋弹簧的条件下，将使操作费力。

增加摩擦面数可增大离合器的最大摩擦力矩。增加摩擦面数也就是增加从动盘数。只有一个从动盘的离合器称为单片式离合器，有两个从动盘的称为双片式离合器。某些重型汽车，因要求离合器传递的转矩相当大，故多采用双片式离合器。虽然增加从动盘数可提高离合器传递转矩的能力，但从动盘数越多，摩擦面越多，工作温度越高，因而压盘易受热变形，并且零件较多，结构复杂，不适于高速运转。

可见，在采取某项措施来提高离合器传递转矩的能力时，可能会产生一些其他弊端。因此，为了满足各种汽车对离合器的要求，在离合器结构上采取的措施是多方面的。所以也就出现了多种形式的离合器，如膜片弹簧式离合器、中央弹簧式离合器等。

（三）常用离合器的特点

摩擦式离合器基本上由主动部分、从动部分、压紧机构和操纵机构四部分组成。

离合器主动部分主要包括发动机飞轮、离合器压盘、离合器盖等。发动机飞轮既是发动机的一个机件，又是离合器的一个机件。

离合器盖在中、轻型汽车中，通常是用钢板冲压而成的，其特点是质量轻、维修方便，但刚度差、易变形。在重型汽车上，离合器盖常用铸铁制成，其刚度大，能承受较大的压紧弹簧的张力。为了散热，有些离合器盖的侧面制有通风口。

离合器压盘通常用高强度铸铁制成。压盘的摩擦面应磨光。有的压盘的背面铸有散热筋，以利于散热。在双片式离合器中，因增加了一个从动盘，所以也增加了一个压盘，这个压盘（靠近飞轮的压盘）通常称为中间压盘。中间压盘的两个端面都是摩擦面，因此两个端面都应磨光。

离合器从动部分主要是从动盘，由从动盘钢片、从动盘毂、摩擦片等组成。从动盘钢片用弹簧钢板制成环形，其上开有若干条径向的切口，以利于从动盘散热并防止受热而拱曲变形。从动盘钢片两面都铆有摩擦片，其中间铆有钢制的从动盘毂。

为使离合器接合柔和，除了驾驶员应缓慢放松离合器踏板，使离合器逐渐接合外，有的离合器在结构上也给予了一定保证。其主要措施是从动盘钢片采用轴向弹性结构，如在从动盘上，将前摩擦片直接铆在钢片上，而在后摩擦片与钢片之间装有若干块周向分布的波浪形弹簧片，每块弹簧片的两侧分别与钢片和后摩擦片铆接。这种结构的从动盘在自由状态时，后摩擦片与钢片之间存在一定间隙。在离合器接合时，压盘在压紧弹簧的作用下将从动盘压向飞轮，压盘、从动盘和飞轮三者一经接触，从动盘中的波形弹簧片便开始受压变形，随着弹簧片逐渐被压平，摩擦面间的压力逐渐增加，从而提高了接合柔和性。东风 EQ1141G 型汽车离合器，即采用这种结构。它的从动盘钢片与后摩擦片之间装有 8 片周向分布的波浪形弹簧片。此外，在轻型汽车上则是将从动盘钢片铆接摩擦片的部分直接制成波浪形。

摩擦片一般由石棉与铜丝一并浸渍橡胶等胶合剂，或将石棉与铜丝以及酚醛树脂和其他化学品等混炼，经加压加热而成。摩擦片与从动盘钢片一般为铆接。摩擦片表面制出若干条辐射沟槽，其作用是散热和自动清除磨屑。

离合器压紧机构主要是压紧弹簧。如图 2-4 所示的为圆周均布螺旋弹簧式离合器，这种离合器的压紧弹簧为螺旋圆柱弹簧，若干个弹簧沿压盘周向均匀布置。中央弹簧式离合器的压紧弹簧只有一个或两个，且布置在离合器的中央，弹簧的形式有圆柱形和锥形等几种。

离合器操纵机构是传递驾驶员操纵力，使离合器分离和接合的传力机构，其分为机械式、液压式和助力式等多种形式。各种形式的操纵机构的组成及工作原理将在本节知识准备第三部分叙述。

摩擦式离合器的结构形式多种多样，但都是由主动部分、从动部分、压紧机构和操纵机构部分组成，它们的具体结构各有特点。

1. 单片式离合器

如图 2-4 所示，为 BJ2020S 系列轻型越野汽车的离合器。该离合器为圆周均布螺旋弹簧的单片式离合器，其工作原理如图 2-5 所示。

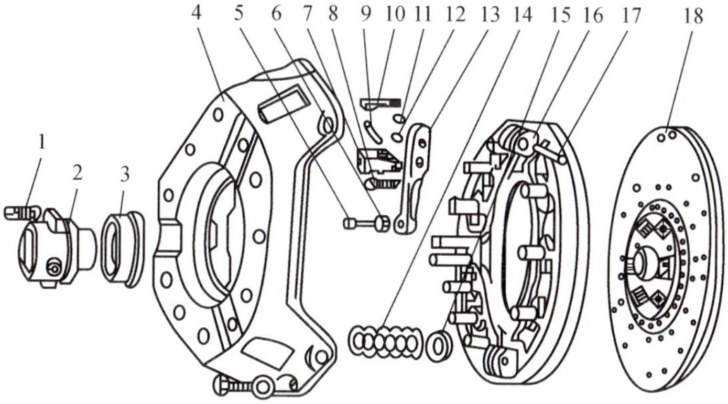

图 2-4 BJ2020S 系列汽车离合器

1—分离套筒复位弹簧；2—分离套筒；3—分离轴承；4—离合器盖；5—调整螺钉；6—螺母；7—分离杠杆支架；8、10—开口销；9—支架销；11—轴承滚针；12—滚柱；13—分离杠杆；14—压紧弹簧；15—隔热垫；16—压盘；17—轴销；18—从动盘

离合器盖 4 用 6 个螺栓固定于飞轮上，在压盘后端面的边沿处有 3 个用以连接分离杠杆 7 的凸起部分，其外端伸入离合器盖 6 上相应的 3 个窗孔中。这样，只要飞轮旋转，离合器盖及压盘便随飞轮一起旋转，并且可使压盘沿窗孔做轴向移动。从动盘 18 位于飞轮和压盘 16 之间，它通过从动盘毂的花键孔套在变速器第一轴（输入轴）前端的花键上，并可在花键上做轴向移动。安装在压盘与离合器盖之间、并沿圆周均匀布置的 9 个压紧弹簧 14，将压盘经常压向飞轮，并将从动盘夹紧在中间，使离合器处于接合状态。

周向均布的 3 个分离杠杆 7，其外端分别与压盘的 3 个凸起部分铰接，其中部则分别与压盘的 3 个杠杆支架铰接。杠杆支架则通过螺栓与离合器紧固在一起而形成分离杠杆的支点。分离杠杆内端装有调整螺钉，主要用来调整 3 个分离杠杆内端使其处于同一平面内。

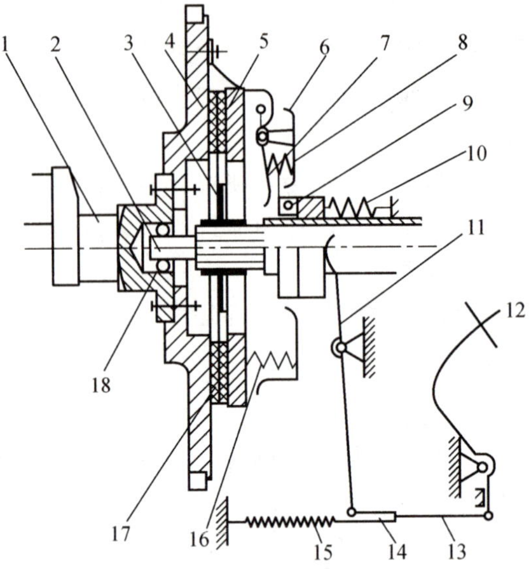

扫一扫 图 2-5 单片式离合器工作原理示意图

1—曲轴；2—从动轴；3—从动盘；4—飞轮；5—压盘；6—离合器盖；7—分离杠杆；8—回位弹簧；9—分离轴承和分离套筒；10—回位弹簧；11—分离叉；12—离合器踏板；13—分离杠；14—拉杆调节叉；15—回位弹簧；16—压紧弹簧；17—从动盘摩擦片；18—轴承

带有分离轴承（推力轴承）的分离套筒 9 松套在变速器第一轴的回位弹簧 10 上，并可在轴套上滑动。分离叉 11 是中部带支点的杠杆。在离合器处于接合状态时，分离叉及分离套筒分别在回位弹簧 15 和 10 的拉力下，都处于右端位置，使分离轴承与分离杠杆内端不接触，并有一定的间隙。这一间隙反映到离合器踏板上，使踏板产生一个空行程，称为踏板自由行程。

当需要分离离合器时，驾驶员踏下离合器踏板 12，通过拉杆拉动分离叉 11 下端向右摆动，其上端便向左摆动，从而推动分离套筒及分离轴承 9 向左移动并压到分离杠杆 7 内端的调整螺钉上，进而使分离杠杆 7 绕支点转动，于是分离杠杆外端便拉动压盘 5 克服压紧弹簧 16 的张力而向右移动，解除对从动盘 3 的压力，使离合器分离。

当需要离合器恢复接合时，驾驶员放松离合器踏板，分离叉 11 和分离套筒 9 分别在回位弹簧 15 和 10 的拉力下退回原位，于是在压紧弹簧张力作用下，压盘 5 左移并将从动盘 3 重又夹紧，使离合器恢复接合状态。

从离合器的分离过程分析分离杠杆的运动情况即可看出，如果分离杠杆的支点是简单的铰接式，则当分离杠杆转动时，其外端与压盘铰接处的运动轨迹将为一圆弧，而压盘上该点只能做直线运动，这就使压盘不能正常运动。为了消除这一运动干涉现象，BJ2020S 型汽车离合器采取的结构措施是在分离杠杆的支架销上切一平面，并在分离杠杆支撑孔与平面之间插入一短圆柱销（滚柱）（见图 2-4）。当支架销与滚柱装入分离杠杆支撑孔后，在径向仍有 0.1mm 以上的间隙。分离杠杆运动时，支架销与支架没有相对运动，滚柱则可沿支架销的平面滚动。这样，分离杠杆在绕支架销转动的同时，还可以相对支架销有稍许径向移动，从而保证了其外端与压盘铰接点的直线运动。

东风 EQ1141G 型汽车离合器也是圆周均布螺旋弹簧式单片离合器，如图 2-6 所示。该离合器压盘 9 上装有 30 个压紧弹簧，6 个分离杠杆 6 则利用圆柱销 10、调整螺钉 5 和调整螺母 12 支撑在离合器盖 1 上。离合器分离时，踏下离合器踏板，通过操纵机构，分离轴承推动分离杠杆垫环 2 使其压动分离杠杆，使离合器分离。当松开离合器踏板时，操纵机构对分离杠杆的压力解除，压盘 9 在压紧弹簧的作用下，将从动盘压紧在飞轮上，使离合器接合。

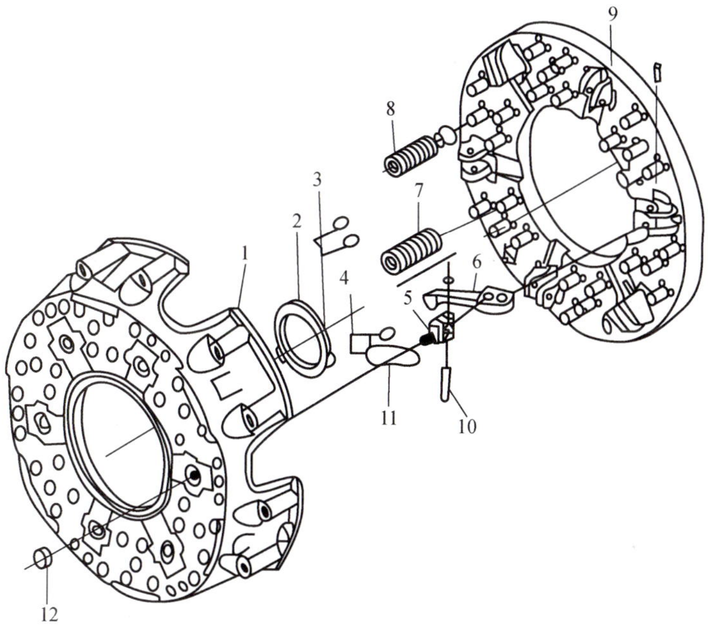

图 2-6 东风 EQ1141G 型汽车离合器及压盘

1—离合器盖；2—分离杠杆垫环；3—分离杠杆弹簧；4—分离杠杆弹簧挂环；5—分离杠杆调整螺钉；6—分离杠杆；7、8—压紧弹簧；9—压盘；10—圆柱销；11—调整螺钉弹簧片；12—分离杠杆调整螺母

该离合器压紧弹簧有两种，其区别是弹簧的刚度不同。若将 30 个压紧弹簧进行不同的组合，就可得到不同的压紧力，使离合器能适应不同的发动机，因此扩大了离合器的适用范围。

发动机传到汽车传动系统中的转矩是周期性不断变化着的。为了避免传动系统因发动机转矩周期性的变化而引起共振，以及减缓传动系统所受的冲击载荷，汽车制造企业在不少汽车离合器从动盘中装设了扭转减振器。

装在离合器从动盘中的扭转减振器的构造和工作原理如图 2-7 所示。这是应用最广泛的一种扭转减振器，称为弹簧摩擦式扭转减振器。

扭转减振器附装在离合器从动盘的中心部分，主要零件有减振器弹簧、减振器盘、摩擦片，从动盘钢片和从动盘毂（也是减振器的一部分）。

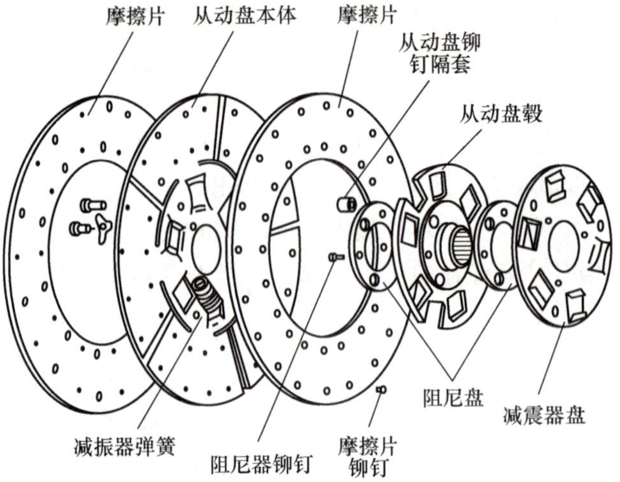

图 2-7　弹簧摩擦式扭转减振器工作原理示意图

从动盘和从动盘毂通过减振器弹簧弹性地连接在一起。从动盘钢片、从动盘毂及减振器盘上都有 6 个圆周均布的窗孔，从动盘钢片与减振器盘用铆钉铆接在一起，并将从动盘毂夹在中间，6 个减振弹簧分别装在钢片、从动盘毂和减振器盘所组成的 6 个窗孔中。在从动盘毂与钢片之间还夹有摩擦片和调整垫片，调整垫片使从动盘毂受到一定的夹紧力。在从动盘毂边缘上开有缺口，铆钉中部与缺口侧面间存有一定的距离，故从动盘毂可相对于钢片和从动盘做一定的转动。这样的从动盘不受转矩作用时，从动盘毂、钢片和从动盘的窗孔是互相重合的。当承受转矩时，内摩擦片传来的转矩，首先传给钢片和从动盘，再经减振器弹簧传给从动盘毂。这时弹簧被压缩，直到铆钉靠到从动盘毂缺口的一侧为止。这一过程中减振器弹簧吸收了传动系统的冲击，并利用钢片、从动盘和从动盘毂与减振器摩擦片之间的摩擦来消耗扭转振动的能量，使扭转振动迅速衰减。摩擦（阻尼）力的大小可用调整垫片来调整。

离合器中装设了扭转减振器后，由于从动盘和毂是弹性连接，由发动机到驱动车轮，或者由驱动车轮到发动机的转矩传递，都要经过减振弹簧，这不仅减缓了冲击载荷，并且有利于离合器接合柔和。同时，传动系统的刚度大为减小，从而降低了自振频率，避免产生共振。

在前面提到的 BJ2020S、EQ1141G 型汽车离合器从动盘中都装有弹簧摩擦式扭转减振器。

如图 2-8 所示为东风 EQ1092F 型汽车离合器。该离合器为 16 个圆周均布的螺旋弹簧式单片离合器，并装有扭转减振器。其结构特点如下：

离合器盖用螺栓紧固在飞轮上，离合器盖 19 与压盘 13 之间动力的传递通过沿压盘周边均布的 4 组（每组两片）弹性传动片 25 来实现。传动片 25 由弹簧钢带制成，其一端用铆钉 23 铆接在离合器盖上，另一端则用螺栓 22 与压盘连接。这样，在离合器盖随飞轮一起旋转时，便可通过传动片拉动压盘一起旋转，并且可依靠传动片的弹性弯曲变形来实现压盘的前后移动，使离合器分离或接合。这种传动片式传力结构，因离合器盖与压盘之间没有传动间隙，所以传动无冲击、噪声小、接合平稳，是目前广泛采用的一种结构。

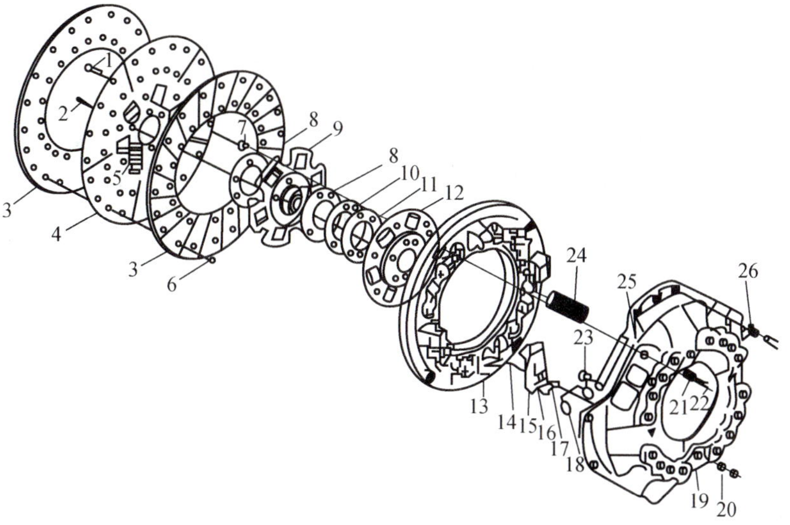

图 2-8 东风 EQ1092F 型汽车离合器

1—从动盘螺钉；2—减振器阻尼弹簧螺钉；3—摩擦片；4—从动盘钢片；5—减振器弹簧；6—摩擦片铆钉；7—从动盘铆钉隔套；8—减振器阻尼片；9—从动盘毂；10—减振器阻尼弹簧垫圈；11—减振器阻尼弹簧；12—减振盘；13—压盘；14—分离杠杆调整螺钉；15—分离杠杆浮销；16—分离杠杆；17—分离杠杆摆动支撑片；18—分离杠杆支撑弹簧；19—离合器盖；20—分离杠杆调整螺母；21—压盘传动片螺栓座；22—螺栓；23—压盘传动片铆钉；24—压紧弹簧；25—弹性传动片；26—离合器平衡块

该离合器的另一特点是采用了摆动式分离杠杆机构，其工作情况如图 2-9 所示。

4 个用薄钢板冲压而成的分离杠杆 16，通过带调整螺母 20 的调整螺钉 14 和浮销 15 支撑在离合器盖 19 上。调整螺钉 14 的一端插在压盘传动片螺栓座 21 相应的孔内，另一端靠调整螺母 20 的球面支撑在离合器盖相应的孔上。浮销 15 穿过调整螺钉 14 中部的方形孔。支撑弹簧 18 将分离杠杆 16 的中部紧靠在浮销 15 上，并使浮销 15 与调整螺钉孔的支撑平面 A 接触，形成分离杠杆摆动的支点。摆动支撑片 17 呈凹字形（见图 2-9），其平直端支撑在分离杠杆 16 的外端面，凹端面则抵住压盘的钩状凸起部，形成驱动压盘轴向位移的传力点。当离合器接合时，分离杠杆在离心力的作用下向外甩，使浮销位于支撑平面 A 的外端，如图 2-9（a）所示。分离离合器时，由于分离杠杆外端向后摆，推动压盘后移，同时摆动支撑片向内倾斜，迫使浮动销沿支撑平面向内滚过一段很小的距离，如图 2-9（b）所示。这种以浮销为摆动支点，刀口为传力点的支撑形式，不仅消除了运动上的下涉，而且大大减小了滑动摩擦，使结构较简单，制造加工方便。

小提示

在汽车行驶时，除低速（20km/h 以下）制动停车需要踩下离合器踏板外，其他情况下制动尽量都不要踩下离合器踏板，否则不仅无助于制动，还会给行车带来危险。

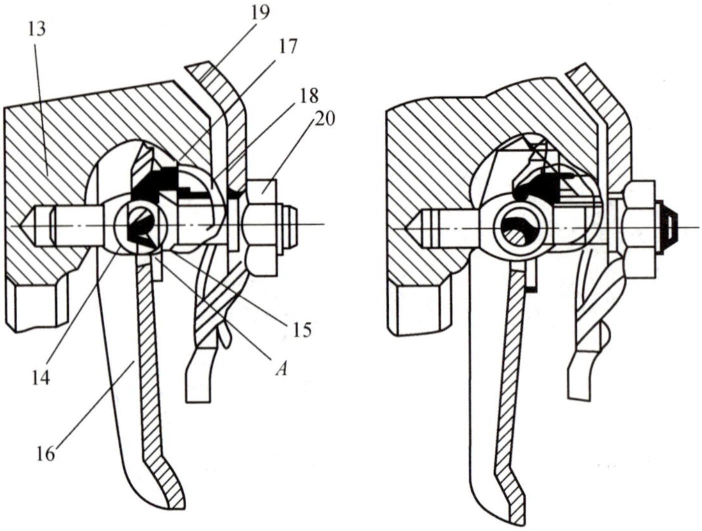

(a)接合位置　　(b)分离位置

图 2-9　摆动式分离杠杆工作情况

13—压盘；14—分离杠杆调整螺钉；15—分离杠杆浮销；16—分离杠杆；17—分离杠杆摆动支撑片；18—分离杠杆支撑弹簧；19—离合器盖；20—分离杠杆调整螺母

2. 双片式离合器

解放 CA1091 型汽车采用了两种离合器，一种是圆周均布螺旋弹簧的双片式离合器，另一种是膜片弹簧式单片离合器。如图 2-10 所示为螺旋弹簧的双片式离合器结构示意图。

离合器的主动部分由飞轮 1、中间压盘 2、压盘 3、传动销 10 及离合器盖 5 组成。两个从动盘 11 分别夹在飞轮与中间压盘和中间压盘与压盘之间，由 12 个沿圆周均匀分布的压紧弹簧 9 压紧。在飞轮 1 上轴向压入 6 个传动销 10，并用螺母紧固。压盘 3 和中间压盘 2 借相应的孔松套在传动销 10 上，故可在销上做轴向移动。离合器盖 5 用螺栓固定在传动销的后端。这样，发动机的动力便可从飞轮经传动销同时传给压盘 3 和中间压盘 2。当离合器分离时，压盘 3 被 6 个分离杠杆 6 通过螺栓 4 拉向后方，而中间压盘 2 则被装在它和飞轮 1 之间的 3 个分离弹簧 13 推向后方，与前从动盘脱离接触。同时，为了使后从动盘不被中间压盘 2 和压盘 3 夹住，在离合器盖 5 上装有 3 个限位调整螺钉 14。这些调整螺钉穿过压盘 3 上的孔向前伸出，用以限制中间压盘的后移行程，从而保证离合器的彻底分离。

3. 膜片弹簧式离合器

膜片弹簧式离合器具有结构简单，压盘上的压力分布均匀，且高速压力稳定以及操作轻便等许多优点，故被广泛应用。在现代乘用车和轻型汽车上绝大多数采用了这种离合器。目前常见的膜片弹簧式离合器的结构基本相同，其工作原理如图 2-11 所示。

膜片弹簧是一个用薄弹簧钢板制成的带有锥度的碟形弹簧（见图 2-11），其靠中心部分开有若干个径向切口，形成弹性机械杆。它既是压紧弹簧又是分离杠杆。膜片弹簧两侧有钢丝支撑环 6 和 10，沿圆周均布的若干个铆钉 7 将其安装在离合器盖 1 上（铆钉 7 穿过膜片弹簧切口末端的圆孔）。在离合器盖未固定到飞轮 11 上时，膜片弹簧 5 不受力，处于自由状态，如图 2-11（a）所示，此时离合器盖 1 与飞轮 11 之间有一距离 L。

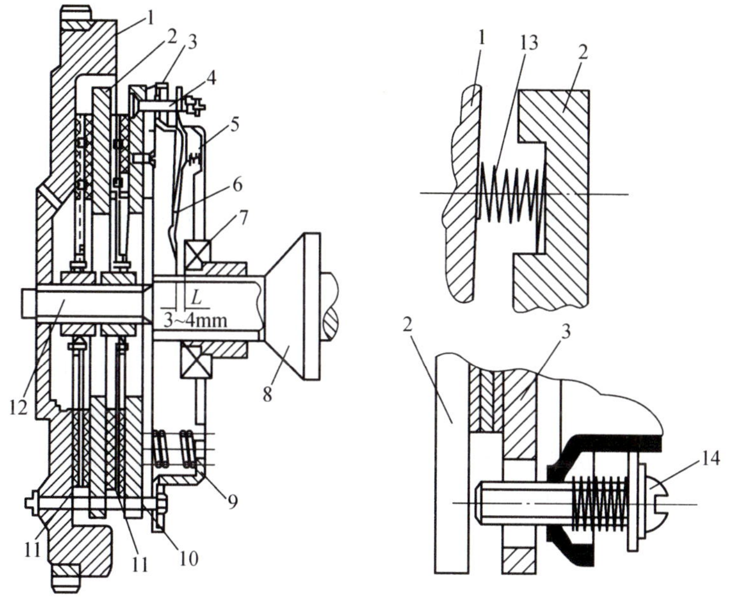

扫一扫 图 2-10 解放 CA1091 型汽车双片式离合器

1—飞轮；2—中间压盘；3—压盘；4—调整螺栓；5—离合器盖；6—分离杠杆；7—分离套筒及轴承；8—变速器第一轴承盖；9—压紧弹簧；10—传动销；11—从动盘；12—变速器第一轴；13—分离弹簧；14—限位调整螺钉

当离合器盖用螺钉固定到飞轮上时，膜片弹簧以外支撑环 10 为支点，并靠本身的弹力使其外缘压在压盘上，从而使从动盘被压紧在飞轮与压盘之间，如图 2-11（b）所示。

当离合器分离时，分离轴承左移，使膜片弹簧以内支撑环 6 为支点向其内端左移，而其外缘则借固定在压盘上，分离钩 4 将压盘拉离飞轮，于是从动盘松开，离合器实现分离，如图 2-11（c）所示。

膜片弹簧本身兼压紧弹簧和分离杠杆的作用，使离合器结构大为简化、质量减小、轴向尺寸减小。由于膜片弹簧具有理想的非线性特性，可使摩擦片磨损后弹簧压力几乎保持不变，从而可减轻分离所需的作用力，使操纵轻便。

小提示

在行驶中换挡时，操纵离合器跳板应迅速踩下并抬起，否则会出现半联动的现象，加速离合器的磨损。

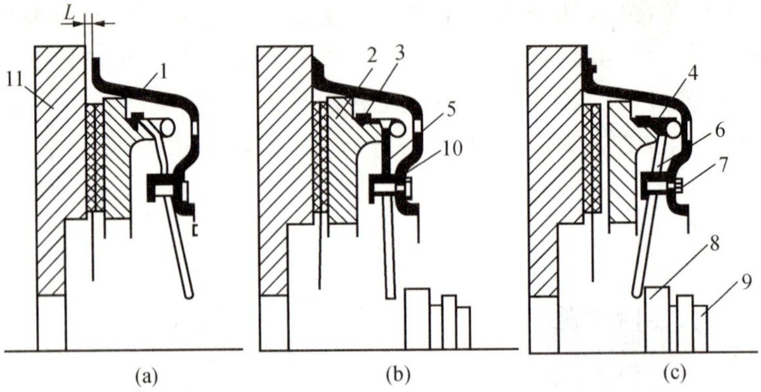

扫一扫

图 2-11 膜片弹簧式离合器工作原理示意图

1—离合器盖；2—压盘；3—螺钉；4—分离钩；5—膜片弹簧；6—膜片弹簧内支撑环；7—膜片弹簧固定铆钉；8—分离轴承；9—分离套筒；10—膜片弹簧外支撑环；11—飞轮

如图 2-12 所示为膜片弹簧与螺旋弹簧的特性曲线。螺旋弹簧的作用力与压缩变形量 L 的关系是直线 2，而膜片弹簧相应的关系线是曲线 l。当两种离合器正常工作时，接触压紧力 P_a 相同，即两线交于点 a。当离合器分离时，它们的附加变量相同，均为 $\triangle L_1$。由图可知，膜片弹簧所需的作用力 P_b 小于螺旋弹簧的作用力 $P_{b'}$，所以膜片弹簧离合器具有操作轻便的特点。

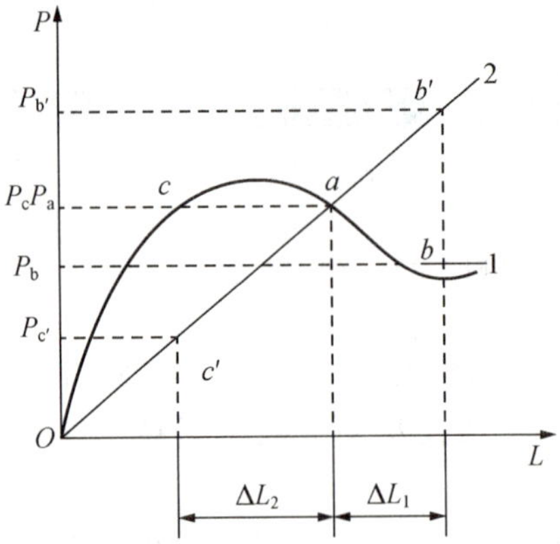

图 2-12 膜片弹簧与螺旋弹簧特性

1—膜片弹簧特性；2—螺旋弹簧特性

当离合器摩擦片磨损变薄使弹簧伸长时，假设都达到正常磨损极限，相应的弹簧变形量为 ΔL_2。由图可知，这时膜片弹簧的压紧力 P_c 几乎等于 P_a，而螺旋弹簧的压紧力则由 P_a 直线下降为 $P_{c'}$。这说明膜片弹簧离合器在摩擦片磨损后，弹簧产生的压紧力几乎保持不变，因此其具有工作可靠的特点。

此外，膜片弹簧的中心正位于离合器轴线上，因此，其压紧力实际上不受离心力的影响，故适合于高速发动机配用。

如图 2-13 所示为解放 CA1091 型汽车装用的膜片弹簧式离合器。离合器盖与压盘间的动力传动为传动片传动。4 组（12 个）传动片沿压盘周内均匀布置。每组传动片 4 的一端用铆钉 11 铆于离合器盖 7 上，另一端用螺栓 9 和座 6 连同分离钩 5 一起固定于压盘 15 上。膜片弹簧 2 靠碟形部分产生压紧作用，其中心部位开有径向切口，形成 16 个分离指，使膜片弹簧在离合器分离时起杠杆作用。膜片弹簧两侧有支撑环 1 和 3，借助于 12 组固定铆钉 14、隔套 12 连同支撑圈 13 将它们固定在离合器盖 7 上。

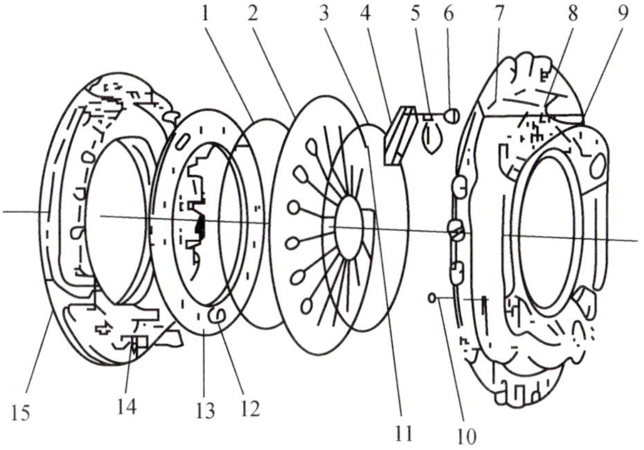

图 2-13 解放 CA1091 型汽车膜片式离合器盖及压盘总成

1、3—支撑环；2—膜片弹簧；4—传动片；5—分离钩；6—分离钩座；7—离合器盖；8—垫圈；9—螺栓；10—平衡螺钉；11—传动片螺钉；12—隔套；13—支撑圈；14—支撑圈铆钉；15—压盘

当离合器及压盘总成未装到飞轮上时，膜片弹簧不受力而处于自由状态。当将总成固定到飞轮上时，由于离合器盖靠向飞轮，后支撑环 3 就压紧膜片弹簧使其产生弹性变形，同时膜片弹簧外端对压盘产生压紧力而使离合器处于接合状态。当分离离合器时，由分离轴承压下分离指，使膜片弹簧以前支撑环 1 为支点发生反锥形转变，于是膜片弹簧外端向后移，并通过分离钩 5 向后拉动压盘，使离合器分离。

CA1091 型汽车离合器从动盘如图 2-14 所示，其上装有扭转减振器。从动盘钢片为其外端铆接波形片结构，以提高离合器接合柔和性。扭转减振器的摩擦板 6、碟形垫圈 4 用来补偿摩擦垫圈 3 磨损后预紧力的损失，以维持减振器阻尼滞后，转矩值基本不变。

膜片弹簧式离合器在安装及使用过程中本体不需做任何调整。另外由于摩擦片磨损同膜片弹簧的分离指翘起不多，故操纵机构自由行程量的调整频次也少。

4. 中央弹簧式和斜置弹簧式离合器

中央弹簧式离合器的压紧弹簧有一个或两个，且布置在离合器的中央位置。压紧弹簧有的采用圆柱螺旋弹簧，有的采用锥形螺旋弹簧。这种离合器的主要特点是压紧力放大和压紧力可以调整。

如图 2-15 所示为一中央弹簧式离合器的部分结构示意图。

图示中压紧弹簧 6 的前端通过一个钢板冲压的支撑座支撑在离合器盖 3 上，其后端则抵靠在分离套筒 5 的端面上，3 根装在分离套筒 5 上的纵向拉杆分别与 3 根压紧杠杆 9 的内端相连。压紧杠杆 9 以安装在离合器盖上的支撑销 8 为支点，其外端与压盘相接触。于是中央弹簧的压紧力便通过分离套筒 5、纵拉杆和压紧杠杆 9 作用在压盘 1 上，从而使离合器的主、从动部分相互压紧。

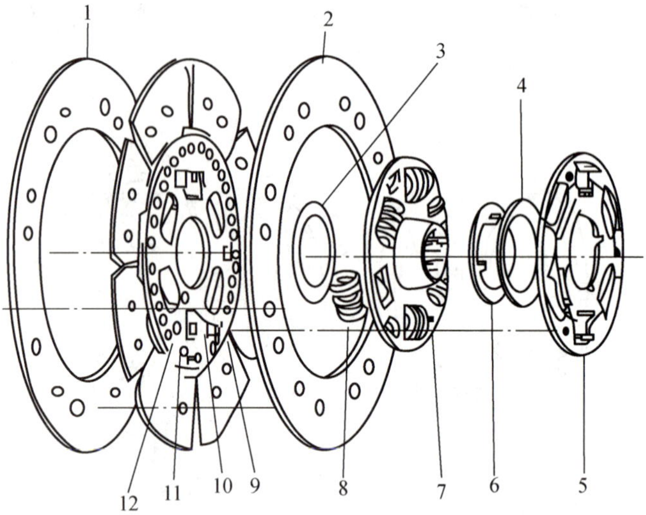

图 2-14 解放 CA1091 型汽车膜片式离合器从动盘的组成

1—前摩擦片；2—后摩擦片；3—摩擦垫圈；4—碟形垫圈；5—减振盘；6—摩擦板；7—从动盘毂；8—减振弹簧；9—波形弹簧片；10—制动销；11—波形弹簧片铆钉；12—从动盘钢片

当驾驶员踏下离合器踏板时，操纵机构中的分离叉将分离套筒 5 推向前方，进一步压缩压紧弹簧 6，同时通过纵拉杆将压紧杠杆内端向前推移使其外端后移而与压盘 1 脱离。于是压盘 1 便在分离弹簧 2 的拉力作用下离开从动盘。

由于压紧杠杆 9 的内臂比外臂长得多，压紧弹簧 6 的压紧力是通过压紧杠杆放大后才传到压盘 1 上的，这样便可以用较软的弹簧获得较大的压紧力。相应地，为分离离合器而进一步压缩压紧弹簧所需的力也较小。所以，中央弹簧式离合器在重型载货汽车上应用得较多。

为使中央弹簧的压力均匀分配到 3 根压紧杠杆上，离合器中设有自动平衡结构。如图 2-15 所示，支撑销 8 顶住平衡盘 7，平衡盘 7 与调整环 4 以球面相配合。调整环 4 借螺纹固定在离合器盖 3 上。假如 3 个压紧杠杆传递的压紧力不相等，则通过 3 个支撑销 8 作用在平衡盘 7 上的力便不平衡，而使平衡盘沿球面转动，直到 3 个杠杆传递的压力相等为止。

当离合器摩擦片磨损后，在接合状态下，压盘 1 的轴向位置较未磨损前要略向前移，同时分离套筒 5 也相应地后移一定距离。这就使压紧弹簧 6 的工作长度增加而压紧力减小，从而使离合器所传递的最大转矩值也下降。这一问题可以通过调整来解决。调整方法是转动用螺纹与离合器盖 3 连接的调整环 4，使之向前移动，于是平衡盘 7 及支撑销 8 也被推向前。同时，压紧杠杆 9 以其外端与压盘 1 的接触点为支点而转动，其内端便通过纵拉杆将分离套筒向前推移。这样调整到分离套筒相对离合器盖恢复原位，即压紧弹簧 6 的工作长度恢复原值时为止。

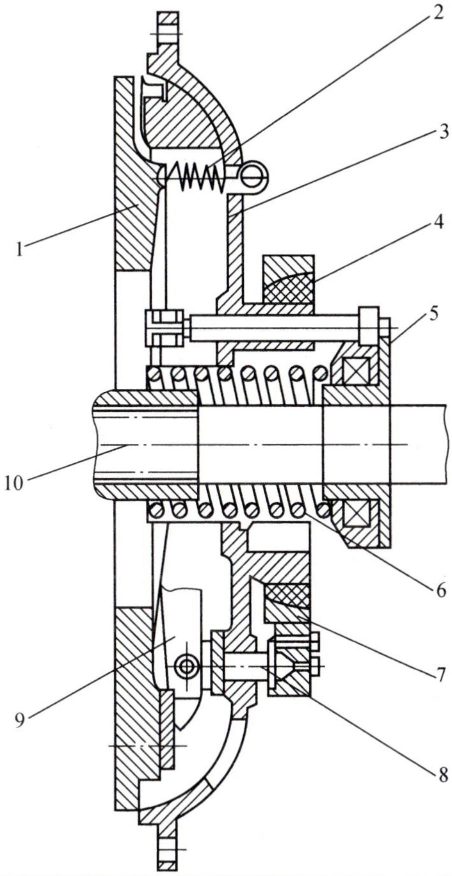

图 2-15 中央弹簧式离合器盖及压盘结构示意图

1—压盘；2—分离弹簧；3—离合器盖；4—调整环；5—分离套筒；6—压紧弹簧；7—平衡盘；8—支撑销；9—压紧杠杆；10—变速器第一轴

如图 2-15 所示离合器的中央弹簧为圆柱形。这种中央弹簧的轴向尺寸比较大，有时给布置带来困难。为了缩短离合器的轴向尺寸，有的中央弹簧采用矩形或圆形断面的锥形弹簧，如图 2-16 所示，其结构特点是：离合器压紧弹簧的工作长度是可调整的，弹簧支撑盘 6 用压板 2 和螺栓压紧在离合器盖上，在压板与离合器盖之间有若干片厚度不等的调整垫片 1。当从动盘摩擦片磨损后，弹簧座 4 要后移，因此，弹簧座后端面与离合器盖后端面之间的距离有所增大，使弹簧 5 伸长，从而使弹簧的压紧力下降。为了恢复原来的压紧力，只需将调整垫片 1 的总厚度适当减小，使支撑盘前移，从而使弹簧座后端面与离合器盖后端面之间的距离恢复到规定值即可。

与图 2-15 所示圆柱形中央弹簧式离合器一样，压紧弹簧的压紧力也是通过压紧杠杆放大后作用于压盘上的。

此外，由于压紧力是通过很多根薄钢片制成的弹性压紧杠杆 7 来传递的，故压紧力分布比较均匀，并有利于离合器接合柔和。又由于压紧杠杆中部扭成一定角度而成叶片状，使离合器旋转时有利于空气流动而使离合器散热良好。

上述两种中央弹簧式离合器的一个共同的优点是压紧弹簧不直接与压盘接触，故弹簧不会因受热过度而退火变软。

斜置弹簧式离合器具有压紧力放大并可自动调节压紧力的特点。近年来在重型载货汽车上采用的斜置弹簧式离合器如图 2-17 所示。它的弹簧张力是通过杠杆系放大后间接地作用在压盘上的。但是由于弹簧是斜置的，所以作用在压盘上的压紧力的大小是由弹簧张力 Q 的轴向分力 F 乘以杠杆比来确定的。但这个轴向分力并不直接随弹簧张力成正比例地变化，而是弹簧斜置角 α 的函数，即 $F=Q\cos\alpha$。

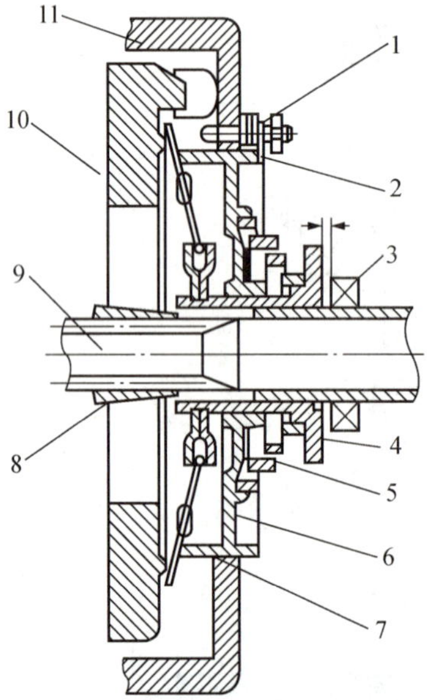

图 2-16 中央锥形弹簧离合器盖及压盘示意图

1—调整垫片；2—压板；3—分离轴承；4—锥形弹簧座；5—锥形弹簧；6—弹簧支撑盘；7—弹性压紧杠杆；8—从动盘毂；9—变速器第一轴；10—压盘；11—离合器盖

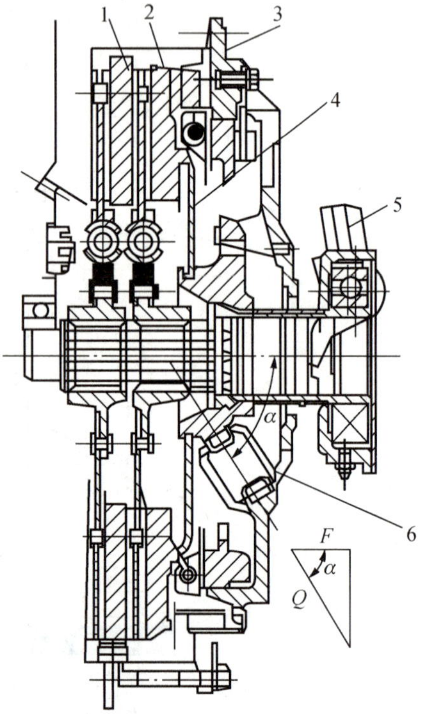

图 2-17 斜置弹簧式离合器

1—中间压盘；2—压盘；3—离合器盖；4—杠杆；5—分离拨叉；6—斜置弹簧

随着摩擦片的磨损，分离套筒向前移动而使弹簧张力下降，但与此同时，斜置角 α 减小而余弦值增加。这样在摩擦片磨损的允许范围内，作为二者乘积的轴向分力 F 大致保持不变。因而作用在压盘上的压紧力也大致不变。同理，分离套筒向后移动的整个过程中，作用在分离轴承上的力也大致保持不变。因此，这种离合器在使用寿命期间，工作性能十分稳定，操纵轻便。

三、离合器的操纵机构

（一）机械式操纵机构

离合器操纵机构是传递驾驶员操纵力（脚踏力）的，使离合器分离，而后又使之接合的一套传力机构。它起始于离合器踏板，终止于分离轴承。在汽车行驶过程中，驾驶员经常要踏下或松开离合器踏板，使离合器分离或接合，因此对离合器操纵机构的首要要求是操纵轻便和工作可靠。目前，在中、轻型汽车上广泛采用机械式或液压式操纵机构，在一些重型汽车上，在机械式或液压式操纵机构的基础上还增设了助力装置，以减轻驾驶员的劳动强度。

机械式操纵机构分为拉杆式和钢丝索式两种。拉杆式操纵机构一般由踏板、踏板臂、拉杆及分离叉等组成，如图 2-18 所示。当离合器处于接合状态时，在踏板复位弹簧作用下，踏板 1 及分离轴承 7 处于图示位置。当踏下离合器踏板 1 时，踏板臂 2 反时针转动，通过拉杆 3 带动分离叉 6 反时针转动，并推动分离轴承左移，进而推动分离杠杆转动使离合器分离。

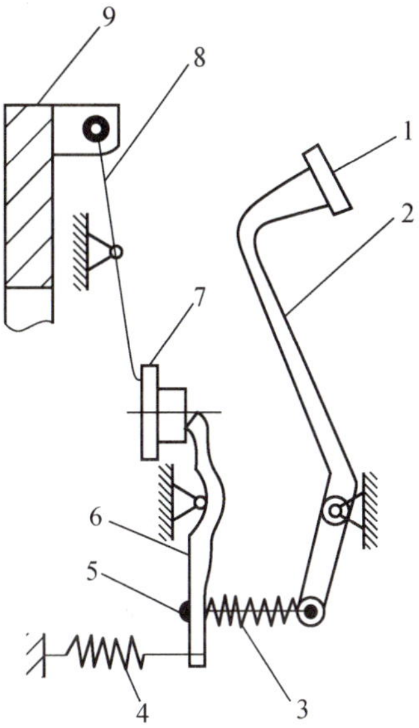

扫一扫 图 2-18 拉杆式操纵机构

1—踏板；2—踏板臂；3—拉杆；4—踏板复位弹簧；5—调整螺母；6—分离叉；7—分离轴承；8—分离杠杆；9—压盘

如图 2-19 所示为东风 EQ1090E 型汽车离合器的操纵机构，踏板轴 4 的一端通过半圆键与踏板臂 3 固定连接，另一端通过轴销与踏板轴拉臂 9 固定连接。分离拉杆 8 的一端为叉形，通过销钉与踏板轴拉臂 9 铰接，另一端为制有螺纹的螺杆，它通过球形螺母 10 与分离叉臂 11 相连。踏下踏板 1 时，踏板臂带动踏板轴 4 转动，同时带动踏板轴拉臂 9 摆动，再由拉臂 9 经分离拉杆 8、分离叉臂 11 带动分离叉，分离叉推动分离轴承移动。分离拉杆螺母 10 用来调整分离叉所处的位置，以得到分离轴承与分离杠杆之间必要的间隙（即调整踏板自由行程）。

如图 2-19 所示操纵机构中，分离叉的支撑形式与如图 2-18 所示分离叉的支撑形式有所不同。如图 2-18 所示的分离叉支撑形式为单点支撑。单点支撑一般是将分离叉中部制成球碗状并与安装在飞轮壳上的球头销相配合，形成支点。而如图 2-19 所示的分离叉支撑形式为分离叉与转轴制成一体，轴的两端支撑在飞轮壳上。以上两种支撑形式，是目前常见的两种形式。单点支撑多用于轻型汽车，转轴式支撑多用于重型汽车。

小提示

拉杆式操纵机械的结构比较简单，工作可靠，但是由于杆件间铰接多，故摩擦损失大，并且车身或车架的变形将影响其工作。此外，对于某些车型，如平头车、后置发动机汽车等，由于操纵距离长，使得合理布置操纵机构比较困难。

钢丝索式操纵机构是用一条钢丝索将踏板臂与分离叉臂直接连接起来，如图 2-20 所示。钢丝索外部为柔性保护套。保护套的一端固定在踏板附近的支架上，另一端则固定在飞轮壳附近的支架上。钢丝索可在保护套中滑动。离合器分离时，踏下离合器踏板，通过钢丝索直接拉动分离叉臂，使分离叉摆动，分离离合器。

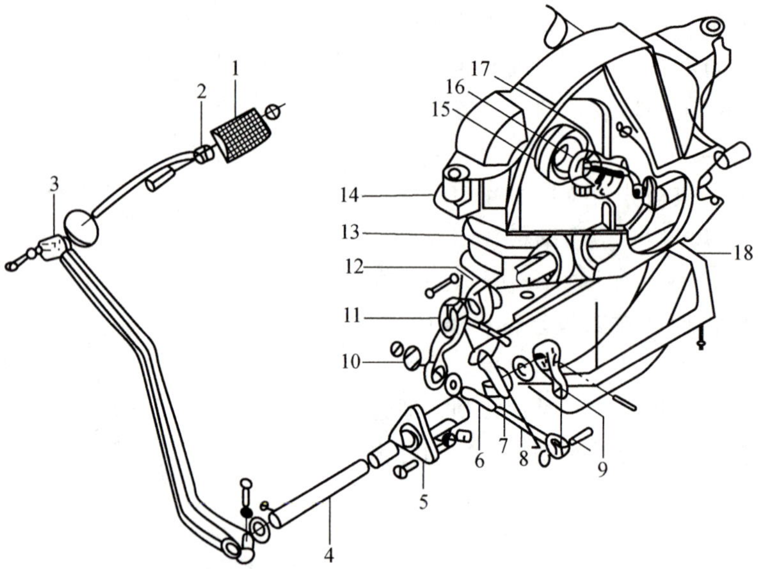

图 2-19　东风 EQ1090E 型汽车离合器操纵机构

1—踏板；2—踏板上臂；3—踏板臂；4—踏板轴；5—支座；6—分离拉杆弹簧；7—复位弹簧；8—分离拉杆；9—拉臂；10—调整螺母；11—分离叉臂；12—分离叉凸缘；13—分离叉；14—飞轮壳；15—分离轴承；16—分离套筒；17—分离套筒复位弹簧；18—飞轮壳底盖

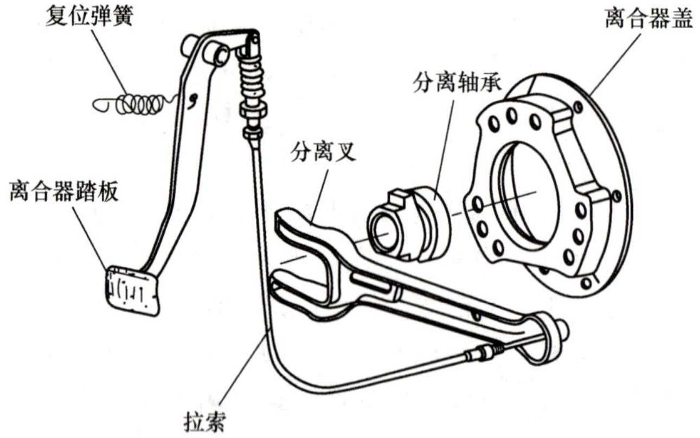

扫一扫　图 2-20　钢丝索式操纵机构

钢丝索式操纵机构可以消除拉杆式操纵机构的缺点，可在一些拉杆式操纵机构布置比较困难的情况下采用。但摩擦损失仍较大，且寿命较短，故多用于轻型汽车和乘用车上。

（二）液压式操纵机构

液压式操纵机构具有摩擦阻力小、操纵轻便、接合柔和、布置方便等优点，并且不受车身车架变形的影响，因此应用最为广泛。

液压操纵机构一般由主缸（总泵）、工作缸（分泵）及管路系统组成，如图 2-21 所示。

在踏板 1 与分离叉 11 之间有主缸 4 和工作缸 7，主缸 4 与工作缸 7 用油管 6 连接。主缸推杆 3 与踏板 1 铰接。分离叉推杆 9 一端顶在分离叉 11 凹槽内，另一端伸入工作缸活塞 8 内。主缸上部是贮油杯 15（或为与主缸铸为一体的贮油室）。液压式操纵机构的基本工作原理是：踏下踏板 1 时，主缸推杆 3 推动主缸活塞 5 右移，使主缸 4 中的油液压力上升，并通过管路 6 进入工作缸 7 内。在油压作用下，工作缸活塞 8 被推动右移，同时活塞 8 通过推杆 9 推动分离叉 11 摆动，使离合器分离。放松踏板时，主缸推杆 3 对活塞 5 的推力消除，主缸活塞 5 退回原位，这时系统内油压下降，工作缸活塞便在分离叉复位弹簧的作用下回位，离合器接合。如果缓慢放松踏板，逐渐减小主缸活塞 5 的推力，使系统内的油压缓慢下降，便可使离合器逐渐接合。

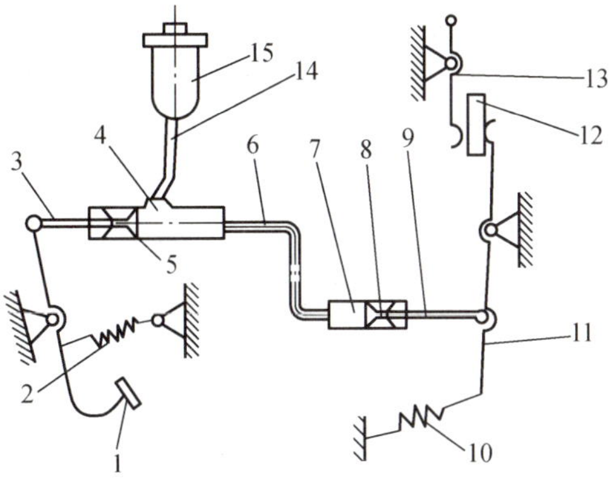

扫一扫

图 2-21　液压式操纵机构

1—踏板；2—踏板复位弹簧；3—主缸推杆；4—主缸；5—主缸活塞；6—油管；7—工作缸；8—工作缸活塞；9—分离叉推杆；10—分离叉复位弹簧；11—分离叉；12—分离轴承；13—分离杠杆；14—油管；15—贮油杯

如图 2-22 所示为离合器操纵系统主缸的一般结构，主缸体由补偿孔 *A* 镶进油孔 *B* 与贮油杯相通。主缸体内装有活塞 3，活塞中部较细，使活塞右方的主缸内腔形成环状油室。活塞前端装有皮碗 5，后端装有皮圈 2。活塞顶部有沿圆周均布的数个小孔，复位弹簧 6 将皮碗 5、弹性薄垫片 4 压向活塞 3，盖住小孔，形成单向阀并把活塞推向最右边的位置。此时皮碗 5 位于补偿孔 *A* 与进油孔 *B* 之间，两孔都开放。

当踏下踏板时，通过推杆 1 推动活塞 3 左移，弹簧 6 被压缩。当皮碗 5 将孔 *A* 关闭后，管路小的油液受压，压力升高，压力油通过管路到达工作缸并推动工作缸活塞

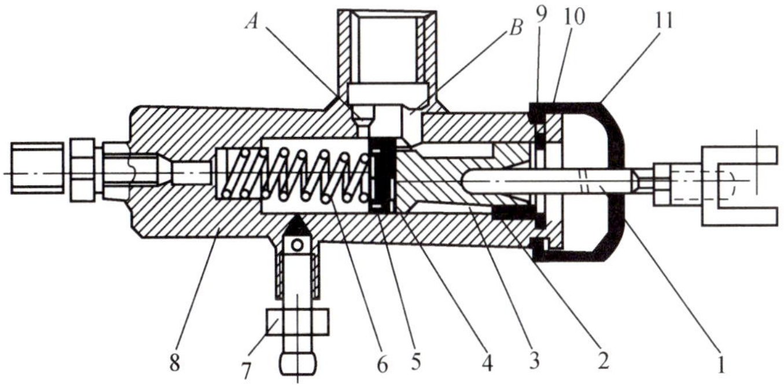

图 2-22　离合器操纵系统主缸

1—推杆；2—皮圈；3—活塞；4—弹性垫片；5—皮碗；6—活塞复位弹簧；7—放气螺钉；8—缸体；9—垫圈；10—弹性挡环；11—密封护罩

工作。

当迅速放松踏板时，活塞复位弹簧 6 使活塞 3 较快地右移，由于油液在管路中流动有一定阻力，流动较慢，因此在活塞 3 左面可能产生一定的真空度。这时在活塞左右压力差的作用下，少量油液即从进油孔 *B* 经环形油室和活塞 3 顶部周向均布的数个小孔，推开弹性垫片 4，由皮碗间隙流到活塞左面弥补真空。当原先已由主缸流到工作缸去的油液重又流回主缸时，由于已有少量补偿油流入，故总油量过多。这多余的油便从补偿孔 *A* 流回贮油杯。同理，由于温度变化引起系统内油液体积变化时，同样可通过补偿孔 *A* 适时地使系统中的油量得到适当的增减，从而保证正常油压和液压系统工作的可靠性。

为了保证活塞彻底回位，防止皮碗遮盖补偿孔 *A*，踏板完全松开时，主缸拉杆 1 与活塞之间应保持一定的间隙。这一间隙可通过调整推杆的长度达到。

工作缸的结构如图 2-23 所示。

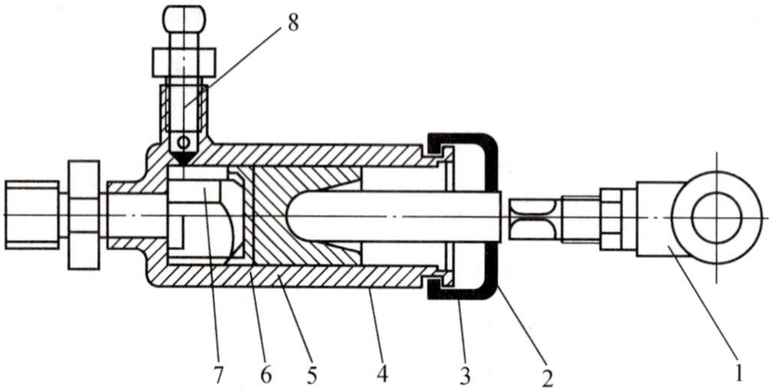

图 2-23　离合器操纵工作缸

1—推杆；2—密封圈；3—弹性挡圈；4—缸体；5—活塞；6—皮碗；7—限位块；8—放气螺钉

工作缸内装有活塞 5、皮碗 6 和限位块 7 等。为防止活塞自工作缸内脱出，在缸体右端装有弹性挡圈 3。工作缸的放气螺钉 8 用于放出系统内的空气。工作缸推杆 1 的长度可调，用来调整分离杠杆内端与分离轴承之间的间隙。

东风 EQ1092F 型汽车离合器操纵系统主缸和工作缸即采用了上述结构方案，如图2-24 和图 2-25 所示。

北京 BJ2021 型（切诺基）汽车离合器工作缸有两种，一种为不使用分离叉的工作缸，其结构如图 2-26 所示。它安装在变速器第一轴（输入轴）上。工作缸活塞前端装有分离轴承，后端装在壳体油腔内。工作时，在油压和弹簧的作用下，活塞可在壳体油腔内轴向移动，直接推动离合器分离杠杆使离合器分离。另一种为使用分离叉的工作缸，其工作过程与如图 2-23 所示工作缸的工作过程基本相同，即由活塞推动推杆并通过分离叉推动分离轴承使离合器分离。

北京 BJ2021 型汽车离合器主缸如图 2-27 所示。其工作过程如图 2-28 所示。

当放松离合器踏板时，主缸活塞 2 在活塞弹簧 3 的作用下，处于左端位置，此时阀杆 4 受拉力使用使阀门 7 左移，如图 2-28（a）所示。

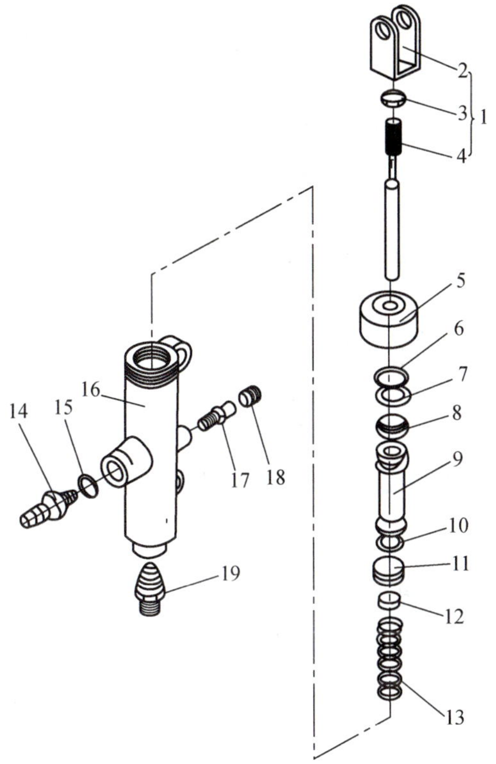

图 2-24　东风 EQ1092F 型汽车离合器操纵系统主缸

1—推杆总成；2—推杆叉；3—螺母；4—推杆；5—护罩；6—弹性挡圈；7—垫圈；8—皮圈；9—活塞；10—垫片；11—皮碗；12—活塞复位弹簧夹；13—活塞复位弹簧；14—进油管接头；15—密封垫圈；16—缸体；17—放气螺钉；18—放气螺钉罩；19—油管接头

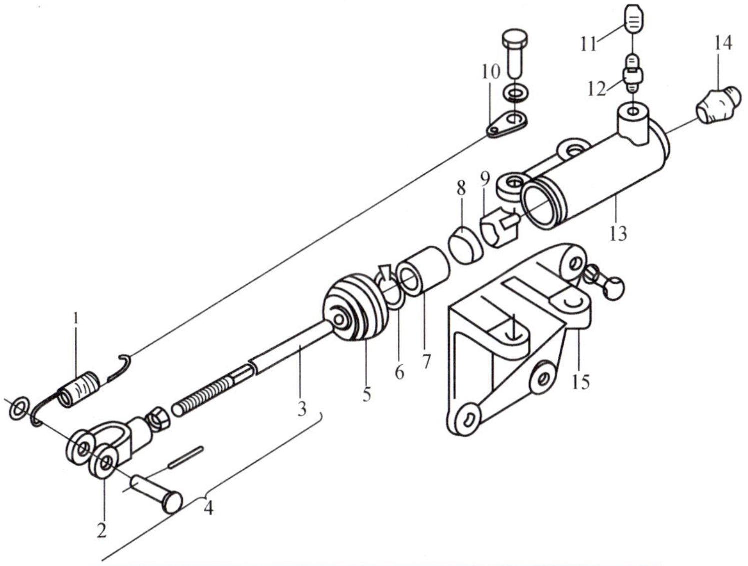

图 2-25　东风 EQ1092F 型汽车离合器操纵系统工作缸

1—推杆复位弹簧；2—推杆叉；3—推杆；4—推杆总成；5—护罩；6—挡圈；7—活塞；8—皮碗；9—活塞限位块；10—复位弹簧钩环；11—放气螺钉罩；12—放气螺钉；13—缸体；14—油管接头；15—支架

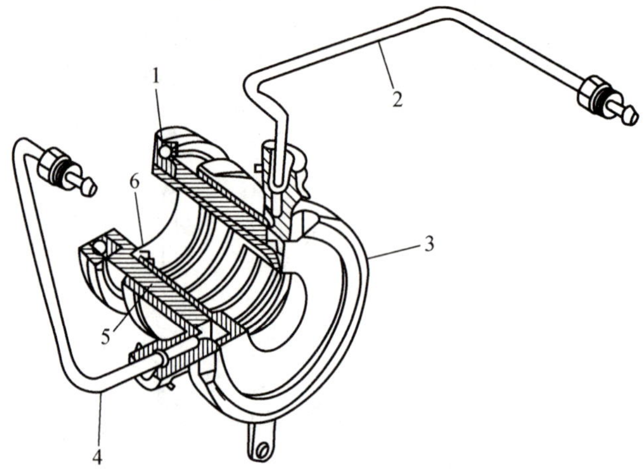

图 2-26 北京 BJ2021 型汽车离合器工作缸（不带分离叉）

1—分离轴承；2—排气管；3—缸体；4—进油管；5—活塞；6—弹簧

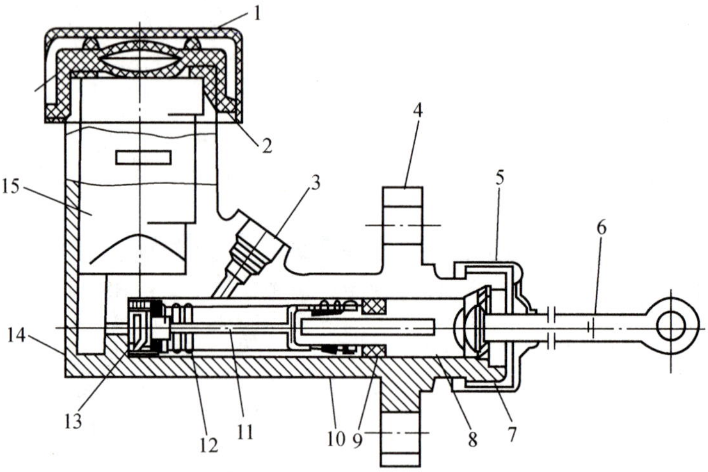

图 2-27 北京 BJ2021 型汽车离合器主缸

1—外罩；2—密封圈；3—出油口；4—安装凸缘；5—防尘罩；6—推杆；7—挡圈；8—活塞；9—活塞密封圈；10—弹簧座圈；11—阀杆；12—弹簧；13—阀门组件；14—缸体；15—贮油室

这时活塞腔与贮油室的连通孔 *A* 处于开放状态，活塞腔与贮油室相通。当踏下离合器踏板时，主缸推杆推动活塞右移，阀门弹簧 6 被进一步压缩。此时，首先解除对阀门 7 的拉力，在阀门弹簧 6 弹力的作用下，阀杆 4 连同阀门 7 向右移动，关闭油孔 *A*，如图 2-28（b）所示。而后，随着活塞进一步向右移动，活塞腔油液受压，压力升高，并通过管路进入工作缸，推动工作缸活塞工作。

放松离合器踏板，活塞 2 在油压及活塞弹簧 3 作用下回位，使油孔 *A* 开启，油液可通过孔 *A* 流回贮油室。

（三）助力式操纵机构

在重型汽车上，由于离合器要传递比较大的转矩，相应的离合器压紧机构的压紧力也比较大，因而在机械式、液压式操纵机构基础上还要设置助力装置，以减轻踏板操纵力，改善驾驶员劳动条件。常见的助力装置有弹簧助力式和气压助力式两种。

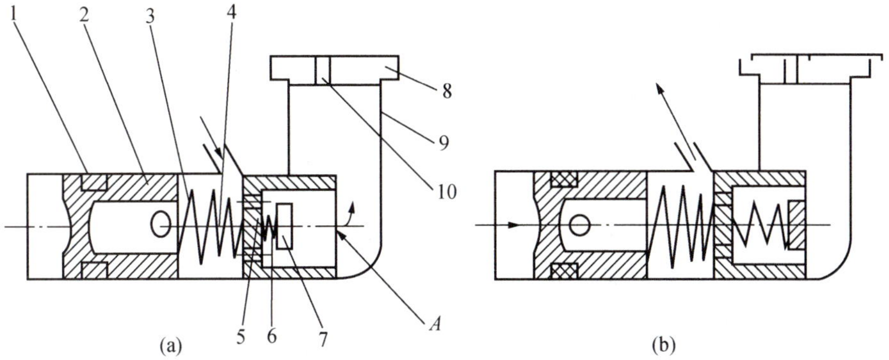

图 2-28　北京 BJ2021 型汽车离合器主缸工作示意图

1—密封圈；2—活塞；3—活塞弹簧；4—阀杆；5—阀座；6—阀门弹簧；7—阀门；8—贮油杯盖；9—贮油杯；10—通气孔

1. 弹簧助力式操纵机构

弹簧助力式操纵机构就是在离合器踏板上铰接一助力弹簧。如解放 CA1091 型汽车即采用这种离合器操纵机构，如图 2-29 所示。图中弹簧 1 既是踏板复位弹簧，也是助力弹簧，其工作原理如图 2-30 所示。

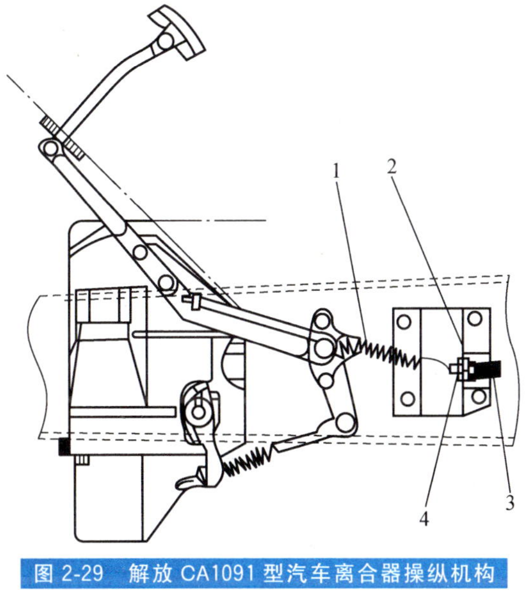

图 2-29　解放 CA1091 型汽车离合器操纵机构

1—踏板复位弹簧（也是助力弹簧）；2—调整螺母；3—调整螺杆；4—锁紧螺母

从图 2-30（a）可以看出，弹簧的拉力作用线与支点 O 有一距离 L，弹簧 2 的拉力 P_1 对 O 点的力矩 P_1L 使踏板复位。

当踏下踏板使离合器分离时，开始，力矩 P_1L 为反抗踏板踏下的阻力矩，随着踏板逐渐踏下，L 逐渐减小，阻力矩逐渐减小，在弹簧拉力作用线通过 O 点时，阻力矩等于零。

当继续踏下踏板，弹簧的拉力作用线转到支点 O 的另一侧时，如图 2-30（b）所示，力矩 P_1L 与踏板力的力矩同向，此时 P_1L 即成为助力矩而产生助力作用。

当放松踏板时，由于离合器压紧弹簧产生的力 Q 所形成的力矩较弹簧产生的力矩大，所以踏板仍能逐渐抬高。当弹簧拉力作用线转过支点 O 后，弹簧又帮助踏板复位。

图 2-29 中，调整螺母 2 用来调整弹簧的初始拉力，调整完毕用螺母 4 锁紧。

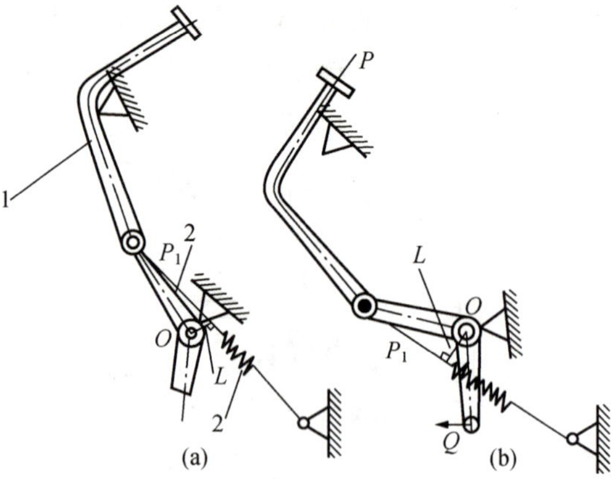

图 2-30　弹簧助力式操纵机构助力原理

1—踏板；2—助力弹簧

小提示

弹簧助力装置结构简单，但助力效果不大，所以只在中、轻型汽车上采用。对于重型汽车，常采用气压助力装置。

2. 气压助力式操纵机构

气压助力式操纵机构的助力装置一般是由随动控制阀和助力缸组成。随动控制阀主要由一个两用阀门及控制其开闭的机构所组成。其作用是控制助力缸的进、排气时刻以及助力缸内所保持气压的大小，以产生与驾驶员操作要求相适应的助力作用。助力缸实际上是气压工作缸，主要由缸筒、活塞和推杆组成，其作用是产生动力进行助力。

气压助力式操纵机构有气压助力机械式和气压助力液压式两种。

①气压助力机械式操纵机构。

气压助力机械式操纵机构的布置形式如图 2-31 所示。

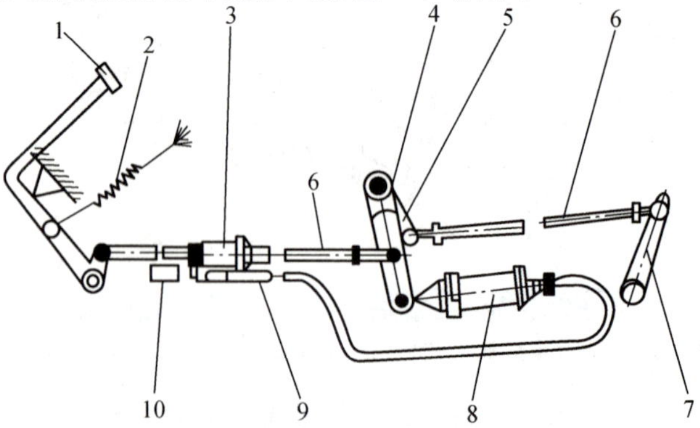

图 2-31　气压助力机械式操纵机构

1—踏板；2—复位弹簧；3—随动阀；4—中间轴外摇臂；5—拉杆；6—前拉杆；7—分离叉臂；8—助力缸；9—气管（软）；10—随动阀进气管（软）

离合器踏板 1 通过前拉杆 6 与随动阀 3 相连，随动阀 3 可随拉杆一起移动。助力缸 8 固定在车架上，它与随动阀之间用气管（软管）9 连接。随动进气管 10（软管）通贮气筒。随动阀和助力缸分别如图 2-32、图 2-33 所示。

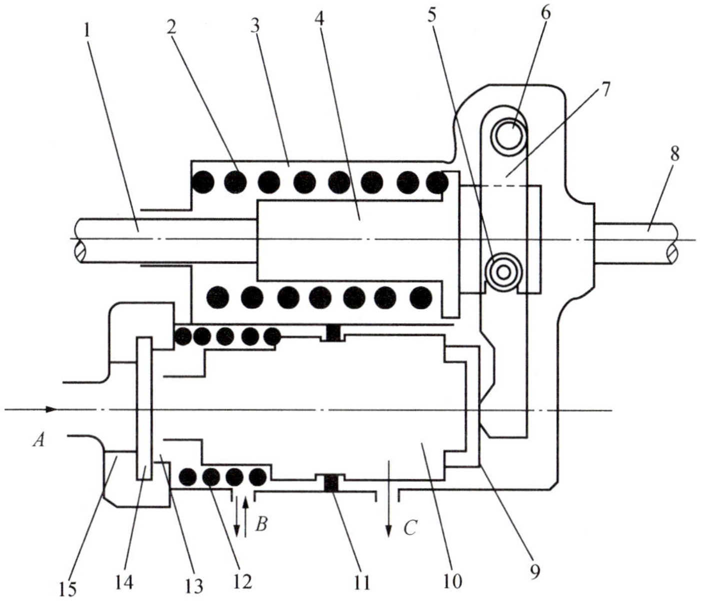

图 2-32 随动阀示意图

1—前拉杆；2—联动杆复位弹簧；3—壳体；4—联动杆；5—销；6—杠杆轴销；7—杠杆；8—壳体拉杆；9—活塞盖；10—活塞；11—密封圈；12—活塞复位弹簧；13—阀座；14—阀门；15—阀门弹簧

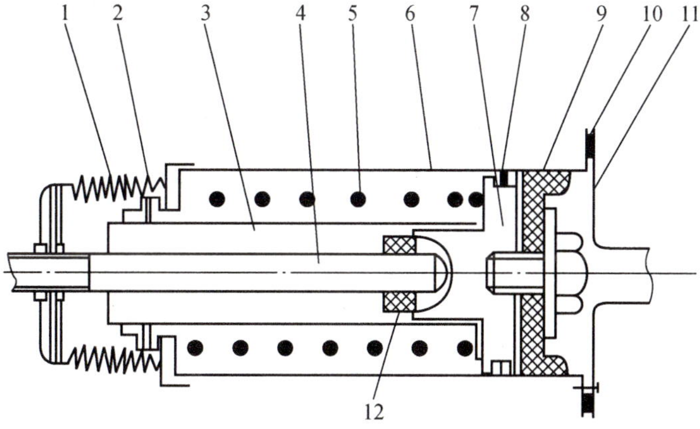

图 2-33 气压助力缸示意图

1—防尘罩；2—密封毡圈；3—导管；4—推杆；5—活塞复位弹簧；6—缸筒；7—活塞；8—毡圈；9—皮碗；10—密封垫；11—盖；12—导向块

如图 2-32 所示，随动阀阀门 14 既是进气阀门，又是排气阀门，即所谓两用阀门。空芯活塞 10 的中心是排气通道。当活塞 10 左端端面与阀门 14 接触并将阀门推离阀座

13 时，即排气阀关闭而进气阀开启。当阀门与阀座接触而活塞离开阀门时，即排气阀开启而进气阀关闭。

当踏下离合器踏板时，随动阀作为一个整体随同拉杆 1 一起向左移动，直到分离轴承抵住分离杠杆时，因压紧弹簧的张力较大而暂时停止左移。随着踏板继续踏下，拉杆 1 连同联动杆 4 继续向左移动，这时弹簧 2 被压缩，同时联动杆 4 经销 5 使杠杆 7 以轴销 6 为支点顺时针摆动，杠杆 7 的下端则推动活塞 10 左移，先关闭排气阀，进而打开进气阀，压缩空气即从口 A 经进气阀、口 B 进入助力缸，推动助力缸活塞移动。这时，在驾驶员的脚踏力和助力活塞推力共同作用下，离合器分离。

当放松离合器踏板时，联动杆 4 和拉杆 1 在弹簧 2 的作用下回位，杠杆 7 下端逆时针摆动，解除对活塞 10 的推力，活塞在弹簧 12 及气压作用下回位，并首先关闭进气阀，然后打开排气阀。此时，助力缸的压缩空气即经排气阀、排气口 C 排入大气，助力缸活塞回位，使离合器接合。

如果气压助力系统失效，踏下踏板时，拉杆 1 带动联动杆 4 及杠杆 7 推动活塞 10 左移。当活塞 10 与壳体 3 之间的轴向间隙被消除后，随动阀便作为一整体随拉杆 1 一起左移，直接拉动壳体拉杆 8，使离合器分离。

如前所述，踏下踏板时，排气阀关闭而进气阀打开，助力缸进气，离合器分离。若踏下踏板并保持某一位置时，随着助力缸中的不断进气和助力缸活塞的移动，使壳体拉杆 8 推动随动阀壳体向左移动，弹簧 2 逐渐伸长。这时杠杆 7 产生相对摆动，使弹簧 12 伸长，活塞 10 相对右移，阀门 14 也随之右移，直到阀门 14 与阀座 13 接触时为止，此时即进、排气阀同时关闭。由于进、排气阀都处于关闭状态，助力缸既不再进气也不排气，助力缸活塞处于平衡状态，所以离合器便保持在某一分离程度。若将踏板再踏下一些，随着拉杆 1 左移，进气阀重又开启，助力缸中充气量和气压将增加，并推动助力缸活塞移动。同时壳体拉杆 8 及随动阀壳又进一步右移，直到进、排气阀重又都关闭而达到新的平衡为止。

同理，离合器接合时，若踏板放松并停在某一位置时，由于进气阀关闭，排气阀开启，助力缸中的气压将随着不断排气而逐渐降低，助力缸活塞在复位弹簧作用下逐渐回位，壳体拉杆 8 拉动壳体 3 一起右移，使杠杆 7 产生相对摆动，活塞 10 相对左移而逐渐关闭排气阀，使系统处于平衡状态，离合器便保持在某一接合状态。若将踏板再放松一些，排气阀重又开启，直到系统达到新的平衡状态。显然，此时系统中平衡压力比原先小了，因此施加于踏板的踏力也减小了，离合器接合程度增加了。若踏板放松得慢，则排气阀开度小，排气也慢，所以离合器接合就更加柔和。由此可见，助力装置不仅具有助力的作用，还能使助力活塞的推力与踏板行程及踏板力成一定比例关系。这就是助力装置的随动作用。

②气压助力液压式操纵机构。

气压助力液压式操纵机构，其控制阀、助力缸有与液压主缸装为一体的，也有与液压工作缸装为一体的。如图 2-34 所示为东风 EQ1141G 型汽车离合器操纵机构示意图，图中助力器即气压助力液压工作缸，其工作原理如图 2-35 所示。

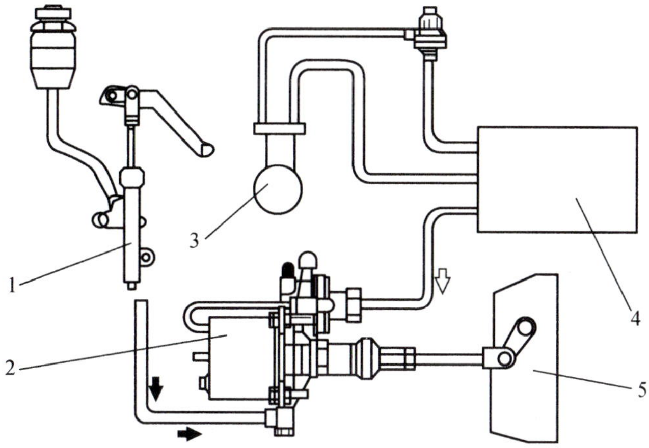

图 2-34 东风 EQ1141G 汽车离合器操纵机构

1—液压主缸；2—助力器；3—空气压缩机；4—贮气筒；5—离合器

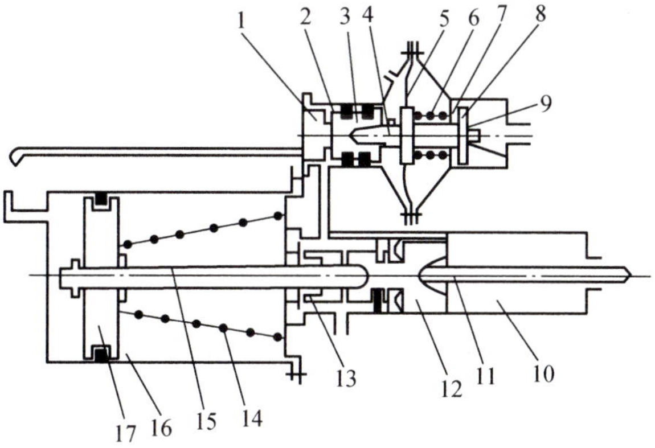

图 2-35 东风 EQ1141G 离合器气压助力液压工作缸示意图

1—阀套；2—控制阀；3—控制活塞；4—芯管；5—膜片；6—弹簧；7—阀座；8—阀门；9—阀门弹簧；10—液压工作缸；11—推杆；12—工作缸活塞；13—限位块；14—助力活塞复位弹簧；15—助力缸推杆；16—助力缸；17—助力缸活塞

控制阀采取膜片芯管结构，膜片 5 夹装在两半壳之间，中间固定着芯管 4。当踏下离合器踏板时，来自液压主缸的油液进入液压工作缸 10，推动工作缸活塞 12 右移，同时也进入控制阀 2 的液压腔内推动控制活塞 3 及芯管 4 右移，并将阀门 8 推离阀座 7，于是压缩空气便进入膜片右腔室，并通过管路进入助力缸 16 推动助力缸活塞 17 右移，助力缸活塞 17 又通过助力缸推杆 15 对工作缸活塞施加更大的推力，即产生助力作用。

当松开踏板时，液压系统油压下降，在气体压力和弹簧 6 的作用下，膜片 5 带动芯管 4 左移，并推动控制活塞逐渐回位。当阀门落入阀座，并当芯管离开阀门时，助力缸内的压缩空气即经膜片右腔室通过芯管中的通道流入膜片左腔室，再由通气孔排入大气。与此同时，助力缸活塞 17 和工作缸活塞 12 逐渐回位，使离合器接合。

在离合器分离或接合过程中，若踏板保持在一定位置不动，随着气体的不断充入或排出，作用在膜片 5 上的气压将逐渐升高或降低。在这个过程中，当气压达到某一数值时（此数值随踏板位置而变），膜片 5 便带动芯管 4 左移或右移，直至阀门 8 既堵死芯管中心的通道，又与阀座 7 相接触为止，此时整个操纵系统便处于平衡状态。当踏板处在不同位置时，平衡状态下系统内的气压便不同，从而使助力缸活塞的推力也不同。踏板位置越低，系统的平衡气压就越大，助力缸活塞的推力也越大。设计上使它们之间的关系成一定比例，因此，操纵系统具有随动作用。

如果气压助力失效，则踏下踏板时，进入工作缸的油液推动工作缸活塞 12 右移，这时，便同简单液压式操纵机构工作缸一样，只能靠非主缸来的液压推动工作缸活塞 12 使离合器分离。

上述气压助力装置，是与工作缸装为一体的，在有些汽车上，其助力装置则与主缸装为一体。装在工作缸上的助力装置与装在主缸上的助力装置的工作原理基本相同，所不同的是：前者是对工作缸活塞施加气压推力，而后者则是对主缸活塞施加气压推力。

由上述可见，虽然各种气压助力装置的结构有所不同，但工作原理都相同。即：在离合器分离过程中，随动控制阀的进气阀门打开，排气阀门关闭，压缩空气由进气阀门进入助力缸，产生助力作用。

在离合器接合过程中，进气阀门关闭，排气阀门打开，助力缸内的压缩空气逐渐由排气阀门放出，实现离合器接合。踏板松开得越慢，则排气阀门打开越小，因而压缩空气排出得越慢，离合器接合越柔和。

在离合器分离或接合过程中，若踏板保持在某一位置，则进、排气阀门都关闭，助力缸的气压由离合器压紧弹簧产生的总抗力平衡，离合器维持某一接合力。踏板位置越低，平衡气压越大，踏板力越大。

四、检修离合器本体

离合器是依靠摩擦力矩来传递发动机转矩的。由于在使用过程中，经常需要踏下和松开离合器踏板，使离合器分离或接合，因此，离合器的技术状况会逐渐变坏，结果出现离合器打滑、分离不彻底、抖动和发响等异常现象。

离合器技术状况变坏的原因主要有：摩擦面磨损；压紧弹簧弹力下降；主、从动盘的翘曲变形以及铆接件铆钉松动等。

摩擦面磨损主要是压盘（包括中间压盘）工作面与从动盘摩擦片的磨损，摩擦面磨损是不可避免的。当磨损后，因压盘要向飞轮方面产生位移，所以将造成压紧弹簧伸长，压盘压力减小，从而导致离合器最大摩擦力矩降低。当摩擦面严重磨损时，将因压紧弹簧伸长距离增大而进一步降低压盘压力。当摩擦片磨损至铆钉外露时，摩擦面将因接触不良而降低摩擦力。当摩擦面产生表面硬化，或因离合器工作不正常造成摩擦面温度过高或烧毁时，将大大降低摩擦力矩，使离合器传递转矩的能力下降。

离合器在工作中将产生大量的热。特别是在使用条件恶劣，起步换挡频繁且起步换挡之间半联动时间长时，压紧弹簧受热温度会增高，导致压紧弹簧受热退火，结果造成压紧力降低、离合器传递转矩的能力下降。此外，在长期使用中，压紧弹簧因经受长期负荷而疲劳，可能产生弯曲、折断、弹力不足或弹力不一等问题，这不仅会造成压盘压力不足，而且将造成压盘受力不均，出现离合器打滑、分离不彻底、发抖等不正常现象。

经常打滑的离合器，将产生更多的热量。一方面使压紧弹簧受热退火，另一方面又加剧压盘、从动盘摩擦面的磨损，甚至烧伤压盘和摩擦片，以及引起压盘和从动盘及其他零件产生变形。

压盘产生翘曲变形，在离合器接合时，由于摩擦面压力降低，因而最大摩擦力矩将降低。在离合器分离时，可能产生分离不彻底的问题。从动盘产生翘曲变形时，在离合器接合过程中，摩擦片将产生不规则接触，压力不能平顺增加而引起离合器发抖。

从动盘与从动盘毂连接铆钉松动或折断、从动盘钢片断裂及扭转、减振器铆钉松动、减振弹簧断裂等，都将造成离合器发响或发抖等。

对于液压式操纵机构，如果主缸或工作缸密封圈密封不严出现泄漏，或系统中有空气，都会造成离合器分离不彻底。

对于气压助力式操纵机构，如果系统中漏气、活塞密封圈密封不严或排气门密封不严，将造成助力作用减弱甚至不产生助力作用。

除上述原因外，离合器也可能会因其他原因而影响其正常工作。如从动盘或压盘上沾有油污，将造成离合器打滑；离合器分离杠杆内端磨损或因调整不当等原因导致其高度不一致时，将造成离合器分离不彻底或发抖等。

小提示

为了确保离合器的正常工作，延长其使用寿命，在离合器使用过程中，需要经常对其进行检查和调整，及时发现和消除故障隐患。如果需要对离合器进行解体检修，应对其所有零件及相关零件进行全面的检查，并视情节予以修理或更换。

（一）解体离合器

离合器解体时应注意以下几点。

（1）离合器盖及压盘总成是与发动机飞轮同步旋转的，所以在制造厂已进行过动平衡试验。为了保证原平衡精度不变，在从飞轮上拆下离合器之前，应注意是否装有平衡块，并将飞轮、离合器盖以及各平衡块的相互位置都做出标记，以备装合时参考。装合时可按标记将各零件准确地装合原位，以免破坏原来的动平衡。此外，还应注意观察离合器的技术状况如何，以初步判断离合器可能存在的缺陷。例如胶片弹簧式离合器，其分离指的高度是不能调整的。因此，拆下离合器之前应检查分离指的高度情况及高度差。如果分离指高度不足，可能是由于膜片弹力减弱或分离指磨损过大造成的；如果分离指高度过大（分离指端面已抵在离合器盖上），可能是因为摩擦片或压盘摩擦面磨损过大；如果各分离指高度差过大，可能是因为个别分离指变形或支撑环折断等。这一初步判断将为下一步的检修工作打下良好的基础，而且对于膜片弹簧式离合器来讲，其分离指高度及高度差情况如何，在离合器从飞轮上拆下以后，有的将难以判明。

（2）由于离合器盖多为冲压件，若拆卸不当，会产生变形。如果变形，重装后的离合器会产生振抖。所以，拆卸时应按对角线交替、均匀地拧松离合器盖的紧固螺栓。

（3）离合器及压盘总成解体时，应使用压床或专用夹装工具，将离合器盖及压盘固定夹紧，然后再拧下盖与压盘的连接螺栓，以免解体时将离合器盖弹出，造成人身伤害或零件变形。如图 2-36、图 2-37 所示为拆装离合器的两种专用工具示意图。如图 2-37 所示工具，是把离合器 5 置于托盘 4 上，然后将压板 6 放在离合器盖上，摇转手轮 8，通过丝杆及推力轴承将离合器压紧。这种工具结构简单、适应范围广、拆装效率高，是常见的专用夹装工具之一。

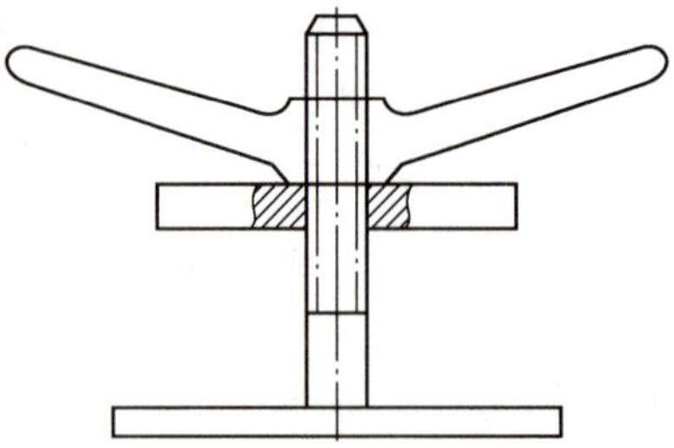

扫一扫

图 2-36　拆装离合器专用工具之一

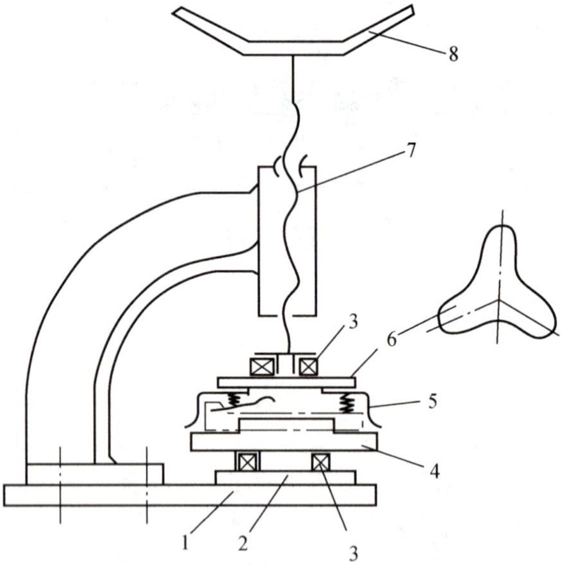

图 2-37　拆装离合器的专用工具之二

1—作业右面；2—底座；3—推力球轴承；4—托盘；5—离合器；6—压板；7—丝杆；8—手轮

膜片弹簧式离合器解体时，应先分解离合器盖与压盘，然后用钻头钻去膜片与盖的固定铆钉，分解盖与膜片。

（二）检修从动盘

从动盘的主要损伤有：摩擦片磨损、烧蚀、硬化或破裂；摩擦片与从动盘钢片铆钉松动；从动盘钢片翘曲、破裂、钢片与盘毂铆钉松动；从动盘毂花键磨损；扭转减振器弹簧折断等。

当摩擦片磨损后，其表面至铆钉头部的距离小于 0.5mm 时，或摩擦片有严重烧蚀、裂纹和脱落时，应更换新片。当摩擦片磨损均匀，且厚度足够，可修理摩擦片表面，去除表面硬化层后继续使用。

从动盘钢片与从动盘毂铆接情况，可用敲击法检查，如有松动，应去除松动的铆钉重新铆合。

从动盘毂花键的磨损，可用测齿游标卡尺测量键齿厚度，键齿厚度磨损一般不超过 0.25mm。也可用手转动套在变速器第一轴上的从动盘，不得有明显松旷感，否则应更换新件。

从动盘钢片翘曲变形的检查，可把钢片放在专用平板上用厚薄规进行测量，也可以用测量钢片端面跳动的方法进行检查。

对不需要更换摩擦片或更换摩擦片后的从动盘，也应检查其端面跳动情况。允许跳动量的大小，根据从动盘的直径大小而定，如表 2-1 所示。

表 2-1 从动盘端面跳动量允许值

从动盘外径（mm）	端面跳动量允许值（mm）	
	带摩擦片	不带摩擦片
≤200	0.40	0.30
200～320	0.60	0.50
≥320	0.80	0.60

从动盘钢片端面跳动量超过允许值时，可进行冷校正，其方法可根据钢片的结构采用特制夹模或特制扳钳校正，也可用手锤轻敲校正。

更换摩擦片首先是拆除旧片。拆除旧片应选用比铆钉直径略小的钻头钻去铆钉尾部的一端，然后用冲子冲出铆钉，不得用凿子铲除，以免从动盘变形或铆钉孔扩大。对于有波浪形弹簧片的从动盘，需先拆除钢片与波浪片的铆钉，然后再分别从钢片和波浪片上拆除旧摩擦片。

在摩擦片上钻铆钉孔和埋头孔时，要把两片摩擦片同时放在从动盘钢片的一边，对正位置后，用夹具夹紧。选用与钢片铆钉孔相适应的钻头，按照钢片上各孔的位置将摩擦片钻通，再用与铆钉头直径相应的锪孔钻头在每片摩擦片的单面钻出埋头孔。埋头孔的深度视摩擦片的材料而定，对含铜丝的摩擦片，埋头孔深度为片厚的 1/2，对不含铜丝的摩擦片，埋头孔深度为片厚的 2/3。

摩擦片与从动盘钢片的铆合，可用专用设备铆合，也可手工铆合。为了使摩擦片能可靠地与钢片表面贴合，一般采用单铆，即一颗铆钉只铆一片摩擦片，并且铆钉头的方向交错排列。

对从动盘钢片与摩擦片之间装有波浪形弹簧片的从动盘，铆合摩擦片时，应先将两摩擦片分别铆在钢片和波浪片上，然后再将钢片与波浪片铆合。对钢片本体为波浪形的，两摩擦片应分别与波浪片的波峰与波谷铆接，以保证从动盘在轴向上有一定的弹性。

为了使摩擦片与飞轮及压盘接触良好，铆合好的摩擦片还要进行修磨。其方法有手工修磨和机械修磨两种。手工修磨一般是在飞轮上涂一层白粉，放上从动盘，略施压力转动并检查其接触情况，锉去从动盘摩擦片上的突出部分，直到均匀接触为止。机械修磨效率高、质量好，但需要专用修磨机。

小提示

带扭转减振器的从动盘，其减振弹簧如有折断或变软，应更换新件；如铆钉松动应钻去重铆。

（三）检修压盘与飞轮

压盘（包括中压盘）的主要损伤有：压盘工作面的磨损、擦伤烧蚀、裂纹、翘曲变形及压盘与传动销配合间隙因磨损而松旷等。

压盘如有裂纹，应更换新件。当工作面磨损不严重和轻微烧蚀时，可用砂纸打磨，或用砂轮磨光后继续使用。当工作面磨损严重、擦伤的沟槽深度超过 0.5mm 时，平面度误差：解放 CA1091 型超过 0.20mm；东风 EQ1090E 型超过 0.12mm；黄河 JN1150/106 型中间压盘超过 0.08mm，压盘超过 0.15mm 时，应车光或磨光，但总车（磨）削量不得超过 1mm。压盘及中间压盘工作面擦伤沟槽深度可用平面度检验仪进行检查，平面度检验仪如图 2-38 所示。压盘及中间压盘工作面平面度的检验，可将压盘或中间压盘放置在平板上或用直尺置于压盘或中间压盘工作面上，然后用厚薄规在其缝隙处测量。

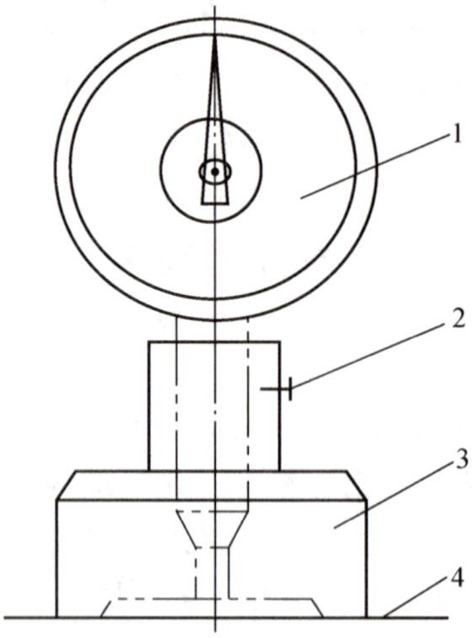

图 2-38　平面度检验仪

1—百分表；2—锁紧螺栓；3—表座；4—被测平面

双片离合器中间压盘传动销（或定位块）与销孔（或槽）的配合间隙一般不得超过 0.5mm，超过时应更换或修复。解放 CA1091 中间压盘传动销孔磨损超限，可采用扩孔后换用加大尺寸的传动销或另开传动销孔的方法，恢复原来的配合间隙。

飞轮不应有裂纹，工作面应平整光洁，平面度误差一般不应超过 0.10mm，超过时应修平。平面度的测量可用刀口尺及厚薄规进行。飞轮齿圈牙齿磨损后可翻面使用。

修复后的压盘、中间压盘及飞轮应进行静平衡试验。

压紧弹簧的主要损伤有弹簧断裂、弯曲变形、弹力减弱及自由长度变短等。

压紧弹簧表面不得有裂纹及明显的弯曲变形，否则应更换新件。弹簧弯曲变形的检验方法如图 2-39 所示。

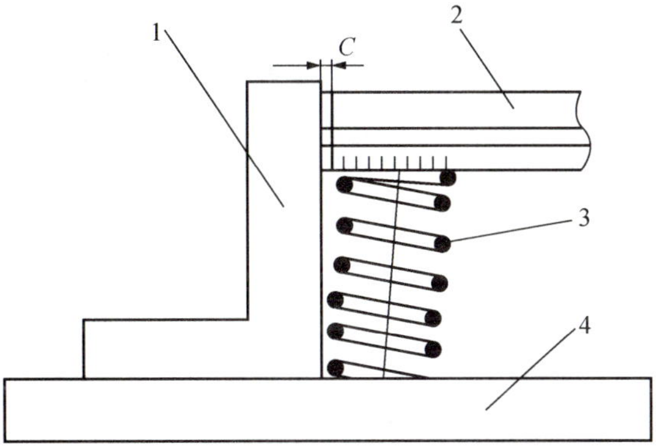

图 2-39 弹簧弯曲变形的检查方法

1—直角尺；2—直尺；3—弹簧；4—平板

弹簧在长期使用后会产生残余变形。其自由长度一般不低于标准尺寸 2mm，全部弹簧自由长度之差应不大于 2mm。弹簧的弹力是将弹簧压缩至一定长度时所需的压力。每根弹簧压缩至工作长度的压力，是决定压盘总压力的。因此，要求每根弹簧的弹力都应符合原厂规定的技术参数，否则应更换掉不符合规定的弹簧。

知识拓展

几种常用汽车离合器压紧弹簧的主要技术参数见表 2-2。

表 2-2 几种车型离合器压紧弹簧主要技术参数

车型	EQ1090F	CA1091	JN1150/106	BJ2020	EQ1141G	
					10 圈	10.5 圈
自由长度（mm）	67	70.5	103	62	74	74
压缩长度（mm）	403	42	68	40	44	44
压缩压力（N）	608～636	480～559	833～892	696～756	564～636	423～477

（四）检修其他零件

（1）检查离合器盖，如有裂纹、凸凹变形等，应更换新件。

（2）检查分离杠杆内端与分离轴承接触部位的磨损情况，其磨损量：EQ1090E 型汽车应不大于 0.25mm；JNl150/106 型汽车应不大于 2mm；CA1091 双片离合器分离杠杆磨损后剩余厚度应不小于 1.5mm。如果磨损超限应予以焊修或更换新件。此外应检查分离杠杆相关零件，如轴销、滚针等，若有磨损或损坏应予更换。膜片弹簧分离指内端与分离轴承接触部位的磨损，其磨损深度一般不得超过 0.5mm，其磨损宽度一般不得超过 5mm，否则应更换膜片弹簧。

(3) 检查飞轮壳定位销孔，应确保无损，并定位可靠。飞轮壳若有裂损，应焊修或更换新件。检查飞轮壳座孔与变速器第一轴轴承盖的配合间隙，如因座孔磨损造成间隙过大时，应修复座孔。其修复方法通常是镶套修理法，即镗削座孔后镶套，一次修复到原厂尺寸。座孔的镗削，通常在专用镗削设备上进行。镗削时应将飞轮壳与发动机气缸体装配在一起，以曲轴轴承孔定位，以保证座孔与曲轴轴承孔的同轴度。但气缸体后端面应经过检验或整修后合乎标准。

(4) 检查变速器第一轴花键齿磨损情况，可用测齿游标尺测量键齿厚度，或将从动盘毂套在变速器第一轴花键上，来回转动从动盘毂，不得有明显松旷感，否则应更换变速器第一轴。

(5) 如果发现离合器盖、压盘、从动盘及飞轮壳上有油污，应注意检查曲轴油封和变速器第一轴油封。若油封失效漏油，应更换新件。此外，应检查变速器第一轴前轴承，若有松旷、噪声或卡滞现象，应更换新件。

五、检修离合器操纵机构

(一) 检修机械式操纵机构

机械式操纵机构的结构比较简单，其主要损伤有磨损、变形、断裂等。维修时应注意以下几个方面。

(1) 检查分离轴承，其应转动灵活、无尖锐响声或阻滞现象，其轴向间隙一般应不大于 0.6mm，否则应更换新件。

(2) 检查分离轴承与分离套筒应为过盈配合，其过盈量一般为 0～0.07mm，但不得出现间隙。分离套筒与变速器第一轴轴承盖的配合间隙一般为 0.05～0.15mm，最大一般不得大于 0.30mm，否则应对分离套筒或变速器第一轴轴承盖进行修理或更换新件。

(3) 检查分离叉应无裂纹，单点支撑的出现球碗磨损过大或球头销头部因磨损圆度误差过大情况，应予以修复或更换新件。分离叉上球头销卡簧（通常为片式）应牢固无断裂，并且弹力良好。转轴式分离叉其转轴轴颈与衬套的配合间隙一般应不大于 0.30mm，否则应更换衬套（镶套修复），并经铰削恢复其名义尺寸。但两只衬套应使用带导向装置的铰刀进行铰削，以保证同轴。

(4) 检查踏板臂及拉杆等零件，应无裂纹、变形。其铰接部位，因磨损造成松旷时，可在堆焊孔后，重新钻孔恢复其名义尺寸，或加大孔后，更换加粗的轴销。踏板轴与衬套的配合因磨损造成松旷时，可对轴堆焊后车削至名义尺寸，对衬套应予更换并经铰削恢复配合尺寸。分离拉杆，其螺纹损伤，可顺丝修复。若顺丝无效时，应更换新件。

(5) 钢丝索式操纵机构的主要损伤是钢丝索断股，护套破损或两端承孔磨损以及螺纹损坏等。出现上述情况，一般应更换钢丝索总成。

（二）检修液压式操纵机构

液压式操纵机构的主缸与工作缸是液压传动系统的主要部件，其技术状况好坏，直接影响离合器操纵效能。主缸与工作缸常见的损伤是缸筒内壁磨损、活塞与缸筒的配合间隙增大、皮碗与皮圈老化、弹簧的锈蚀及变形和弹力下降等。

缸筒内径的磨损，可用量缸表进行测量。活塞与缸筒的配合间隙可用量缸表测量缸筒最小内径，用外径千分尺测量活塞最大外径，二者之差即为活塞与缸筒的配合间隙，也可将活塞放入缸筒内，用厚薄规进行测量。当缸径磨损超过0.12mm、活塞与缸筒配合间隙超过0.20mm时，应予以修理或更换。

活塞磨损超限，应更换新件；缸筒磨损（或拉伤）可视缸筒材质确定是否修理。对尼龙制品的主缸体，一般应更换新件；对铸铁制品的主缸体，若缸壁厚度足够，可采用镶套法进行修理。镶装缸套的材料一般用灰铸铁，套壁厚可为3mm，套与缸筒的配合过盈量一般为0.4～0.5mm，压入时两接触面可涂一层环氧树脂或白漆。缸套压入缸筒后，再镗削至标准尺寸。最后，按规定间隙选配活塞。主缸与工作缸的皮碗、皮圈，如破裂、老化、唇边损伤等，应更换新件。

小提示

主缸活塞复位弹簧应无锈蚀、弯曲现象，其弹力应符合要求，否则应更换新件。

主缸及工作缸的装配要注意以下几点。

（1）装配前应用非腐蚀性液体清洗油缸等零件并吹干。皮碗、皮圈及油阀等不得沾上矿物油，以免皮碗、皮圈等发胀，影响其正常工作。

（2）装配时，应将活塞、皮碗、皮圈、油阀等零件涂上一层制动液，然后把活塞复位弹簧、皮碗、活塞等依次装入，最后装上挡环并锁止。

（3）主缸及工作缸装合后，应以推杆推动活塞数次，检查其运动是否灵活，活塞是否能彻底回位。在放松推杆的情况下，用一细钢丝（直径一般不大于0.6mm）插入补偿孔时应畅通，否则说明补偿孔被皮碗挡住。这时应进一步检查弹簧的弹力、活塞的长度及皮碗、垫圈、卡环等尺寸是否符合标准。

（4）装合后的主缸和工作缸应进行密封性试验。即主缸在一定压力下做持续1min的强度和密封性试验，在任何部位均不得有漏油现象。工作缸一般是将其浸入正丁醇中，向总成内通以压缩空气进行密封性试验。

（三）检修气压助力装置

气压助力装置主要是随动控制阀和助力缸，其主要损坏是气阀门或密封圈磨损或老化、活塞与缸筒磨损、弹簧锈蚀损坏等。随动阀和助力缸的检修要注意以下几点。

（1）检查气阀门工作面的磨损情况，若有轻微磨损，可用砂纸修磨，若有锈蚀应用砂纸浸以煤油擦净。

（2）检查随动阀和助力缸各配合工作面腐蚀情况，若有锈蚀可用细砂纸浸以煤油擦净。

(3) 橡胶密封件若有磨损、老化及其他损伤，应更换新件。

(4) 检查气缸内表面，若有轻微侵蚀或损伤，可用细砂纸修磨，损伤严重时应更换新件。

(5) 检查活塞与缸筒配合间隙，如超限，一般应更换活塞或更换总成。

(6) 检查活塞在缸筒内运动是否灵活。弹簧若严重锈蚀、损坏等，应予以更换。

(7) 装配随动阀和助力缸时，应注意检查各运动件的运动是否灵活，不能有卡滞现象。

(8) 随动控制阀在整个装配完成后，应调整排气阀与阀门之间的间隙（排气间隙）。排气间隙对保证助力系统的正常工作是非常重要的。若排气间隙过小，当驾驶员刚一触及踏板时，随动控制阀就开始供气，甚至不踏踏板也可能出现供气现象，这将造成离合器不能彻底接合；若排气间隙过大，将造成供气缓慢、踏板沉重、离合器分离困难。

排气阀的排气间隙一般应在 1～2mm。

(9) 密封性检查。当松开踏板时，若随动阀排气孔漏气，说明进气阀密封不严，这时应进一步检查阀门与阀座的密封情况及阀门弹簧的弹力是否过小。当踏下踏板时，若排气孔漏气，则说明排气阀关闭不严或控制活塞密封圈（在 EQ1141G 上为膜片）漏气。若助力缸漏气，说明助力缸皮碗或活塞密封圈密封不严。

(10) 经检查调整后，踏下踏板时，离合器应能迅速、彻底分离；放松踏板时，离合器应能平稳、均匀地完全接合。

六、离合器装配与调整

(一) 装配离合器

离合器的各零部件经检修达到技术要求后，可进行离合器的装配。其装配顺序是：装配离合器盖及压盘总成，然后将总成安装到发动机上。装配离合器时，要注意以下几点。

(1) 装配压盘、离合器盖、压紧弹簧和分离杠杆时，为了装配方便，应使用压床或专用拆装工具（见图 2-36、图 2-37）。装配的一般顺序是，先将分离杠杆装在离合器盖上（如 CJ41091 型汽车双片式离合器）或压盘上（如 BJ2020S 型汽车等），再将隔热垫、压紧弹簧、离合器盖放在压盘上，然后用压床或专用拆装工具将压紧弹簧压缩后装上分离杠杆固定螺栓。在此装配过程中，有装配标记的应注意对正标记。

(2) 当各压紧弹簧自由长度和弹力不一致时（弹力虽稍弱，但必须在允许范围内），应将自由长度较短及弹力较弱的弹簧分开，且均匀对称地放置，以使整个压盘压力均匀。

(3) 安装从动盘时，要注意从动盘的安装方向。许多从动盘毂前后长短不同，如若装反将影响离合器的正常工作。如解放 CA1091 型汽车双片离合器两个从动盘毂应短部相对安装，如果有一个装反，在离合器接合时将因两个从动盘间距大于中间压盘厚度而引起离合器打滑。而跃进 NJ1060 型汽车离合器从动盘的短毂应朝向飞轮，否则就会使从动盘花键与变速器第一轴花键啮合长度减小，从而加速了键齿的磨损。带扭转减振器的从动盘，其减振盘一般应朝后安装。

（4）中间压盘上装有分离弹簧的，应注意中间压盘的安装方向，如解放 CA1091 型汽车双片离合器中间压盘的 3 个分离弹簧座孔应朝向飞轮一侧。

（5）飞轮与离合器盖及压盘总成有安装标记的，应对正标记安装。如果原来装有平衡块，应按原位装复，以免影响平衡精度。

（6）在将离合器盖及压盘总成安装到飞轮上之前，应先用变速器第一轴或专用轴插入从动盘毂花键孔及变速器第一轴前轴承（安装在曲轴后端凸缘中心处）孔中使从动盘定位，然后将离合器盖及压盘总成安装到飞轮上，以保证从动盘毂花键孔与曲轴的同轴度。

（7）如果在离合器修理过程中，更换了压盘或离合器盖等主要零件或它们之间的安装有变化，离合器装合后应重新进行动平衡试验。试验应按原厂规定进行，其允许不平衡量应符合表 2-3 的规定。

表 2-3 几种汽车离合器动不平衡量允差

车型	CA1091	EQ1090E	BJ2020S	JN1150/106
动不平衡量允差（g）	150	100	30	100

知识拓展

下面以东风 EQ1141G 型汽车离合器为例，进一步说明离合器的装配顺序。

东风 EQ1141G 型汽车离合器的基本组成（见图 2-34），其装配结构如图 2-40 所示。装配顺序如下。

（1）首先将轴销衬套 1 和 4 分别压入分离杠杆相应的两孔中，并在衬套内表面涂一层润滑脂，然后利用轴销 2 将分离杠杆 10 与调整螺钉 8 装配在一起，轴销两端用卡环固定。

（2）利用轴销 3 将分离杠杆总成装到压盘上。这时可将压盘放到压力机上。

（3）将两组压紧弹簧装到压盘上。注意两组压紧弹簧的刚度是不同的。装红色弹簧时，该弹簧的位置应均匀对称放置。

（4）在分离杠杆上装上分离杠杆弹簧和调整螺钉弹簧片 7。注意分离杠杆弹簧带分离杠杆垫环挂环的（见图 2-39），要间隔安装。

（5）将离合器盖放在压盘上，然后可利用压力机压缩压紧弹簧，直到调整螺钉螺纹露出离合器盖表面，拧上调整螺母 9。在组装离合器

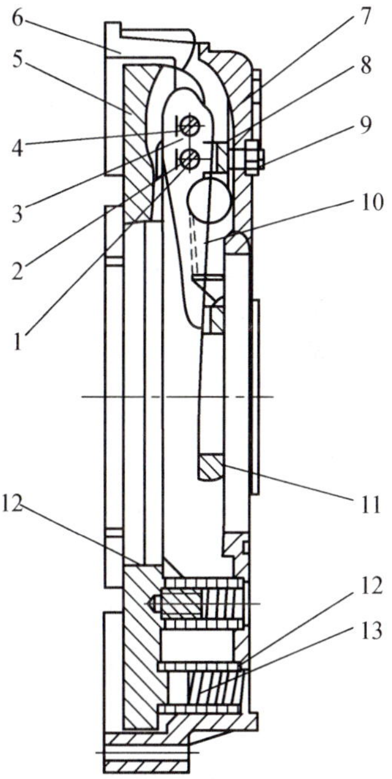

图 2-40 东风 EQ1141G 型汽车离合器盖及压盘总成

1、4—轴销衬套；2、3—轴销；5—压盘；6—离合器盖；7—调整螺钉弹簧片；8—调整螺钉；9—调整螺母；10—分离杠杆；11—分离杠杆垫环；12—压紧弹簧；13—压紧弹簧座

盖和压盘时，要注意对准原装标记。在装配调整螺母 9 时，要注意在盖与螺母之间涂上一层润滑脂。

(6) 利用分离杠杆弹簧挂环装上分离轴承垫环。

(7) 利用变速器第一轴（或专用轴）把从动盘和离合器压盘总成安装到发动机飞轮上。注意安装从动盘时，从动盘毂的凸面要朝向压盘。在紧固离合器盖与飞轮的连接螺栓时，要交叉均匀地拧紧。

小提示

离合器拆装过程中，从动片摩擦盘不可沾油污。

（二）调整离合器

1. 分离杠杆的调整

离合器各分离杠杆内端工作面的高度必须一致，即各分离杠杆内端工作面必须处于与飞轮端面平行的同一平面内。同时分离杠杆内端工作面的高度也应符合原厂规定。否则在离合器分离的接合过程中，将产生压盘歪斜、分离距离不足等现象，导致分离不彻底，并且在汽车起步时发生振抖。离合器的结构形式不同，分离杠杆的调整也有差异。目前常见的有 3 种：①旋动分离杠杆外端的调整螺母（如解放 CA1091 型汽车双片式离合器）；②旋动分离杠杆中部（支点）的调整螺母（如东风 EQ1090E 型汽车）；③旋动分离杠杆内端的调整螺钉（如北京 BJ2020S 型汽车）。上述 3 种调整形式如图 2-41 所示。图示中（a）和（c），旋进调整螺母时，分离杠杆内端被调高，反之则调低；图（b）中，调整螺钉主要用于使各调整螺钉端面处于同一平面的调整，旋进螺钉时，端面被调低，反之则调高。几种车型离合器分离杠杆的调整标准见表 2-4。当调整符合要求后，必须将调整螺钉（或螺母）锁紧。

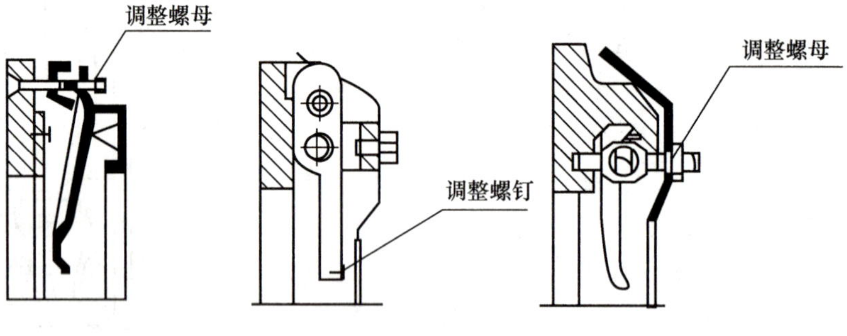

(a)解放CA1091型汽车双片离合器　(b)北京BJ2020S阀　(c)东风EQ1090E型汽车离合器

图 2-41　离合器分离杠杆调整部位

表 2-4 一些车型离合器分离杠杆调整数据

车型	EQ1141G	BJ2020S	CA1091（双片）	EQ1090E	JN150/106
高度（mm）	70	42.75～44.25	34±0.25	35.4	72
测量部位	垫环端面到飞轮表面	调整螺钉端面到压盘表面	分离杠杆内端面到压盘表面		
共面允差（mm）	垫环端面跳动 0.4	小于 0.2	小于 0.2	小于 0.2	小于 0.2

2. 中间压盘的限位调整

为了保证离合器分离彻底，解放 CA1091 型汽车所用双片式离合器，其中间压盘与中间压盘限位螺钉之间应保持适当间隙，否则工作中会因间隙过大或过小而造成分离不彻底。若此间隙过小，中间压盘会因后移量不够而和前从动盘联动。若此间隙过大，中间压盘会因后移量太大顺压紧后从动盘。CA1091 型汽车离合器中间压盘与限位螺钉之间需留出 1～1.25mm 的间隙，如图 2-42 所示。

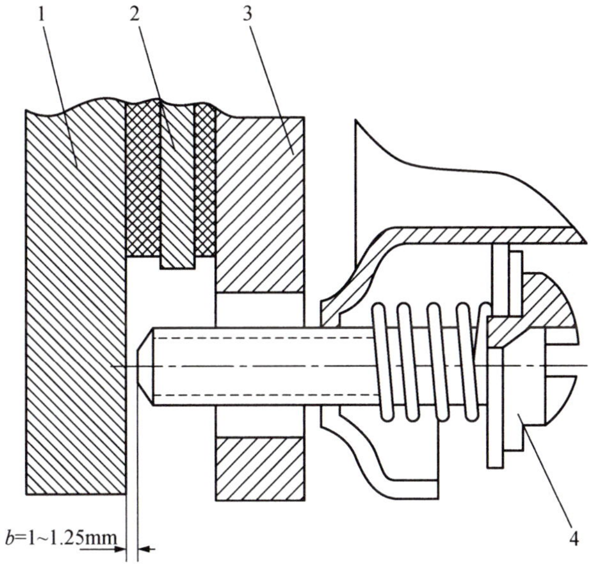

图 2-42 解放 CA1091 型汽车离合器中间压盘限位螺钉的调整

1—中间压盘；2—从动盘；3—压盘；4—限位螺钉

调整方法：在离合器完全接合状态下，将 3 个限位螺钉拧至抵住中间压盘，再将螺钉退回 2/3～5/6 圈（一般听到锁片发出 3～5 响为宜）。调整中间压盘限位螺钉与中间压盘的间隙时，应注意结合摩擦片的材质、耐磨性和摩擦片表面修理质量的好坏。如果耐磨性差，表面毛刺多，则摩擦片磨损快，容易出现初期打滑或分离不彻底现象，应将限位螺钉与中间压盘间隙调小一些。

3. 踏板自由行程的调整

从离合器的工作原理可知，从动盘摩擦片经长期使用变薄后，在压紧弹簧作用下，压盘和从动盘要向飞轮方向多移动一些距离，分离杠杆的内端相应地也要更向后一些，才能保证离合器完全接合。如果未磨损前分离杠杆内端和分离轴承之间没有预留一定的间隙，则在摩擦片磨损后，离合器将因分离杠杆内端不能后移而难以完全接合，从而在传动时将经常出现打滑现象。这样不仅降低了其能够传递的转矩数值，并且将使摩擦片和分离轴承加速磨损。

因此，当离合器处于正常接合状态，分离套筒被弹簧拉向最后方的位置时，分离轴承与分离杠杆内端之间应留有一定量的间隙，以保证摩擦片在正常磨损过程中，离合器仍能完全接合。

由于上述间隙的存在，当踏下离合器踏板时，先要消除这一间隙，然后才能开始分离离合器。为消除这一间隙所需的离合器踏板行程，称为离合器踏板自由行程。调整踏板自由行程就是为了保证分离轴承与分离杠杆内端之间的这一必要间隙。

离合器踏板自由行程的检验方法是将带有刻度的直尺支在驾驶室地板上，首先测出踏板在完全放松时的高度，再用手轻轻推压踏板，当感觉阻力增大（即分离轴承端面与分离杠杆刚刚接触）时，停止推压，测出踏板高度。前后两次测出的高度差即为离合器踏板自由行程的数值。

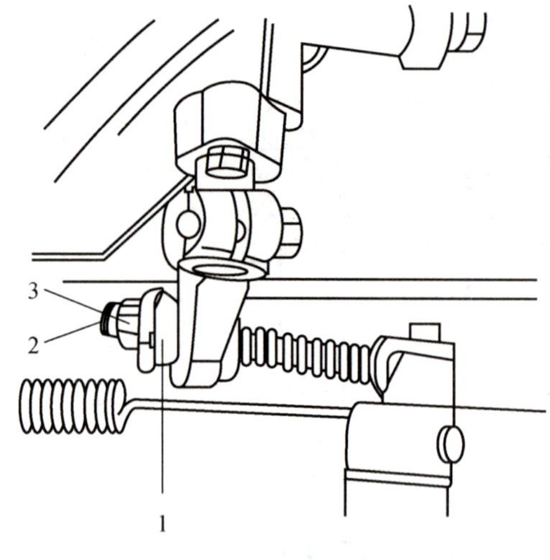

图 2-43 调整离合器踏板自由行程

1—球形调整螺母；2—分离拉杆；3—锁紧螺母

离合器踏板自由行程的调整方法如下。

一般机械操纵式离合器踏板自由行程是通过旋动操纵机构中分离拉杆上的调整螺母，改变分离拉杆的有效长度来调整的。如需增大离合器踏板自由行程，可将调整螺母旋出，使拉杆有效长度增长；如需减小踏板自由行程，则旋进调整螺母，使拉杆有效长度缩短。东风 EQ1090 型汽车离合器踏板自由行程的调整如图 2-43 所示。调整时，先将锁紧螺母 3 松开，然后旋进或旋出调整螺母 1，使踏板自由行程减小或增大。调整后，应检查离合器工作可靠性，最后将螺母 3 拧紧，以锁紧调整螺母。

钢丝索操纵式离合器踏板自由行程，一般是通过旋动调整螺母以改变钢丝索支撑架和分离叉摇臂之间的距离来进行调整的，如图 2-44 所示。

液压操纵式离合器踏板自由行程是离合器分离杠杆内端与分离轴承之间的间隙和液压主缸活塞与推杆之间的间隙在踏板上的总反映。

离合器分离杠杆内端与分离轴承之间的间隙是通过改变工作缸推杆的长度来调整的。推杆增长时，间隙减小，踏板自由行程减小；推杆缩短时，间隙增大，踏板自由行程增大。液压主缸推杆与活塞之间预留一定间隙，是为了保证活塞彻底回位，防止皮碗遮盖补偿孔而影响离合器接合。这一间隙一般是通过改变主缸推杆的长度进行调整的。

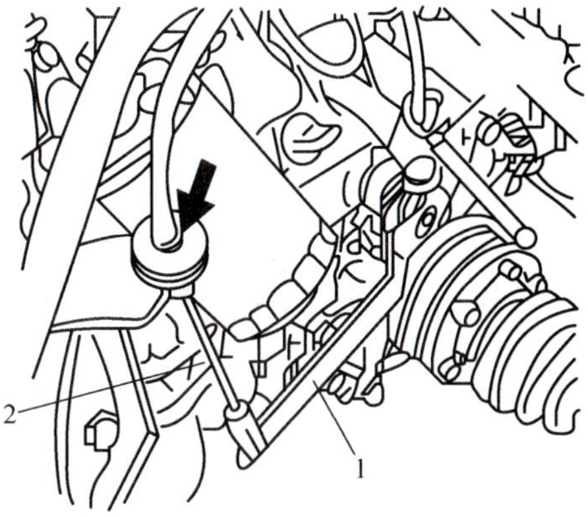

图 2-44　桑塔纳离合器踏板自由行程的调整

1—分离叉摇臂；2—钢丝索

一些车型的离合器踏板自由行程，见表 2-5。

表 2-5　一些车型的离合器踏板自由行程

车　型	CA1091	EQ1090E	EQ1141G	BJ2020S	桑塔纳
踏板自由行程（mm）	30～40	30～40	25～40	32～40	15～20

任务实施

拆解离合器

针对汽车启动时不能顺利入挡的情况，李师傅决定拆解离合器，拆解离合器之前，应先拆下变速器并固定飞轮。具体拆解步骤如下。

（1）从飞轮上拆下飞轮与离合器盖连接螺栓，可从飞轮上取下离合器盖及压盘总成。注意：若螺栓上装有平衡块，应在离合器盖、平衡块上打上标记，以便原位装复，以免破坏曲轴总成的动平衡。

（2）把离合器盖及压盘总成放在压床上，将压盘下边部分用一块厚度大于 9.2mm（新结构 9.7mm）外径小于 325mm 的圆形垫起，以 1.5t 以上压力压住。

（3）拆卸分离杠杆调整螺钉的锁紧螺母和调整螺母。

（4）拆卸传动片螺栓座上的螺栓（拆卸时应将翻边拆开）。

（5）慢慢放松压力机的压紧力，压力全部放松后，离合器压盘及盖总成全部解体，清洗和检查全部零件。

离合器拆装应注意以下几点。

（1）从动片凸台应朝变速器方向装。

（2）压盘与壳体连接片螺栓拆装时应先拆后装。

（3）四个压爪高度应调整一致。

（4）压簧装配时应放正。

（5）拆装时应用专用工具。

（6）应做好连接部位标记。

李师傅通过对离合器进行拆解，发现离合器从动盘毂键槽与变速器第一轴花键齿锈蚀使从动盘移动卡滞而分离不开，离合器分离不彻底导致变速器不能顺利入挡。

实训报告单

<table>
<tr><td rowspan="2">离合器拆解</td><td>姓名</td><td></td><td>学号</td><td></td></tr>
<tr><td>班级</td><td></td><td>日期</td><td></td></tr>
<tr><td colspan="5">一、基础知识准备
1. 简述离合器的功用。

2. 简述膜片弹簧式离合器的工作过程。

3. 离合器的自由间隙有什么作用？摩擦衬面磨损后，上述间隙有什么变化？对离合器工作带来什么影响？

二、实训考核
1. 简述拆卸离合器的实训步骤及注意事项。

2. 指出所拆卸离合器部件的名称及其作用。

3. 检查所拆卸离合器零部件是否损坏，如果损坏对离合器的功用会有什么影响？

三、安全文明生产</td></tr>
<tr><td colspan="2">教师评语</td><td colspan="3">本次实训成绩</td></tr>
<tr><td colspan="2" rowspan="2"></td><td>良好</td><td>合格</td><td>不合格</td></tr>
<tr><td></td><td></td><td></td></tr>
</table>

教师考核方案

<table>
<tr><td rowspan="2">离合器拆解</td><td>姓名</td><td></td><td>学号</td><td></td></tr>
<tr><td>班级</td><td></td><td>日期</td><td></td></tr>
</table>

一、基础知识准备（每题 10 分，共 30 分）

1. 简述离合器的功用。
2. 简述膜片弹簧式离合器工作过程。
3. 离合器的自由间隙有什么作用？摩擦衬面磨损后，上述间隙有什么变化？对离合器工作带来什么影响？

二、实训考核（每题 10 分，共 30 分）

1. 简述拆卸离合器的实训步骤及注意事项。
2. 指出所拆卸下离合器部件的名称及其作用。
3. 检查所拆卸离合器零部件是否损坏，如果损坏对离合器的功用会有什么影响？

三、安全文明生产

1. 学生工具选用、使用错误，扣 5 分；
2. 学生工具、零部件摆放不整齐，无序，扣 5 分；
3. 学生实训过程中出现掉落工具、零件情况，扣 5 分；
4. 学生在操作过程中出现重大违规及危及人身安全情况，扣 20 分。

四、实训评估

采用自评、小组评和教师评的方式对实训情况进行评分，每项分值为 10 分。

评价人	基本知识掌握程度	工作态度	团队合作能力	任务完成情况
自评				
小组评				
教师评				
平均分				

注：总分＞80 为优良；80≥总分≥60 为及格；总分＜60 为不及格。

任务 2.2 检修变速器

任务引入

某夏利 N7 汽车在变速或爬坡时，偶尔会出现变速杆自动跳回空挡的现象。李师傅了解情况后，决定让小王协助其检查变速器。

任务分析

通过学习变速器的结构及工作原理，能够熟练拆装变速器，并能对变速器常见故障进行诊断和维修。

知识准备

一、变速器的工作原理和结构

变速器的主要作用是变速、变矩、变向，同时可利用空挡切断发动机与传动系统的动力传递，便于发动机启动、变速器换挡、车辆滑行等。

（一）变速器工作原理

1. 变速与变矩原理

变速器变速、变矩的原理如图 2-45 所示。设小齿轮 A 为主动齿轮，齿数为 $Z_A=10$，半径为 r，大齿轮 B 为从动齿轮，齿数为 $Z_B=20$，半径为 R（设 $R=2r$），则小齿轮 A 转动一圈，大齿轮 B 转半圈，输出转速下降一半；同时，大、小齿轮接触面上的压力 P 相等，则输入轴转矩 $M_A=P\cdot r$，输出轴转矩 $M_B=P\cdot 2r$，其输出转矩增大了一倍，这就是变速器的变速和变矩的原理。

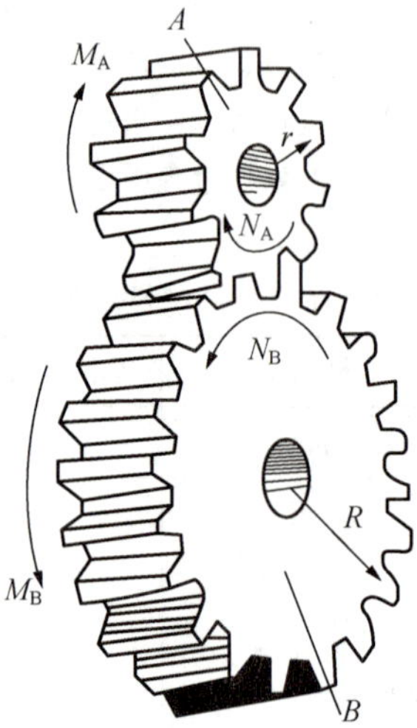

图 2-45 变速器变速、变矩的原理

主动齿轮转速与从动齿轮转速之比称为传动比（i_{AB}）。

$$i_{AB}=N_A/N_B=Z_A/Z_B$$

2. 变向原理

如图 2-46 所示为变速器变向的原理示意图。当齿轮 A 顺时针方向转动时，齿轮 B 则逆时针转动，如图 2-46（a）所示。当 A、B 两齿轮之间多设一个中间传动齿轮 C 时，齿轮 A 与 B 则同向转动，如图 2-46（b）所示。由此可知，单数轴齿轮传动时，输出轴和输入轴的转动方向相同；双数轴齿轮传动时，输出轴与输入轴的转动方向相反，这就是变速器的变向原理。

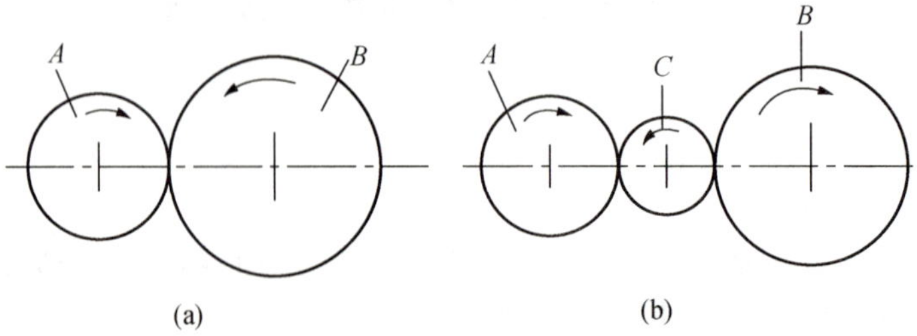

图 2-46 变速器变向的原理

课堂讨论

变速器大小齿轮传动比变大，输入与输出转矩的差值变大还是变小？

（二）变速器的结构

变速器由壳体、齿轮传动机构、操纵机构等几部分组成。齿轮传动机构的主要作用是改变发动机输出的转速和扭矩及旋转力向；操纵机构的作用是实现变速器传动比的变换——换挡。

1. 东风 EQ1092 型汽车变速器

东风 EQ1092 型汽车变速器有五个前进挡、一个倒挡和一个空挡，其中 5 挡为直接挡，在 2、3 挡和 4、5 挡之间装有惯性锁销式同步器。变速器结构如图 2-47 所示。它主要由壳体、齿轮传动机构、操纵机构所组成。

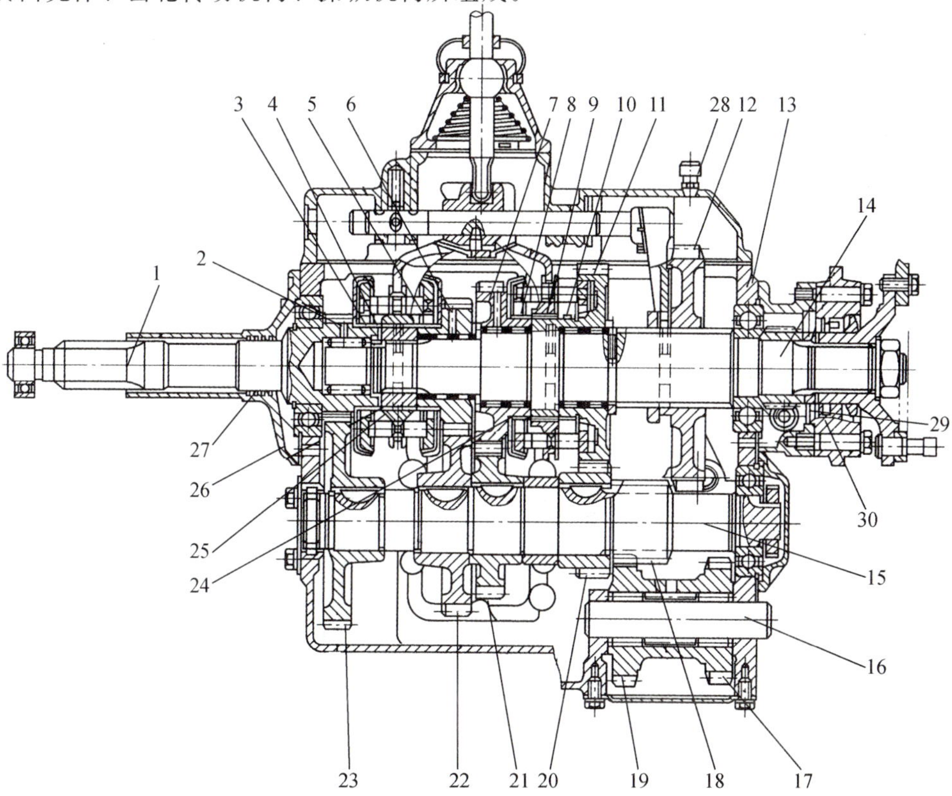

扫一扫

图 2-47 东风 EQ1092 型汽车变速器结构

1—第一轴；2—第一轴常啮合传动齿轮；3—第一轴齿轮结合齿圈；4、9—接合套；5—4 挡齿轮结合齿圈；6—第二轴 4 挡齿轮；7—第二轴 3 挡齿轮；8—3 挡齿轮结合齿圈；10—2 挡齿轮结合齿圈；11—第二轴 2 挡齿轮；12—通气塞；13—第二轴 1、倒挡滑动齿轮；14—变速器壳体；15—第二轴；16—车速里程表传动齿轮；17—驻车制动器底座；18—中间轴；19—倒挡轴；20、22—倒挡中间齿轮；21—中间轴 1、倒挡齿轮；23—中间轴 2 挡齿轮；24—中间轴 3 挡齿轮；25—中间轴 4 挡齿轮；26—中间轴常啮合传动齿轮；27、28—花键毂；29—第一轴轴承盖；30—轴承盖回油螺纹

（1）变速器壳体。

固定在发动机飞轮壳的后端面上，壳体上有加油口和放油口。变速器盖上还设有通气塞，以防止工作时润滑油温度过高，压力上升导致各结合面漏油。

（2）齿轮传动机构。

齿轮传动机构主要由齿轮、轴和轴承组成，第一轴与第一轴常啮合传动齿轮制成一体，其前后端用滚珠轴承分别支承在飞轮中心孔和变速器壳体前壁座孔中。

第二轴前端通过滚针轴承支承在第一轴常啮合传动齿轮和心孔内，后端通过向心球轴承支撑在变速器后壁孔中，1 挡和倒挡齿轮可在第二轴花键上滑动，2、3、4 挡齿轮均用滚针轴承装在第二轴上，4、5 挡固定齿座与第二轴花键连接。2、3 挡和 4、5 挡固定齿座的外花键上装有滑动齿套，以便与相应齿轮上的齿圈啮合或分离，进行换挡。

中间轴上的 1、倒挡齿轮与轴制成一体，其余各齿轮均用半圆键与中间轴连接，倒挡轴压装在变速器壳体内，并用锁片锁止。倒挡中间齿轮通过双排滚针轴承套装在倒挡轴上。

第二轴、中间轴、倒挡轴上的 1 挡和倒挡齿轮为直齿，其余各轴上均为常啮合的斜齿轮。

（3）同步器。

同步器的作用是在变速器换挡过程中，使待啮合的齿轮迅速同步（齿轮圆周速度相同），从而实现平稳啮合。

东风 EQ1092 型汽车变速器的第二轴上装有 2 套结构相似的惯性锁销式同步器，如图 2-48 所示，分别用于 2、3 挡和 4、5 挡。

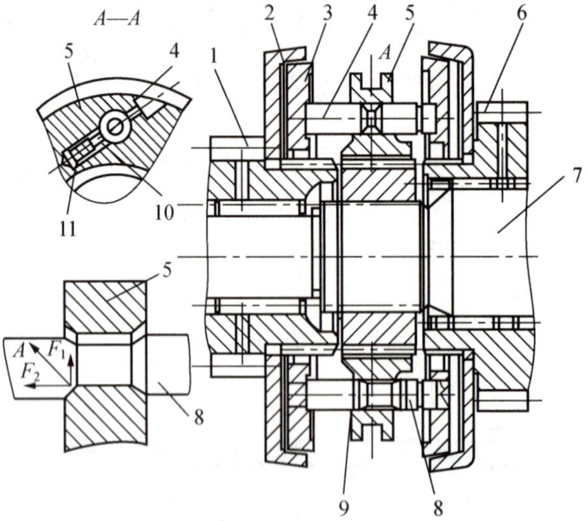

扫一扫

图 2-48　惯性锁销式同步器

1—第一轴常啮合齿轮；2—摩擦锥盘；3—摩擦锥环；4—定位销；5—接合套；6—第二轴 4 挡齿轮；7—第二轴；8—锁销；9—花键毂；10—钢球；11—弹簧

两个摩擦锥盘用内齿分别套装在带齿圈的齿轮上，随齿轮一起旋转。定位销、锁销与接合套相应孔为间隙配合，锁销中部及接合套相应孔两端切有相同的倒角。只有在两者同心时，接合套才能沿锁销轴向移动，两个锥盘、三个锁销、三个定位销及接合套组成一个整体部件。套装在花键毂的外齿圈上，如图 2-48 所示为空挡位置，当接合套受到向前的轴向推力时，通过钢球和定位销带动摩擦锥环向前移动，使其与摩擦锥盘接触面发生摩擦，迫使摩擦锥环连同锁销一起相对于接合套转过一定角度，这样锁销与接合套相应孔不再同心，锁销中部的倒角与销孔端倒角相互抵触。阻挡接合套继续前移，同时，锥面上的摩擦力矩迫使第一轴后端外齿圈迅速与接合套内齿圈同步。这样使锥面的摩擦力矩消失，作用于倒角面上的作用力 N 的切向力 F_1 使锁销与接合套相应孔达到同心。于是，接合套在挂挡力的作用下能沿锁销滑动，直到与齿轮 1 外齿圈套合，实现挂挡。

东风 EQ1092 型汽车变速器（空挡）如图 2-49 所示，各挡传动比分别为 $i_1=7.31$，$i_2=4.31$，$i_3=2.45$，$i_4=1.54$，$i_5=1$（直接挡），$i_d=7.66$。

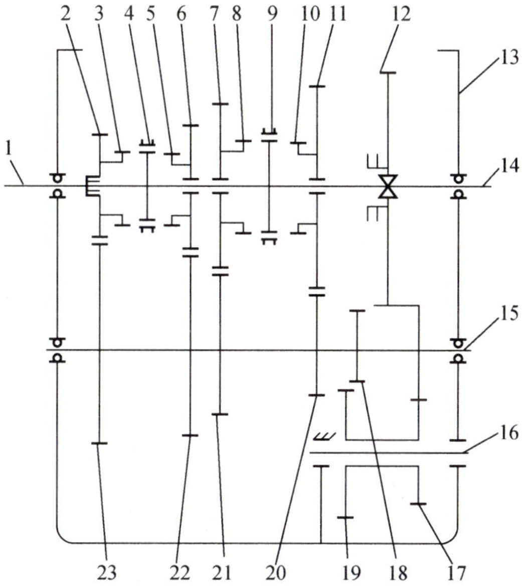

扫一扫 图 2-49 东风 EQ1092 型汽车变速器（空挡）

1—第一轴；2—第一轴常啮合传动齿轮；3—第一轴齿轮结合齿圈；4、9—接合套；5—4 挡齿轮结合齿圈；6—第二轴 4 挡齿轮；7—第二轴 3 挡齿轮；8—3 挡齿轮结合齿圈；10—2 挡齿轮结合齿圈；11—第二轴 2 挡齿轮；12—第二轴 1、倒挡滑动齿轮；13—变速箱壳体；14—第二轴；15—中间轴；16—倒挡轴；17、19—倒挡中间齿轮；18—中间轴 1、倒挡齿轮；20—中间轴 2 挡齿轮；21—中间轴 3 挡齿轮；22—中间轴 4 挡齿轮；23—中间轴常啮合齿轮

（4）变速器操纵机构。

变速器操纵机构位于变速器盖上，操纵机构中设有自锁、互锁与倒挡锁止装置。东风 EQ1092 型汽车变速器操纵机构如图 2-50 所示。

变速杆以球头为支点，变速杆下端嵌在拨叉相应的凹槽中，3 根拨叉轴平行安装在变速盖相应的孔中。

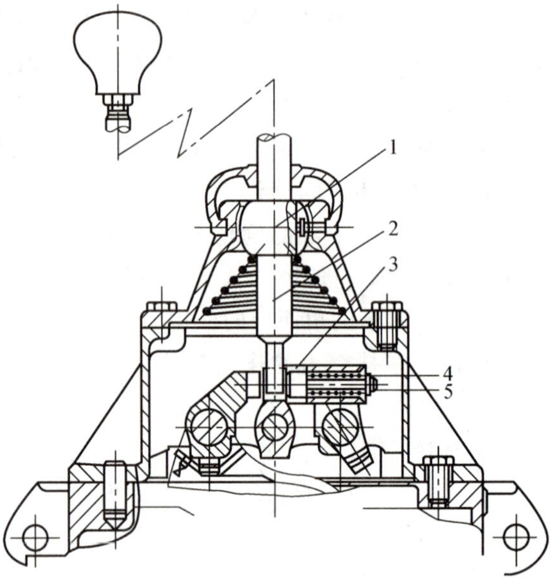

图 2-50　东风 EQ1092 型汽车变速器操纵机构

1—球头；2—变速杆；3—倒挡拨杆；4—倒挡锁弹簧；5—倒挡锁销

自锁装置的作用是防止变速器齿轮传动机构在工作过程中自行脱挡，其工作原理如图 2-51 所示。每根拨叉轴上有 3 个凹槽，当某一拨叉轴连同拨叉移到空挡或某一挡位时，就有一个凹槽对准自锁钢球，钢球在弹簧弹力的作用下阻止了拨叉轴的自行轴向移动，当该拨叉轴需移动（换挡）时，必须借助于驾驶员作用在变速杆上的外力，才能使拨叉轴克服弹簧弹力进行换挡。

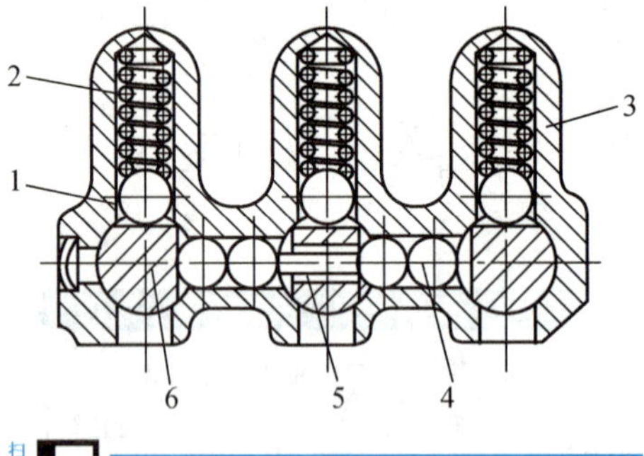

图 2-51　变速器自锁装置工作原理

1—自锁钢球；2—自锁弹簧；3—变速器盖；
4—互锁钢球；5—互锁销；6—拨叉轴

互锁装置的作用是防止变速器同时挂入两个挡位而发生运动干涉，造成机械事故，因此当一根拨叉轴移动时，其余拨叉轴必须被锁止。互锁装置由互锁钢球和互锁销组成，其结构与工作原理如图 2-52（a）所示。拨叉轴上除自锁凹槽外，还有面向互锁钢球的互锁凹槽，中间拨叉轴上装有互锁销，其长度为拨叉轴直径与一个凹槽深度之差，于是，当一根拨叉轴移动时，其余拨叉轴被锁止，不能轴向移动。

倒挡锁止装置的作用是防止驾驶员误挂倒挡，其结构如图 2-52（b）、（c）所示，由 1 挡、倒挡拨块中的倒挡锁销及弹簧组成。驾驶员要挂 1 挡或倒挡时，必须用较大的力才能使变速杆的下端将弹簧压缩，从而将锁销推向右方，使变速杆的下端进入 1 挡、倒挡拨块的凹槽内，以拨动 1 挡或倒挡拨叉轴而挂入 1 挡或倒挡。

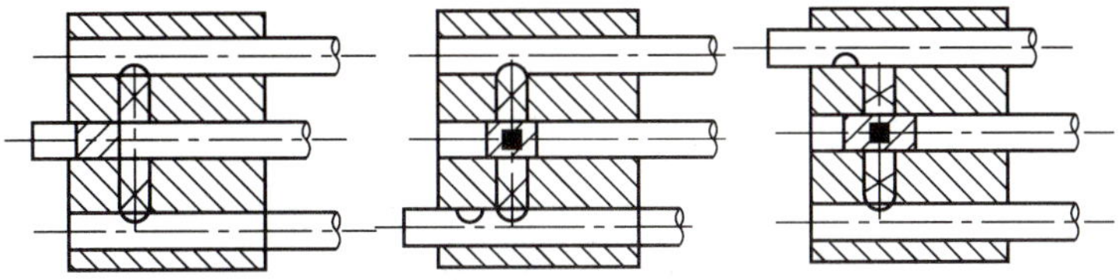

扫一扫 图 2-52 变速器互锁装置结构和工作原理

2. 桑塔纳乘用车变速器

桑塔纳乘用车采用发动机前置前轮驱动的传动系统布置形式，其变速器与主减速器、差速器均装于同一壳体内。桑塔纳乘用车变速器结构如图 2-53 所示。

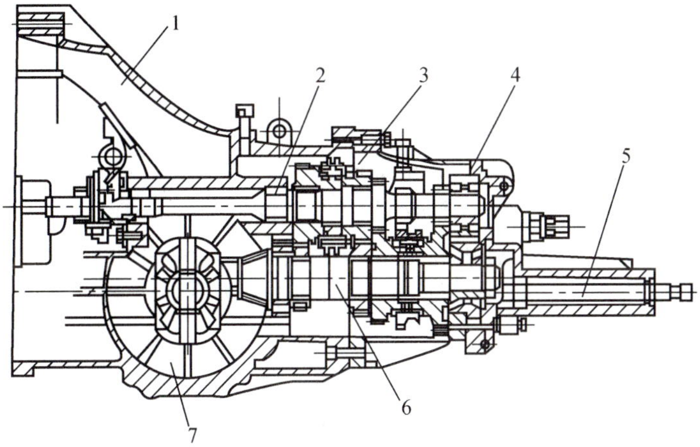

图 2-53 桑塔纳乘用车变速器结构

1—前壳体；2—输入轴；3—后壳体；4—后盖；5—内换挡杆；6—输出轴；7—主减速器与差速器

（1）变速器壳体由前壳体和后壳体组成。前壳体兼具飞轮壳的作用，前端与发动机缸体连接，其作用是支承输入轴与输出轴的前端，后壳体是输入轴和输出轴后轴承的支座，也是换挡拨叉轴的轨道。后部为变速器的后盖。

（2）齿轮传动机构。桑塔纳乘用车变速器采用输入轴和输出轴两轴布置形式。输入轴的前端支承在发动机曲轴后端的凸缘承孔中，中部通过滚针轴承由变速器前壳体支承，后端通过组合式轴承安装在后壳体上。输入轴及其 1、2 挡齿轮、倒挡齿轮与倒挡轴制成一体，其余均为带内衬套式齿轮。输出轴前端由变速器前壳体支承，后端通过双列圆锥滚子轴承安装在后壳体上。输入轴与输出轴的轴向位置由两个后轴承、调整垫片及后壳体来控制。减速器圆锥主动齿轮与输出轴制成一体，输出轴 1、2 挡齿轮借助滚针轴承套装在轴上，输出轴 3、4 挡从动齿轮与轴采用花键连接。1、2 挡同步器接合套上加工有倒挡从动齿轮。

齿轮机构传动情况如图 2-54 所示。各挡传动比分别为：$i_1=3.45$、$i_2=1.789$、$i_3=1.286$、$i_4=0.909$、$i_d=3.45$。

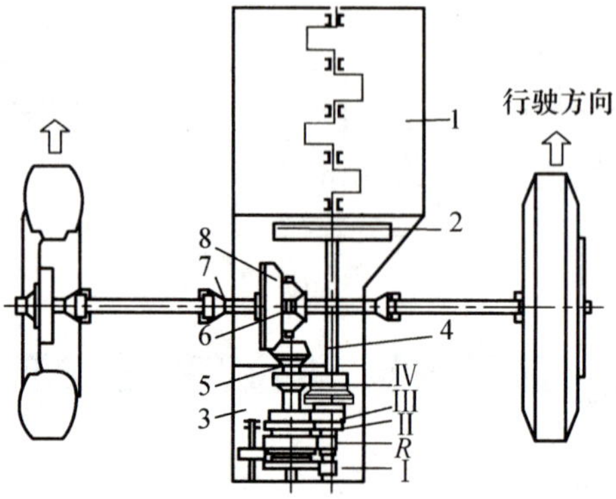

扫一扫 图 2-54　桑塔纳乘用车变速器齿轮传动情况（空挡）

1—发动机；2—离合器；3—变速器；4—变速器输入轴；5—变速器输出轴；6—差速器；7—传动轴；8—主减速器；Ⅳ—4 挡齿轮；Ⅲ—3 挡齿轮；Ⅱ—2 挡齿轮；R—倒挡齿轮；Ⅰ—1 挡齿轮

(3) 惯性锁环式同步器。桑塔纳乘用车的 1、2 挡与 3、4 挡之间均装有惯性锁环式同步器，其结构如图 2-55 所示。

锁环式同步器主要由两个带内锥面的锁环、带外齿的齿毂及安装在齿毂上的 3 个滑块、接合套等组成。齿毂通过内花键套装在输入轴或输出轴上。惯性锁环式同步器是利用锁环的内锥面与变速齿轮端头的外锥面间所产生的摩擦力来达到同步的目的，其工作原理如图 2-56 所示。

同步开始：当变速杆通过拨叉推动接合套、滑块、锁环移动时，变速齿轮带动锁环相对接合套转过一个角度，使滑块端头位于锁环缺口的一侧，锁环阻止接合套继续前移，如图 2-56 (a) 所示。

同步过程：在变速杆推力的作用下，锁环与齿轮锥面压紧而发生强烈摩擦，迅速达到同步，同时，由于同步前惯性力的作用，锁环与接合套齿始终抵触，有效防止同步前齿轮的啮合冲击，如图 2-56 (b) 所示。

同步啮合：同步后惯性力消失，锁环退转一个角度，使滑块端头位于锁环缺口的中央、接合套在变速杆作用下先与锁环齿啮合，进而与变速齿轮相啮合，顺利实现换挡，如图 2-56 (c) 所示。

(4) 操纵机构与换挡机构。桑塔纳乘用车变速器的操纵机构是由变速杆、外换挡杆与换挡接合器组成的一个连动机构。换挡拨叉轴安装在变速器后壳体中，内换挡杆安装在变速器后盖中，换挡拨叉轴各挡位的自锁和互锁机构均安装在变速器后壳体中，其工作原理与东风 EQ1092 型汽车变速器操纵机构的自锁与互锁装置基本相同。

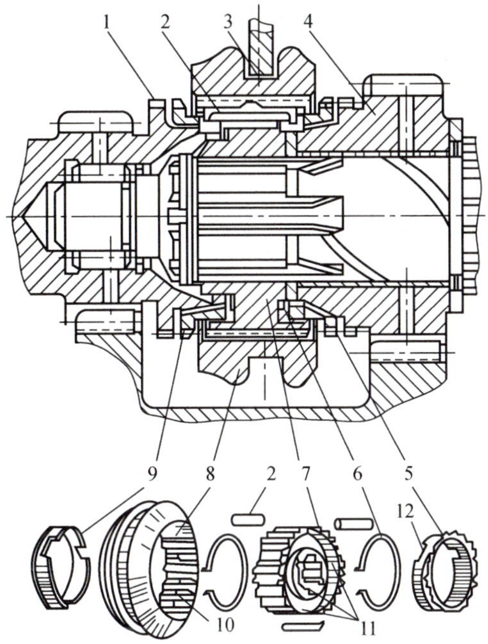

扫一扫 图 2-55 惯性锁环式同步器结构

1—第一轴齿轮；2—滑块；3—拨叉；4—第二轴齿轮；5、9—锁环；6—弹簧圈；7—花键毂；8—接合套；10—环槽；11—三个轴向槽；12—缺口

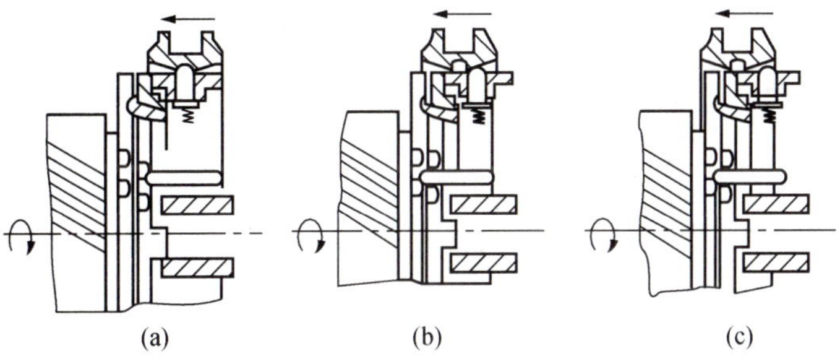

扫一扫 图 2-56 惯性锁环式同步器工作原理

二、维修东风 EQ1090E 型汽车变速器

（一）拆装变速器

随着汽车行驶里程的增加，变速器会出现跳挡、乱挡、发响、漏油等故障，因此必须对变速器进行维修。

小提示

经常在山区行驶，或者是在市区内走走停停的汽车，需要格外注意变速器的保养。

（1）在热车时将变速器壳体内的润滑油放净。

（2）拆下万向传动装置。

（3）拆除车速表传动软轴。

（4）分开离合器拉杆与踏板轴拉臂，并将分离叉放平。

（5）装好变速器托架，旋松变速器与飞轮壳连接螺栓，拆下变速器总成。解体变速器。

拆下驻车制动器，从壳体上拆下变速器盖。

1. 变速器齿轮机构的分解

（1）拆下变速器第一轴轴承盖，用铜棒上下轻敲第一轴，同时向前端抽出第一轴，取下第二轴前滚针轴承。

（2）拆下第二轴后端锁紧螺母。取下后端凸缘、后轴承盖、隔套、车速表蜗轮，分解后的第一轴和壳体如图 2-57 所示。

（3）用铜棒从前端向后敲击第二轴，使第二轴后轴承脱出变速器壳体，并用拉器拉出。从变速器壳体内取出第二轴总成并进行分解。

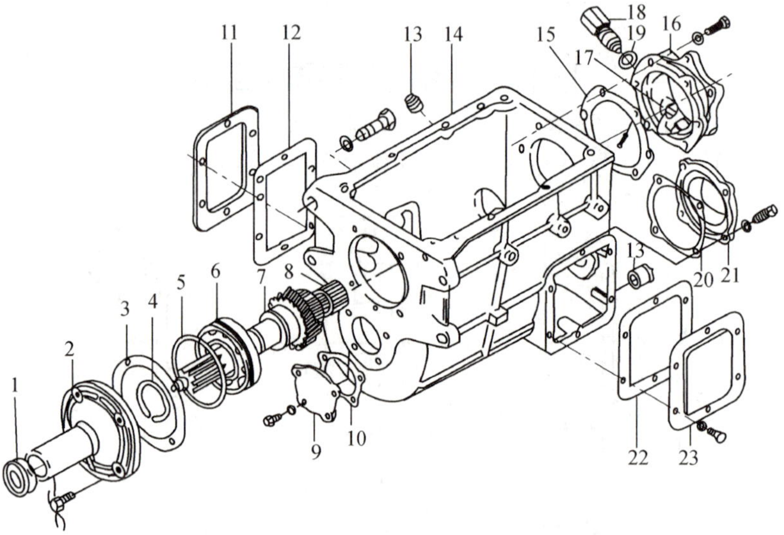

扫一扫 图 2-57 分解后的第一轴和壳体

1—第一轴前轴承；2—第一轴轴承盖；3、10、12、15、20、22—衬垫；4—第一轴后轴承挡圈；5—第一轴后轴承外缘挡圈；6—第一轴后球轴承；7—第一轴；8—第二轴前轴承；9—中间轴前轴承盖；11—盖板；13—放油螺塞；14—变速器壳体；16—第二轴后轴承盖；17—里程表从动齿轮油封；18—里程表软轴接头；19—接头密封圈；21—中间轴后轴承盖；23—倒挡齿轮检查孔盖板

从第二轴后端取下 1、倒挡滑动齿轮，从前端依次取下 4、5 挡同步器总成，4、5 挡齿座前端锁环、止推环及固定齿座，4 挡齿轮轴承挡圈，4 挡齿轮及轴承、止推环，3 挡齿轮及轴承，2、3 挡同步器总成，用螺丝刀压下第二轴上 2 挡齿轮后端止推环锁销，转动并向后取出止推环、锁销及锁销弹簧，取出 2 挡齿轮及轴承。分解后的第二轴总成如图 2-58 所示。

2. 变速器操纵机构分解

变速器齿轮的分解。

①拆下变速器顶盖总成，将变速器盖倒置，夹在台钳上，并拨至空挡位置。

②拆除各拨叉轴上的止动锁线，拆下各挡拨叉止动螺钉。

③用铜棒向前敲击任意拨叉轴并将其抽出（注意抽出拨叉轴时，防止自锁钢球弹出伤人或遗失）。

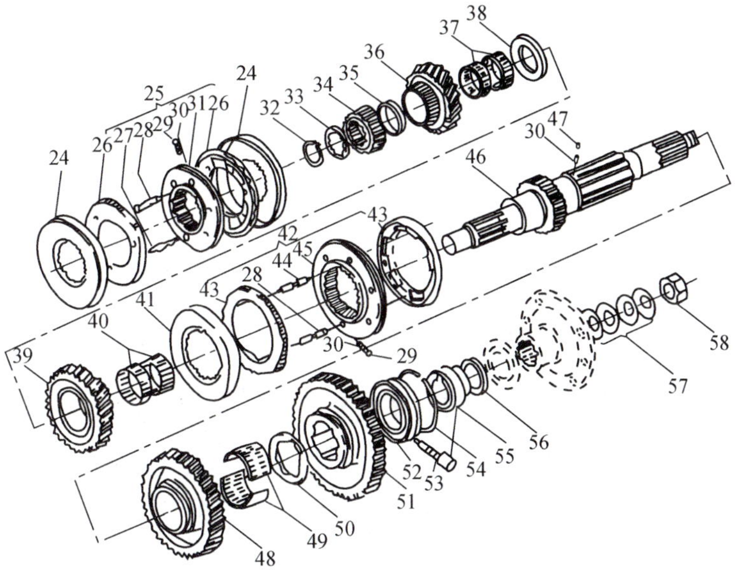

图 2-58 分解后的第二轴总成

24—4、5 挡同步器锥盘；25—4、5 挡同步器锥环总成；26、43—锥环；27、44—锁销；28—同步器定位销；29—定位钢球；30—锁销定位弹簧；31—4、5 挡滑动齿套；32—4、5 挡固定齿座锁环；33—固定齿座止推环；34—4、5 挡固定齿座；35—4 挡齿轮滚针轴承挡圈；36—4 挡齿轮；37—4 挡齿轮滚针轴承；38—4 挡齿轮止推环；39—3 挡齿轮；40—3 挡齿轮滚针轴承；41—3 挡同步器锥盘；42—2、3 挡同步器锥环总成；45—2、3 挡滑动齿套；46—第二轴；47—2 挡齿轮止推环锁销；48—2 挡齿轮；49—2 挡齿轮滚针轴承；50—2 挡齿轮止推环；51—1 挡及倒挡齿轮；52—第二轴后轴承；53—里程表从动齿轮；54—第二轴后轴承外缘挡圈；55—里程表主动齿轮；56—隔套；57—碟形弹簧垫圈；58—凸缘锁紧螺母

④用同样的方法拆下其余拨叉轴，取出中间拨叉轴上的互钮销、变速器盖上的自锁钢球、互锁钢球及自锁弹簧。

分解后的变速器操纵机构如图 2-59 所示。

（二）检修变速器的主要零件

1. 检修变速器壳体

变速器壳体的损伤主要有裂纹、变形、轴承座孔磨损等。壳体上平面的平面度误差不超过 0.30mm，否则可用铲、磨等方法修理。壳体裂纹可用环氧树脂黏结等方法修理，但若裂纹已扩展到轴承座孔，则应将壳体报废。轴承座孔磨损量可用新轴承做试配，一般轴承外围与座孔间隙不超过 0.10mm，壳体上的螺孔损坏不超过 2 牙，否则可用加大螺孔或推焊后重新改制螺纹等方法修复。

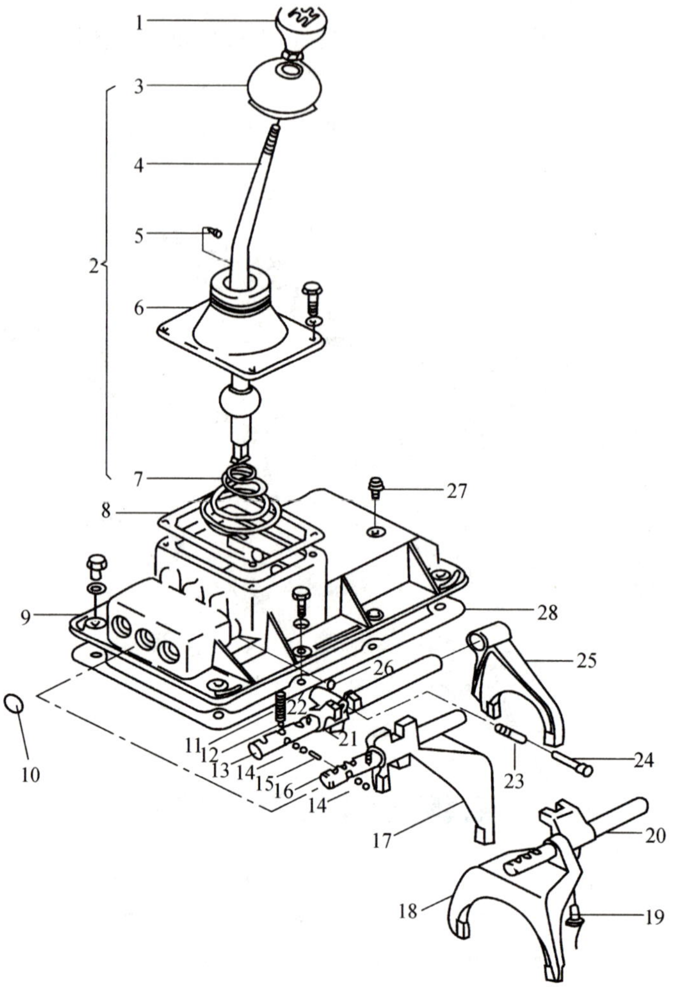

图 2-59　分解后的变速器操纵机构

1—操纵手柄；2—顶盖总成；3—防尘罩；4—操纵杆；5—操纵杆限位锁；6—顶盖带衬套总成；7—弹簧；8、28—密封衬垫；9—上盖；10、26—塞片；11—变速叉叉轴锁止弹簧；12—自锁钢球；13—1 挡、倒挡变速叉叉轴；14—互锁钢球；15—互锁圆柱销；16—2、3 挡变速叉叉轴；17—2、3 挡变速叉；18—4、5 挡变速叉；19—变速叉止动螺栓；20—4、5 挡变速叉叉轴；21—1 挡、倒挡导块；22—挡圈；23—安全止柱弹簧；24—安全止柱；25—1 挡、倒挡变速叉；27—通气塞

2. 检修变速器齿轮

变速器齿轮的损伤主要有齿面磨损、齿面金属剥落等。常啮合齿轮的齿面磨损不超过 0.25mm，齿轮啮合间隙不大于 0.40mm；滑动齿轮的齿面磨损不超过 0.40mm，齿轮啮合间隙不大于 0.60mm；滑动齿轮内花键磨损不大于 0.20mm，齿轮出现裂纹、轮齿折断及齿面有严重斑点剥落时，应更换。齿轮磨损的检查，如图 2-60 所示。

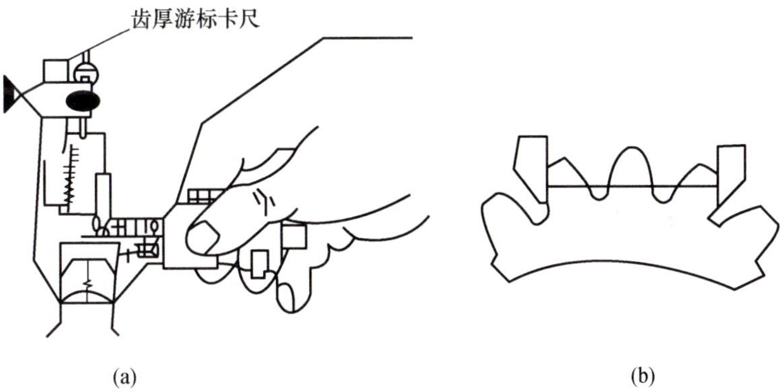

图 2-60 齿轮的磨损的检查

3. 检修变速器轴

变速器轴的损伤主要有弯曲、轴颈及花键齿磨损等。变速器轴的弯曲可用 V 形铁配合百分表检查，如图 2-61 所示。当其径向跳动量大于 0.06mm 时，应校正或更换。轴颈磨损可用千分尺测量，也可用新轴承在相应轴颈上做试配，测其配合间隙。第一轴前轴承与轴颈配合间隙不大于 0.10mm；后轴承与轴颈配合间隙不大于 0.01mm；第二轴后轴承与轴颈配合间隙不大于 0.05mm。第一轴前端与从动盘花键毂配合的键齿磨损不大于 0.40mm，第二轴与滑动齿轮配合的花键磨损不大于 0.20mm。

4. 检修变速器轴承

滚珠轴承内、外圈之间应转动灵活，无卡滞，轴承保持架完整，轴承滚道无斑痕与金属剥落，径向间隙不大于 0.10mm。第二轴及倒挡轴滚针轴承与轴颈的配合间隙为 0.049mm，极限为 0.30mm。

5. 检修锁销式同步器

锁销式同步器主要损伤是锥环锥面上的螺纹磨损、锁销磨损等。

锁销倒角严重磨损，锥环锥面的螺纹深度小于 0.10mm 时，应更换同步器总成。锥环与锥面的间隙 C（见图 2-62）不应小于 0.30mm。若此间隙过小，则允许车削锥环端面，但总车削量不大于 1.00mm。

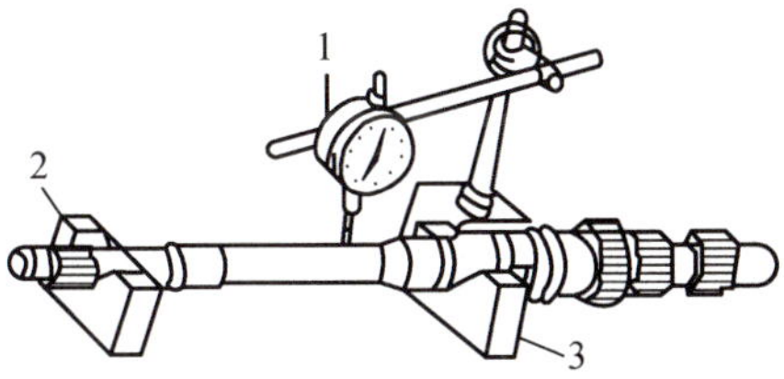

图 2-61 变速器轴径向跳动的检查

1—百分表；2、3—V 型铁

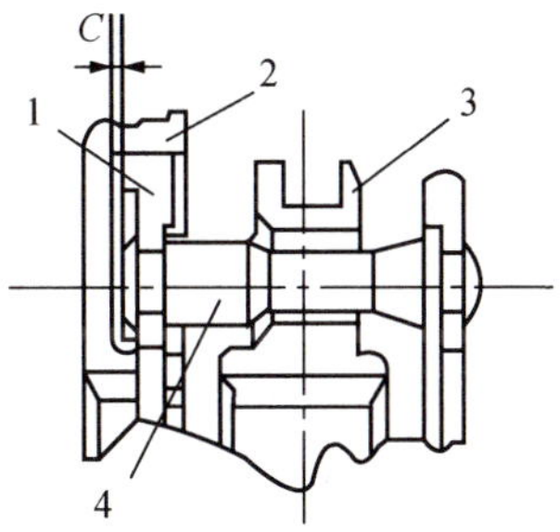

图 2-62 锥环与锥盘间隙 C 的检查

1—同步器锥环；2—同步器锥盘；3—接合套；4—锁销

6. 检修变速器操纵机构

变速器的跳挡与乱挡很大程度上取决于变速器盖上各种零件的装配与修理质量，因此必须认真检查。

变速器盖与壳体结合平面的平面度误差不大于0.30mm，越过0.30mm时，可用铲、磨等方法修复。各拨叉轴的直线度误差不大于0.10mm，拨叉轴与变速器盖导孔的配合间隙一般不超过0.20mm。自锁与互锁凹槽磨损不超过0.50mm。自锁与互锁钢球、互锁销有严重磨痕时，应更换。自锁弹簧自由长度不足或折断时，也应更换。拨叉端面磨损不大于0.40mm。拨叉与齿轮或同步器接合套上的拨叉槽配合间隙不大于1.00mm。拨叉弯曲或扭曲超过0.20mm时，应更换。拨叉变形的检查如图2-63所示。

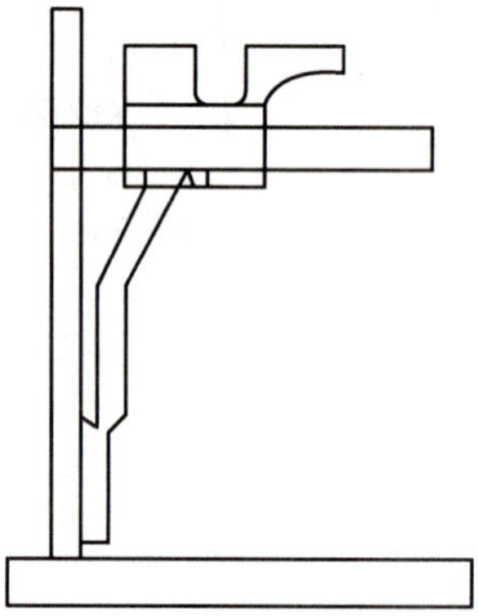

图2-63 拨叉变形的检查

变速杆球头磨损不超过0.50mm，变速杆下端与拨叉凹槽配合间隙不大于1.20mm，否则可采用堆焊的方法修复或更换新件。

小提示

变速器上各密封垫及油封经折检后应立即更换。

（三）装配变速器

装配时，各运动件之间应适当加注润滑油。

1. 装配第二轴总成

（1）在第二轴上装好2挡齿轮及轴承，将2挡齿轮止推环的锁销及弹簧装入第二轴上相应的孔中，在第二轴后端套入2挡齿轮止推环，用螺丝刀压下锁销，推入止推环，并转动一定角度，使锁销落入止推环的键齿内，将止推环锁止。

（2）在第二轴前端依次套入2、3挡同步器总成，3挡齿轮及轴承，4挡齿轮止推环，4挡齿轮及轴承、轴承挡圈，将4、5挡同步器齿座装入第二轴前端的花键槽内，再装好止推环及固定齿座锁环。

（3）将1挡、倒挡滑动齿轮装入第二轴后端的花键上。

2. 旋上放油螺塞

将第二轴总成放入变速器壳体内，并向后靠到底，在第二轴前端装入4、5挡同步器。

3. 在第二轴后端套上轴承

用铜棒敲击轴承内圈，使轴承靠到第二轴唇端花键部分的台阶上，然后边转动第二轴，边敲击轴承外围，使其在变速器壳体轴承座孔中安装到位。

4. 装第二轴滚针轴承

在第一轴后端内孔中装入第二轴滚针轴承，并使其对准第二轴的前端，边转动第一轴，一边敲击第一轴后轴承外围，使其在变速器壳体轴承座孔中安装到位。

5. 装车速里程表的蜗轮和隔套

在第二轴后端装入车速里程表的蜗轮和隔套，在后盖油封刃口涂上润滑油，装好后盖、垫片及凸缘，凸缘螺母拧紧力矩为 200～250N·m，用开口销将凸缘螺母锁止。

6. 安装变速器前端轴承盖及垫片

装好离合器分离轴承回位弹簧拉钩，并用锁线呈“8”字形将轴承盖固定螺钉锁止。

7. 装配变速器盖总成

（1）将变速器盖倒置，夹装于台钳（台虎钳）上并固定牢靠。

（2）在相应孔内放入自锁弹簧及自锁钢球，用导向轴（可利用旧拨叉轴自制）压入自锁钢球，拨叉轴随后跟进（使拨叉轴上的自锁凹槽向下，互锁凹槽朝向互锁钢球孔），在拨叉轴上套入拨叉（注意拨叉前后方向），将拨叉轴推至空挡位置，其安装方法如图 2-64 所示。

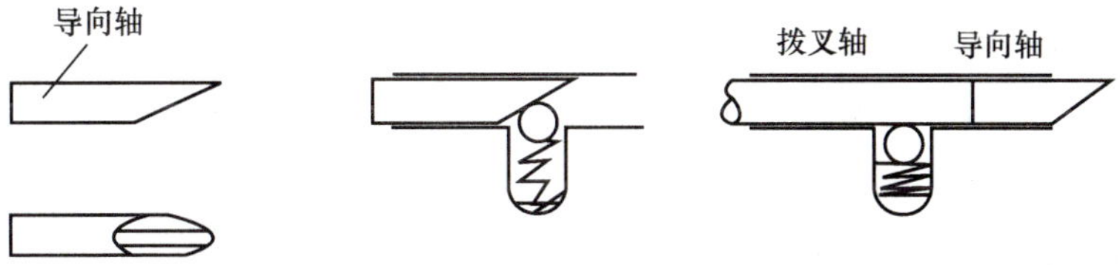

图 2-64 拨叉轴的安装

（3）装好互锁钢球，用同样方法装好其余拨叉轴，并推至空挡位置（注意中间拨叉轴的互锁销不可漏装）。

（4）将所有拨叉用止动螺钉固定在拨叉轴上，并将止动螺钉锁止。

（5）装好塞片。

（6）装上顶盖总成。

（7）将变速器齿轮机构和操纵机构均拨至空挡位置，在壳体平面上放好密封垫，将变速器盖扣合到壳体上，并用螺钉固定。装复后应检查变速器各挡工作情况，确保各挡拨叉完全进入拨叉槽中。

（四）安装变速器

变速器顺利安装的关键在于要使变速器的输入轴与输出轴的轴线处在发动机曲轴轴线的延长线上（即应掌握好变速器安装过程中左右及上下方向的位置，尤其是上下方向的位置）。变速器安装是按拆卸时的相反顺序进行的，车下与车上的人员应密切相互配合，确保安全。最后按规定加注齿轮油。

三、维修桑塔纳乘用车变速器

（一）维修注意事项

（1）原则上各纸质衬垫、O 形橡胶密封圈和油封经拆检后就应更换。

（2）油封在装入前应在外圆表面涂一薄层油，在油封刃口之间应填满多用途润滑脂。

（3）各结合面在装配时都应该均匀涂上薄层密封胶。

（4）变速器装车后，应检查油平面。

（5）对钢制调整垫圈，安装前应仔细检查，并用千分尺做多点测量，以确定准确的厚度，如有损坏（边缘有缺陷、折叠后凹凸不平等），不应再使用。

（6）所有轴用销圈均为一次性使用的零件。新挡圈安装时开口不要张得太大。

（7）拨叉与拨叉轴之间连接的弹性锁销为一次性零件，弹性锁销安装时开口应朝轴的纵向，如图 2-65 所示。

（8）凡自锁的螺栓、螺母均为一次性零件，经拆解后均应更换。

（9）轴与轴承装配时，应在配合面上涂一层润滑油。轴承空转时不应有卡滞的感觉；滚针轴承滚针如有个别损坏，也应更换轴承。

（二）拆卸变速器总成

（1）拆下蓄电池的搭铁线。

（2）拆下发动机与变速器之间的连接螺栓。

（3）拆下车速表软轴，从离合器分离叉轴传动臂上拆下离合器钢拉索（见图 2-66）。

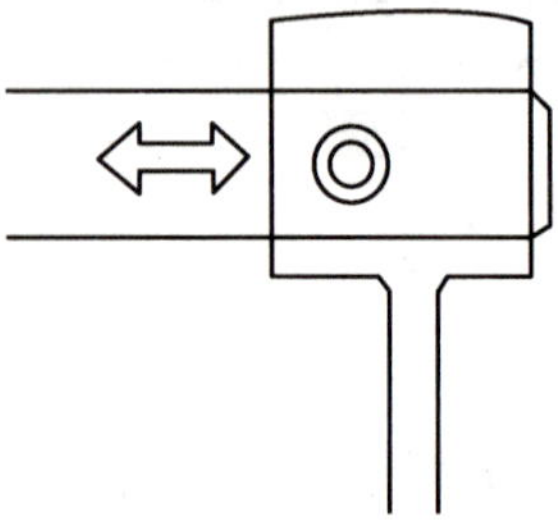

图 2-65　弹性锁销的安装方向

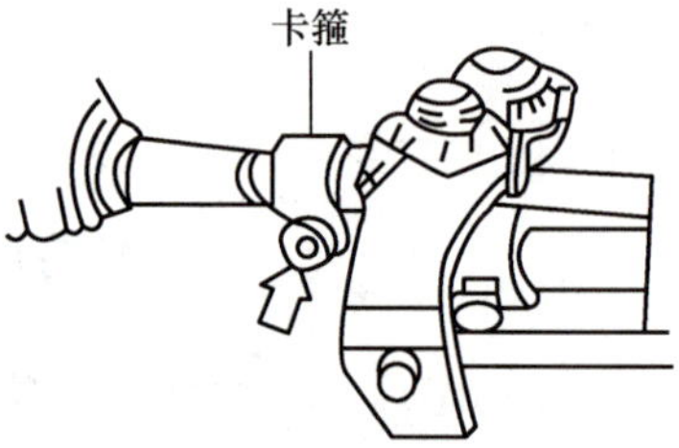

图 2-66　将换挡杆与换挡结合器分开

（4）拆下发动机中间支架、前排气管和消声器，取下变速器上的倒车灯开关插座，分离外传动轴与半轴凸缘。

（5）拆下变速器壳体前下护板与起动机固定螺钉。

（6）从变速器操纵机构上拆下换挡结合器的固定螺钉，将换挡杆与换挡结合器分开，如图 2-66 所示。

（7）用变速器拆装架轻轻顶住变速器，拆下橡胶座支撑。

（8）拆下变速器悬挂前支架，拆掉发动机与变速器下部的连接螺栓，取下变速器总成。

（三）分解变速器总成

（1）将变速器装到专用修理架上，并放掉变速器中的润滑油，如图 2-67 所示。

（2）拆下变速器后盖，取出调整垫圈和密封垫圈，从后盖中取出内换挡杆

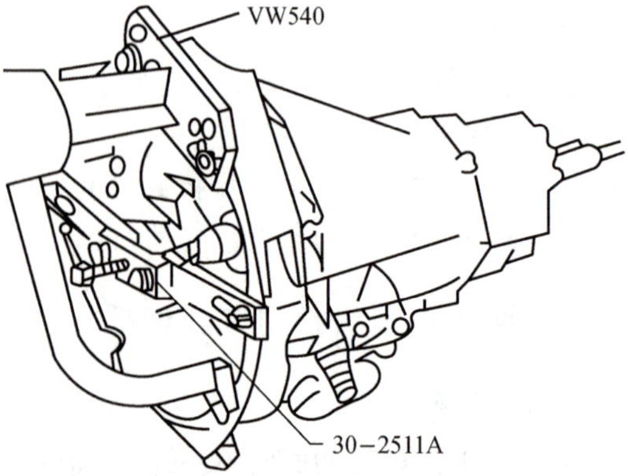

图 2-67　将变速器装到专用修理架上

和异形弹簧，拉出后油封。分解后的后盖各零件如图 2-68 所示。

（3）从变速器的后壳体向后慢慢拉动 3、4 挡拨叉轴（见图 2-69 箭头 1 所指），直至小互锁销露出并取下（见图 2-69 箭头 2 所指）。注意 3、4 挡拨叉轴不能拉出过长，以免 3、4 挡同步器滑块脱落，使 3、4 挡拨叉轴不能回到空挡位置。

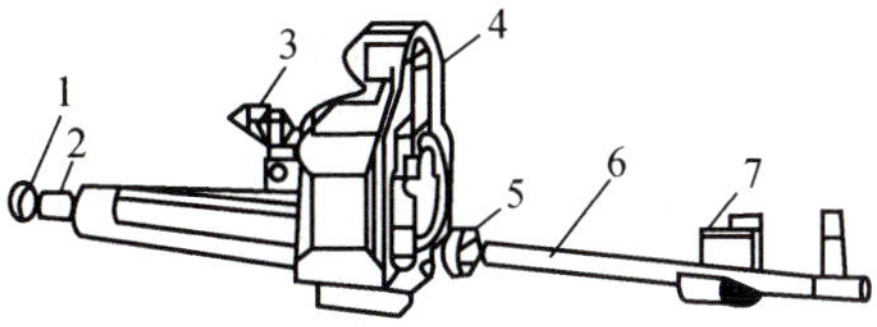

图 2-68 变速器后盖总成

1—后油封；2—后衬套；3—倒车灯开关；4—变速器后盖；5—前轴承；6—内换挡杆；7—异形弹簧

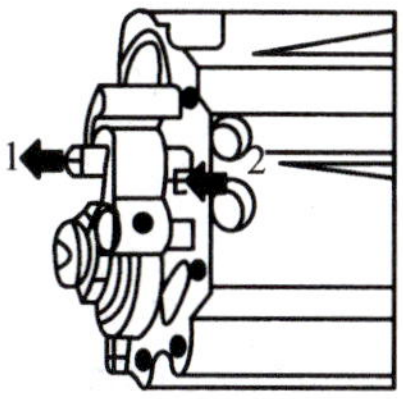

图 2-69 拆下小互锁销

（4）向后移动 1、2 挡拨叉轴和倒挡拨叉轴，使变速器同时挂入 1 挡和倒挡，锁止输入轴，拧下输出轴后轴承固定螺母。

（5）用专用工具顶住输入轴前端，取下输入轴的挡圈和止推垫圈，用拉器拉出输入轴后端轴承。

（6）拆下变速器前、后壳体，连接螺栓，并将前、后壳体分开。

（7）取出输入轴总成并分解。冲出 3、4 挡拨叉与拨叉轴连接的弹性锁销，拉出 3、4 挡拨叉轴，取出输入轴总成并分解，如图 2-70 所示。

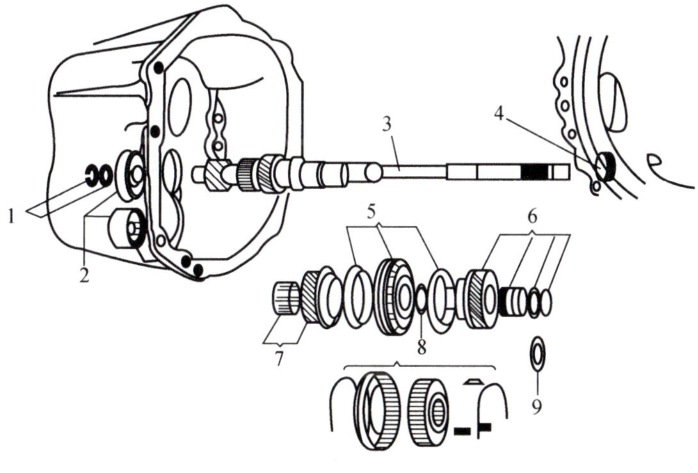

图 2-70 分解后的输入轴总成

1—止推垫片及挡圈；2—后轴承；3—输入轴；4—滚针轴承；5—3、4 挡同步器总成；6—4 挡齿轮及轴承调整垫片、挡圈；7—3 挡齿轮及轴承；8、9—挡圈

（8）从前向后压出倒挡齿轮轴，如图 2-71 所示。取下倒挡齿轮，拆下倒挡传动臂。

（9）分解输出轴总成。冲出 1、2 挡拨叉与拨叉轴连接的弹性锁销，压出输出轴总成（注意 1、2 挡拨叉轴的间隙，以防卡住），如图 2-72 所示，并分解。分解后的输出轴总成，如图 2-73 所示。

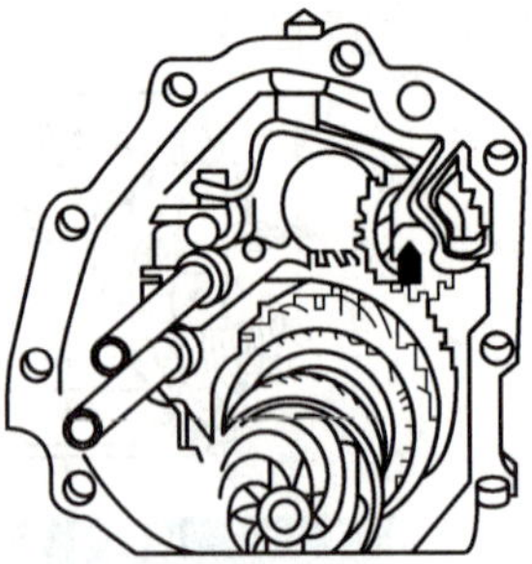

图 2-71　压出倒挡齿轮轴

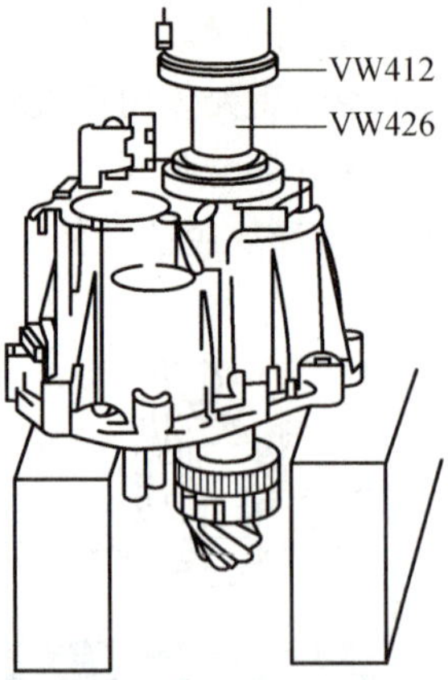

图 2-72　压出输出轴总成

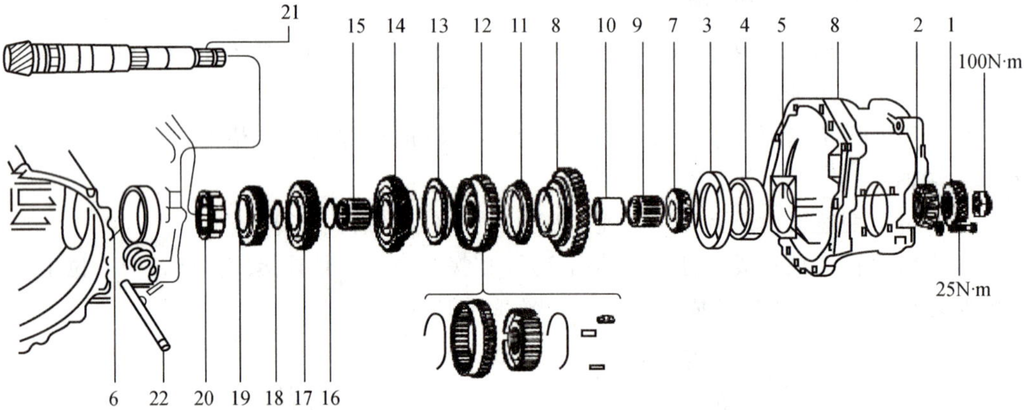

图 2-73　分解后的输出轴总成

1—5 挡齿轮；2—输出轴外后轴承；3—轴承保持架；4—后轴承外圈；5—调整垫片 S3；6—输出轴前轴承外圈；7—输出轴内后轴承；8—1 挡齿轮；9—1 挡齿轮滚针轴承；10—1 挡齿轮滚针轴承内圈；11—1 挡同步环；12—1 挡和 2 挡同步器；13—2 挡同步环；14—2 挡齿轮；15—2 挡齿轮滚针轴承；16—挡环（厚度应用测量薄板用的样板测定，可使用的厚度为 1.5mm 和 1.6mm）；17—3 挡齿轮（凸缘应转向 4 挡齿轮）；18—挡环；19—4 挡齿轮（凸缘应转向锥主动齿轮）；20—输出轴前轴承；21—输出轴；22—圆柱销

(10) 拆下半轴凸缘固定螺栓，拆下从动圆锥齿轮轴承盖、取下差速器总成。

(11) 拆下自锁与互锁装置。拆下锁止装置时，可先在闷头上钻孔并攻丝（M6），拧入螺栓，将其拉出（见图 2-74 箭头所指）。取出自锁弹簧及止动销，用钢丝钩将导向套筒拉出，如图 2-75 所示。分解后的拨叉轴及定位装置如图 2-76 所示。

(12) 拆下变速杆及换挡接合器等机件，并分解操纵机构，如图 2-77 所示。

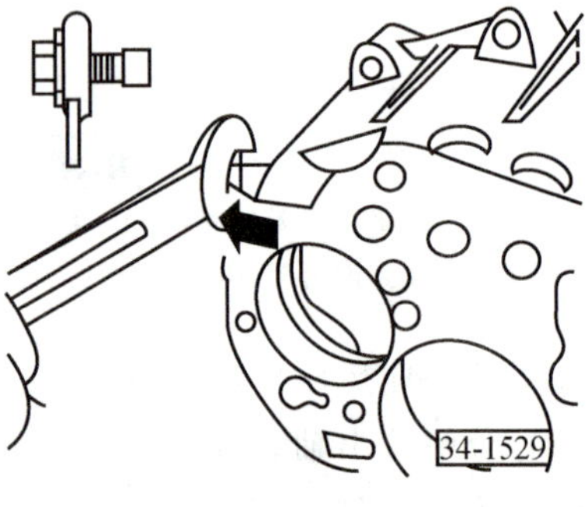

图 2-74　拆出闷头

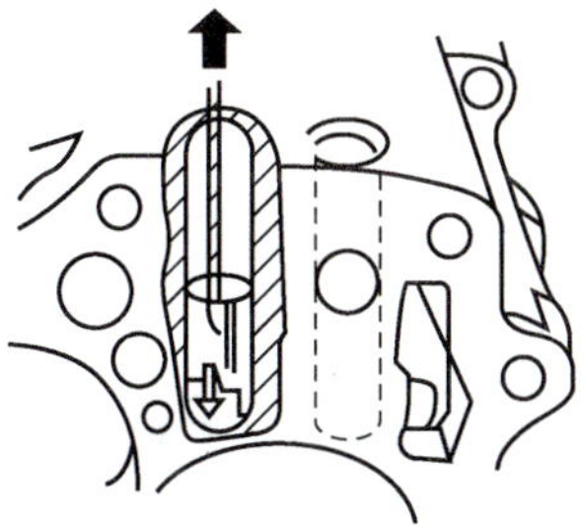

图 2-75 拉出导向套筒

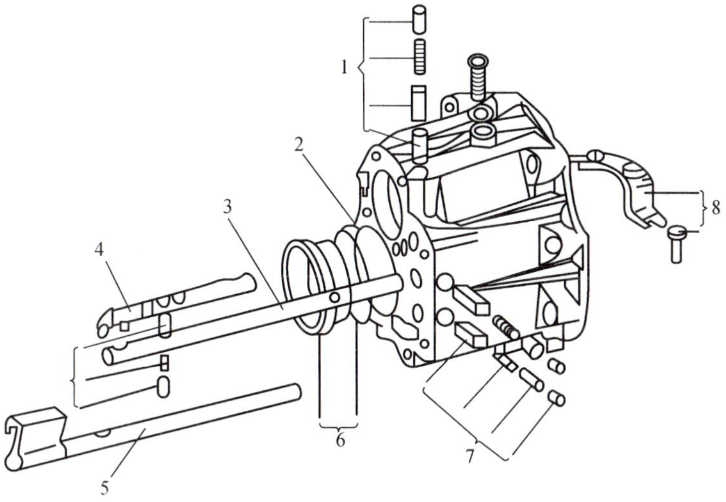

图 2-76 拔叉轴及定位装置

1—自锁装置；2—变速器后壳体；3—3、4 挡变速叉轴；4—倒挡变速叉轴；5—1、2 挡变速叉轴；6—轴承外圈及调整垫片；7—自锁装置；8—倒挡传动臂及传动销

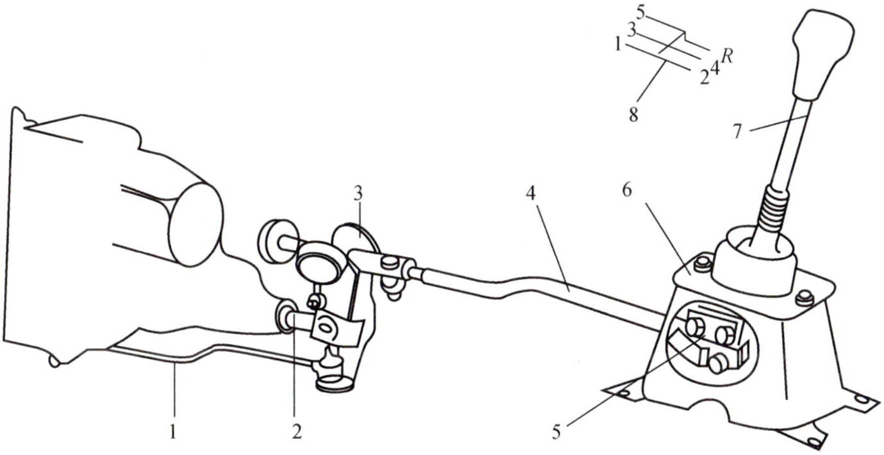

图 2-77 变速器操纵机构的分解

1—支撑杆；2—内换挡杆；3—换挡杆接合器；4—外换挡杆；5—倒挡保险块；6—换挡手柄座；7—操纵杆；8—换挡标记

（四）检修变速器

1. 检修变速器壳体

壳体出现裂纹、各接合面发生明显的翘曲变形或各轴承座孔磨损严重与轴承的配合松旷时，应更换新件。

小提示

壳体上各衬套与轴颈的配合间隙超过 0.20mm 时，应更换新衬套。起动机衬套更换时，应换用自润滑衬套，不允许用自制衬套代替。

2. 检修齿轮轴及齿轮

齿轮轴的主要损伤是裂纹、弯曲以及轴颈和花键磨损等。

变速器的输入轴与输出轴不得有裂纹，各轴颈磨损不超过 0.03mm，输入轴前端花键与离合器从动盘花键毂的配合间隙不能大于 0.20mm，与轴制成一体的齿轮应无裂纹、齿面疲劳剥落及腐蚀斑点面积不超过单齿面积的 15%，齿厚磨损不大于 0.20mm，齿端缺损沿齿长不超过 1/10，沿齿高方向不超过 1/5。主动锥齿轮损伤齿数不多于 2 个，且不相邻，否则应更换相应齿轮轴。用百分表检查输入轴与输出轴的径向跳动应不大于 0.05mm，否则应更换。

变速器输入轴与输出轴上各圆柱齿轮的检修方法与上述齿轮轴的齿轮检修基本相同，当两齿轮啮合间隙大于 0.45mm 时，应更换齿轮。

3. 检修轴承

若齿轮轴支承轴承内圈与轴颈配合间隙大于 0.02mm，滚道及滚动体表面出现疲劳剥落及烧蚀现象，输入轴后轴承的轴向、径向间隙过大，各轴承空转卡滞或发响，均应更换新件。各滚针轴承出现断裂、疲劳剥落，轴承磨损使齿轮与轴的配合间隙大于 0.15mm 时，应更换滚针轴承。

4. 检修同步器

桑塔纳乘用车变速器 1、2 挡和 3、4 挡之间均采用惯性锁环式同步器，其主要损伤是锁环内锥面齿圈键齿及与滑块配合的 3 个缺口两侧面的磨损。

将锁环压靠到换挡齿轮的锥面上，用手转动锁环应有阻力感。用厚薄规沿圆周方向多点测量，锁环与齿轮端面之间的间隙 α 不应小于 0.50mm（新件标准值：1、2 挡同步器为 1.10～1.70mm，3、4 挡同步器为 1.35～1.90mm），如图 2-78 所示。

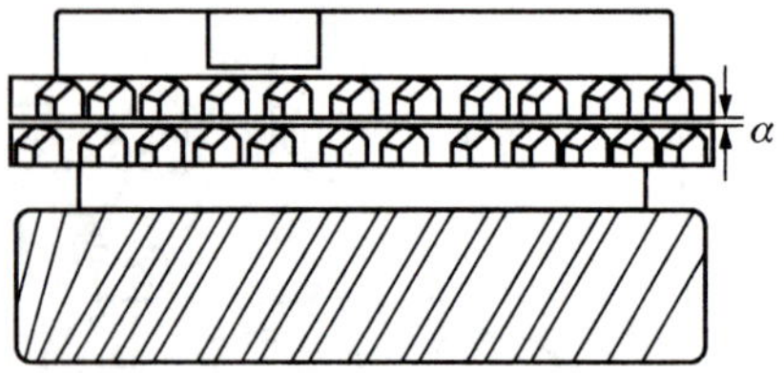

图 2-78　检查同步器端隙 α

同步器齿圈锁止面及滑块磨损严重，滑块弹簧弹力减弱或折断，键齿磨损使接合套与花键齿的配合间隙超过 0.50mm 时，均应更换新件。

5. 检修操纵机构

（1）检查变速杆、换挡杆及内换挡杆的磨损及变形情况，内换挡杆轴颈磨损严重或其前端销钉轴间宽度磨损超过 0.20mm 时，应换用新件。

（2）检查换挡接合器连接部位，不应松旷，否则换用新件。

（3）检查换挡拨叉的弯曲、扭曲及拨叉下端的磨损情况，有严重弯曲、扭曲变形或拨叉下端磨损超过 0.20mm，拨叉与拨叉槽的配合间隙超过 0.50mm 时，均应予以更换。

（4）检查拨叉轴的直线度及磨损情况。将拨叉轴放在平板上，用厚薄规检查其直线度应不大于 0.20mm，否则应更换。拨叉轴导动切槽磨损不大于 0.50mm，拨叉轴上定位及互锁凹槽磨损不大于 0.30mm，拨叉轴与壳体的配合间隙不大于 0.20mm，否则更换拨叉轴。

（五）装配变速器

1. 组装输出轴总成

（1）将输出轴前轴承及 4 挡齿轮压装到输出轴上（4 挡齿轮凸肩向前），如图 2-79 所示。

（2）4 挡齿轮的挡圈与挡圈槽的间隙应尽量小，可选择适当厚度的挡圈来达到，挡圈规格有 2.35mm、2.38mm、2.41mm、2.44mm、2.47mm 五种。

（3）将 3 挡齿轮加热至 120℃，凸面朝前，压装到输出轴上（生产厂要求零件不准接触油脂，可考虑用水加热）。

（4）选好 3 挡齿轮挡圈，要求挡圈与挡圈槽的间隙尽量小，其厚度规格有 1.50mm 和 1.60mm 两种。

（5）装入 2 挡齿轮滚针轴承及 2 挡齿轮。

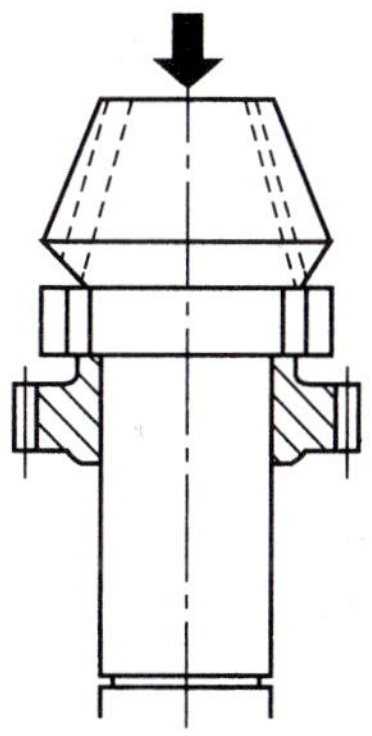

扫一扫

图 2-79 压入前轴承及 4 挡齿轮

（6）将 1、2 挡同步器花键毂和接合套套装到一起，装好滑块及滑块弹簧，并与同步器锁环一起压装到输出轴上。安装时，花键毂有槽的一面及接合套上有拨叉槽的一面向后朝向 1 挡齿轮。安装滑块弹簧时，其开口应错开 120°。弹簧弯曲端必须固定在滑块内，如图 2-80 所示。

（7）压入 1 挡齿轮滚针轴承内圈，套上 1 挡齿轮滚针轴承及 1 挡齿轮。

（8）压入双列圆锥滚子轴承前内圈。

2. 组装输入轴总成

（1）在输入轴上装好 3 挡齿轮滚针轴承和 3 挡齿轮。

（2）组装好 3、4 挡同步器总成，并压装到输入轴上（3、4 挡同步器组装方法及要求与 1、2 挡同步器相同），其花键毂内花键倒角应朝向 3 挡齿轮。

（3）安装好同步器挡圈，将花键毂轻轻回压，使其靠到同步器挡圈上。

（4）装入4挡齿轮滚针轴承及4挡齿轮。

（5）安装4挡齿轮挡圈。

3. 组装变速器总成

（1）压入输出轴总成。压入时，要将1、2挡拨叉轴与1、2挡拨叉及输出轴总成一起装入后壳体中，然后压入输出轴后轴承，如图2-81所示，同时应注意1、2挡拨叉轴的活动间隙，必要时可轻轻敲击，以免卡住，换挡拨叉轴的互锁及定位装置如图2-82所示。

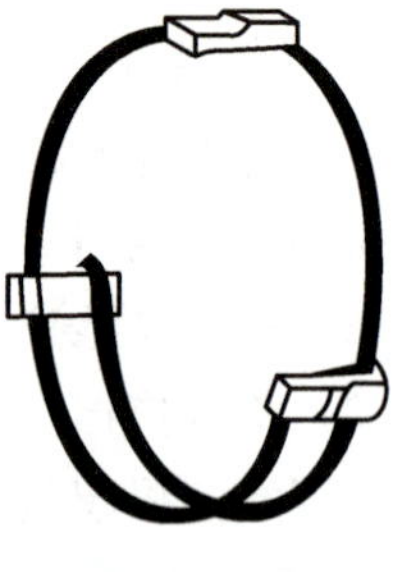

图2-80 滑块及弹簧的位置

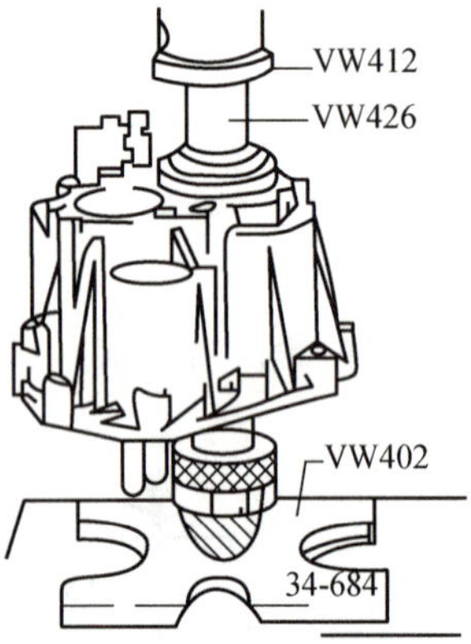

图2-81 压入输出轴后轴承

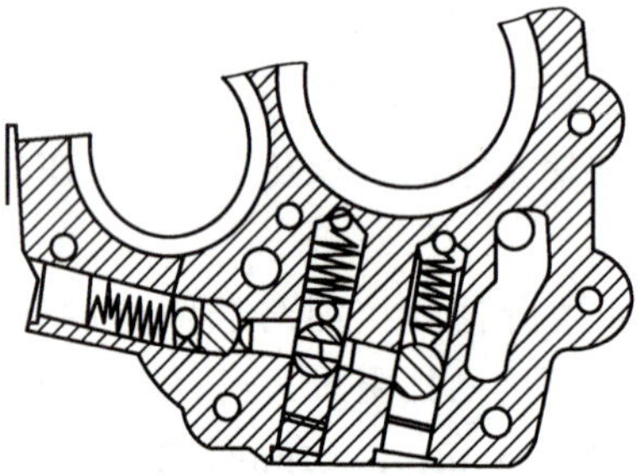

图2-82 换挡拨叉轴的互锁及定位装置

（2）安装好1、2挡拨块、用弹性锁销固定。

（3）安装倒挡齿轮，压入倒挡齿轮轴和倒挡传动臂。

（4）安装输入轴时，拉回3、4挡拨叉轴，直至3、4挡拨叉能够装入滑动齿套为止，将拨叉轴置于空挡位置，并用弹性锁销固定拨叉。

（5）放好新的密封环，将输入轴、输出轴及后壳体一起与前壳体连接，连接螺栓力矩为25N·m。

（6）压入输入轴后端的向心球轴承，轴承的密封面应朝后壳体。

（7）安装3、4挡拨叉轴的小互锁销，以100N·m矩拧紧输出轴螺母。

（8）将换挡拨叉轴置于空挡位置，安装差速器总成。

4. 选择变速器后盖调整垫片（圈）

变速器后盖调整垫片的厚度直接影响变速器输入轴和输出轴（主减速器主动圆锥齿轮轴）的轴向位置，因此在装配后盖时，必须选择厚度合适的调整垫片。

（1）输入轴采用向心滚珠轴承时调整垫片厚度 S 的选择如图2-83所示，用深度游标卡尺测出 a、b、c 的数值。如表2-6所示，确定密封垫的厚度 d，然后再根据公式 $S=a+c-b$ 计算 S 值，再如表2-7所示确定调整垫片的厚度 S。

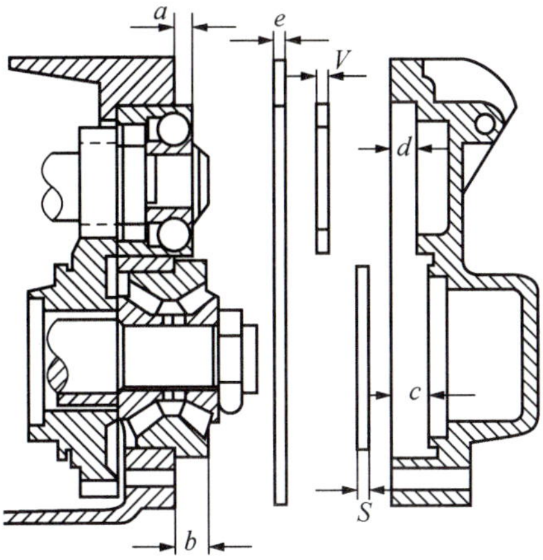

图 2-83 输入轴采用向心滚珠轴承时调整垫片厚度 S

a—输入轴轴承外圈端面高度；*b*—输出轴轴承外圈端面高度；*c*—后盖内深度；*d*—密封垫厚度；*S*—调整垫片厚度

表 2-6 密封垫的厚度 *d*

单位：mm

轴承的表面高度 *a*	密封垫的厚度 *d*	备用件编号
0.20～0.26	0.30	014 301 235C
0.27～0.32	0.40	014 301 235D

表 2-7 调整垫片的厚度 *S*

单位：mm

a+*c*−*b*	调整垫片厚度 *S*	备件号
0.10～0.13	0.15	014 301 490B
0.14～0.18	0.20	014 301 490C
0.19～0.23	0.25	014 301 490D
0.24～0.28	0.30	014 301 490E
0.29～0.33	0.35	014 301 490C+014 301 490B
0.34～0.38	0.40	014 301 490F
0.39～0.43	0.45	014 301 490C+014 301 490D
0.44～0.48	0.50	014 301 490G
0.49～0.53	0.55	014 301 490E+014 301 490D
0.54～0.58	0.60	014 301 490H
0.59～0.63	0.65	014 301 490F+014 301 490D
0.64～0.68	0.70	014 301 490J
0.69～0.73	0.75	014 301 490G+014 301 490 D
0.74～0.78	0.80	014 301 490K

续表

$a+c-b$	调整垫片厚度 S	备件号
0.79～0.83	0.85	014 301 490H+014 301 490D
0.84～0.88	0.90	014 301 490L
0.89～0.93	0.95	014 301 490J+014 301 490D
0.94～0.98	1.00	014 301 490M
0.99～1.03	1.05	014 301 490K+014 301 490D
1.04～1.08	1.10	014 301 490N
1.09～1.13	1.15	014 301 490L+014 301 490D
1.14～1.18	1.20	014 301 490P
1.19～1.23	1.25	014 301 490M+014 301 490D
1.24～1.28	1.30	014 301 490Q
1.29～1.33	1.35	014 301 490N+014 301 490D
1.34～1.38	1.40	014 301 490R

【例 2.1】 测得 $a=0.25$mm，$b=11.75$mm，$c=12.15$mm，求密封垫的厚度 d 和调整垫片的厚度 S。

如表 2-6 所示，得密封垫的厚度 $d=0.30$mm，$S=a+c-b=0.25+12.5-11.75=0.65$。如表 2-7 所示可知调整垫片的厚度 S 为 0.70mm。

(2) 输入轴采用组合式滚动轴承时调整垫片的厚度 (S、V)。

如图 2-84 所示，先测出 a、b、c、d 的数值（密封垫的厚度 e 规定为 0.30mm)，然后根据公式 $S=c-b+0.30$ 和 $V=d-a$ 计算 S、V 值，如表 2-8 和表 2-9 所示可知调整垫片的厚度 S、V。

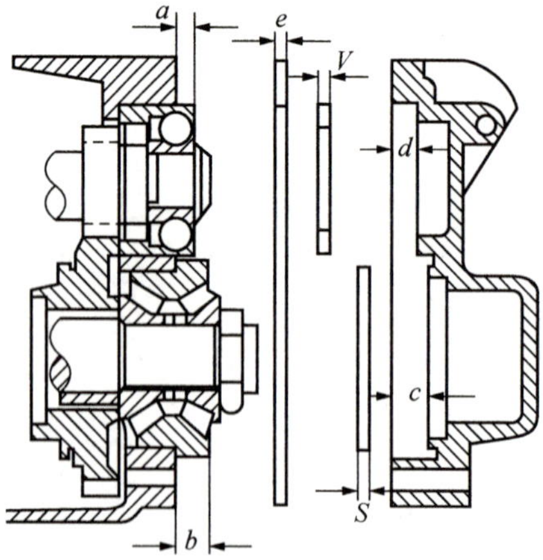

图 2-84　输入轴采用组合式滚动轴承时调整垫片厚度 S、V

a—输入轴轴承外圈端面高度；b—输出轴轴承外圈端面高度；c、d—后盖内深度；e—密封垫厚度（0.30mm)；V—调整垫片厚度；S—调整垫片厚度

表 2-8 调整垫片的厚度 S

单位：mm

$b-c+0.30$	调整垫片的厚度 S	备用号
0.13～0.17	0.15	014 301 490B
0.18～0.23	0.20	014 301 490C
0.24～0.27	0.25	014 301 490D
0.28～0.33	0.30	014 301 490E
0.34～0.37	0.35	014 301 490C+014 301 490B
0.38～0.43	0.40	014 301 490F
0.44～0.47	0.45	014 301 490C+014 301 490D
0.48～0.53	0.50	014 301 490G
0.54～0.57	0.55	014 301 490E+014 301 490D
0.58～0.63	0.60	014 301 490H
0.64～0.67	0.65	014 301 490F+014 301 490D
0.68～0.73	0.70	014 301 490J
0.74～0.77	0.75	014 301 490G+014 301 490D
0.78～0.83	0.80	014 301 490K
0.84～0.87	0.85	014 301 490H+014 301 490D
0.88～0.93	0.90	014 301 490L
0.94～0.97	0.95	014 301 490J+014 301 490D
0.98～1.03	1.00	014 301 490M
1.04～1.07	1.05	014 301 490K+014 301 490D
1.08～1.13	1.10	014 301 490N
1.14～1.17	1.15	014 301 490L+014 301 490D
1.18～1.23	1.20	014 301 490P
1.24～1.27	1.25	014 301 490M+014 301 490D
1.28～1.33	1.30	014 301 490Q
1.34～1.37	1.35	014 301 490N+014 301 490D
1.38～1.43	1.40	014 301 490R

表 2-9 确定调整垫片的厚度 V

单位：mm

d－a	调整垫片的厚度 V	备用件号
1.20～1.25	1.55	N901 185.01
1.26～1.30	1.60	N901 186.01
1.31～1.35	1.65	N901 187.01
1.36～1.40	1.70	N901 188.01

【例 2.2】 测得 $a=7.80$mm，$b=11.75$mm，$c=12.30$mm，$d=9.00$mm，求 S，V 值。

$S=c-b+0.30=12.30-11.75+0.30=0.85$mm；

$V=d-a=9.00-7.80=1.20$mm。

如表 2-8 所示 $s=0.85$mm，如表 2-9 所示 $V=1.55$mm。

5. 安装变速器后盖

(1) 压入内换挡杆的后轴承、油封及前轴承。

(2) 将选好厚度的调整垫片放入变速器后盖中，把异形弹簧放入内换挡杆上，将异形弹簧压紧并一起向内推，直到异形弹簧的另一弯头支撑在后盖和调整垫片上为止。

(3) 再按顺时针方向转动内换挡杆，使异形弹簧滑进正确位置，如图 2-85 所示。

(4) 用两个双头螺栓旋入变速器后壳体的螺孔中，为后盖的安装起导向作用。放好密封垫片，将后盖装到后壳体上，并使内换挡杆的销钉进入 3、4 挡拨叉轴的切槽内，以 25N·m 的力矩拧紧后盖与壳体之间的连接螺栓。

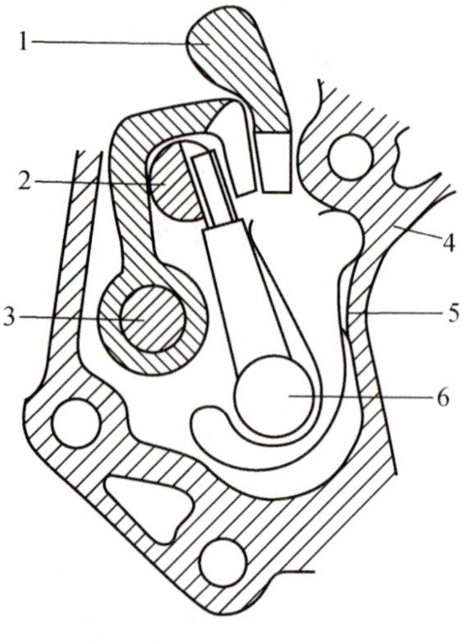

图 2-85 异形弹簧的安装位置

1—倒挡拨叉；2—3、4 挡拨叉轴；3—1、2 挡拨叉轴；4—变速器后盖；5—异形弹簧；6—内换挡杆

6. 检查与调整变速器操纵机构

(1) 检查换挡操纵性能。挂入 1 挡，将变速杆向左压足，用一个手指将变速杆固定住，然后让其慢慢回弹至压力点。在变速杆手柄处测量弹簧的压缩量应为 5～10mm。

(2) 变速杆的微调。若弹簧压缩量达不到上述要求，可将变速杆支承总成从侧面推向长方形孔内，对变速器操纵装置进行微调。变速杆支架向右，第一挡弹簧压缩量减少；变速杆支架向左，第一挡弹簧压缩量增加。

(3) 变速杆基准调整。变速杆微调达不到目的或在修理过程中松开了换挡杆与换挡结合器卡箍，则需进行变速杆的基准调整。将变速杆置于空挡位置，松开卡箍，拆下变速杆手柄及防尘罩，使变速控制器罩壳与变速杆支座的中心孔对准后交叉旋紧螺钉，如图 2-86 所示。

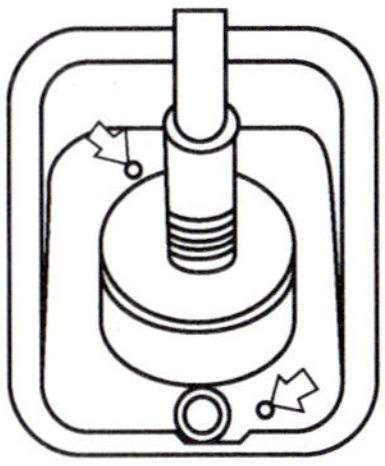

图 2-86　变速控制器罩壳与变速杆支座的中心孔对准后交叉旋紧螺钉

调整后各挡位应挂挡轻便，无卡滞现象，必要时再做微调。

小提示

如果变速箱内的油使用时间过长，更换不及时的话，可能会导致车辆在行驶过程中出现换挡不平稳顺畅、提速不正常、噪音大等症状，严重的可能导致变速箱过早损坏，后期维修成本非常高，而且大大缩短变速器使用寿命。

任务实施

针对故障现象，在小王的协助下，李师傅对该车变速器进行了拆解。为保证安全，拆解变速器前应拉紧手刹，并将变速器挂在空挡位置。

具体拆卸步骤如下：

（1）首先从车上拆下蓄电池、托架、起动机导线、变速器搭铁线、倒车灯开关导线、里程表软轴、离合器拉线。

（2）拆下起动机、变速器和发动机直接连接的两个螺栓。

（3）架起汽车，拆下操纵杆拉杆螺栓，稳定杆和延伸杆总成。

（4）拆下 1 号托架和排气管，将排气管前部脱开。

（5）在架起的一侧拆开下横臂和左右传动轴以及前制动盘连接一端。注意：如果拿下左右传动轴，要托住驱动轴内侧，小心保护油封。

（6）如果拆左右半轴，应用专用油堵堵住变速器和半轴连接出口。

（7）拆下最后连接螺栓，从车上取下螺栓。

（8）放出机油，卸下离合器拉线托架、发动机后安装支架、倒车灯开关、通气塞。

（9）拆掉变速器后盖总成、润滑油管、锁球压板、衬垫，取出锁球和弹簧。

（10）用专用工具撑开输出轴、轴承孔用弹性挡圈，使轴下落。

（11）拆下变速器壳上的孔用弹性挡圈、换挡机构零件，再拆下输入轴和轴承锁板。

（12）将输入、输出轴总成交替着每次拨出一点，取出两根轴。

（13）用铜棒放在差速器轴承内圈，用手锤轻轻敲打，使差速器和离合器分离。

李师傅检查拆解零件后，发现同步器磨损严重，更换同步器后，故障现象消除。

实训报告单

<table>
<tr><td rowspan="2">变速器拆装</td><td>姓名</td><td></td><td>学号</td><td></td></tr>
<tr><td>班级</td><td></td><td>日期</td><td></td></tr>
<tr><td colspan="5">一、基础知识准备
1. 简述变速器的功用。

2. 分析同步器的工作原理。

3. 分析3挡及倒挡的动力传递路线。

二、实训考核
1. 简述拆卸变速器的实训步骤及注意事项。

2. 指出所拆卸的变速器部件的名称及其作用。

3. 检查所拆卸的变速器零部件是否损坏，如果损坏，对变速器的功用会有什么影响？

三、安全文明生产</td></tr>
</table>

<table>
<tr><td rowspan="2">教师评语</td><td colspan="3">本次实训成绩</td></tr>
<tr><td>良好</td><td>合格</td><td>不合格</td></tr>
<tr><td></td><td></td><td></td><td></td></tr>
</table>

教师考核方案

变速器拆装	姓名		学号	
	班级		日期	

一、基础知识准备（每题 10 分，共 30 分）

1. 简述变速器的功用。
2. 分析同步器的工作原理。
3. 分析 3 挡及倒挡的动力传递路线。

二、实训考核（每题 10 分，共 30 分）

1. 简述拆卸变速器的实训步骤及注意事项。
2. 指出所拆卸下变速器部件的名称及其作用。
3. 检查所拆卸的变速器零部件是否损坏，如果损坏，对变速器的功用会有什么影响？

三、安全文明生产

1. 学生工具选用、使用错误，扣 5 分；
2. 学生工具、零部件摆放不整齐，无序，扣 5 分；
3. 学生实训过程中出现掉落工具、零件情况，扣 5 分；
4. 学生在操作过程中出现重大违规及危及人身安全情况，扣 20 分。

四、实训评估

采用自评、小组评和教师评的方式对实训情况进行评分，每项分值为 10 分。

评价人	基本知识掌握程度	工作态度	团队合作能力	任务完成情况
自评				
小组评				
教师评				
平均分				

注：总分＞80 为优良；80≥总分≥60 为及格；总分＜60 为不及格。

任务 2.3　检修万向传动装置

任务引入

一辆行驶了 85 400km 的桑塔纳 3000 乘用车，车辆运行过程中，右前轮处有“咔吧、咔吧”的响声，在打转向盘时，该状况更加严重。李师傅了解到情况后，决定对万向传动装置进行拆解。

任务分析

通过学习万向传动装置，能够掌握万向传动装置的结构及工作原理，能够熟练拆装万向传动装置，并对万向传动装置常见故障进行诊断和维修。

知识准备

一、万向传动装置的结构

（一）概述

1. 万向传动装置的功用及组成

万向传动装置的功用是能在汽车上任何一对轴间夹角和相对位置经常发生变化的转轴之间传递动力。它一般由万向节和传动轴组成，对于传动距离较远的分段式传动轴，还需设置中间支承。

2. 万向传动装置的应用

万向传动装置在汽车上的应用主要有以下几个方面。

（1）变速器（或分动器）与驱动桥之间。由于一般 FR 型汽车变速器（或越野车的分动器）的输出轴线与驱动桥的输入轴线难以布置重合，并且汽车在负荷变化及在不平路面行驶时引起的跳动，也会使驱动桥输入轴与变速器输出轴之间的夹角和距离发生变化，故变速器输出轴与驱动桥输入轴之间必须由万向传动装置连接（见图 2-87）。

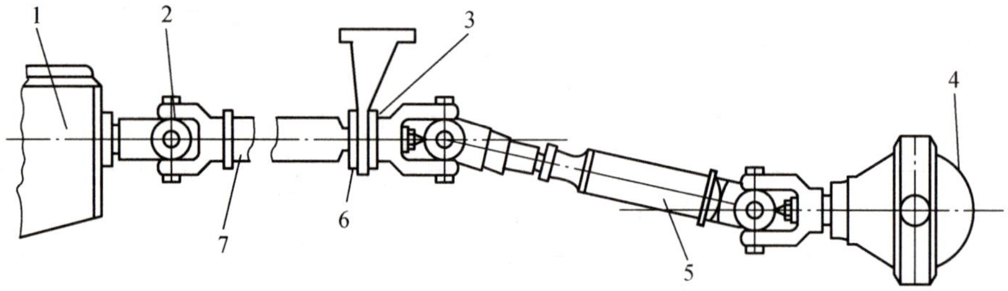

扫一扫 图 2-87 变速器与驱动桥之间的万向传动装置

1—变速器；2—万向节；3—中间支承；4—驱动桥；5、7—传动轴；6—球轴承

（2）变速器与离合器或与分动器之间。虽然变速器、离合器、分动器等都支承在车架上，且它们的轴线也可以设计重合，但为消除车架变形及制造、装配误差等引起的轴线同轴度误差对动力传递的影响，其间也常装有万向传动装置。

（3）转向驱动桥和断开式驱动桥中。汽车的转向驱动桥需满足转向和驱动的功能，所以其半轴是分段的，转向时两段半轴轴线相交且夹角变化，因此要用万向传动装置。在断开式驱动桥中，主减速器壳在车架上是固定的，桥壳上下摆动，半轴是分段的，也须用万向传动装置。

(4) 转向操纵机构中。某些汽车的转向操纵机构受整体布置的限制，转向盘轴线与转向器输入轴线不重合，因此，在转向操纵机构中装有万向传动装置。

(二) 万向节

万向节按其速度特性可分为普通万向节、准等角速万向节和等角速万向节。按其刚度大小，可分为刚性万向节和柔性万向节。

1. 普通万向节

普通万向节又称十字轴式刚性万向节，它允许相邻两轴的最大交角为15°～20°，在汽车上应用最广。

(1) 十字轴式万向节的构造。

如图2-88所示，为十字轴式万向节的结构图。它主要由万向节叉2、6，十字轴4及轴承等组成。两个万向节叉分别与主、从动轴相连，其叉形上的孔分别套在十字轴的四个轴颈上。在十字轴轴颈与万向节叉孔之间装有滚针8和套筒9，用带有锁片的螺钉和轴承盖1来使之轴向定位。为了润滑轴承，十字轴内钻有油道，且与滑脂嘴、安全阀相通，如图2-89所示。

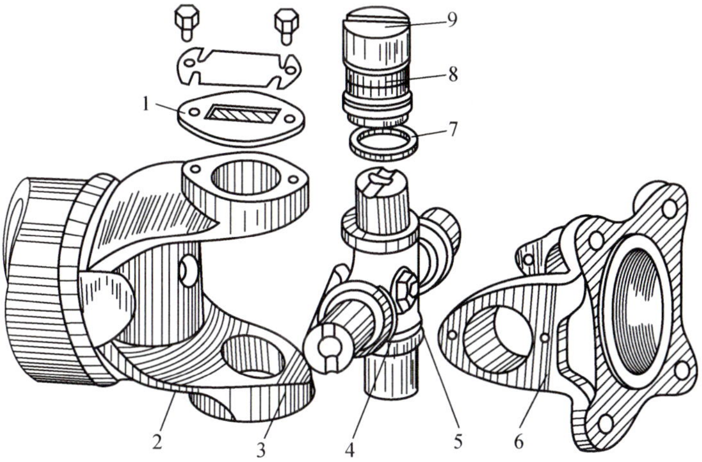

扫一扫 图2-88 普通十字轴式万向节

1—轴承盖；2、6—万向节叉；3—油嘴；4—十字轴；5—安全阀；7—油封；8—滚针；9—套筒

为避免润滑油流出及尘垢进入轴承，十字轴轴颈的内端套装有带金属壳的毛毡油封（或橡胶油封）。安全阀的功用是当十字轴内润滑脂压力超过允许值时，阀门打开润滑脂外溢，使油封不会因油压过高而损坏。现代汽车多采用橡胶油封，多余的润滑油从油封内圆表面与十字轴轴颈接触处溢出，故无需安装安全阀。

小提示

为防止轴承在离心力作用下从万向节叉内脱出，轴承应进行轴向定位。常见的定位方式，除上述盖板式外，还有瓦盖式、U形螺栓式和弹性卡圈固定等结构形式。

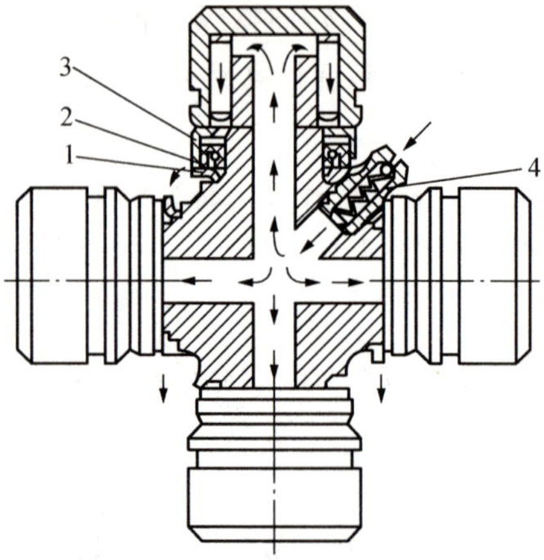

图 2-89 十字轴润滑油道及密封装置

1—油封挡盘；2—油封；3—油封座；4—滑脂嘴

（2）十字轴式万向节的速度特性与等角速排列。

十字轴式万向节在其运动中具有不等角速性。即当十字轴式万向节的主动叉是等角速转动时，从动叉是不等角速转动的，其运动情况如图 2-90 所示。

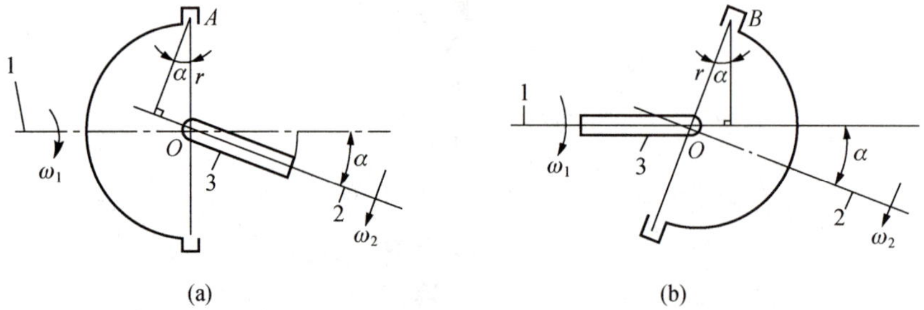

图 2-90 十字轴式刚性万向节传动的角速度分析

1—主动叉轴；2—从动叉轴；3—十字轴

当主动叉在垂直位置，且十字轴平面与主动轴垂直时，从动轴的转速大于主动轴的转速；当两轴转过 90°，主动叉在水平位置，且十字轴平面与从动轴垂直时，主动轴的转速大于从动轴的转速，所谓不等速性是指从动轴在转动一周内其角速度的不均匀特性。

单个十字轴万向节的不等速性，会使从动轴及与其相连的传动部件产生扭转振动，产生附加的交变载荷及振动噪声，影响零部件使用寿命。为避免这一缺陷，在汽车上均采用两个普通万向节，且中间以传动轴相连，利用第二个万向节的不等速效应来抵消第一个万向节的不等速效应，从而实现输入轴与输出轴等角速传动，但要达到这一目的，还必须满足两个条件：

①第一个万向节的从动叉和第二个万向节的主动叉应在同一平面内，即传动轴两端的万向节叉在同一平面内；

②输入轴、输出轴与传动轴的夹角相等，即 $\alpha_1=\alpha_2$，如图 2-91 所示。

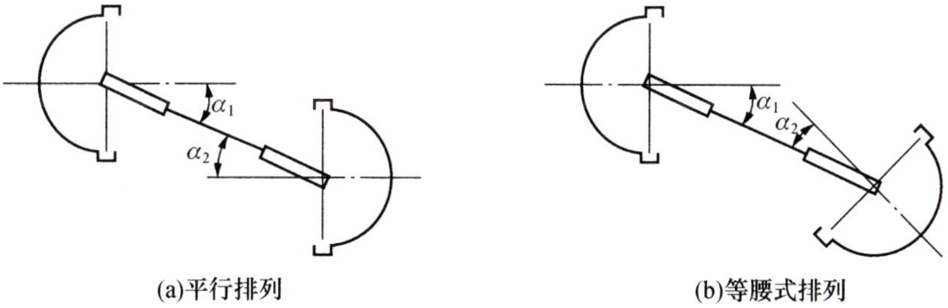

扫一扫 图 2-91 双万向节的等速排列方式

满足上述两条件的等速传动有两种排列方式：平行排列，如图 2-91（a）和等腰三角形排列，如图 2-91（b）所示。

所谓等速传动是对传动轴两端的输入轴和输出轴而言。对传动轴来说，只要传动轴两端的输入轴和输出轴的夹角不为零，它就是不等角速转动，与传动轴的排列方式无关。

2. 准等角速万向节

准等角速万向节是根据两个普通万向节实现等速传动的原理制成的，只能近似实现等角速传动。常见的有三销轴式和双联式万向节，下面仅介绍三销轴式万向节。

如图 2-92 所示，为三销轴式万向节的结构图。它主要由两个偏心轴叉 1、3，两个三销轴 2、4，六个滑动轴承和密封件等组成。每一偏心轴叉的两叉孔通过轴承和一个三销轴大端的两轴颈配合，两个三销轴的小端轴互相插入对方的大端轴承孔内，形成了 Q_1-Q_1'、Q_2-Q_2'、$R-R'$ 三根轴线。传递转矩时，由主动偏心轴叉 1 经轴 Q_1-Q_1'、Q_2-Q_2'、$R-R'$ 传到从动偏心轴叉 3。

与主动偏心轴叉相连的三销轴的两个轴颈端面和轴承座之间装有推力垫片 10。其余轴颈端面均无推力垫片，且端面与轴承座之间留有较大的空隙，保证转向时三销轴式万向节无运动干涉现象。

三销轴式万向节的最大特点是允许相邻两轴有较大的交角，最大可达 45°。采用此万向节的转向驱动桥可使汽车获得较小的转弯半径，提高汽车的机动性。

3. 等角速万向节

等角速万向节的基本原理从结构上保证了万向节在工作过程中，其传力点始终位于两轴交点的平分面上。这一原理可用一对大小相同的锥齿轮传动来说明，如图 2-93 所示。两个大小相同锥齿轮的接触点 P 位于两齿轮轴线交角 α 的平分面上，由 P 点到两轴的垂直距离都等于 r。P 点处两齿轮的圆周速度相等，因此两齿轮的角速度也相等。可见，若万向节的传力点在其交角变化时，始终位于两轴夹角的平分面上，就能保证等角速传动。

等角速万向节的常见类型有：球叉式、球笼式和三叉式等。

（1）球叉式万向节。

如图 2-94 所示，为球叉式万向节的结构图。它主要由主动叉 5、从动叉 1、4 个传动钢球 4、定心钢球 6、定位销 3、锁止销 2 组成。主、从动叉分别与内、外半轴制成一体，叉内各有四条曲面凹槽，装合后形成两条相交的环槽，作为传动钢球 4 的滚道，定心钢球 6 装在两叉中心凹槽内，以定中心。球叉式万向节等速传动的原理如图 2-95 所示，主、从叉曲面凹槽的中心线分别是以 O_1、O_2 为圆心的两个半径相等的圆，且圆心 O_1、O_2 到万向节中心 O 的距离相等，这样无论主、从动轴以任何角度相交，传动钢球中心都位于两圆的交点上，从而保证传动钢球始终位于两轴交角 α 的平分面上，因而保证了等速传动。

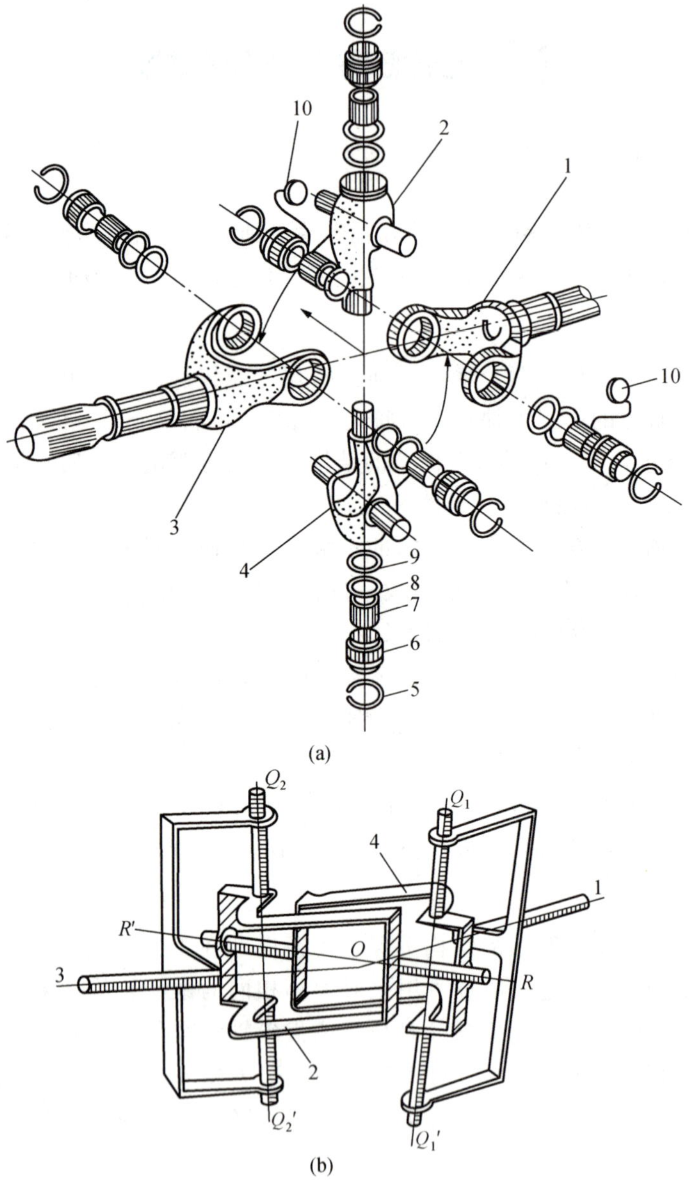

扫一扫 图 2-92　三销轴式准等角速万向节

1—主动偏心轴叉；2、4—三销轴；3—从动偏心轴叉；5—卡环；6—轴承座；7—衬套；8—毛毡圈；9—密封罩；10—推力垫片

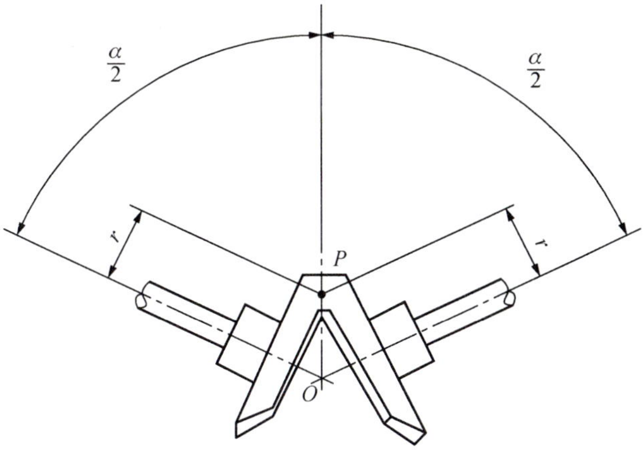

图 2-93 等角速万向节工作原理

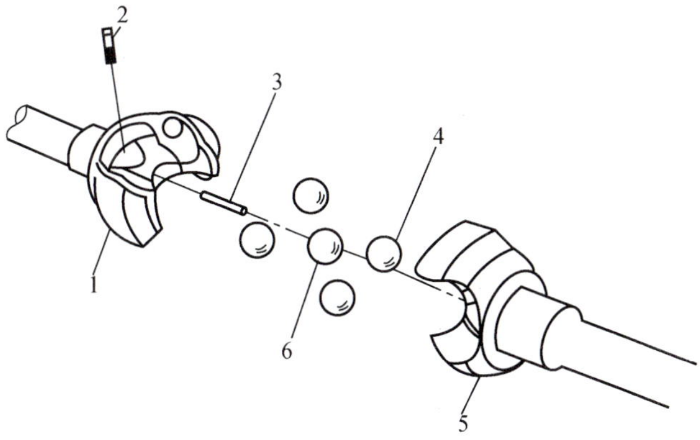

扫一扫

图 2-94 球叉式万向节

1—从动叉；2—锁止销；3—定位销；4—传动钢球；5—主动叉；6—定心钢球

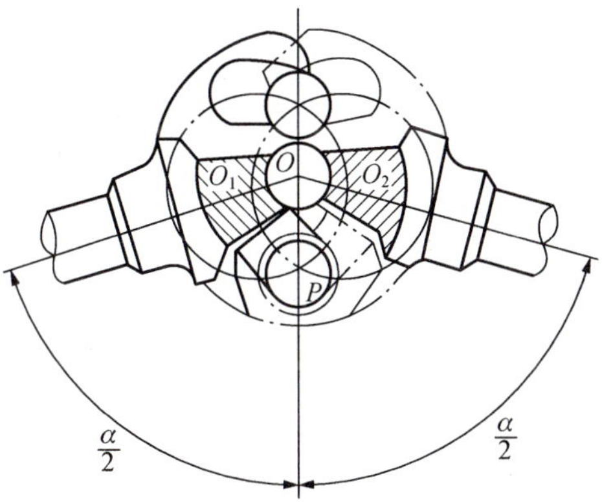

图 2-95 球叉式万向节等角速传动原理

球叉式万向节结构简单，允许轴间最大交角为32°～38°，但由于工作时只有两个传动钢球传力，而另两个钢球则在反转时传力，因此钢球与滚道间的接触压力大，磨损快，影响其使用寿命。所以通常用于中、小型越野汽车的转向驱动桥上。

小提示

目前有些球叉式万向节，省去了定位销和锁止销，中心钢球也不铣凹面，而靠压力装配，这样结构简单，但拆装不方便。

（2）球笼式万向节。

球笼式万向节按其内、外滚道结构不同又分为RF型球笼万向节、VL型球笼万向节及球笼式双补偿万向节。

①RF型球笼万向节。

如图2-96所示，为奥迪100型和上海桑塔纳乘用车半轴外万向节所采用的RF型球笼万向节。它主要由内球座7、球笼4、外球座8及钢球6等组成。内球座通过花键与中段半轴相连。内球座的外表面有六条曲面凹槽，形成内滚道。外球座与带外花键的外半轴制成一体，内表面制有相应的六条曲面凹槽，形成外滚道。六个钢球分别装于六条凹槽中，球笼使之保持在一个平面内。

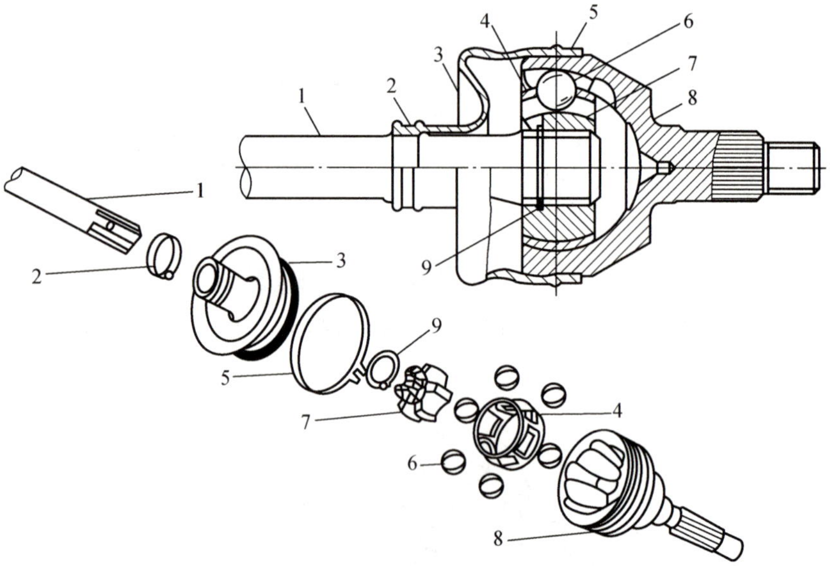

扫一扫

图2-96 奥迪100型和上海桑塔纳乘用车所用RF型球笼式万向节

1—中段半轴；2、5—钢带箍；3—外罩；4—球笼（钢球保持架）；6—钢球；7—内球座（内滚道）；8—外球座（外滚道）；9—卡环

动力由中段半轴1传至内球座7，经6个钢球6、外球座8输出。当中段半轴1（主动轴）和外球座8轴（从动轴）之间夹角α发生变化时，传力钢球中心始终位于两轴交角的平分面上，并且到两轴线的距离相等（见图2-97），从而保证了主、从动轴以相等的角速度旋转。

RF 型球笼式万向工作时，6 个钢球全部参加工作，因而磨损小，寿命长，承载能力强。此外，它允许的两轴相交角较大（420°～470°），灵活性好，故应用愈来愈广泛。

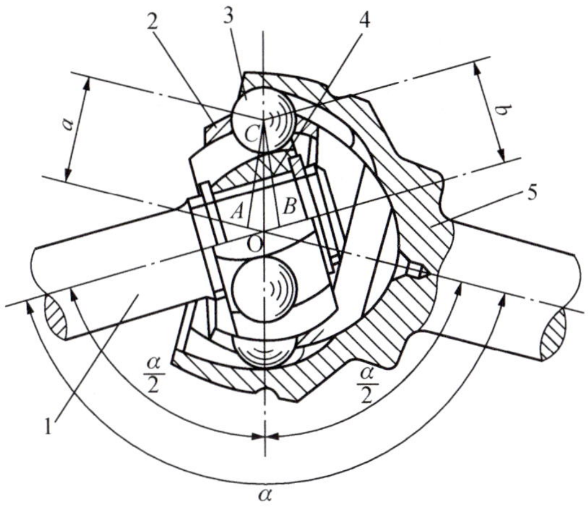

图 2-97 RF 型球笼式万向节等速性分析

1—中段半轴；2—球笼；3—钢球；4—内球座；5—外球座

②VL 型球笼式万向节。

如图 2-98 所示，为奥迪 100 型和上海桑塔纳乘用车转向驱动桥半轴内万向节（靠近主减速器处），其所采用的是 VL 型球笼式万向节。VL 型球笼式万向节又称为伸缩型等速万向节，其内、外滚道为圆筒形，且内、外滚道不与轴线平行，而是以相同的角度相对于轴线倾斜着，装合后，同一周向位置内、外滚道的倾斜方向刚好相反，即对称交叉，而钢球则处于内外滚道的交叉部位。当内半轴 7 与中半轴 1 以任意夹角相交时，所有传动钢球都位于轴间交角的平分面上，从而实现等角速传动。在动力传递过程中，内、外球座可以沿轴向相对移动。因此，采用这种万向节可以省去万向传动装置中的滑动花键。

VL 型球笼式万向节允许两轴最大交角为 210°。且具有轴向滑动的特性（轴向伸缩量可达 45mm），寿命长、强度高，不但满足了车轮的转向性能的要求，还具有结构简单、尺寸小、重量轻等优点。

③球笼式双补偿万向节。

如图 2-99 所示为球笼式双补偿万向节。球笼式双补偿万向节又称为球笼式万向节的滑动式，其外球座 4 为圆筒形，内、外滚道是与轴线平行的直线凹槽（即圆筒形），在传递转矩过程中，内球座 2 与外球座 4 可以做相对轴向移动。球笼 3 的内外球面在轴线方向是偏心的，内球面中心 B 与外球面中心 A 分别位于万向节中心 O 的两边，且 $OA=OB$。同样，钢球中心 C 到 A、B 的距离相等，以保证万向节做等角速传动。

由于这种万向节能轴向相对移动，因此，可省去万向传动装置中的滑动花键等伸缩机构，使结构简化，且轴向位移是通过钢球沿内、外滚道的滚动来实现，与滑动花键相比，滚动阻力小，磨损轻、寿命长，故最适用于断开式驱动桥。

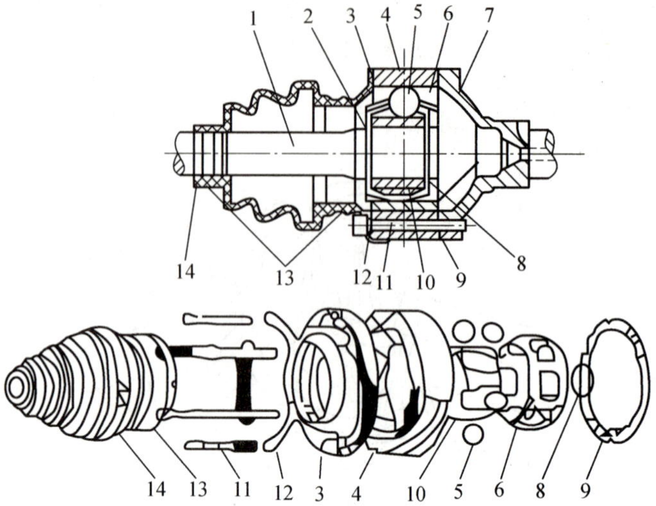

图 2-98　奥迪 100 型和上海桑塔纳乘用车转向驱动桥所用 VL 型万向节

1—中半轴；2—挡圈；3—外罩；4—外球座；5—钢球；6—球笼；7—内半轴；8—卡环；9—密封垫；10—内球座；11—圆头内六角螺栓；12—锁片；13—箍带；14—防尘罩

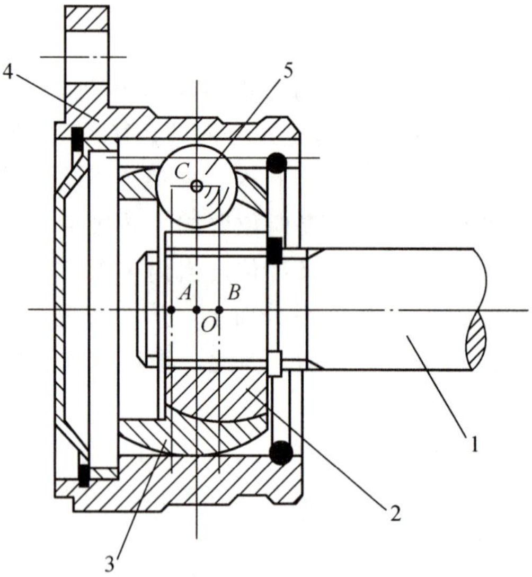

图 2-99　球笼式双补偿万向节

1—主动轴；2—内球座；3—球笼；4—外球座；5—钢球

（3）三叉式等速万向节。

如图 2-100 所示为三叉式等速万向节（也称三角式万向节）。它主要由三销总成 11 和内万向节套 5 组成。三销总成的花键孔与传动轴内的花键配合，三个销轴上均装有轴承，以减小磨损。内万向节套的凸缘用螺栓连接，为防止润滑脂外露，万向节由防护罩 3、7 封护，并用卡箍 8、10、12 紧固。

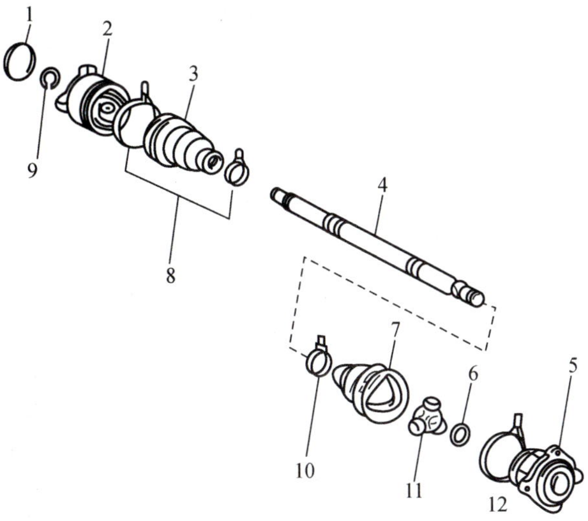

图 2-100 三叉式等速万向节

1—端盖；2—外万向节；3—外万向节防护罩；4—传动轴（中半轴）；5—内万向节套；6、9—卡环；7—内万向节防护罩；8、10、12—卡箍；11—三销总成

小提示

三叉式等速万向节结构简单，磨损小，并且可以轴向伸缩，在乘用车中的应用也逐渐增多。

（4）柔性万向节。

如图 2-101 所示，为柔性万向节的结构图。它依靠其弹性件的弹性变形来保证在相交两轴间传动时不发生机械干涉。弹性件采用橡胶盘、橡胶金属套筒、六角形橡胶圈等结构。因弹性件的弹性变形有限，故柔性万向节适用于两轴间夹角不大（30°～50°）和微量轴向位移的万向传动装置。如有的汽车发动机与变速器之间、变速器与分动器之间装有柔性万向节，以消除制造安装误差和车架变形对传动的影响。

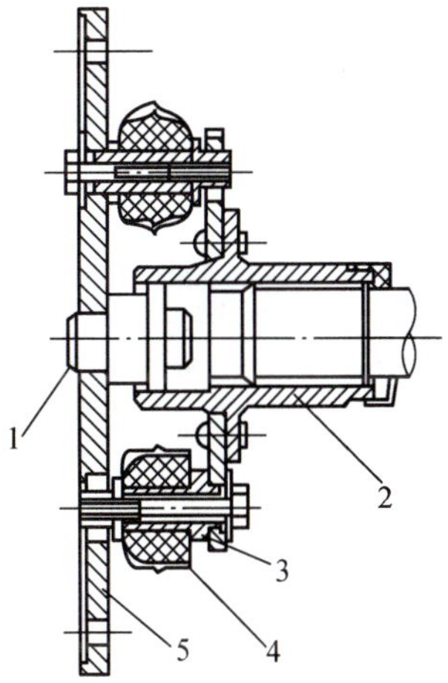

图 2-101 柔性万向节

1—中心轴；2—花键毂；3—连接圆盘；4—弹性连接件；5—大圆盘

（三）传动轴与中间轴承

1. 传动轴

传动轴是万向传动装置中的主要传力部件。传动轴的功用是连接变速器（或分动器）和驱动桥，在转向驱动桥和断开式驱动桥中，则用来连接差速器和驱动桥。

汽车行驶过程中，变速器与驱动桥的相对位置经常变化，为避免运动干涉，传动轴上设有由滑动叉和花键轴组成的滑动花键连接（见图 2-102），使传动轴的长度能随传动距离的变化而伸缩。

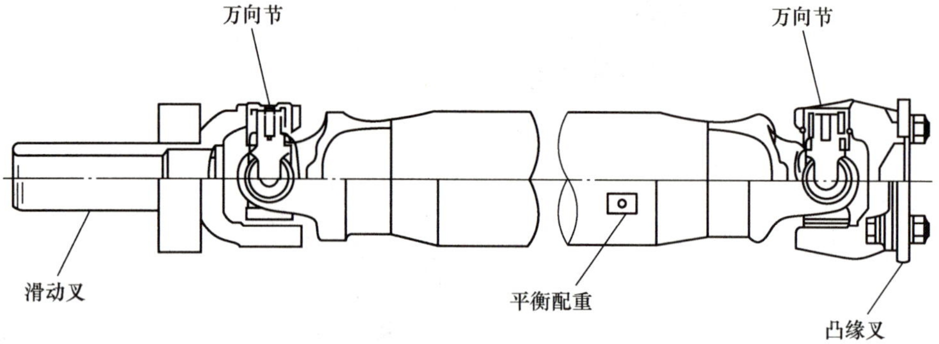

扫一扫 图 2-102 传动轴

传动轴在工作过程中处于高速旋转状态，其转速和所传递的转矩都在不断发生变化。为了避免离心力引起传动轴的振动，在传动轴和万向节装配后，必须进行平衡试验以满足动平衡的要求，平衡后在滑动花键部分还制有箭头标记，以便重装时保持二者的相对位置不变。

传动轴有实心轴和空心轴之分。为了减轻传动轴的质量，节省材料，提高轴的强度、刚度及临界转速，传动轴多为空心轴，一般用厚度为 1.5～3.0mm 且厚薄均匀的钢板卷焊而成，超重型货车则直接采用无缝钢管。而转向驱动桥、断开式驱动桥及微型汽车的传动轴通常制成实心轴。

当传动距离较远时，为了避免因传动轴过长而使自振频率降低，高速时产生共振，将传动轴分为两段，前段称为中间传动轴，其后端设有中间支承；后段称主传动轴，都用薄钢板卷焊而成。中间传动轴的两端用止口定位，分别焊有万向节叉和带花键的轴头，花键轴头与凸缘连接，并用螺母紧固。主传动轴前端用花键轴头与万向节滑动叉套合形成滑动连接，使主传动轴可以轴向伸缩。

小提示

由于万向传动装置中润滑脂嘴较多，为了加注方便，装配时应保证所有润滑脂嘴处于同一条直线上，且十字轴上的润滑脂嘴朝向传动轴。

2. 中间支承

传动轴分段时须加设中间支承，通常将其安装在车架横梁上。中间支承除对传动轴起支承作用外，还应能补偿传动轴轴向和角度方向的安装误差，以及汽车行驶过程中由于发动机窜动或车架变形等引起的位移。

普通中间支承通常用弹性元件来满足上述要求。它主要由轴承、带油封的轴承盖、支架和使轴承与支架间成弹性连接的弹性元件所组成。有些车辆采用双列圆锥滚子轴承式中间支承，这种支承的特点是承载能力大，轴承轴向间隙可调（磨削轴承内圈之间的隔圈），使用寿命长。

此外常用的中间支承还有蜂窝软垫式中间支承、摆动中间支承以及轴式中间支承等多种形式。

3. 断开式驱动桥的万向传动装置

有的乘用车和越野汽车采用断开式驱动桥和独立悬架。其主减速器壳体固定在车架或车身上，车轮可随悬架的变形上下摆动，故在车轮和主减速器间需用万向传动装置，如图 2-103 所示。

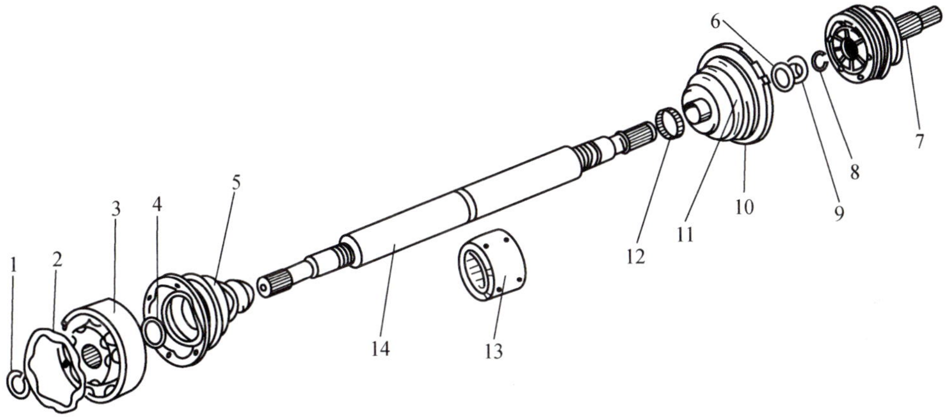

图 2-103 断开式驱动桥的万向传动装置

1—弹性挡圈；2—垫片；3—内等角速万向节；4、6—碟形垫圈；5、11—万向节防护套；7—外等角速万向节；8—挡圈；9—推力垫圈；10、12—卡箍；13—振动缓冲器；14—传动轴

二、检修万向传动装置

（一）外观检查、紧固与润滑

（1）车辆在各挡运行时，传动轴无异响。

（2）在车下径向和轴向推拉传动轴，检查十字轴轴颈、中间支承以及万向节叉连接螺栓是否松动（其拧紧力矩为 88～108N·m），必要时拆检。

（3）在变速器处于空挡、驻车制动器放松的情况下，来回转动传动轴滑动叉（花键套），滑动叉与后传动轴花键的配合间隙应不大于 0.30mm，必要时拆检。

（4）检视传动轴滑动叉防尘套卡箍，卡箍应完好。

（5）润滑。万向节十字轴颈与轴承每行驶 2 000km 应润滑一次。加注润滑脂时，以少量新润滑脂从十字轴安全阀溢出为止。润滑中间支承时，应将润滑脂加至从前轴承盖上通气孔有少量挤出为止。

（二）拆检万向传动装置

1. 拆卸

（1）车辆顶置应安全、稳固，变速器处于空挡位置，放松驻车制动器。

（2）在传动轴各连接件之间做外装配记号，拆下滑动叉防尘套卡箍。

（3）拆下后传动轴与驱动桥主减速器凸缘的连接螺栓，从滑动叉上抽出后传动轴。

（4）拆下中间支承支架与横梁的固定螺栓及中间传动轴与驻车制动器制动毂的连接螺栓，取下中间传动轴。

2. 解体

万向传动装置解体的关键是万向节的拆卸，其解体步骤如下。

（1）用卡簧钳取出万向节下4个耳孔内的卡簧。

（2）左手把传动轴一端托起，右手用手捶轻敲万向节叉的耳根部，将一个滚针轴承振出，如图2-104所示。

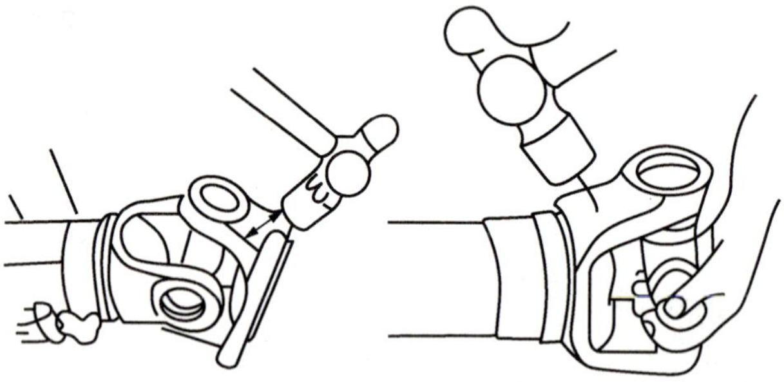

图2-104 万向节的分解

（3）传动轴转180°，用同样方法取出另一滚针轴承，并把凸缘叉取下。

（4）取出另一凸缘叉的滚针轴承，方法同上。

分解后的传动轴如图2-105所示。

中间支承的解体：拔出中间传动轴后端凸缘的开口销（开口销拆下后一定要更换），拧下槽形螺母，取出垫圈及中间传动轴凸缘，将整个中间支承从中间传动轴的轴颈上取下并分解（见图2-105）。

3. 检修

（1）花键套配合间隙的检查。十字轴轴颈应无金属剥落，滚针压痕深不大于0.10mm，轴承径向间隙不大于0.25mm，轴承壳不得有裂纹，否则应更换新件。

（2）用百分表检查传动轴花键与花键套的配合间隙，超过0.30mm时，更换新件，如图2-106所示。

（3）传动轴弯曲量在5mm以下时，可采用冷压校正；在5mm以上时，应加热校正或更换。

（4）中间支承内、外围之间应转动灵活，无卡滞现象，轴承滚道无金属剥落，轴承的径向间隙不大于0.03mm。检查时，一手按住轴承内圈，一手来回推动外圈，如图2-107所示。轴承的轴向间隙不大于0.50mm。检查时，用一长度略大于轴承内径的平板贴住轴承内圈，将外圈搁置在垫块上，用两手指顶动内圈，如图2-108所示。

小提示

拆卸过程中，把十字轴转到油嘴开挡大的位置，防止油嘴被撞坏。

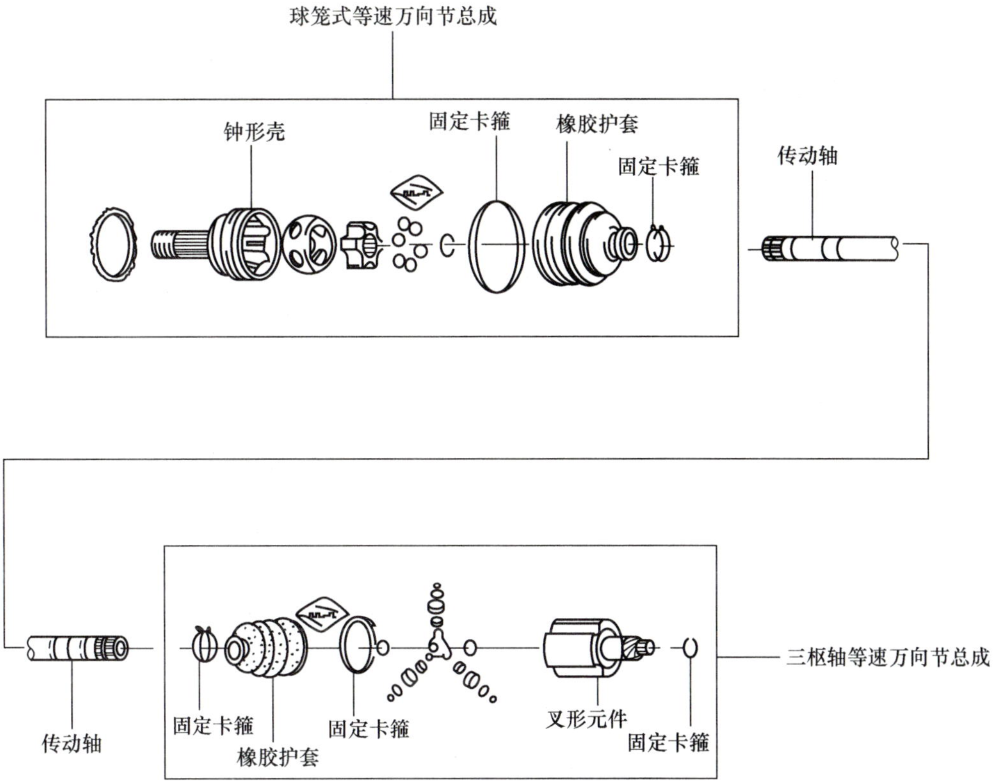

图 2-105 分解后的传动轴

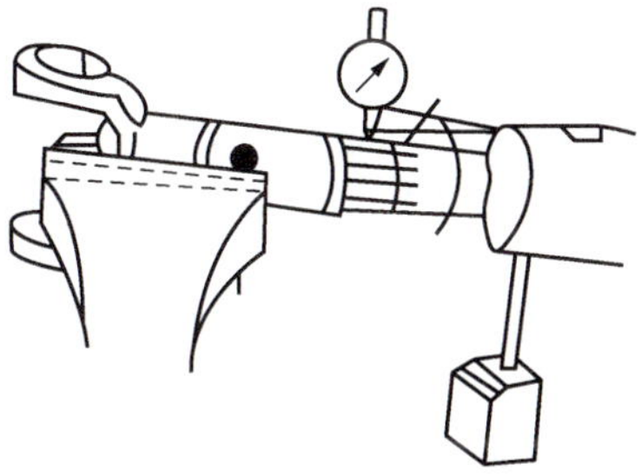

图 2-106 传动轴花键与花键套间隙检查

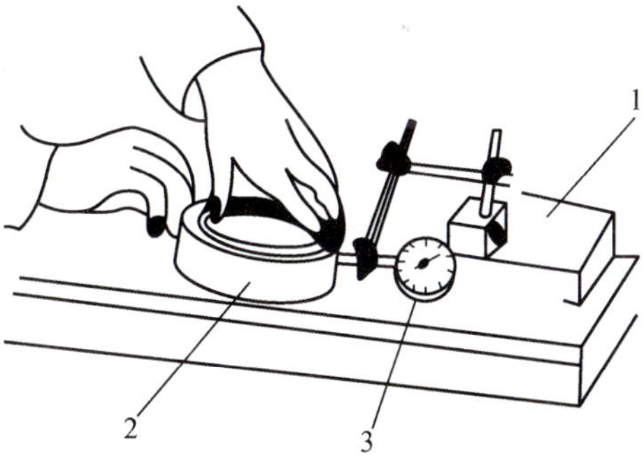

图 2-107 轴承径内间隙检查

1—检验平板；2—轴承；3—百分表

4. 装配及安装

万向传动装置的装配及安装可按分解和拆卸的相反顺序进行。为确保其输入轴与输出轴的等速传动及传动轴运转过程中平衡，方便维护，在传动轴装配和安装中应注意以下几方面的问题。

（1）传动轴两端的万向节叉应处于同一平面内。

（2）传动轴输入轴与输出轴的夹角应相等（维修中发动机的支承垫厚度不应随意

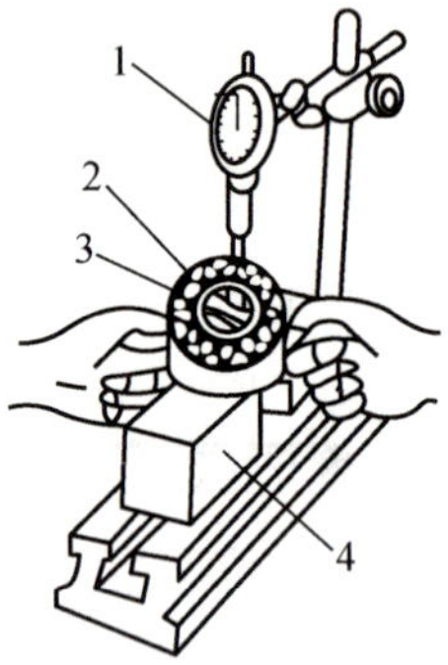

图 2-108 轴承轴向间隙检查

1—百分表；2—平铁板；3—轴承；4—垫块

改变）。

（3）装配过程中注意对准原装配记号，固定中间支承后端突缘的槽形螺母拧紧力矩为 200～300N・m。

（4）传动轴装备齐全、可靠，滑动叉防尘套卡箍的销扣应错开 180°。

（5）装配万向节十字轴时，油嘴应朝向传动轴方向，3 个十字轴上的油嘴应在一条直线上，中间支承盖板上的油嘴方向应向后且朝下。

（6）万向节耳孔内的卡簧装配到位（采用盖板时，其固定螺栓的拧紧力矩为 20～25N・m）。

（7）传动轴的平衡片不可随意取掉，万向传动装置在装车前最好进行动平衡试验。

（8）万向传动装置安装完毕后，用三角木塞住前轮。支起后桥、使两后轮离地，将中间支承支架的固定螺栓稍许拧松，启动发动机，挂低挡运行几分钟，使中间支承轴承座自动找正位置，熄火后以 88～108N・m 的力矩拧紧支架的固定螺栓。

（9）按规定润滑。

任务实施

检修桑塔纳乘用车等角速万向传动装置

桑塔纳乘用车采用等角速万向传动装置，在使用过程中若出现万向节游动间隙过大或转动明显卡滞时，则应更换万向节总成。万向节防尘套有破损或裂纹时，应更换防尘套。

（一）拆卸传动轴

（1）拆下传动轴与轮毂连接螺母。

（2）卸下可移动球形接头与下摇臂的连接螺母，放下下摇臂。

（3）拆下传动轴螺栓，如图 2-109 所示箭头所指，分开突缘盘与传动轴。

（4）将传动轴从车轮轴承壳内拉出。

李师傅拆解完万向传动装置后发现外等速万向节珠架滚道内泥沙较多。清洗干净后，发现万向节珠架有三处裂纹。更换零件后，故障现象消除。

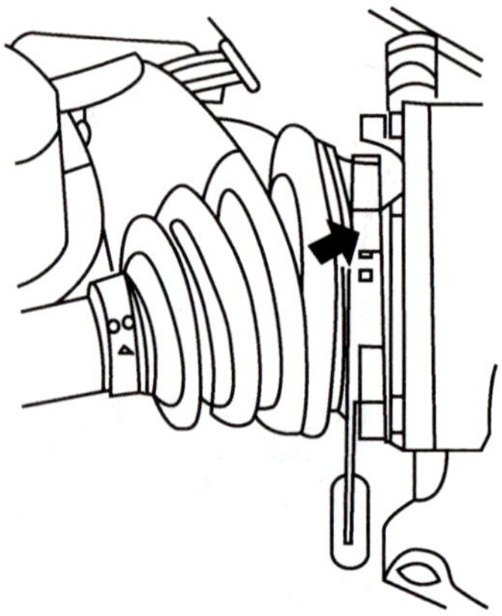
图 2-109 拆下传动轴螺栓

（二）装配传动轴

（1）将传动轴与轮毂花键上的油污擦净，涂上清洁润滑脂。

（2）按拆下的相反顺序安装传动轴。

（3）如图 2-110 所示重新安装球形接头，并拧紧紧固螺母。

（4）拧紧轮毂固定螺母。

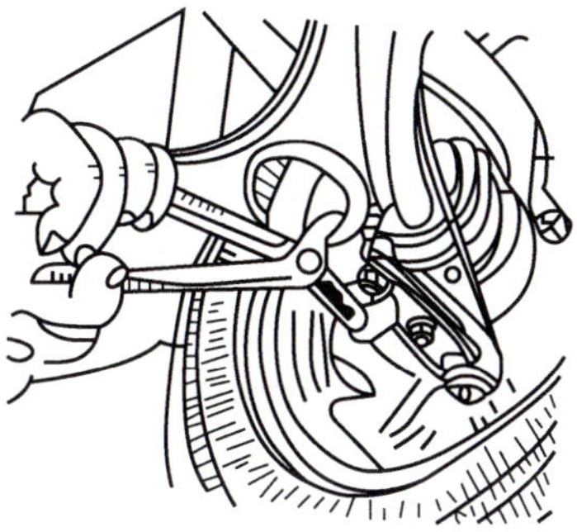

图 2-110 安装球形接头

桑塔纳传动轴总成分解结构如图 2-111 所示。

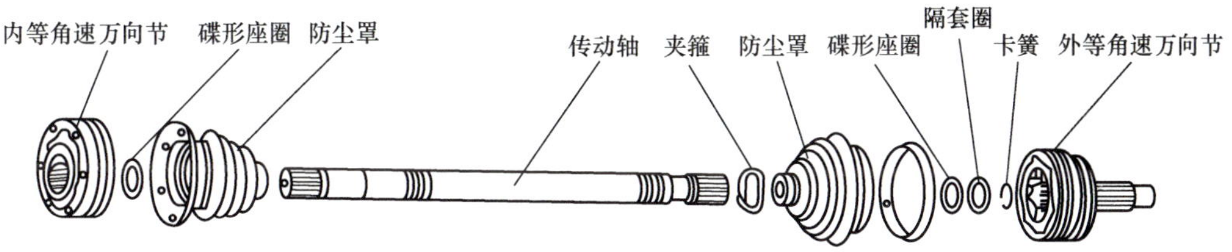

图 2-111 传动轴总成分解结构图

实训报告单

万向传动装置拆装	姓名		学号	
	班级		日期	

一、基础知识准备

1. 万向传动装置的功用及组成。

2. 万向传动装置各零部件的功用。

3. 万向节的分类。

续表

<table>
<tr><td rowspan="2">万向传动装置拆装</td><td>姓名</td><td></td><td>学号</td><td></td></tr>
<tr><td>班级</td><td></td><td>日期</td><td></td></tr>
<tr><td colspan="5">二、实训考核
1. 简述拆卸万向传动装置的实训步骤及注意事项。

2. 指出所拆卸的万向传动装置部件的名称及其作用。

3. 检查所拆卸万向传动装置零部件是否损坏，如果损坏对万向传动装置的功用会有什么影响？

三、安全文明生产</td></tr>
<tr><td colspan="2">教师评语</td><td colspan="3">本次实训成绩</td></tr>
<tr><td colspan="2" rowspan="2"></td><td>良好</td><td>合格</td><td>不合格</td></tr>
<tr><td></td><td></td><td></td></tr>
</table>

教师考核方案

<table>
<tr><td rowspan="2">万向传动装置拆装</td><td>姓名</td><td></td><td>学号</td><td></td></tr>
<tr><td>班级</td><td></td><td>日期</td><td></td></tr>
<tr><td colspan="5">一、基础知识准备（每题 10 分，共 30 分）
1. 万向传动装置的功用及组成。
2. 万向传动装置各零部件的功用。
3. 万向节的分类。
二、实训考核（每题 10 分，共 30 分）
1. 简述拆卸万向传动装置的实训步骤及注意事项。
2. 指出所拆卸的万向传动装置部件的名称及其作用。
3. 检查所拆卸万向传动装置零部件是否损坏，如果损坏对万向传动装置的功用会有什么影响？
三、安全文明生产
1. 学生工具选用、使用错误，扣 5 分；
2. 学生工具、零部件摆放不整齐、无序，扣 5 分；
3. 学生实训过程中出现掉落工具、零件情况，扣 5 分；
4. 学生在操作过程中出现重大违规及危及人身安全情况，扣 20 分。
四、实训评估</td></tr>
</table>

续表

万向传动装置拆装	姓名		学号	
	班级		日期	

采用自评、小组评和教师评的方式对实训情况进行评分，每项分值为 10 分。

评价人	基本知识掌握程度	工作态度	团队合作能力	任务完成情况
自评				
小组评				
教师评				
平均分				

注：总分>80 为优良；80≥总分≥60 为及格；总分<60 为不及格。

任务 2.4 检修驱动桥

任务引入

某解放 CA1091 货车在行驶过程中驱动桥处发出异响，且随着车速的增加，响声变大。如果空挡滑行，异响明显减弱，李师傅了解情况后，判断驱动桥出了故障，准备对驱动桥进行拆解。

任务分析

通过本任务的学习，学员能够掌握驱动桥的结构及工作原理，能够熟练拆装驱动桥，并对驱动桥常见故障进行诊断和维修。

知识准备

一、驱动桥的构造及工作原理

（一）概述

1. 驱动桥的功用、组成

（1）功用。

驱动桥的功用是将万向传动装置输入的动力经降速增矩、改变动力传递方向后，分配到左右驱动轮上，使汽车行驶，并允许左右驱动轮以不同的转速旋转。

（2）组成。

驱动桥由主减速器、差速器、半轴和桥壳等组成，如图 2-112 所示。

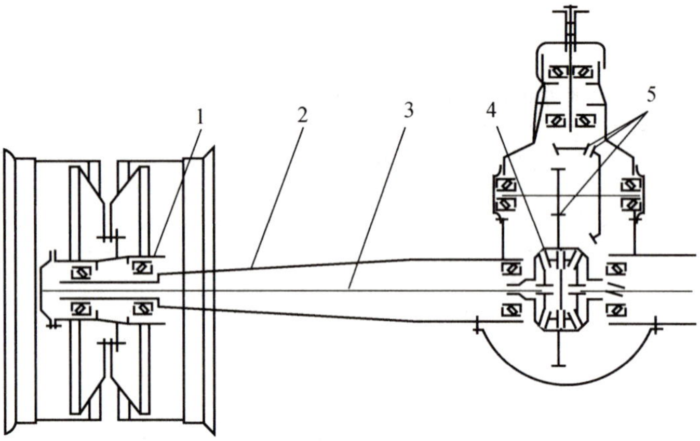

图 2-112　汽车整体式驱动桥示意图

1—轮毂；2—桥壳；3—半轴；4—差速器；5—主减速器

2. 驱动桥的类型

（1）整体式驱动桥。

整体式驱动桥（见图 2-112）采用非独立悬架。其驱动桥壳为一刚性的整体，驱动桥两端通过悬架与车架连接，左右半轴始终在一条直线上，即左右驱动轮不能相互独立地跳动。当某一侧车轮通过地面的凸出物或凹坑升高或下降时，整个驱动桥及车身都要随之发生倾斜，车身波动大。

（2）断开式驱动桥。

断开式驱动桥采用独立悬架，如图 2-113 所示。其主减速器固定在车架上，驱动桥壳制成分段并用铰链连接，半轴也分段并用万向节连接。驱动桥两端分别用悬架与车架（或车身）连接。这样，两侧的驱动轮及桥壳可以彼此独立地相对于车架上下跳动。

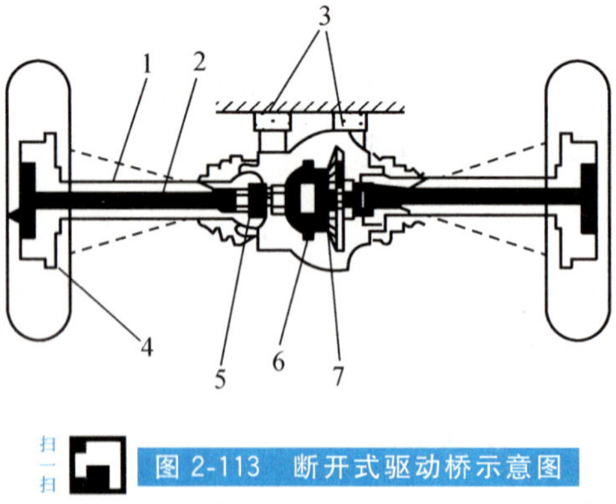

扫一扫　图 2-113　断开式驱动桥示意图

1—桥壳；2—半轴；3—支架；4—驱动轮；5—差速器；6—主减速器；7—万向节

课堂讨论

整体式驱动桥和断开式驱动桥多用于哪些车型？

（二）主减速器

1. 主减速器的功用、类型

（1）功用。

主减速器的功用是将输入的转矩增大、转速降低，并将动力传递的方向改变后（有些横向布置发动机的除外）传给差速器。

（2）类型。

按参加传动的齿轮副数目，主减速器可分为单级式主减速器和双级式主减速器。有些重型汽车又将双级式主减速器的第二级圆柱齿轮传动设置在两侧驱动轮处，称为轮边减速器。

按传动速比个数，主减速器可分为单速式和双速式主减速器。单速式的传动比是一定值，而双速式则有两个传动比（即两条传动路线）供驾驶员选择。

按齿轮副结构形式，主减速器可分为圆柱齿轮式（又可分为定轴轮系和行星轮系）主减速器和圆锥齿轮式（又可分为螺旋锥齿轮式和双曲面锥齿轮式）主减速器。

2. 主减速器的构造与工作原理

（1）单级主减速器的构造及工作原理。

单级主减速器结构简单，质量小，体积小，传动效率高且动力性能满足中型以下货车及乘用车的要求。因此，单级主减速器在这些车型上得以普遍采用。

在发动机纵向布置的汽车上，由于需要改变动力传递方向（一般为90°），单级主减速器都采用一对圆锥齿轮传动。

主减速器主、从动锥齿轮常用的齿形有双曲线齿轮和螺旋锥齿轮。

①发动机前置后轮驱动的单级主减速器。

图2-114所示为东风EQ090E型汽车单级主减速器。它由主、从动锥齿轮及其支承调整装置，主减速器壳等组成。主动锥齿轮的齿数为6，从动锥齿轮的齿数为38，因此其传动比 i_0 可用公式（2-6）计算：

$$i_0=\frac{38}{6}=6.33 \tag{2-6}$$

主动锥齿轮与主动轴制成一体。为了保证主动锥齿轮有足够的支承刚度，改善啮合条件，其前端支承在两个距离较近的圆锥滚子轴承2和3上，后端支承在圆柱滚子轴承上，形成跨置式支承。圆柱滚子轴承压装在主动轴的后端，靠座孔上的台阶限位。圆锥滚子轴承2和3以小端相对压入主动轴前端，之间有隔套和调整垫片2，它们和叉形凸缘用螺母与主动轴固装在一起，并支承在轴承座内。轴承座依靠凸缘定位，用螺钉固装在主减速器壳体的前端，两者之间有调整垫片1。从动锥齿轮靠凸缘定位，用螺栓紧固在差速器壳上，而差速器壳则用两个圆锥滚子轴承1支承在主减速器壳的瓦盖式轴承座孔中。轴承盖与壳体是装配在一起加工的，不能互换，二者之间有装配记号。轴承座孔外缘装有环形轴承调整螺母。在从动锥齿轮啮合处背面的主减速器壳体上，装有支承螺柱，用以限制大负荷下从动锥齿轮过度变形而影响正常啮合。装配时应在支承螺柱与从动锥齿轮背面之间留一定间隙（0.3～0.5mm），转动支承螺柱可以调整此间隙。

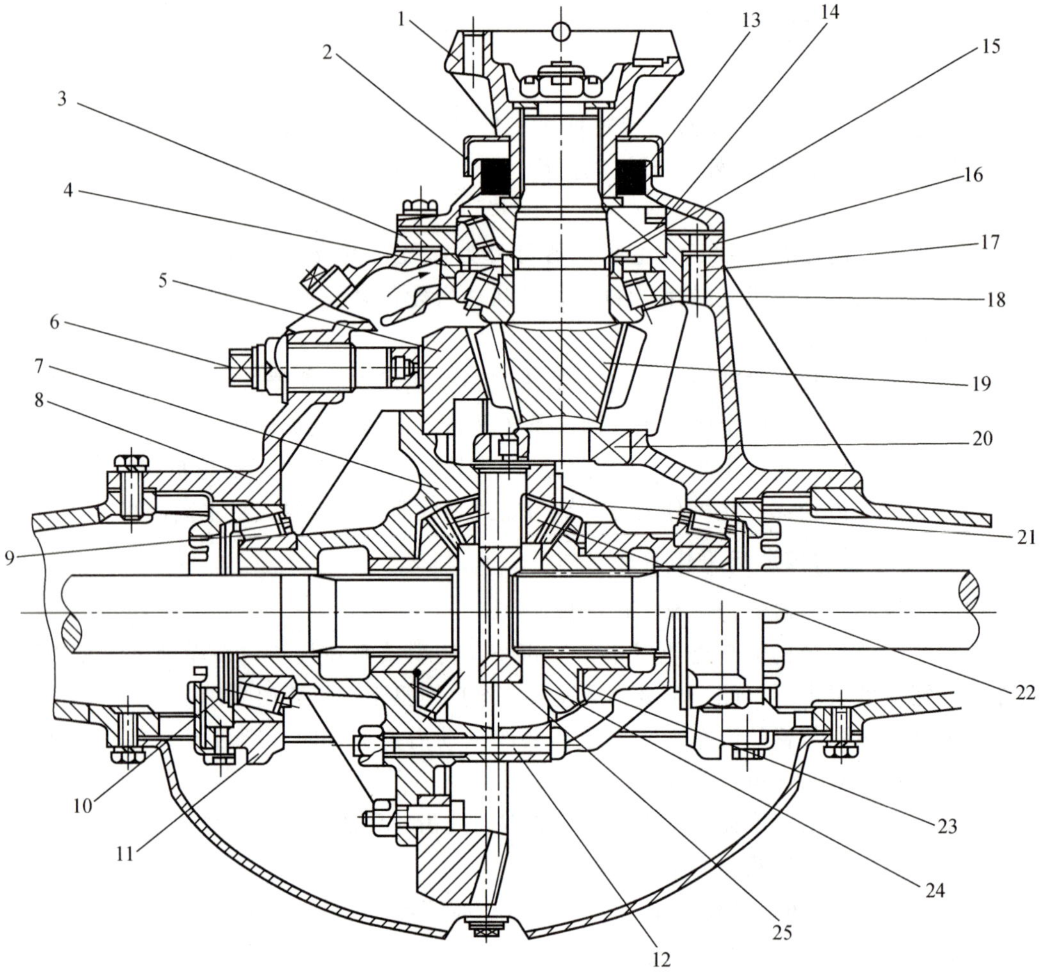

扫一扫

图 2-114　东风 EQ1090E 型汽车单级主减速器

1—叉形凸缘；2—防尘罩；3—调整垫片 1；4—进油道；5—从动锥齿轮；6—支承螺柱；7—差速器壳；8—主减速器壳；9—圆锥滚子轴承 1；10—轴承调整螺母；11—差速器轴承盖；12—螺栓；13—油封；14—圆锥滚子轴承 2；15—调整垫片 2；16—轴承座；17—回油道；18—圆锥滚子轴承 3；19—主动锥齿轮；20—圆柱滚子轴承；21—行星齿轮球面垫片；22—行星齿轮推力垫片；23—半轴齿轮推力垫片；24—半轴齿轮；25—行星齿轮轴（十字轴）

圆锥滚子轴承一般都是成对使用的，装配时应使其具有一定的预紧度，以减少锥齿轮在传动过程中因轴向力而引起的轴向位移，提高轴的支承刚度，保证锥齿轮副的正确啮合。但轴承预紧度又不能过大，否则摩擦和磨损增大，传动效率低。为此，设有轴承预紧度的调整装置。主动轴上两个圆锥滚子轴承 2 和 3 的预紧度由调整垫片 2 来调整。增加垫片 2 的厚度，轴承预紧度减小，反之，轴承预紧度增加。支承差速器壳的一对圆锥滚子轴承 1 的预紧度则是通过拧动两侧的轴承调整螺母来调整的。拧入调整螺母，轴承预紧度增加，反之，轴承预紧度减小。

为了使齿轮传动工作正常，磨损均匀，延长其使用寿命，必须保证齿轮副正确啮合。为此，需要对锥齿轮的啮合进行调整。锥齿轮啮合的调整是指齿面啮合印痕和齿侧啮合间隙的调整。正确的啮合印痕和啮合间隙是通过锥齿轮轴的轴向移动，从而改变主、从动锥齿轮的相对位置来得到的，所以，主减速器又设置了齿轮啮合的调整装置。主、从动锥齿轮的啮合印痕可通过增减调整垫片 1 的厚度来调整：增加垫片厚度，主动轴及主动锥齿轮前移，反之则后移。啮合间隙则通过拧动轴承调整螺母来调整。一端螺母拧入，另一端螺母拧出，即可使从动锥齿轮轴向后移动。

小提示

为了保证齿轮啮合调整的正确性，圆锥滚子轴承预紧度的调整必须在齿轮啮合调整之前进行，且当两者采用同一调整装置时，齿轮啮合的调整应保持原已调整好的轴承预紧度不变。如上述齿轮啮合间隙的调整，为保证已调整好的轴承预紧度不变，一端螺母的拧入圈数应等于另一端螺母的退出圈数。

东风 EQ1090E 型汽车主减速器的主、从动锥齿轮采用双曲面锥齿轮，有些车型的主、从动锥齿轮采用螺旋锥齿轮，目前主减速器中基本不用直齿圆锥齿轮。前两者相比，双曲面锥齿轮的主、从动齿轮轴线不相交，使主动锥齿轮轴线可低于（也可高于）从动锥齿轮轴线，在保证一定离地间隙的情况下，与之相连的传动轴的位置也相应降低，从而使汽车重心降低，提高了行驶的稳定性。其次，双曲面齿轮发生根切的最少齿数较少（最少可为 5 个），因此，主动齿轮在满足传动比和强度要求的条件下尺寸可尽量小一些，相应的从动锥齿轮的尺寸也可减小，从而减小了主减速器壳外形轮廓尺寸，有利于车身布置和提高最小离地间隙。此外，双曲面齿轮的啮合系数大，同时参加啮合的齿数多，传动平稳，噪声小，承载能力大。所以，双曲面锥齿轮不仅在乘用车上得到广泛应用，而且在中、重型汽车上的应用也日益增多。

双曲面齿轮的缺点是啮合面间相对滑动速度大，接触压力大，摩擦面的油膜易被破坏，因而对润滑油要求高，必须使用专门的双曲面齿轮油。另外，双曲面齿轮螺旋角较大，传动时轴向力大，易造成轴的支承定位件的损坏而引起轴向窜动。因此对这些机件的强度、刚度要求高，相应的对调整精度要求也较高。

为了减小主减速器齿轮、轴承等的摩擦和磨损，在主减速器壳体内贮有一定量的齿轮油。从动齿轮旋转时，将齿轮油飞溅到各齿轮、轴及轴承上进行润滑。为了保证主动轴前端的两个圆锥滚子轴承 2 和 3 得到可靠润滑，在主减速器壳和轴承座上制有孔，形成进油道和回油道。从动锥齿轮转动时飞溅起来的齿轮油从进油道经轴承座的孔进入两轴承小端之间，在离心力作用下，自轴承小端流向大端，再经回油孔流回主减速器内。为防止主减速器内温度升高使气压增大而造成齿轮油外溢，在主减速器壳上装有通气塞。此外，还装有加油螺塞和放油螺塞。

②发动机前置前轮驱动的单级主减速器。

如图 2-115 所示为上海桑塔纳乘用车单级主减速器。因采用发动机纵向前置前轮驱动，整个传动系统都集中布置在汽车前部，因此，其主减速器装于变速器壳体内，没有专门的主减速器壳体。由于省去了变速器到主减速器之间的万向传动装置，所以变速器输出轴即为主减速器主动轴。

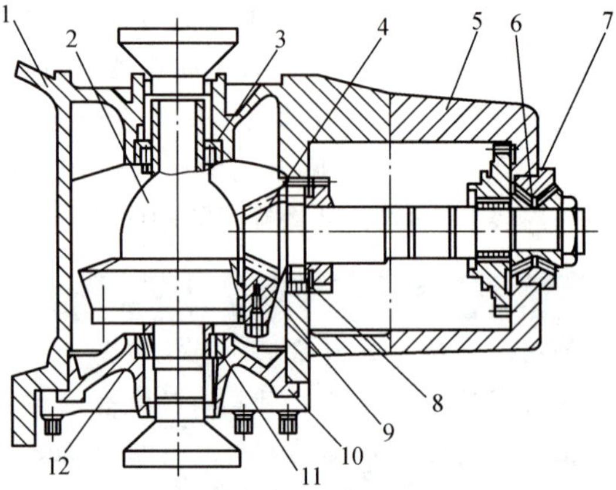

图 2-115 上海桑塔纳乘用车单级主减速器

1—变速器前壳体；2—差速器；3—调整垫片 1；4—主动锥齿轮；5—变速器后壳体；6—双列圆锥滚子轴承；7—调整垫片 2；8—圆柱滚子轴承；9—从动锥齿轮；10—传动器盖；11—调整垫片 3；12—圆锥滚子轴承

主减速器由主、从动锥齿轮组成。主动锥齿轮与变速器输出轴制为一体，用双列圆锥滚子轴承和圆柱滚子轴承支承在变速器壳体内。环状的从动锥齿轮靠凸缘定位，并用螺钉与差速器壳连接。差速器壳由一对圆锥滚子轴承支承在变速器壳体上。

主动锥齿轮轴轴承预紧度无须调整。圆锥滚子轴承的预紧度可通过调整垫片 1 和 3 来调整。齿轮啮合的调整通过调整垫片 1、2、3 进行，即增减垫片厚度，使主、从动锥齿轮轴向移动。

若发动机横向前置，由于主减速器主动齿轮轴线与差速器轴线平行，主减速器采用一对斜齿轮传动即可，无须改变动力的传递方向。

(2) 双级主减速器的构造及工作原理。

当汽车主减速器需要有较大的传动比时，若采用单级主减速器，由于主动锥齿轮受强度、最小齿数的限制，其尺寸不能太小，相应地从动锥齿轮直径将较大。这不仅使从动齿轮刚度降低，而且会使主减速器壳及驱动桥壳外形轮廓尺寸增大，难以保证足够的离地间隙，这时需采用双级主减速器。

如图 2-116 所示为解放 CA1092 型汽车双级主减速器。第一级传动为第一级主动锥齿轮和第一级从动锥齿轮，传动比为 25/13=1.923；第二级传动为第二级主动齿轮和第二级从动齿轮，传动比为 45/15=3。主减速器的传动比等于两级齿轮传动比的乘积，如公式 (2-7)：

$$i_0=\frac{25}{13}\times\frac{45}{15}=5.77 \qquad (2\text{-}7)$$

该车有两种传动比的主减速器可供选装，第二种的传动比 i_0 如公式 (2-8)：

$$i_0=\frac{25}{12}\times\frac{45}{15}=6.25 \qquad (2\text{-}8)$$

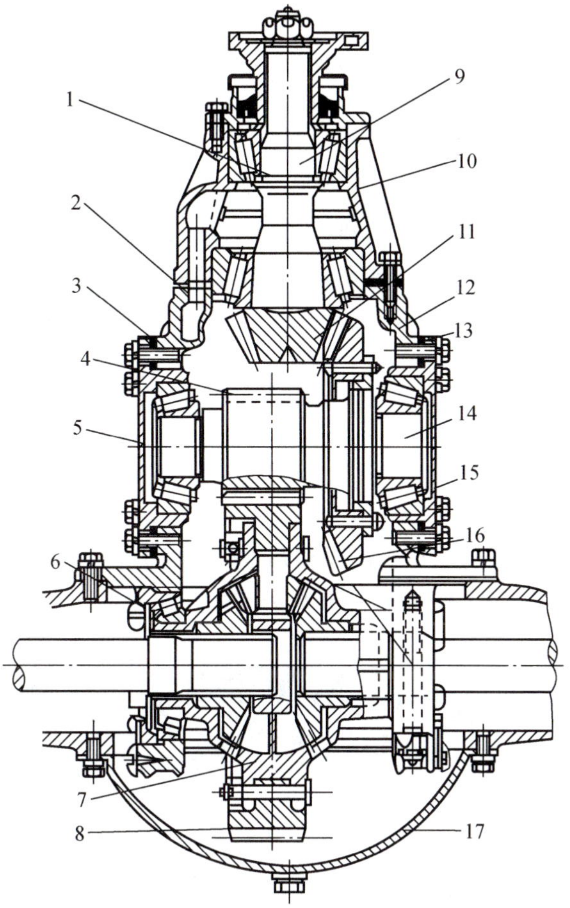

扫一扫 图 2-116 解放 CA1092 型汽车双级主减速器

1—调整垫片 1；2—调整垫片 2；3—调整垫片 3；4—第二级主动齿轮；5—轴承盖 1；6—调整螺母；7 差速器壳；8—第二级从动齿轮；9—第一级主动齿轮轴；10—轴承座；11—第一级主动齿轮；12—主减速器壳；13—调整垫片 4；14—中间轴；15—轴承盖 2；16—第一级从动齿轮；17—后盖

第一级主动锥齿轮和第一级主动齿轮轴制成一体，用两个圆锥滚子轴承（相距较远）支承在轴承座的座孔中，因主动锥齿轮悬伸在两轴承之后，故称为悬臂式支承。这种支承形式结构简单，虽支承刚度不及跨置式支承大，但由于传动比小，主动锥齿轮及主动轴的尺寸可以制得大一些，同时还可以尽量加大两轴承之间的距离，以提高支承刚度，使其同样能满足承载的要求。第一级从动锥齿轮用铆钉铆接在中间轴的凸缘上。第二级主动齿轮与中间轴制成一体，用两个圆锥滚子轴承支承在两端轴承盖 1 和轴承盖 2 的座孔中，轴承盖用螺钉与主减速器壳固定连接。第二级从动齿轮夹在左右两半差速器壳之间，并用螺栓将它们紧固在一起，其支承形式与东风 EQ1090E 型汽车主减速器中差速器壳的支承形式相同。

主动锥齿轮轴轴承的预紧度，可通过增减调整垫片 3 的厚度来调整。中间轴圆锥滚子轴承的预紧度则通过调整垫片 1 和调整垫片 4 的总厚度来调整。支承差速器壳的圆锥滚子轴承的预紧度靠拧动调整螺母来调整。同样，为了便于齿轮啮合的调整，第一级主动齿轮轴、中间轴的轴向位置都可以略加移动。增加调整垫片 2 的厚度，第一级主动齿轮则沿轴向离开从动锥齿轮；反之靠近。减少左轴承盖 1 处的调整垫片 1，同时将这些卸下来的垫片加到右端的调整垫片 4 上，则第一级从动齿轮右移；反之左移。因调整垫片 1 和 4 的总厚度未变，不致破坏已调好的中间轴轴承预紧度。第二级斜齿圆柱齿轮传动的啮合不可调，但可拧动调整螺母使第二级从动齿轮略做轴向移动，以保证与第二级主动齿轮的全齿宽啮合。同样，一端调整螺母的拧入圈数应等于另一端调整螺母的退出圈数。

（三）差速器

1. 差速器的功用、类型

（1）功用。

差速器的功用是将主减速器传来的动力传给左、右两半轴，并在必要时允许左、右半轴以不同转速旋转，以满足两侧驱动轮差速的需要。

课堂讨论

没有差速器，汽车能否正常行驶？

（2）类型。

差速器的类型按其工作特性可分为普通齿轮式差速器和防滑差速器两大类。

2. 普通齿轮式差速器的构造及工作原理

普通齿轮式差速器有锥齿轮式和圆柱齿轮式两种。由于锥齿轮式差速器结构简单、紧凑，工作平稳，因此目前应用最为广泛。

如图 2-117 所示为行星锥齿轮差速器，它由四个行星锥齿轮、十字形行星锥齿轮轴、两个半轴锥齿轮、差速器壳 1 和差速器壳 2 及行星锥齿轮球面垫片和半轴锥齿轮推力垫片组成。装配关系如图 2-118 所示。主减速器第二级从动斜齿圆柱齿轮夹在两个差速器壳 1 和差速器壳 2 之间，用螺栓将它们紧固在一起。十字轴的四个轴颈嵌在两半差速器壳端面半圆槽所形成的孔中，四个行星齿轮分别套在四个轴颈上。两个半轴齿轮分别与四个行星齿轮啮合，以其轴颈支承在差速器壳中，并以花键孔与半轴连接。行星齿轮背面和差速器壳相应位置的内表面，均制成球面，以保证行星齿轮良好的对中性，使其与两个半轴齿轮能正确啮合。行星齿轮和半轴齿轮的背面与差速器壳之间装有行星锥齿轮球面垫片和半轴锥齿轮推力垫片，用以减轻摩擦面间的摩擦和磨损，提高差速器的使用寿命。使用中还可以通过更换垫片来调整齿轮的啮合间隙。

十字轴的四个装配孔是左、右两半差速器壳装合后加工成形的，装配时不应周向错位。

差速器靠主减速器壳内的齿轮油来润滑，因此，差速器壳上开有供润滑油进出的

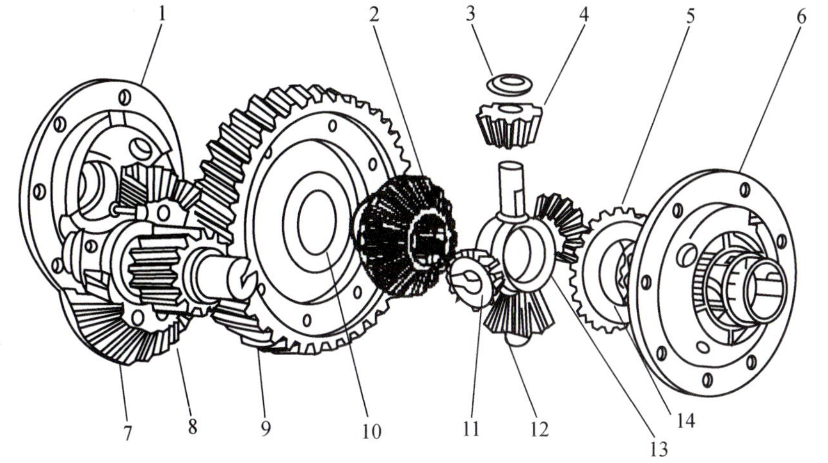

扫一扫 图 2-117 行星锥齿轮差速器

1—差速器壳 1；2、5—半轴锥齿轮；3、11—行星锥齿轮球面垫片；4、12—行星锥齿轮；6—差速器壳 2；7—主减速器齿轮 3；8—主减速器齿轮 2；9—主减速器齿轮 1；10—半轴锥齿轮推动垫片；13—行星锥齿轮轴（十字轴）；14—半轴锥齿轮推力垫片

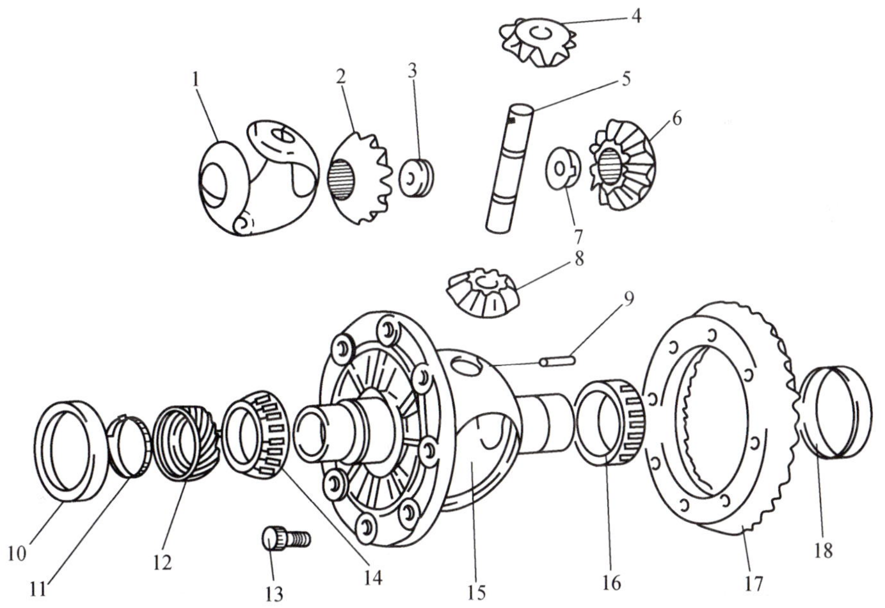

图 2-118 上海桑塔纳乘用车差速器

1—复合式推力垫片；2—半轴齿轮；3，7—螺纹套；4，8—行星齿轮；5—行星齿轮轴；6—半轴齿轮；9—止动锥；10—圆锥滚子轴承座圈；11—车速表齿轮锁紧套筒；12—车速表齿轮；13—螺栓；14，16—圆锥滚子轴承；15—差速器壳；17—主减速器从动齿轮；18—圆锥滚子轴承外座圈

窗孔。为了保证行星齿轮与十字轴轴颈之间的润滑，在十字轴轴颈上铣有平面，并在行星齿轮的齿间钻有油孔与其中心孔相通。同样，半轴齿轮齿间也钻有油孔，与其背面相通（见图 2-115 和图 2-116），以加强背面与差速器壳之间的润滑。

工作时，传至差速器壳的动力依次经十字轴、行星齿轮和半轴齿轮传给半轴，再由半轴传给驱动车轮。

在中型以下的货车或乘用车上，因传递的转矩较小，故可用两个行星齿轮，相应的行星齿轮轴为一根直轴。上海桑塔纳乘用车差速器即采用这种结构，如图 2-118 所示。差速器壳为一整体框架结构。行星齿轮轴装入差速器壳后用止动销定位。半轴齿轮背面也制成球面，其背面的推力垫片与行星齿轮背面的推力垫片制成一个整体，称为复合式推力垫片。螺纹套用来紧固半轴齿轮。

图 2-119 所示为行星锥齿轮差速器的运动原理图。差速器壳与行星齿轮轴连成一体并由主减速器从动齿轮带动一起转动，是差速器的主动件，设其转速为 n_0。半轴齿轮 1 和半轴齿轮 2 为从动件，设其转速分别为 n_1 和 n_2。A、B 两点分别为行星齿轮与半轴齿轮 1 和半轴齿轮 2 的啮合点，C 点为行星齿轮的中心。A、B、C 点到差速器旋转轴线的距离相等。

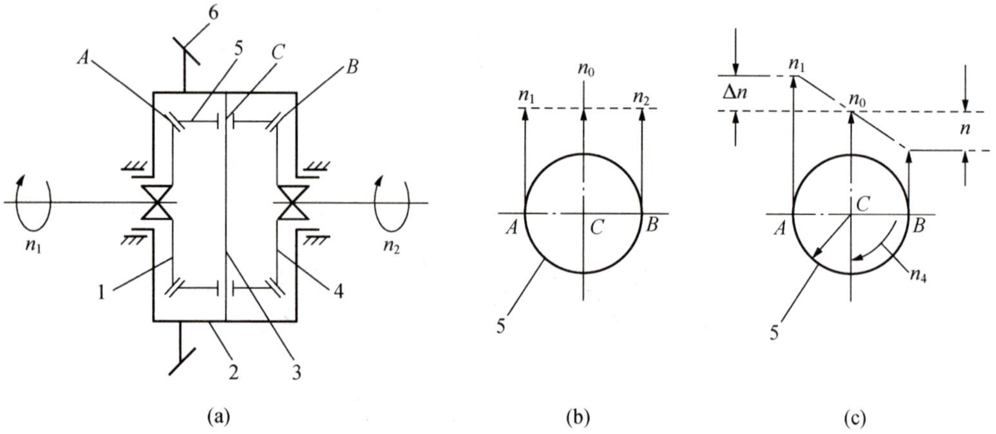

图 2-119 行星锥齿轮差速器的运动原理图

1—半轴齿轮 1；2—差速器壳；3—行星齿轮轴；4—半轴齿轮 2；5—行星齿轮；6—主减速器从动齿轮

当两侧驱动轮没有滑转和滑移趋势，即两侧车轮转速相等，汽车直线行驶时，两侧车轮所受的行驶阻力相等，通过半轴及半轴齿轮反作用于行星齿轮两啮合点 A、B 的力也相等。这时行星齿轮相当于一个等臂的杠杆保持平衡，即行星齿轮不自转，而只能随行星齿轮轴及差速器壳一起公转。所以两半轴无转速差，如图 2-119（b）所示，差速器不起差速作用，参见公式（2-9）、(2-10)：

$$n_1 = n_2 = n_0 \tag{2-9}$$

$$n_1 + n_2 = 2n_0 \tag{2-10}$$

当两侧车轮有滑转和滑移趋势时，两侧车轮所受的行驶阻力不再相等，通过半轴及半轴齿轮反作用于行星齿轮两啮合点的力也不相等。这样，将破坏行星齿轮的平衡，即行星齿轮除了随差速器壳一起公转外，还要绕行星齿轮轴自转。设其自转速度为 n_4，则半轴齿轮 1 的转速加快，而半轴齿轮 2 的转速减慢。因 $AC=CB$，所以半轴齿轮 1 转速的增加值等于半轴齿轮 2 转速的减小值。设半轴齿轮转速的增减值为 Δn，则两半轴的转速分别为：

$$n_1=n_0+\Delta n \tag{2-11}$$

$$n_2=n_0-\Delta n \tag{2-12}$$

这就是差速器的差速作用，即汽车在转弯或其他情况下行驶，两侧车轮有滑转和滑移趋势时，行星齿轮即发生自转，借行星齿轮的自转，使两侧车轮以不同的转速在地面上滚动，显然此时仍有：

$$n_1+n_2=2n_0 \tag{2-13}$$

式（2-13）即为行星锥齿轮差速器的运动特性方程式。它表明，差速器无论差速与否，两半轴齿轮转速之和始终等于差速器壳转速的两倍，而与行星齿轮自转速度无关。

由式（2-9）还可得知：①当任何一侧半轴齿轮的转速为零时，另一侧半轴齿轮的转速为差速器壳转速的两倍；②当差速器壳转速为零时，若一侧半轴齿轮受其他外来力矩而转动，则另一侧半轴齿轮即可以相同的转速反向转动。

图 2-120 所示为行星锥齿轮差速器的转矩分配示意图。设主减速器传至差速器壳的转矩为 M_0，经行星齿轮轴和行星齿轮传给两半轴齿轮，两半轴齿轮的转矩分别为 M_1 和 M_2。

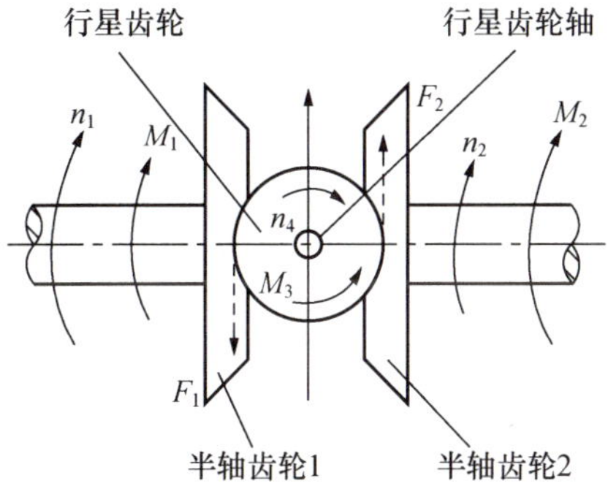

图 2-120　行星锥齿轮差速器的转矩分配示意图

当行星齿轮不自转时，即 $n_4=0$，$M_T=0$（M_T 为行星齿轮自转时，其内孔和背面所受的摩擦力矩），行星齿轮相当于一个等臂杠杆，均衡拨动两半轴齿轮转。所以，差速器将转矩平均分配给两半轴齿轮，即：

$$M_1=M_2=M_0/2 \tag{2-14}$$

当行星齿轮按图 2-120 中 n_4 方向自转时（$n_1>n_2$），行星齿轮所受摩擦力矩 M_T 与其自转方向相反，从而使行星齿轮分别对半轴齿轮 1 和 2 附加作用了大小相等而方向相反的两个圆周力 F_1 和 F_2，F_1 使传到转得快的半轴齿轮 1 上的转矩 M_1 减小，而 F_2 却使传到转得慢的半轴齿轮 2 的转矩 M_2 增加。且 M_1 的减小值等于 M_2 的增加值，等于 $M_T/2$。所以，当两侧驱动轮存在转速差时（$n_1>n_2$），有：

$$M_1 = (M_0 - M_T)/2 \tag{2-15}$$

$$M_2 = (M_0 + M_T)/2 \tag{2-16}$$

即转得慢的车轮分配到的转矩大于转得快的车轮分配到的转矩，差值为差速器的内部摩擦力矩 M_T。由于 M_T 很小，可忽略不计，则 $M_1 = M_2 = M_0/2$，可见，无论差速器差速与否，行星锥齿轮差速器都具有转矩等量分配的特性。

上述普通锥齿轮式差速器转矩等量分配的特性对于汽车在好路面上行驶是有利的。但汽车在坏路面上行驶时却会严重影响其通过能力。例如当汽车的一个驱动轮处于泥泞路面因附着力小而原地打滑时，即使另一驱动轮处于附着力大的路面上未滑转，汽车仍不能行驶。这是因为附着力小的路面只能对驱动车轮产生一个很小的反作用力矩，而驱动转矩也只能等于这一很小的反作用力矩。由于差速器等量分配转矩的特性，附着力好的驱动轮也只能分配到同样小的转矩，以至于总的牵引力不足以克服行驶阻力，汽车便不能前进。

小提示

为提高汽车通过坏路面的能力，可采用防滑差速器。当汽车某一侧驱动轮发生滑转时，差速器的差速作用即被锁止，并将大部分或全部转矩分配给未滑转的驱动轮，充分利用未滑转车轮与地面之间的附着力，以产生足够的牵引力使汽车继续行驶。

3. 防滑差速器

汽车上常用的防滑差速器有人工强制锁止式和自锁式两大类。前者通过驾驶员操作差速锁，人为地将差速器暂时锁住，使差速器不起差速作用。后者是在汽车行驶过程中，根据路面情况自动改变驱动轮间的转矩分配。自锁式差速器又有摩擦片式、滑块凸轮式和托森式等多种结构形式。

下面仅介绍托森差速器的构造和工作原理。

如图 2-121 所示为奥迪 80 和奥迪 90 全轮驱动的乘用车前、后驱动桥之间采用的新型托森差速器。“托森”表示“转矩、灵敏”，它是一种轴间自锁差速器，装在变速器后端。转矩由变速器输出轴传给托森差速器，再由差速器直接分配给前驱动桥和后驱动桥。

托森差速器由差速器壳、6 个蜗轮、6 根蜗轮轴、12 个直齿圆柱齿轮及前、后轴蜗杆组成。当前、后驱动桥无转速差时，蜗轮绕自身轴自转。各蜗轮、蜗杆与差速器壳一起等速转动，差速器不起差速作用。当前、后驱动桥需要有转速差，例如汽车转弯时，因前轮转弯半径大，差速器起差速作用。此时，蜗轮除公转传递动力外，还要自转。由于直齿圆柱齿轮的相互啮合，使前后蜗轮自转方向相反，从而使前轴蜗杆转速增加，后轴蜗杆转速减小，实现了差速。托森差速器起差速作用时，由于蜗杆、蜗轮啮合副之间的摩擦作用，转速较低的后驱动轿比转速较高的前驱动桥所分配到的转矩大。若后桥分配到的转矩大到一定程度而出现滑转时，则后桥转速升高一点，转矩又立刻重新分配给前桥一些，所以驱动力的分配可根据转弯的要求自动调节，使汽车转弯时具有良好的驾驶性。当前、后驱动桥中某一桥因附着力小而出现滑转时，差速器起作用，将转矩的大部分分配给附着力好的另一驱动桥（最大可达 3.5 倍），从而提高汽车通过坏路面的能力。

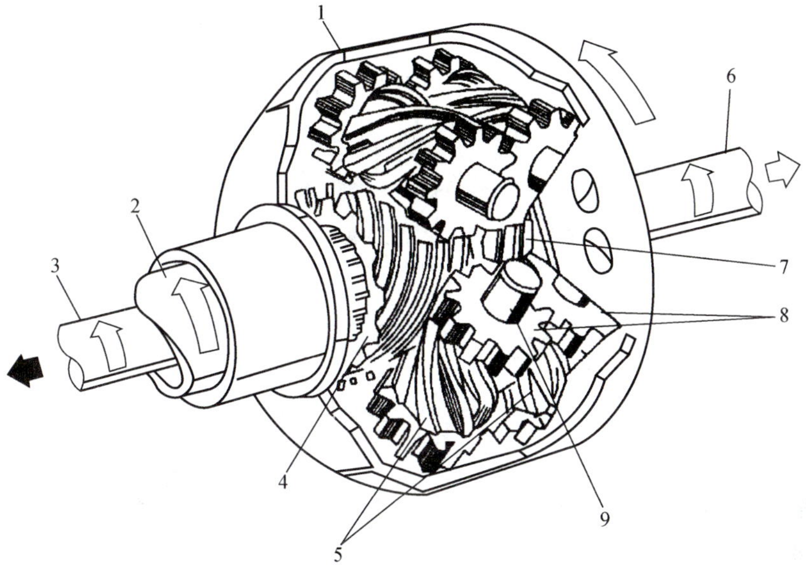

图 2-121 奥迪 80 和奥迪 90 全轮驱动乘用车托森差速器

1—差速器壳；2—空心轴；3—差速器齿轮轴；4—前轴蜗杆；5—蜗轮；6—前轴蜗轮杆；7—后轴蜗杆；8—直齿圆柱齿轮；9—蜗轮轴

（四）半轴与桥壳

1. 半轴

（1）半轴的功用及构造。

①功用。

半轴的功用是将差速器传来的动力传给驱动轮。因其传递的转矩较大，常制成实心轴。

②构造。

半轴的结构因驱动桥结构形式的不同而不同。整体式驱动桥中的半轴为一刚性整轴，而转向驱动桥和断开式驱动桥中的半轴则分段并用万向节连接。半轴内端一般都由外花键与半轴齿轮连接。半轴外端结构形式，有的直接在轴端锻造出凸缘盘，也有的制成花键与单独制成的凸缘盘滑动配合，还有的制成锥形并通过键和螺母与轮毂固定连接。

③支承形式。

现代汽车常采用全浮式和半浮式两种半轴支承形式。

a. 全浮式半轴支承。

全浮式半轴支承广泛应用于各型货车上。解放 CA1092 型汽车半轴即采用这种支承形式，其结构如图 2-122 所示。半轴外端锻造有半轴凸缘，用螺栓紧固在轮毂上，轮毂用圆锥滚子轴承 1 和轴承 2 支承在半轴套管上，半轴套管与空心梁压配成一体，组成驱动桥壳。这种支承形式，半轴与桥壳没有直接联系。半轴内端用花键套与半轴齿轮套合，并通过差速器壳支承在主减速器壳的座孔中。

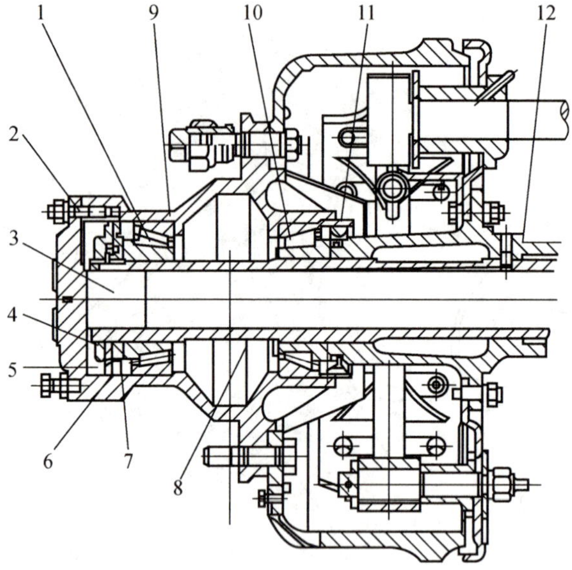

图 2-122　全浮式半轴支承形式的驱动桥

1—轮毂轴承 1；2—轮毂螺柱；3—半轴；4—锁紧螺母；5—锁紧垫圈；6—油封；7—调整螺母；8—半轴套管；9—轮毂；10—轮毂轴承 2；11—油封；12—空心梁

全浮式半轴支承形式的驱动桥的受力情况如图 2-123 所示。地面对驱动轮的作用力有：垂直反力 Z、切向反力 X、侧向反力 Y。垂直反力 Z 和侧向反力 Y 在横向垂直平面内对驱动桥形成弯矩；切向反力 X 除了对半轴形成转矩外，还在水平面内对驱动桥形成弯矩。面 X、Y、Z 三个反力及其形成的弯矩经轮毂、两个圆锥滚子轴承传给了桥壳，即全部由桥壳来承受，因此，半轴只承受反转矩，同样半轴内端也只承受转矩，而作用在主减速器从动齿轮上的力及其形成的弯矩，全部由差速器壳直接承受。故这种半轴支承形式，使半轴只承受转矩，而两端均不承受其他任何反力和弯矩，所以称为

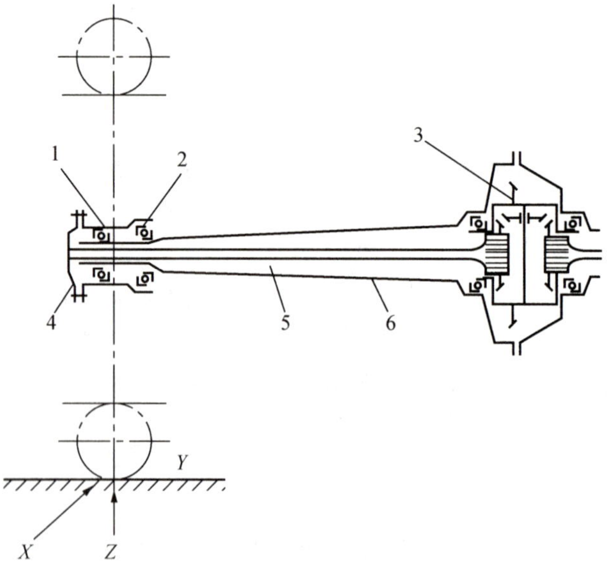

扫一扫

图 2-123　全浮式支承半轴示意图

1—轮毂；2—轴承；3—主减速器从动齿轮；4—半轴凸缘；5—半轴；6—桥壳

全浮式半轴支承。所谓“浮”是对卸除半轴的弯曲载荷而言的。

全浮式半轴支承便于拆装，只需拧下半轴凸缘上的轮毂螺栓，即可将半轴抽出，而车轮和桥壳照样能支持住汽车。

b. 半浮式半轴支承。

图 2-124 所示为红旗 CA7560 型高级乘用车半浮式半轴支承形式的驱动桥。半轴外端制成锥形，锥面上铣有键槽，最外端制有螺纹。轮毂以其相应的锥孔与半轴上锥面配合，并用键连接，用锁紧螺母紧固。半轴用一个圆锥滚子轴承直接支承在桥壳凸缘的座孔内。车轮与桥壳之间无直接联系，而支承于悬伸出的半轴外端。因此，地面作用于车轮的各种反力都须经半轴外端的悬伸部分传给桥壳，使半轴外端不仅要承受转矩，而且还要承受各种反力及其形成的弯矩。半轴内端通过花键与半轴齿轮连接，不承受弯矩，故称这种支承形式为半浮式半轴支承。为了对半轴进行轴向限位，差速器内装有推力块，以限制其向内轴向窜动；而半轴向外的轴向窜动则通过制动底板对轴承限位来限制。

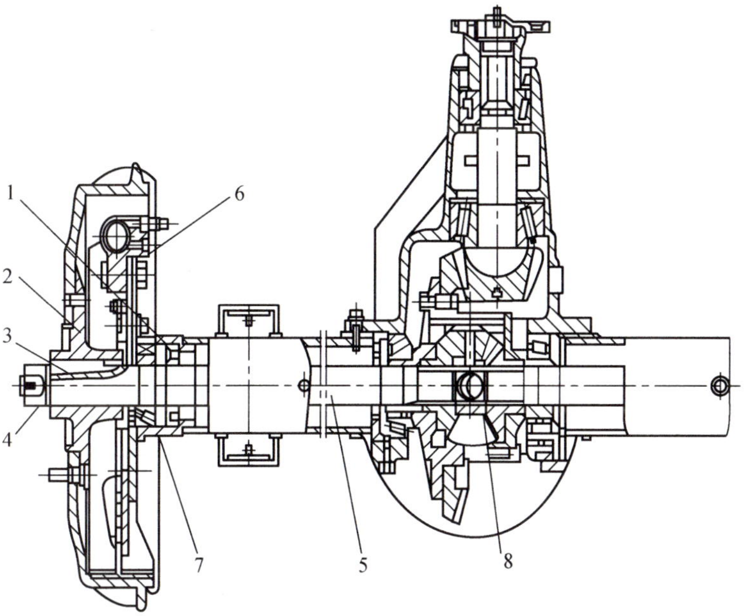

图 2-124 红旗 CA7560 型高级乘用车半浮式半轴支承形式的驱动桥

1—桥壳凸缘；2—轮毂；3—键槽；4—锁紧螺母；5—半轴；6—制动底板；7—圆锥滚子轴承；8—推力块

小提示

半浮式半轴支承结构简单，但半轴受力情况复杂且拆装不便，多用于反力、弯矩较小的各类乘用车上。

2. 桥壳

（1）桥壳的功用。

驱动桥壳既是传动系统的组成部分，同时也是行驶系统的组成部分。作为传动系统的组成部分，其功用是安装并保护主减速器、差速器和半轴。作为行驶系统的组成部分，其功用是安装悬架或轮毂，和从动桥一起支承汽车悬架以上各部分质量，承受驱动轮传来的反力和力矩，并在驱动轮与悬架之间传力。因此，桥壳应具有足够的强度和刚度，质量小，便于主减速器的拆装和调整。

（2）桥壳的类型。

驱动桥壳可分为整体式桥壳和分段式桥壳两种类型。

①整体式桥壳。

如图 2-125 所示为解放 CA1092 型汽车的整体式驱动桥壳。它由空心梁、半轴套管、主减速器壳及后盖等组成。空心梁用可锻铸铁铸成，中部有一环形大通孔，前端用以安装主减速器及差速器总成。后端用来检视主减速器、差速器的工作情况，后盖用螺钉装于后端面，后盖上装有检查油面用的螺塞。空心梁上凸缘盘用以固定制动底板，两端压入钢制半轴套管，并用止动螺钉限定位置。半轴套管外端轴颈用以安装轮毂轴承，为了对轴承进行限位及调整轴承预紧度，最外端还制有螺纹。

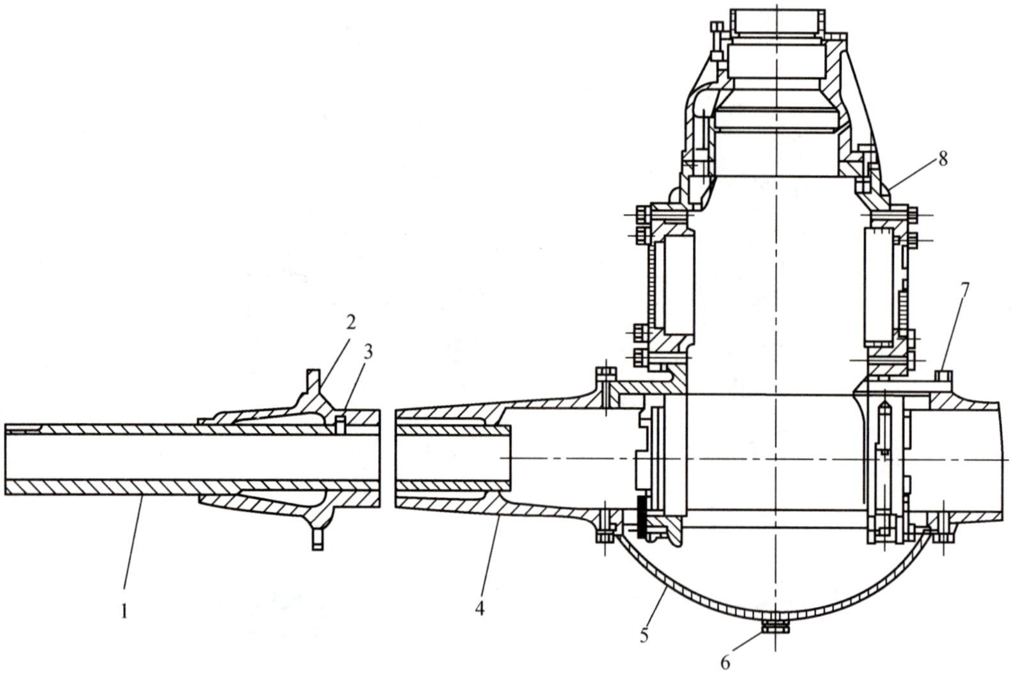

扫一扫 图 2-125 解放 CA1092 型汽车的整体式驱动桥壳

1—半轴套管；2—凸缘盘；3—止动螺钉；4—空心梁；5—后盖；6—油面检查螺塞；7—固定螺钉；8—主减速器壳

这种铸造的整体式桥壳具有较大的强度和刚度，且便于主减速器的拆装和调整。缺点是质量大，铸造质量不易保证。因此，适用于中型以上货车。

②分段式桥壳。

分段式桥壳一般分为两段，如图 2-126 所示。由螺栓将两段连成一体，主要由主减速器壳、盖及两根钢制半轴套管组成。

分段式桥壳最大的缺点是拆装、维修主减速器和差速器十分不便，必须把整个驱动桥从车上拆下来，现在已很少应用。

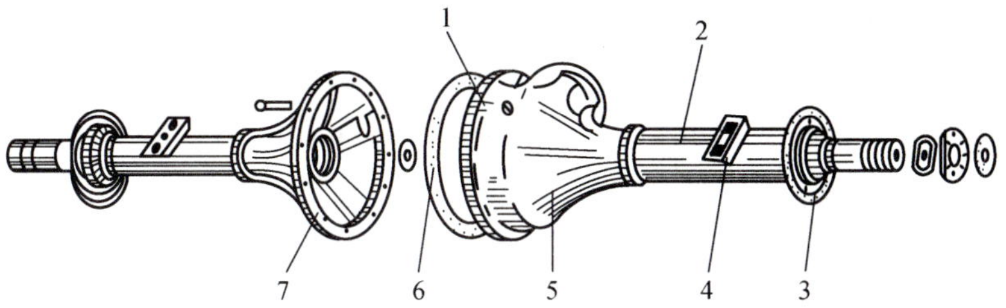

图 2-126 分段式桥壳

1—加油孔；2—半轴套管；3—法兰盘；4—弹簧座；5—壳体；6—垫片；7—盖

二、维修驱动桥

（一）驱动桥技术状况的变化

汽车行驶时，驱动桥的受力情况十分复杂。各传递动力的零件，由于接近最终传动，其所受的各种应力远远大于传动系统的其他部位。后轮驱动的汽车，其驱动桥壳要承受相当一部分的载重量；以前轮为驱动轮的乘用车，半轴暴露在外，两端万向节的防尘套长期使用后的老化都会影响驱动桥的技术状况，造成传动间隙增大而出现异响、主减速器和差速器壳体温度过高、漏油等现象，影响汽车的正常使用。在汽车维护和维修时，应对驱动桥进行有针对性的作业。

（二）维护驱动桥

国产中型载货汽车后桥的维护在一、二级维护中占有重要的位置。

1. 一级维护

一级维护时，对驱动桥和车轮应进行下述的维护作业：

（1）检查后桥壳是否有裂纹及不正常的渗漏。如有渗漏，应查明原因，予以排除。

（2）检查各部位螺栓、螺母的连接是否可靠。

（3）后桥壳体内的润滑油是否合适，其油面应不低于检视孔下沿 15mm 处。

（4）后桥壳的通气塞应保持畅通。

（5）用推动轮毂来检查轴承的紧度时，应无明显手感的松旷。

（6）检视轮胎和半轴上的外露螺栓、螺母，不得有松动。

2. 二级维护

二级维护除进行一级维护的所有项目外，还应进行以下内容。

（1）检查半轴。半轴应无弯曲、裂纹，键槽无过度磨损。如有可视的键槽磨损时应进行左右半轴的换位。

（2）拆下轮毂，检查半轴套管是否有配合松旷和裂纹，各螺纹的损伤不得超过2牙。

（3）检视后桥壳是否有裂纹。

（4）放油后，拆下后桥壳盖，清除油污并检视齿轮、轴承及各部位螺栓紧固情况，必要时可以更换齿轮和轴承。

（5）检视主减速器的油封有无漏油，凸缘螺母是否松动，检查主减速器的连接螺栓是否紧固。

（6）检查轮毂轴承的紧固情况，必要时按技术条件的要求校紧。

二级维护时，还要根据有无下列现象，决定后桥维护的附加作业项目。

主减速器有无异响，主减速器的啮合间隙是否过大。如有上述现象，说明轮齿磨损或啮合间隙过大，应调整啮合间隙并检查齿面接合状况。

检查后桥在正常工作时的油温是否超过60℃并伴有异响。如有此现象，说明齿轮啮合不当或轮齿有折齿，也可能是由于轴承预紧度过大，应拆检主减速器和差速器。

上述作业结束后，装复后桥壳后盖，按规定加注符合原厂规定的齿轮油至规定油面。

（三）检修驱动桥主要零件

1. 后桥壳和半轴套管

（1）桥壳和半轴套管不允许有裂纹存在，半轴套管应进行探伤处理。螺纹损伤不得超过2牙。

（2）钢板弹簧座定位孔的磨损不得大于1.5mm，超限时先进行补焊，然后按原位置更新钻孔。

（3）整体式桥壳以半轴套管的两内轴颈的公共轴线为基准，两外轴颈的径向圆跳动误差超过0.30mm时应进行校正，校正后的径向圆跳动误差不得大于0.08mm。

（4）分段式桥壳以桥壳的结合圆柱面、结合平面及另一端内锥面为基准，轮毂的内外轴颈的径向圆跳动误差超过0.25mm时应进行校正，校正后的径向圆跳动误差不得大于0.08mm。

（5）桥壳承孔与半轴套管的配合及伸出长度应符合原厂规定，如半轴套管承孔的磨损严重，可将座孔镗至修理尺寸，更换相应的修理尺寸半轴套管。

（6）滚动轴承桥壳的配合应符合原厂规定。如配合处过于松旷，可用刷镀修复轴承孔。

2. 半轴

（1）半轴应进行隐伤检查，不得有任何形式的裂纹存在。

（2）半轴花键应无明显的扭转变形。

（3）以半轴轴线为基准，半轴中段未加工圆柱体径向圆跳动误差不得大于1.3mm；花键外圆柱面的径向圆跳动误差不得大于0.25mm；半轴凸缘内侧端面圆跳动误差不得大于0.15mm。径向圆跳动超限，应进行冷压校正；端面圆跳动超限，可车削端面进行修正。

(4) 半轴花键的侧隙增大量较原厂规定不得大于 0.15mm。

(5) 对前轮驱动汽车的半轴总成（带两侧等角速万向节）还应进行以下作业内容：

①外端球笼万向节用手感检查应无径向间隙，否则应予更换。

②内侧三叉式万向节可沿轴向滑动，但应无明显的径向间隙感，否则换新。

③防尘套是否有老化破裂，卡箍是否有效可靠，如失效，须换新。

3. 轮毂

(1) 轮毂应无裂纹，否则更换。轮毂各部位螺纹的损伤不得多于 2 牙。

(2) 轮毂与半轴凸缘及制动鼓的结合端面对轴承承孔公共轴线的端面圆跳动公差均为 0.15mm，超值可车削修复。

(3) 轮毂轴承承孔与轴承的配合应符合原厂规定。承孔磨损逾限可用刷镀或喷焊方式修理。

4. 主减速器壳

(1) 壳体应无裂损，各部位螺纹的损伤不得多于 2 牙，否则应换新。

(2) 差速器左、右轴承承孔同轴度公差为 0.10mm。

(3) 圆柱主动齿轮轴承（或侧盖）承孔轴线及差速器轴承承孔轴线对减速器壳前端面的平行度公差：当轴线长度在 200mm 以上，其值为 0.12mm；当轴线长度不大于 200mm，其值为 0.10mm。

(4) 主减速器壳纵轴线对横轴线的垂直度公差：当纵轴线长度在 300mm 以上，其值为 0.16mm；纵轴线长度不大于 300mm，其值为 0.12mm；纵、横轴线应位于同一平面（双曲线齿轮结构除外），其位置度公差为 0.08mm。

(5) 主减速器壳与侧盖的配合及圆柱主动齿轮轴承与减速器壳（或侧盖）的配合应符合原厂规定。

5. 主减速器锥齿轮副

(1) 齿轮工作表面不得有明显斑点、剥落、缺损和阶梯形磨损。

(2) 主动圆锥齿轮：齿轮锥面的径向圆跳动公差为 0.05mm；前后轴承与轴颈、承孔的配合应符合原厂规定；从动锥齿轮的铆钉连接应牢固可靠；用螺栓连接的，连接螺栓的紧固程度应符合原厂规定，紧固螺栓锁止可靠。

小提示

齿轮若不符合要求，必须成对更换。

6. 差速器

(1) 差速器壳产生裂纹，应更换。

(2) 差速器壳与行星齿轮、半轴齿轮垫片的接触面应光滑、无沟槽。如有小的沟槽可用砂纸打磨，并更换新半轴齿轮垫片。

(3) 行星齿轮、半轴齿轮不得有裂纹，工作表面不得有明显斑点、脱落、缺损等情况。

(4) 差速器壳体与轴承、差速器壳与行星齿轮轴的配合应符合原厂规定。

7. 滚动轴承

(1) 轴承的钢球（或柱）和滚道上不得有伤痕、剥落、严重黑斑或烧损变色等缺陷，否则应更换。

(2) 轴承架不得有缺口、裂纹、铆钉松动或钢球（或柱）脱出等现象，否则应更换。

(四) 装配与调整差速器

差速器装配时，应按下述顺序进行，并注意各步骤的注意事项。

1. 装配差速器轴承

安装差速器轴承内圆时，应用压力机平稳地压入，不得用手锤敲击，以免损伤轴承的工作表面或刮伤轴颈表面破坏配合性。

2. 装配齿轮

在与行星齿轮和半轴齿轮配合的工作表面上涂以机油，先装入垫片和半轴齿轮，然后装入已装好行星齿轮及垫片的十字轴，并使行星齿轮与半轴齿轮啮合。

在行星齿轮上装入另一侧半轴齿轮及垫片，扣上另一侧的差速器壳，装入另一侧壳体时，应使两侧壳体上位置标记对正，以免破坏齿轮副的正常啮合。

3. 装配从动齿轮的安装和差速器

将主减速器从动齿轮装在差速器壳体上，将固定螺柱按规定方向穿过壳体，套入垫片，用规定力矩交替拧紧螺母，锁死锁片。

(五) 装配与调整主减速器

主减速器装配中的调整包括主、从动圆锥齿轮轴承预紧度的调整（含差速器轴承预紧度的调整）；主、从动圆锥齿轮啮合印痕和啮合间隙的调整等项目。主减速器的调整质量是决定主减速器圆锥齿轮副使用寿命的关键。因此，在进行调整作业时，必须遵守主减速器的调整规则：

第一，先调整轴承的预紧度，再调整啮合印痕，最后调整啮合间隙。

第二，主、从动圆锥齿轮轴承的预紧度必须按原厂规定的数值和方法进行调整与检查，在主减速器调整过程中，轴承的预紧度不得变更，始终都应符合原厂的规定值。

第三，在保证啮合印痕合格的前提下，调整啮合间隙。啮合印痕、啮合间隙和啮合间隙的变化量都必须符合技术条件，否则须成对更换齿轮副。

第四，准双曲线圆锥齿轮、奥利康圆锥齿轮（等高齿）和格利森圆锥齿轮（圆弧非等高齿）啮合印痕的技术标准不尽相同，调整方法亦有差异。前两种齿轮往往以移动主动圆锥齿轮调整啮合印痕，以移动从动圆锥齿轮调整啮合间隙；而对格利森齿轮的调整则无特殊的要求。

1. 调整轴承预紧度

主减速器主、从动圆锥齿轮的支承对其能否正常工作至关重要。其原因在于，一是主动齿轮采用圆锥齿轮，而圆锥齿轮在传动中对啮合的精度要求很高；二是主减速器圆锥齿轮在工作中会有如图 2-127 所示的轴向力。当主动圆锥齿轮沿 A 方向旋转并带动从动圆锥齿轮转动时，自身会受到一个向前的推力。当车辆滑行时，主动圆锥齿轮又会受到一个向后的拉力。装配时，先给轴承一定的预紧度，形成相当的预紧应力，这有利于加强主动圆锥齿轮的刚度，提高齿轮在工作中的自动定心能力，抑制齿轮的径向抖动和轴向窜动，保护润滑油膜，从而提高圆锥齿轮副的啮合精度，保证啮合间隙。通过改善圆锥齿轮副的啮合精度，减轻齿轮工作面的磨损和传动噪声，可以延长圆锥齿轮副的使用寿命。

（1）调整主动圆锥齿轮轴承预紧度。

主动圆锥齿轮轴承预紧度的调整方法有两种，如图 2-128 和图 2-129 所示。

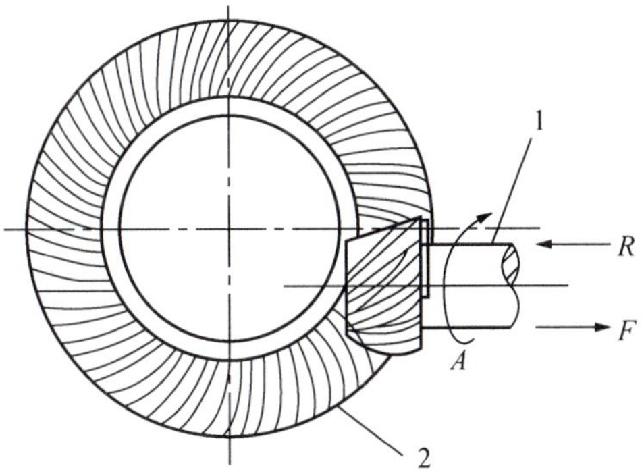

图 2-127 圆锥齿轮副的轴向力

1—主动圆锥齿轮；2—齿圈

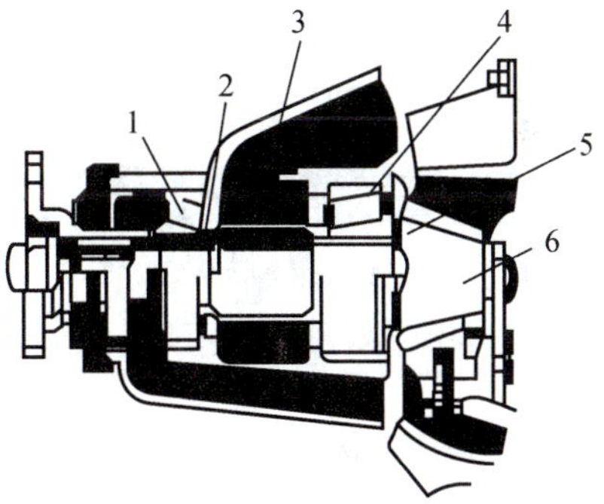

图 2-128 主动圆锥齿轮轴承预紧度调整方法一

1—前轴承；2、5—调整垫片；3—固定套筒；4—后轴承；6—主动圆锥齿轮

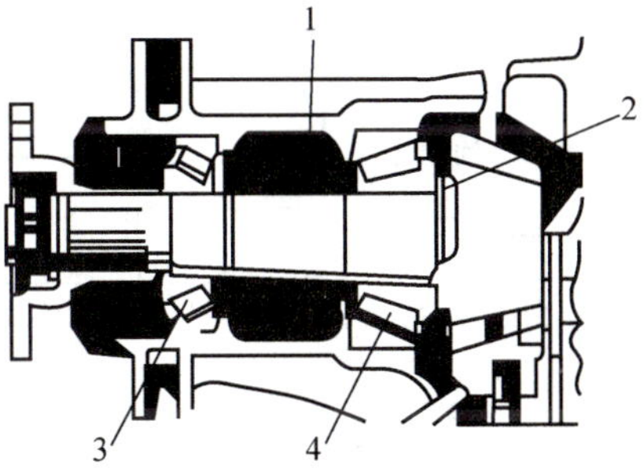

图 2-129 主动圆锥齿轮轴承预紧度调整方法二

1—伸缩衬套；2—调整垫片；3—前轴承；4—后轴承

第一种方法是在前轴承内圈下加减调整垫片，当按规定拧紧万向节凸缘螺母时，垫片越薄，轴承内外圈压得越紧，即预紧度越大。国产汽车主动圆锥齿轮轴承预紧度多数采用这种方法进行调整，如解放 CA1091 和东风 EQ1090 型汽车。此种方法的调整是否符合要求，可通过测量转动凸缘盘的力矩来判断。例如解放 CA1091 型汽车，在不装前轴承油封的状态下，用 196～294N・m 的力矩拧紧凸缘盘螺母，转动凸缘盘的力矩应为 1.4～3.43N・m。若力矩大于标准值，说明轴承的预紧度过大，应增加调整垫片的厚度。

第二种方法是用一个弹性隔套来调整主动圆锥齿轮轴承的预紧度。装配时，在前后轴承内圈之间放置一个可压缩的弹性薄隔套，按规定力矩拧紧凸缘盘固定螺母时，隔套产生弹性变形，其张力自动适应对轴承预紧度的要求。但采用这种方法因隔套的弹性衰退，每次都必须换用新的隔套，乘用车的主减速器大多采用这种方法。北京切诺基采用此种结构，其装配要求是：装入长度已预选好的隔套和前轴承内圈后，装入油封（因隔套不可重复使用，新套上紧后也不能松开）后，装入万向节凸缘，用 285N・m的力矩拧紧固定螺母。拧紧后用手转动主动圆锥齿轮，齿轮应转动自如，用测力扳手转动主动圆锥齿轮轴，其力矩应为 1～2N・m。

小提示

在主动圆锥齿轮轴转动的过程中，力矩不应发生明显的变化，否则说明存在异常阻力，应查明原因加以消除。

（2）调整从动圆锥齿轮轴承预紧度。

从动圆锥齿轮轴承预紧度的调整（见图 2-130），因驱动桥的结构不同分为两种。

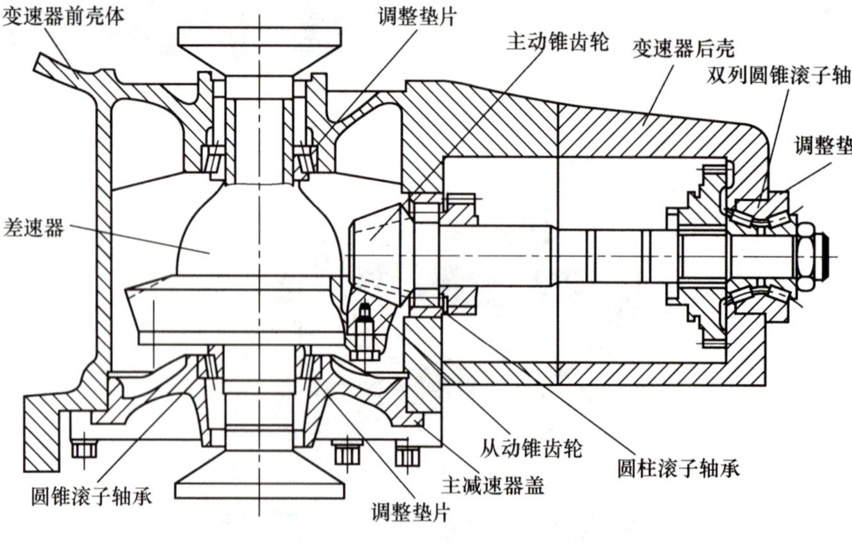

图 2-130　从动圆锥齿轮轴承预紧度的调整

第一种为单级主减速器，其从动圆锥齿轮固定在差速器壳上，从动圆锥齿轮轴承就是差速器轴承，调整从动圆锥齿轮轴承预紧度就是调整差速器轴承的预紧度。此外，双级主减速器差速器轴承预紧度的调整与此相同。

差速器轴承两侧都有调整螺母。装配时，将差速器轴承外圈套在轴承上，将差速器总成装入差速器壳内，将两侧调整螺母装在座孔内的螺纹部分（螺纹一定要对好），然后将两侧轴承盖对好螺纹后装复（左右两轴承盖不得互换），装好锁片用螺栓紧固轴承盖。

调整轴承预紧度时，慢慢转动两侧调整螺母，同时慢慢转动差速器总成，使滚柱处于正确位置。正确的预紧度可用转动差速器总成的力矩来衡量。例如东风 EQ1090 型汽车，用 0.98～3.4N·m 的力矩应能灵活转动差速器总成。调整预紧度后，应将调整螺母用锁片锁住。

第二种为双级主减速器，从动圆锥齿轮与二级减速的主动圆柱齿轮固定在同一根轴上，两端用轴承支承在主减速器壳上。轴承预紧度的调整可参照图 2-130。选择适当厚度的调整垫片，安装在主减速器壳与轴承盖之间。拧紧轴承盖紧固螺栓后，用转动从动圆锥齿轮的力矩来衡量预紧度是否合适。解放 CA1091 型汽车的标准是：转动从动圆锥齿轮的力矩为 1.47～3.43N·m，如所需力矩过大，说明预紧度过大，应增加垫片的厚度。

此外，有些汽车采用组合式桥壳，其从动圆锥齿轮轴承预紧度可通过轴承与差速器壳之间的垫片厚度来进行调整。增加垫片的厚度，轴承预紧度增加。

2. 调整主、从动圆锥齿轮啮合印痕与齿侧间隙

主、从动圆锥齿轮应沿齿长方向接触，其位置控制在轮齿的中部偏向小端，离小端端部 2～7mm，接触痕迹的长度不小于齿长的 50%，齿高方向的接触印痕应不小于齿高的 50%，一般应距齿顶 0.80～1.60mm，齿侧间隙为 0.15～0.50mm，但每一对圆锥齿轮啮合间隙的变动量不得大于 0.15mm。

如果主、从动圆锥齿轮的啮合状况和齿侧间隙不符合要求，应按如图 2-131 所示的方法进行调整，这种方法可简化为如下的口诀：大进从、小出从；顶进主、退出主。按这种方法调整时，要注意保证齿侧间隙不得小于最小值。实现齿轮位移的具体方法与车辆的结构有关。

（1）主动圆锥齿轮的移动。

图 2-128 和图 2-129 所示为整体式主减速器主动圆锥齿轮及轴承，可用增加或减小后轴承内圈与主动圆锥齿轮之间的垫片来实现主动圆锥齿轮的轴向移动。

对于组合式主减速器，其主动圆锥齿轮安装在单独的轴承座中的垫片，可使轴承座连同主动圆锥齿轮的轴向位置发生变化。

（2）从动圆锥齿轮的移动。

对于单级主减速器，从动圆锥齿轮轴承就是差速器轴承，将轴承两侧的调整螺母按左进右退或左退右进的原则转动相等的圈数，就可以在不改变轴承预紧度的前提下，改变从动圆锥齿轮的轴向位置。

对于双级主减速器，在保持两侧轴承盖下垫片总厚度不变的前提下，将左右轴承盖下垫片数目重新分配，便可以在不改变轴承预紧度的前提下移动从动圆锥齿轮的位置。

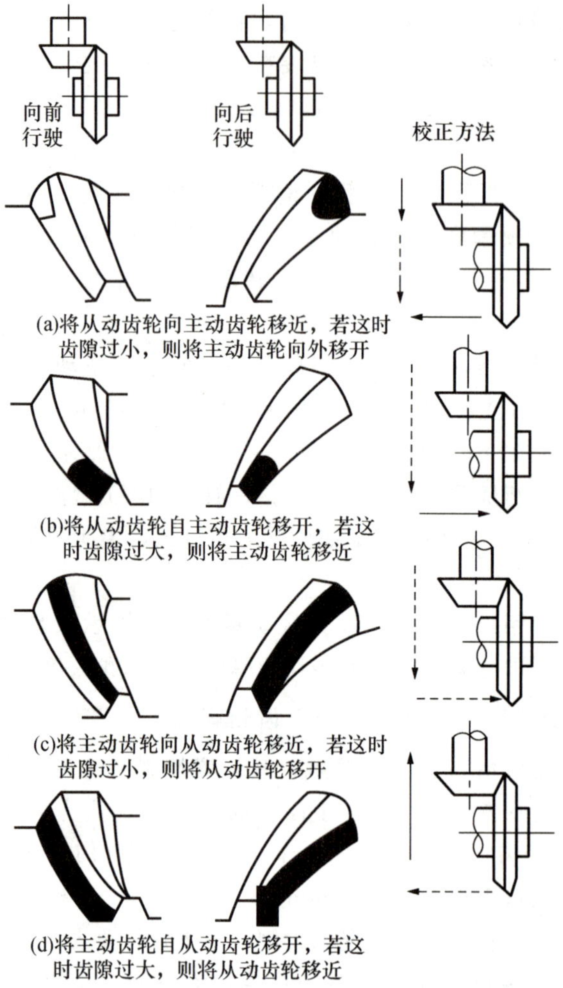

图 2-131 圆锥齿轮副啮合印痕的调整方法

任务实施

解放 CA1091 型汽车驱动桥拆装与调整

通过对故障车的分析，李师傅对驱动桥进行了拆解，拆解步骤如下。

（1）拆卸半轴。

①将汽车停在平坦地面上，前轮垫上楔块防止汽车溜车，然后松开驻车制动器。

②按顺序拧松并拆卸半轴螺母。

③顶出半轴，可用两个可紧固减速器壳的螺栓拧进半轴凸缘上的螺孔内将半轴顶出。

（2）主减速器总成的拆卸。

①松开桥壳放油螺塞，放出桥壳内的润滑油。

②依次拆下主动锥齿轮凸缘与传动轴的连接螺栓。

③卸下后制动软管与三通接头的连接。

④拆下主减速器壳与后桥壳之间的连接螺栓，取下主减速器总成。

（3）主减速器总成的分解。

①主减速器总成解体前，应在差速器左、右轴承盖上做出标记，以免装配时将左、右轴承装错。

②把差速器轴承盖螺母锁片松开后，拧下螺母，取下轴承盖后，用双手抓住差速器总成两边的轴承孔，将差速器总成取下后，将轴承盖按原位装复。

③拆下主动锥齿轮轴承座与主减速器壳的连接螺栓，取下主动锥齿轮轴承座总成，拆卸时应注意不得将主动锥齿轮轴承座的调整垫片损坏或丢失。

④拆下主动锥齿轮。先拆下紧固主动锥齿轮凸缘的开口销和槽形螺母，然后用专用工具将主动锥齿轮及后轴承内圈总成压出。如果轴承未损坏，其内、外圈可不必拆下，如需要更换、应配对更换。

⑤拆下主减速器轴承盖紧固螺栓，取下盖及调整垫片，取出从动锥齿轮及主动圆柱齿轮总成，拆卸时应把主减速器左、右轴承盖及调整垫片做上标记，以免装配时装错。

（4）差速器总成的分解。

①先检查差速器两端轴承有无损坏，如无损坏则不必拆下轴承；如有损坏，应与内、外轴承座圈一起更换。

②拆下紧固差速器壳与从动圆柱齿轮槽形螺母和开口销，并拧下螺母，取出螺栓。

③在左、右差速器壳与从动圆柱齿轮外缘的相对位置做好标记，然后再用铜锤轻轻敲击从动圆柱齿轮外缘，将差速器拆散。

④清洗所有拆散的主减速器、差速器总成的零件，并按次序放好。

拆解后，李师傅发现主减速器轴承磨损松旷，更换轴承后，故障现象消失。

实训报告单

<table>
<tr><td rowspan="2">拆装驱动桥</td><td>姓名</td><td></td><td>学号</td><td></td></tr>
<tr><td>班级</td><td></td><td>日期</td><td></td></tr>
<tr><td colspan="5">一、基础知识准备
1. 驱动桥的功用及组成。

2. 简述驱动桥的动力传递路线。

</td></tr>
</table>

续表

<table>
<tr><td rowspan="2">拆装驱动桥</td><td>姓名</td><td></td><td>学号</td><td></td></tr>
<tr><td>班级</td><td></td><td>日期</td><td></td></tr>
<tr><td colspan="5">3. 简述主减速器、差速器等的支撑方式，以及轴承预紧度调整方法。

二、实训考核
1. 简述拆卸驱动桥的实训步骤及注意事项。

2. 指出所拆卸的驱动桥零部件的名称及其作用。

3. 检查所拆卸的驱动桥零部件是否损坏，如果损坏对万向传动装置的功用会有什么影响?

三、安全文明生产

</td></tr>
<tr><td colspan="2">教师评语</td><td colspan="3">本次实训成绩</td></tr>
<tr><td colspan="2" rowspan="2"></td><td>良好</td><td>合格</td><td>不合格</td></tr>
<tr><td></td><td></td><td></td></tr>
</table>

教师考核方案

<table>
<tr><td rowspan="2">拆装驱动桥</td><td>姓名</td><td></td><td>学号</td><td></td></tr>
<tr><td>班级</td><td></td><td>日期</td><td></td></tr>
<tr><td colspan="5">一、基础知识准备（每题 10 分，共 30 分）
1. 驱动桥的功用及组成。
2. 简述驱动桥的动力传递路线。
3. 简述主减速器、差速器等的支承方式，以及轴承预紧度调整方法。
二、实训考核（每题 10 分，共 30 分）
1. 简述拆卸驱动桥的实训步骤及注意事项。
2. 指出所拆卸的驱动桥零部件的名称及其作用。
3. 检查所拆卸的驱动桥零部件是否损坏，如果损坏对万向传动装置的功用会有什么影响?
三、安全文明生产
1. 学生工具选用、使用错误，扣 5 分；</td></tr>
</table>

续表

拆装驱动桥	姓名		学号	
	班级		日期	

2. 学生工具、零部件摆放不整齐、无序，扣 5 分；
3. 学生实训过程中出现掉落工具、零件情况，扣 5 分；
4. 学生在操作过程中出现重大违规及危及人身安全情况，扣 20 分。

四、实训评估

采用自评、小组评和教师评的方式对实训情况进行评分，每项分值为 10 分。

评价人	基本知识掌握程度	工作态度	团队合作能力	任务完成情况
自评				
小组评				
教师评				
平均分				

注：总分＞80 为优良；80≥总分≥60 为及格；总分＜60 为不及格。

项目总结

1. 传动系统一般由离合器、变速器、万向传动装置、主减速器、差速器和半轴等组成。

2. 传动系统的功用：传动系统具有减速、变速、倒车、中断动力、轮间差速和轴间差速等功能，与发动机配合工作，能保证汽车在各种工况条件下的正常行驶，并具有良好的动力性和经济性。

3. 离合器的作用、分类、结构及检修。

4. 变速器的作用、分类、结构及检修。

5. 万向传动装置的作用、分类、结构及检修。

6. 驱动桥的作用、分类、结构及检修。

项目检测

简答题

1. 膜片弹簧离合器的优点是什么？

2. 简述变速器的变速与变矩原理。

3. 什么是单个刚性十字轴万向节的不等速性？此不等速性会给汽车传动带来什么危害？怎样实现主、从动轴的等角速传动？

测试题
选择题

测试题
判断题

项目三

汽车行驶系统

项目导读

对于汽车发动机，人们常提到发动机的排量多大，有什么可变气门技术等；对于底盘，人们常提到的一定是变速器或者制动防抱死系统（ABS）什么的。实际上，为了提高汽车行驶稳定性和安全性能及操控性能，我们必须了解汽车行驶系统。汽车行驶系统主要包括车架、车桥、车轮和悬架几部分。汽车行驶系统的功用是接受发动机传动系统传来的转矩，并通过驱动轮与路面间的附着作用，产生路面对汽车的牵引力，以保证整车正常行驶；传递并承受路面作用于车轮上的各方向反力及其形成的力矩；缓和各种冲击和振动，保证汽车平顺行驶，并且与汽车转向很好地配合工作，实现汽车行驶方向的正确控制，以保证汽车操纵稳定性。通过本项目的学习，学生可以深刻理解汽车行驶系统的结构、作用及工作原理，并熟练掌握汽车行驶系统的故障诊断及维修。

项目要点

- 车架的结构、工作原理及检修与调整；
- 车桥的结构、工作原理及检修与调整；
- 车轮的结构、工作原理及检修与调整；
- 悬架的结构、工作原理及检修与调整。

任务 3.1 检修车架

任务引入

某车辆驾驶时车架处发生异响，尤其路面不平时，异响更加明显。车主找到李师傅，希望进行检修。李师傅接到任务后，与小王一起准备对该车车架进行检修。

任务分析

通过本任务的学习，学生能够掌握车架的功用、结构及工作原理，能够熟练对汽车车架常见故障进行诊断和维修。

知识准备

一、汽车行驶系统结构与组成

行驶系统的基本组成和结构形式，主要取决于汽车行驶路面的性质。汽车行驶系统主要结构形式有轮式、履带式等，其中轮式汽车应用最为广泛。

汽车行驶系统的功用是：①接受由传动系统传来的扭矩，并通过驱动轮与路面间的附着作用，产生路面对汽车的牵引力；②传递并承受路面作用与车轮上的各种反力及其所形成的力矩；③应尽可能地缓和行驶时由于路面不平对车身造成的冲击和振动，并且与转向系统很好地配合，实现汽车行驶方向的正确控制，从而保证汽车行驶的平顺性和操纵稳定性。

轮式汽车行驶系统一般由车架、车桥、车轮和悬架组成，如图 3-1 所示。车架 1 是全车的装配和支承的基础，它将汽车的各相关总成连接成一整体。车轮 5 和 4 分别安装在从动桥 6 和驱动桥 3 上。为减少车辆在不平路面上行驶时车身所受到的冲击和振动，在车桥与车架之间又安装了弹性系统——前悬架 7 和后悬架 2 实现连接。在某些没有整体车桥的行驶系统中，两侧车轮的心轴也可分别通过各自的弹性悬架与车架连接，受力作用时互不干扰，即谓独立悬架。

汽车行驶系统的受力情况如图 3-1 所示，在垂直方向上，汽车总重力 G_a 通过前、后车轮传到地面，引起地面作用于前轮和后轮上的垂直反力 Z_1 和 Z_2；在水平方向上，当汽车动力通过传动系统传到驱动轮 4 上时，产生扭矩 M_k，通过车轮与路面的附着作用，产生推动汽车前进的纵向反力——牵引力 F_t；在汽车制动时，同时产生一个与 M_k 相反的制动力矩，作用于车轮上便产生 1 个与汽车行驶方向相反的制动力，迫使汽车减速或停车。

对于汽车的牵引力 F_t，一部分必须用以克服驱动轮本身滚动阻力，其余大部分则依此通过驱动桥壳、后悬架传到车架 1，用来克服作用于汽车上的空气阻力、坡道阻力和加速阻力；还有一部分牵引力由车架经过前悬架传至从动桥，作用于自由支承在从动桥两端转向节上的从动轮中心，使前轮克服滚动阻力向前滚动。只有当驱动力足以克服上述各种阻力之和时，汽车才能保持前进。

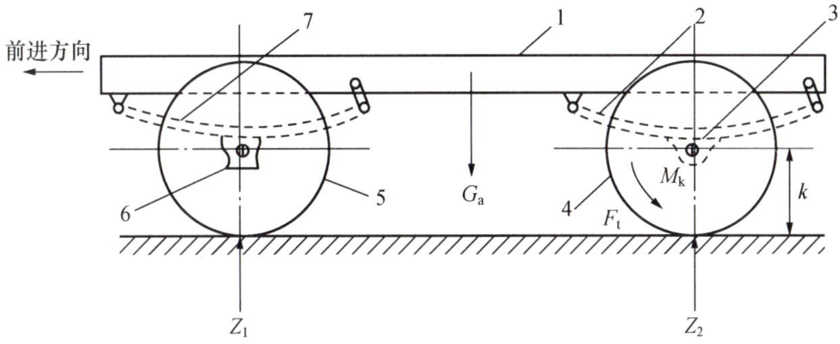

图 3-1 轮式行驶系统的组成及部分受力情况

1—车架；2—后悬架；3—驱动桥；4，5—车轮；6—从动桥；7—前悬架

履带式汽车分为半履带式、全履带式和车轮—履带式三种形式（见图 3-2）。

(a)半履带式

(b)全履带式

(c)车轮—履带式

图 3-2 行驶系统为履带式的汽车

半履带式汽车的结构特点：前桥装有滑橇或车轮，用来实现转向，后桥装有履带，以减少对地面的单位压力（比压），控制汽车下陷，同时履带上履刺也加强了附着作用，具有很好的通过能力，主要用在雪地或沼泽的地带行驶。

行驶系统中直接与路面接触的部分是履带的汽车称为履带式汽车。

行驶系统中直接与路面接触的部分既有车轮又有履带的汽车称为半履带式汽车。

前后桥既可装车轮，又可装履带的汽车称为车轮—履带式汽车。

以上所述的结构虽然目前仍被一些载货车所采用，但有些客车和乘用车出于减轻自身质量、降低汽车重心和提高车身整体刚度等考虑，制成“整体式车身”，即车身兼代车架，也称无梁式车身。现代新型汽车行驶系统有以下几个特点。

①承载式车身。车身兼代车架，也称无梁式车身，车桥直接装在车身上。其优点是：减轻汽车质量，降低汽车重心，提高车身整体刚度等。

②变前轮定位为四轮定位。通常将汽车前轮、转向节、前轴三者之间在制造安装时具有一定相对位置的现象，称为前轮定位。近年来，由于一些乘用车采用独立悬架等原因，后轮也有倾角和前束，所以后轮也需定位，这样就由前轮定位变为四轮定位了。

③子午线轮胎得到普遍采用。由于乘用车排量的增大，汽车加速性能和最高车速提高，这就要求车轮与路面之间的附着力增大，才能满足使用要求，所以采用子午线轮胎。其优点是：接地面积大、附着性能好、胎面滑移小、对地面单位压力小，因而滚动阻力小、使用寿命较长。

④电子调整空气悬架的应用。空气悬架中贮有起弹簧作用的压缩空气，弹簧刚度和汽车高度控制可根据驾驶条件自动控制。减振器的减振力也由电子控制。

二、车架概述

（一）车架的功用和要求

车架是跨接在各车桥之间的桥梁式结构，是整个汽车的安装基础。其功用是支承连接汽车的各零部件并保证其正确的相对位置，承受来自车内、外的各种载荷。

车架的结构形式应满足如下要求。

(1) 首先应满足汽车总布置的要求。汽车在复杂的行驶过程中，固定在车架上各总成和部件之间不应发生干涉。

(2) 车架还应具有足够的强度与合适的刚度，同时要求其质量尽可能小。

(3) 车架结构应尽量简单，并有利于降低汽车重心和获得大的转向角，以提高汽车行驶的稳定性和机动性。这一点对乘用车和客车来说尤为重要。

（二）车架的分类

现代汽车绝大多数都具有作为整车骨架的车架，其结构形式常见的有两种类型：边梁式车架和中梁式车架。

（三）结构

1. 边梁式车架

边梁式车架由两根位于两边的纵梁和若干根横梁组成，用铆接法或焊接法将纵梁与横梁连接成坚固的刚性构架。

纵梁通常用低合金钢板冲压而成，断面一般为槽形，也有用 Z 字形或箱形断面的。

根据汽车形式不同和结构布置的要求，纵梁可以在水平面内或纵向平面内做成弯曲的，以及等断面或非等断面的。

横梁也是用低合金钢板冲压而成的，它用来连接两边的纵梁，并保证车架的扭转刚度和承受纵向载荷，同时还用以支承汽车上的主要部件。通常货车有 5～6 根横梁，其断面也多为槽形。为增强车架的抗扭强度，有时采用管形或箱形断面的横梁。根据需要，横梁也可制成弯曲的形状。

边梁式车架的结构特点是便于安装车身（包括驾驶室、车厢及一些特种装备等）和布置其他总成，有利于改装变型车和发展多品种汽车，因此被广泛采用在货车和大多数的特种汽车上。如图 3-3 所示为东风 EQ1090E 型汽车边梁式车架，它由 2 根纵梁和 8 根横梁铆接而成。

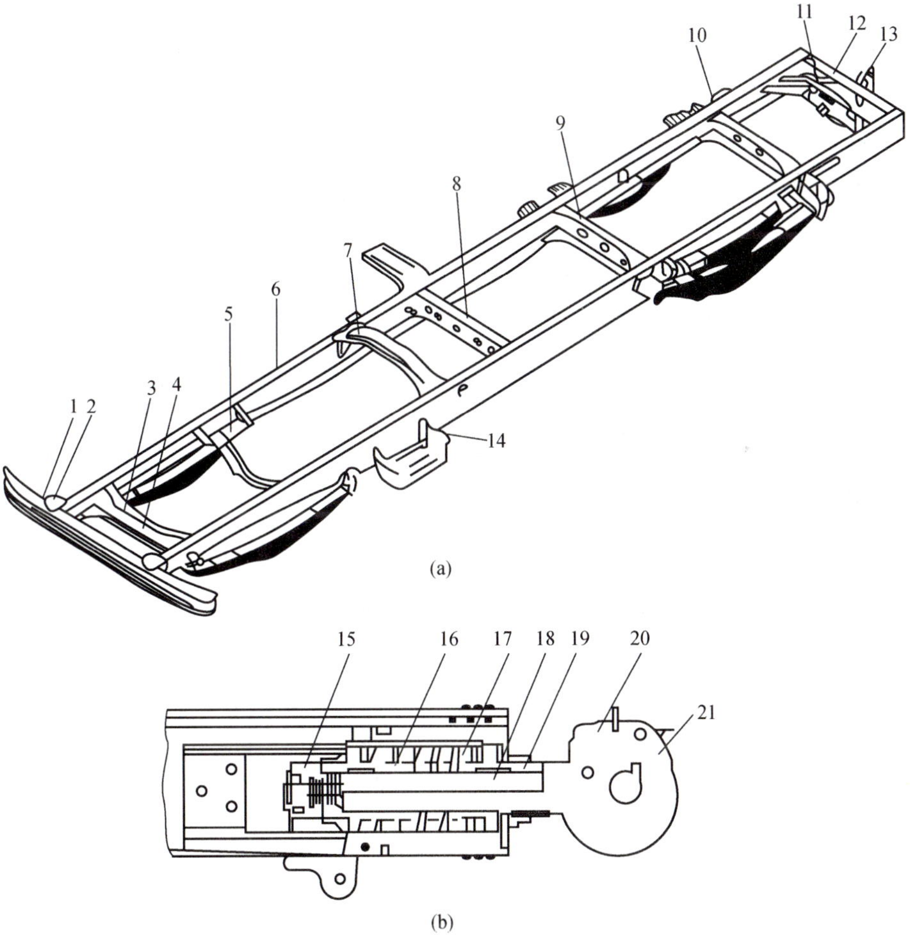

图 3-3 东风 EQ1090E 型汽车边梁式车架

1—保险杠；2—挂钩；3—前横梁；4—发动机悬置横梁；5—发动机后悬置右（左）支架和横梁；6—纵梁；7—驾驶室后悬置横梁；8—第四横梁；9—后钢板弹簧前支架横梁；10—后钢板弹簧后支架横梁；11—角承横梁组件；12—后横梁；13—拖钩部件；14—蓄电池部件；15—螺母；16、18—衬套；17—弹簧；19—拖钩；20—锁块；21—锁扣纵梁 6 为槽形不等高断面梁，由于纵梁中部受到的弯曲力矩最大，故中部断面高度最大，由此向两端断面高度逐渐减小。这样，可以使应力分布较均匀，同时又减小了质量。

在左右纵梁上各有 100 多个装置用孔，用以安装转向器、钢板弹簧、燃油箱、储气罐、蓄电池等的支架。

在车架前端装有横梁式的缓冲件——保险杠。当汽车突然受到障碍物的冲撞时，它可以保护车身、翼子板和散热器，使之不受损坏。

横梁断面为槽形，东风 EQ1091E 型汽车车架的前横梁 3 用以安装散热器，前端两根横梁 4、5 作为发动机的前后悬置支座。由于该车是长头汽车，发动机位置应尽可能低，以改善驾驶员的视野，因此横梁制成下凹形。在第三根横梁 7 上面安装驾驶室，下面安装传动轴中间支承，横梁做成拱形。其余横梁都做成简单的直槽形。后横梁上装有拖带挂车用的拖钩部件，因后横梁要承受拖钩传来的很大的作用力，故用角撑加强。

2. 中梁式车架

中梁式车架主要由一根位于中央贯穿前后的纵梁和若干根横向悬伸托架组成，因此也称为脊骨式车架，如图 3-4 所示。中梁的断面可做成管形或箱形，传动轴从中梁内穿过，主减速器通常固定在其尾端。中梁前端悬伸托架用以安装发动机，中梁中后端悬伸托架（图中未画出）则用来布置车身及其他总成。

小提示

中梁式车架有较大的扭转刚度，并使车轮有较大的运动空间，便于采用独立悬架和获得大的转向角，但其制造工艺复杂，精度要求高，维修不方便。因此，只是在某些乘用车和货车上被采用。

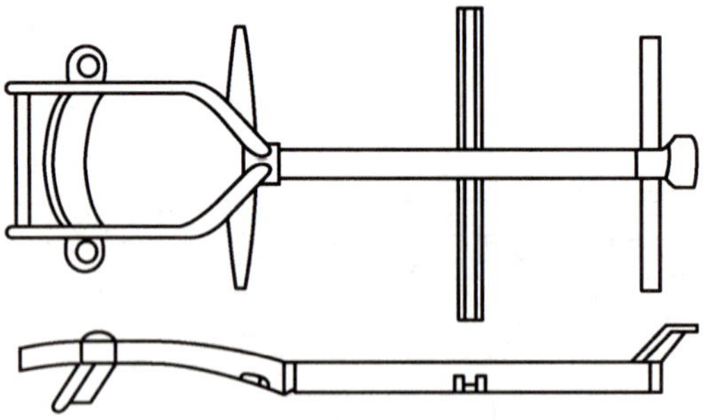

图 3-4 中梁式车架

另外，部分乘用车和大型客车没有专门的车架，而是由车身兼车架的作用，所有的载荷均由车身来承受，这种车身称为承载式车身（见图 3-5）。

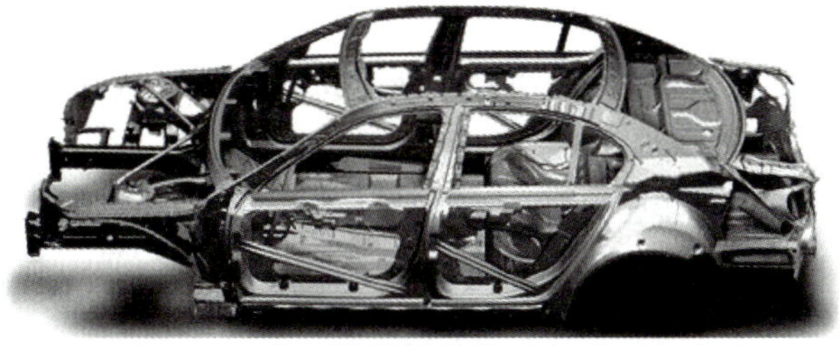

图 3-5 承载式车身

三、车架检修

车架是汽车的基体，它一旦变形，不仅容易造成其他机件的早期损伤，也直接影响车辆的正常运行及其经济性，甚至会造成严重的行车故障，因此，车架的检验及修理对整车修理后的性能有很大影响，在检验修理过程中应予以高度重视。

（一）检验车架变形

边梁式车架，以钢板弹簧支座上的钢板销孔的轴线为基准，构成 3 个矩形框，如图 3-6 所示。通过测量每个矩形框两条对角线的长度差及其位置误差可判断车架在垂直方向和水平方向上是否变形，该方法俗称“三段法”。其优点是定位基准精度高，测量准确。

1. 检验车架变形的技术要求

（1）车架宽度应不超过基本尺寸±3mm。

（2）左右同名钢板弹簧支座上的钢板销孔同轴度误差不大于 2mm，否则应进行校正。

（3）纵梁上翼面与腹面的直线度公差为 1000：3mm，纵梁全长直线度不大于 1%，如图 3-7 所示。

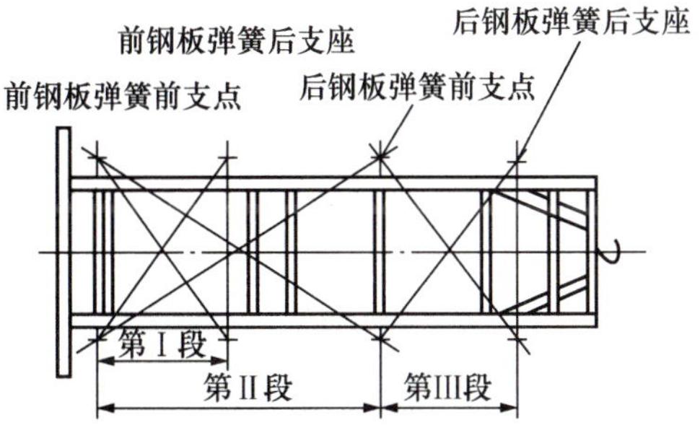

图 3-6 对角线法矩形框分段

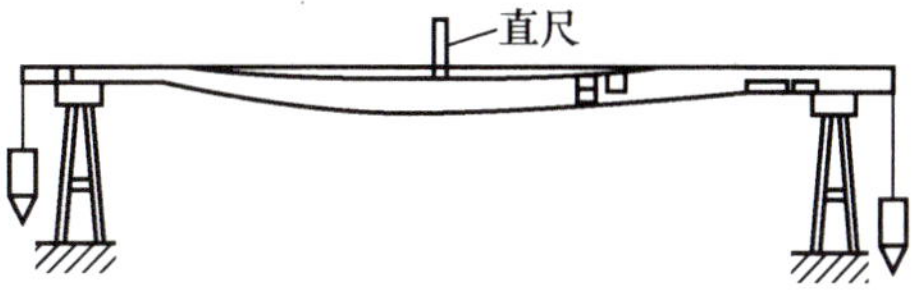

图 3-7 车架纵梁直线度的检验

（4）纵梁腹面对于上翼面的垂直度公差为腹面高度的 1%，如图 3-8 所示。

2. 钢板弹簧支架销孔中心距及对角线的技术要求

（1）用细钢丝做对角线，并用专用工具牵引。

（2）两对角线长度相差不得大于 5mm，否则，表示车架水平扭曲变形超过标准，如图 3-6 所示。

（3）两对角线交叉，其位置误差不得大于 2mm。否则，表示车架垂直方向上发生翘曲变形超过标准，如图 3-6 所示。

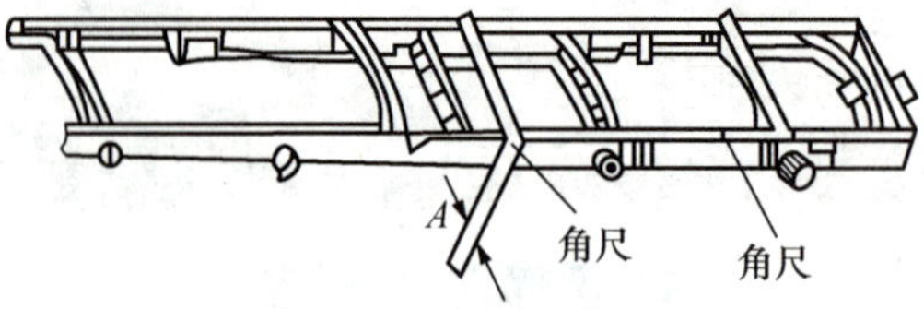

图 3-8　车架纵、横梁垂直度的检验

（二）检验钢板销孔同轴度

只有左右钢板销孔同心，才能保证前后桥平行，同时也可保证减少车辆运行中的阻力以及配合件间的磨损。左右钢板销孔的同轴度按如图 3-9 所示进行，其偏差不得大于 1.00mm。

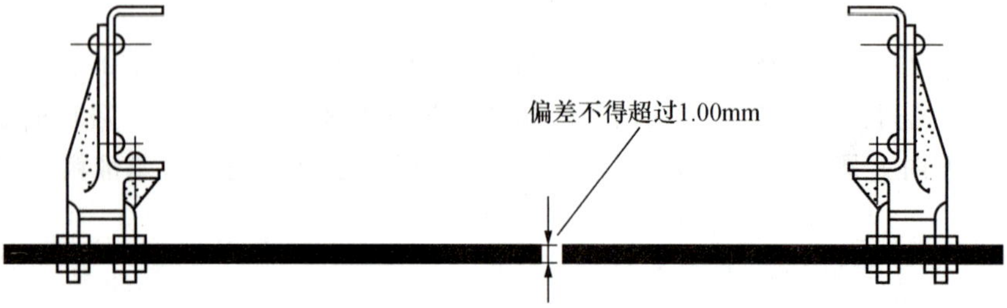

图 3-9　左右钢板销孔同轴度

（三）检验车架裂纹

首先，将车架彻底清洗，并清除锈蚀，目测检查。通常纵架往往在最大弯曲力矩和最大扭矩处发生断裂。某些厂牌汽车，由于制造上的缺陷，常在同一处产生裂纹，一旦发现，对同型汽车应特别注意。

四、校正车架

（一）散架校正

车架产生严重弯曲、扭曲或歪斜，不经散架校正是难以修复的。散架校正即将车架的纵、横梁全部拆散，分别对纵、横梁按样板进行校正，然后重新铆合。

（二）不散架校正

车架纵、横梁局部产生不大的弯曲时，可在车架装合的情况下进行校正，即不散架校正。

车架的校正通常在冷状态下进行。当弯曲过大或车架刚度较大，不宜用冷压校正时，也可加热后进行校正。加热时，应尽量减少加热区域，加热温度一般不超过 700℃（呈暗红色），并要求缓慢冷却，以免增大脆性。

校正车架弯曲时，可根据弯曲的部位、弯曲的程度选用不同的专用工具进行冷压校正（见图 3-10）。

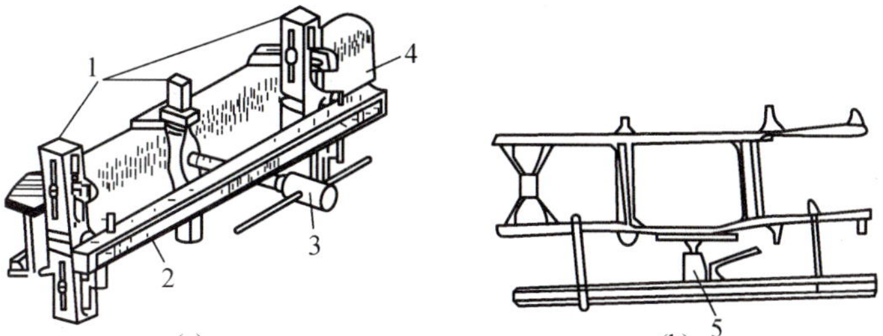

图 3-10 校正车架弯曲的专用工具

1—横档；2—夹持点；3—螺杆；4—纵梁；5—千斤顶

校正时，应正确选定预压部位，并在车架与顶压工具之间垫以钢板，以免因局部受力而变形。由于压力加工中的“弹性”和“后校”作用，校正时的变形值应大于实际需要，并保持一定的受力时间。

小提示

车架校正后，应符合大修标准要求，并对车架上的铆钉再次进行检查，以消除校正过程中可能引起的铆钉松动。

五、重铆车架铆钉

（一）检验铆钉

汽车大修时，车架各部分铆钉应普遍检查一次，对松动严重的铆钉目测可以检查出来，其他铆钉用小锤轻轻敲击，用察听声音的方法来判定其松动情况，若是扎扎实实的响声即为不松动，若是空洞而嘶哑的声响即为松动。

（二）重铆铆钉

（1）车架上的铆钉如有松动，应将旧铆钉除去，进行重铆。除去旧铆钉时，应用稍小于铆钉孔直径的钻头钻去旧铆钉，切不可用凿子或氧炔焰吹割，以免扩大钉孔。

（2）铆接前，应检查铆钉孔是否扩大变形，如已扩大变形，应根据情况进行铰孔，并改用另一规格的铆钉。铆钉的长度一般应为铆接物总厚度加铆钉直径的 1.3～1.7 倍。

（3）车架的铆接应采用热铆，加热一般加至樱红色为宜。铆接的两结合面必须修平。铆接时，可在铆钉孔两侧用 U 形螺栓夹将两结合面夹紧，以免产生缝隙，贴合面积的直径 D（见图 3-11）不得小于铆钉杆直径的 3 倍，铆头直径不小于铆钉杆直径的 1.5 倍。

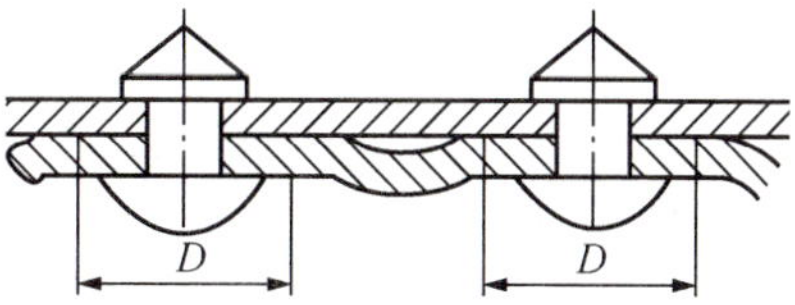

图 3-11 铆钉的结合

小提示

车架铆钉重铆后，不得出现铆钉头未与接合件压紧、敛缝、裂纹、刻伤、偏斜、铆钉周缘残缺及铆钉头过小、铆钉头偏移等缺陷。

六、修理车架断裂

（一）修理纵梁断裂

裂纹尚未扩展到整个纵梁横截面，且在受力不大的部位时，可进行如下修理：

(1) 先进行车架校正，保持车架固有的形状，必要时用夹子或支架等进行暂时固定。

(2) 用砂布打磨裂纹处，直至露出金属光泽，并用放大镜（5～10 倍）仔细检查，确定裂纹末端，然后在裂纹末端前 10mm 处钻一直径为 5mm 的孔，如图 3-12 所示。(虚线内系砂布打磨范围)

(3) 用砂轮或凿子修切裂口呈 V 形，沿裂纹一直到 5mm 的小孔处（见图 3-13）。

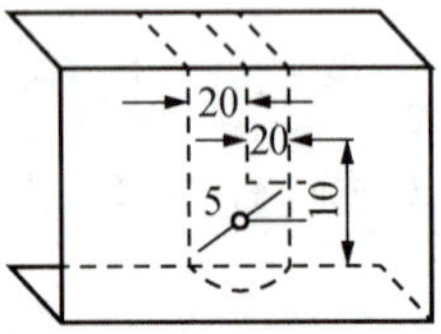

图 3-12　裂缝界限的确定

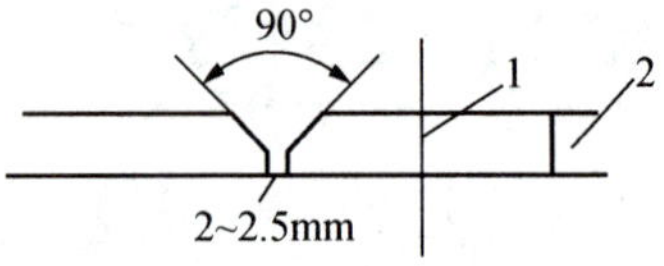

图 3-13　裂缝的切口

1—2/3 纵梁深度；2—纵梁深度

(4) 进行焊接。焊接时电弧应尽可能短（最好用直流反极电焊），并采用直径为 4mm 的焊条，电流为 140～180A。焊接时，焊条与其运动方向应呈 20°～30°的倾角，而且应从 5mm 小孔处开始沿裂纹进行焊接，直至裂纹另一端，并在其反面进行补焊。堆焊高度不超过平面 1～2mm，最后进行修平。

(5) 当裂纹较短时，可用加强腹板，加焊于裂纹处。

（二）修理横梁断裂

车架横梁的断裂一般发生在与纵梁的连接处和横梁中部。如果裂纹在与纵梁的连接处，可再在横梁两端上下面加装角板与纵梁铆接（或焊接）；如果裂纹在横梁中部，可在裂纹处加装加强腹板焊接。

七、修理车架附件

(1) 车架前、后保险杠及各项支架变形断裂，均应按样板进行校正焊补，各处螺栓孔、后牵引钩孔及手摇柄孔，如有磨损可填焊修复。备胎架活动支架轴磨损、变形，应予以修复或更换。牵引钩锁扣轴弯曲变形，应予以校正修复。锁扣及牵引钩弹簧一定要灵活可靠，否则应予以更换。

(2) 车架与车架附件修理完毕后，仍须进行一次全面检验。检验合格后，再补涂红丹并上漆。

任务实施

车架异响检修

李师傅告诉小王，汽车的牵引力、制动力、加减速的惯性力、转向离心力及路面不平所引起的振动冲击载荷等都作用于车架上，车架受到各种载荷的长期与不均衡作用，便会引起铆钉的松动。因此，李师傅怀疑是车架铆钉松动造成异响。

故障检修

李师傅让小王用小锤敲击来检查，若铆钉松动则有空响声，通过响声就能判断。如有松动应拆除旧铆钉，给予重铆。

重铆前先用直径稍小于铆钉孔的钻头钻除或铲除旧铆钉，并对铆钉孔进行检查。若铆钉孔扩大、变形，可扩孔选配加大直径的铆钉。铆接时，应先用螺栓将铆接部位紧固，只留一孔先铆，然后逐个拆除螺栓进行铆合，以免产生缝隙。

车架铆接可采用冷铆或热铆。冷铆铆钉质量高，但需要较大的铆合力；热铆是先将铆钉加热到樱红色（1000℃～1100℃），然后用铆枪或锤子铆合，其铆合力较小，应用较广。铆钉铆合后，铆接面应贴合紧密；铆钉充满铆孔。

知识拓展

导致车架变形的常见原因

（1）如果路面不平，在垂直载荷的交替作用下会引起车架变形。

（2）车架设计不合理或材质不达标也会引起车架变形。

（3）前进过程中，如果汽车单侧车轮承受阻力较大，汽车行驶时，容易产生车架变形。

（4）发生翻车、碰撞时会造成车架变形。

（5）汽车过载会导致车架变形。

实训报告单

<table>
<tr><td rowspan="2">车架检验</td><td>姓名</td><td></td><td>学号</td><td></td></tr>
<tr><td>班级</td><td></td><td>日期</td><td></td></tr>
<tr><td colspan="5">一、基础知识准备
1. 简述车架的功用。

</td></tr>
</table>

续表

车架检验	姓名		学号	
	班级		日期	

2. 车架分为几类？指出下图中车架的名称、作用及适用场合。

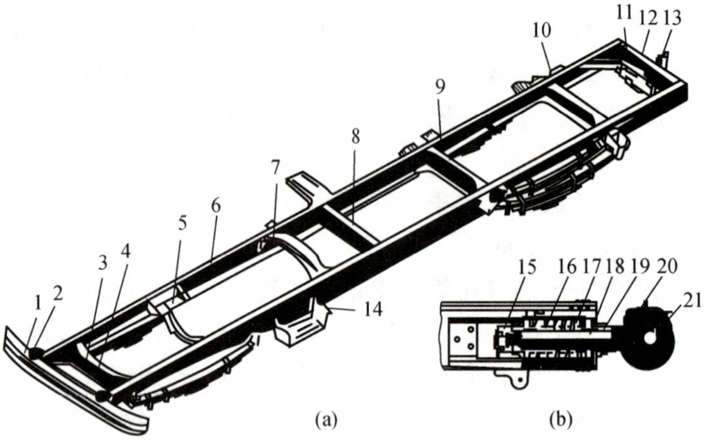

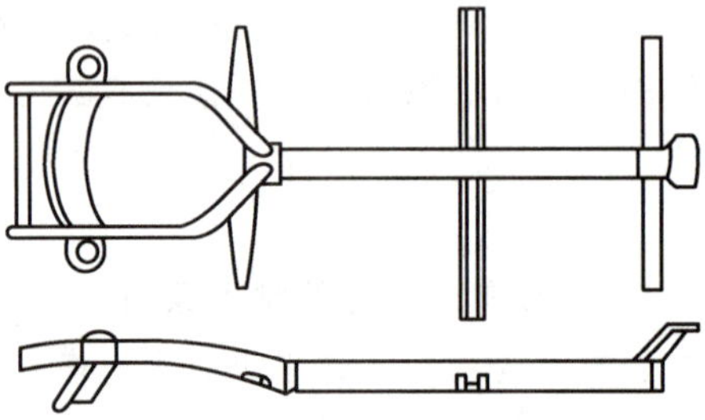

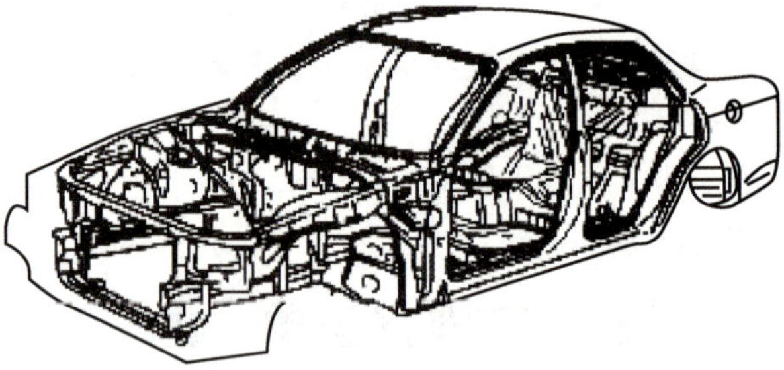

3. 车架的校正分为几种？各适用于哪种情形？

续表

<table>
<tr><td rowspan="2">车架检验</td><td>姓名</td><td></td><td>学号</td><td></td></tr>
<tr><td>班级</td><td></td><td>日期</td><td></td></tr>
<tr><td colspan="5">二、实训考核
1. 简述车架变形检验的技术要求。

2. 指出实训中所用车架为哪种类型的车架，并检验其变形量。

3. 检查车架裂纹，并记录其参数。

三、安全文明生产</td></tr>
<tr><td colspan="2">教师评语</td><td colspan="3">本次实训成绩</td></tr>
<tr><td colspan="2" rowspan="2"></td><td>良好</td><td>合格</td><td>不合格</td></tr>
<tr><td></td><td></td><td></td></tr>
</table>

教师考核方案

<table>
<tr><td rowspan="2">车架检验</td><td>姓名</td><td></td><td>学号</td><td></td></tr>
<tr><td>班级</td><td></td><td>日期</td><td></td></tr>
<tr><td colspan="5">一、基础知识准备（每题 10 分，共 30 分）
1. 简述车架的功用。
2. 车架分为几类？指出下图中车架的名称、作用及适用场合。
3. 车架的校正分为几种？各适用于哪种情形？
二、实训考核（每题 10 分，共 30 分）
1. 简述车架变形检验的技术要求。
2. 指出实训中所用车架为哪种类型车架，并检验其变形量。
3. 检查车架裂纹，并记录其参数。
三、安全文明生产
1. 学生工具及量具选用、使用错误，扣 5 分；
2. 学生工具、零部件摆放不整齐、无序，扣 5 分；
3. 学生实训过程中出现掉落工具、零件情况，扣 5 分；
4. 学生在操作过程中出现重大违规及危及人身安全情况，扣 20 分。
四、实训评估
采用自评、小组评和教师评的方式对实训情况进行评分，每项分值为 10 分。</td></tr>
</table>

续表

车架检验	姓名		学号	
	班级		日期	

评价人	基本知识掌握程度	工作态度	团队合作能力	任务完成情况
自评				
小组评				
教师评				
平均分				

注：总分>80 为优良；80≥总分≥60 为及格；总分<60 为不及格。

任务 3.2 检修悬架

任务引入

某辆桑塔纳乘用车以较高的车速行驶时，汽车的稳定性不好，而且当路面不平的时候，汽车舒适性变差，驾驶员感觉很颠簸。李师傅接到任务后，初步判断是前悬架系统出现了问题，邀请小王协助其进行拆解分析。

任务分析

通过本任务的学习，学生能够掌握悬架的功用、结构及工作原理，能够熟练对汽车悬架常见故障进行诊断和维修。

知识准备

一、悬架的功用

汽车悬架是车架（或承载式车身）与车桥（或车轮）之间一切传力装置的总称。它具有以下功用。

（1）对不平整路面所造成的汽车行驶中的各种摇摆和振动等，与轮胎一起，予以吸收和减缓，从而保障乘客和货物的安全，并提高驾驶稳定性。

（2）将路面与车轮之间的摩擦所产生的驱动力和制动力，传输至车架和车身。

（3）支承车桥上的车身，并使车身与车轮之间保持适当的几何关系。

二、悬架的组成

悬架系统由弹性元件、减振器和导向装置三部件组成，如图 3-14 所示。

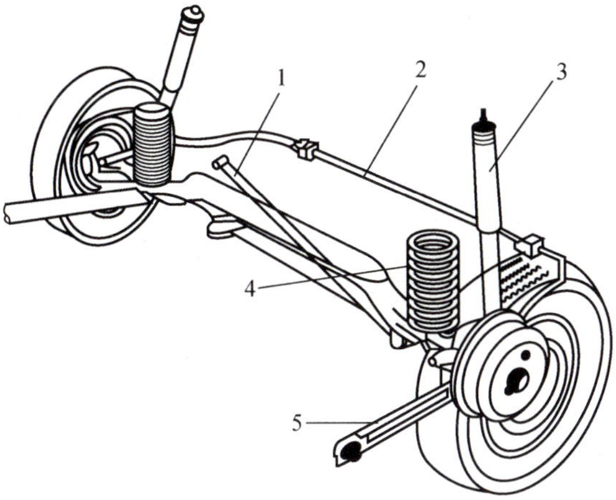

图 3-14 悬架的系统组成

1—横向推力杆；2—横向稳定杆；3—减振器；4—弹性元件；5—纵向推力杆

（1）弹性元件：承受并传递垂直载荷，缓和不平路面引起的冲击，使车架（或承载式车身）与车桥（或车轮）之间保持弹性连接。

（2）减振器：用于缓减振动，提高乘坐舒适性。

（3）导向装置（包括横向导杆和纵向推力杆）：用来传递除垂直力以外的各种力和力矩，并确定车轮相对于车架（或车身）的运动关系。

上述三部分装置所起作用的侧重点不同，分别是缓冲、减振和导向，但三者共同的任务是传递车轮与车架之间的各种力和力矩，控制车身的各种振动。

三、悬架分类及构造

（一）非独立悬架

非独立悬架因其结构简单，工作可靠，而被广泛应用于货车的前、后悬架，在乘用车中，非独立悬架仅用于驱动桥。

悬架的结构，特别是导向机构的结构，随所采用的弹性元件不同而有差异，而且有时差别很大。采用螺旋弹簧、气体弹簧时需要有较复杂的导向机构；采用钢板弹簧时，由于钢板弹簧本身可担起导向机构的作用，并有一定的减振作用，使得悬架结构大为简化。因此，在非独立悬架中大多数采用钢板弹簧作为弹性元件。

1. 纵置弹簧

纵置弹簧通常是纵向安置的。如图 3-15 所示为解放 CA141 型汽车的前悬架。钢板弹簧 2 中部用两个 U 形螺栓 3 固定在前桥上。往弹簧两端的卷耳孔中压入衬套。前端卷耳用钢板弹簧销与支架 1、7 相连，形成固定的铰链支点，而后端卷耳则通过钢板弹簧销 10 与吊耳 8 连接在一起，并用铰链挂在支架上，可以与自由摆动的吊耳 8 相连接。这样用铰链和吊耳将钢板弹簧两端固定在车架上的结构是目前广泛采用的一种连接形式。

解放 CA141 型汽车的钢板弹簧销钻有轴向油道及径向油道，通过油嘴将钙基润滑脂加至衬套处，以利于润滑。使用时，应注意定期加润滑脂，以免磨损加剧。同时为加速振动的衰减，改善驾驶员的乘坐舒适性，在货车的前悬架中一般都装有减振器。

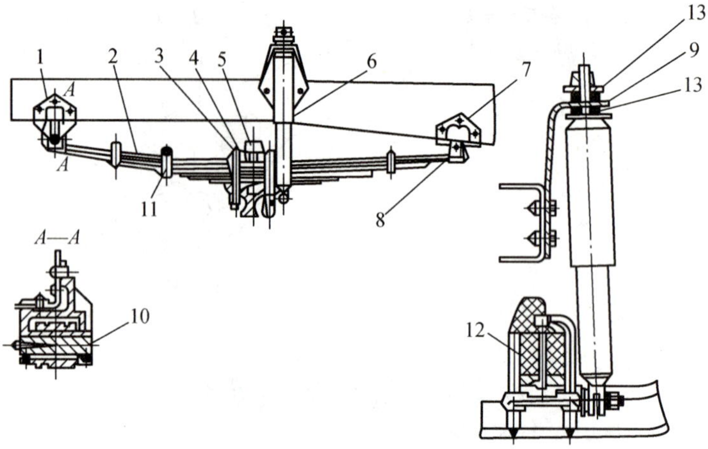

扫一扫

图 3-15　板簧非独立悬架

1—前支架；2—钢板弹簧；3—U 形螺栓；4—盖板；5—缓冲块；6—减振器；7—后支架；8—吊耳；9—减振器支架；10—弹簧销；11—夹子；12—中心螺栓；13—橡胶垫

2. 螺旋弹簧非独立悬架

螺旋弹簧非独立悬架一般只用作乘用车的后悬架，其布置如图 3-16 所示。螺旋弹簧的上端被装在车架上的特制支座中，而下端则固定于后桥壳的座上，它只承受垂直力。车桥用纵向推力杆（或包在传动轴外面的扭矩套管）和车架相连。推力杆（或扭矩套管）用以传递牵引力、制动力及其力矩。横向力则由横向推力杆来传递。推力杆的一端固定于车桥上，另一端则固定于车架上。由于螺旋弹簧的横向刚度差，此杆可以防止车身相对于车桥的横向错动。悬架中还装有减振器。

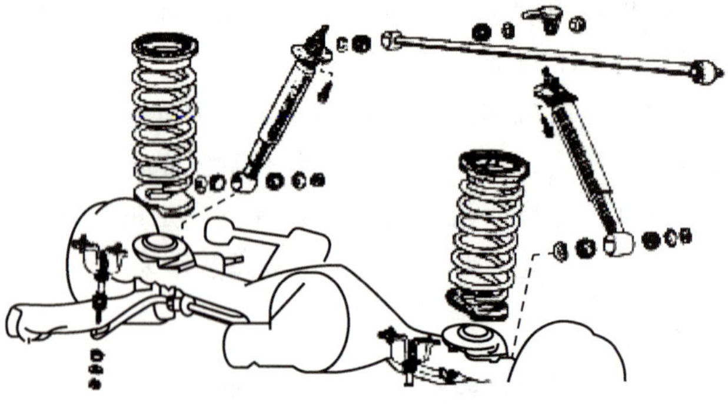

图 3-16　螺旋弹簧非独立悬架

3. 空气弹簧非独立悬架

如图 3-17 所示为空气弹簧非独立悬架示意图。用于传递纵向力和力矩的纵向推力杆 3 中部用螺栓固定在车桥 4 上，纵向推力杆的前端和车架 1 上的支架做铰链连接。囊式空气弹簧5和上下端分别固定在车架和纵向推力杆上。而横向力则由横向推力杆传递（图上未示出）。悬架中还装有减振器6。

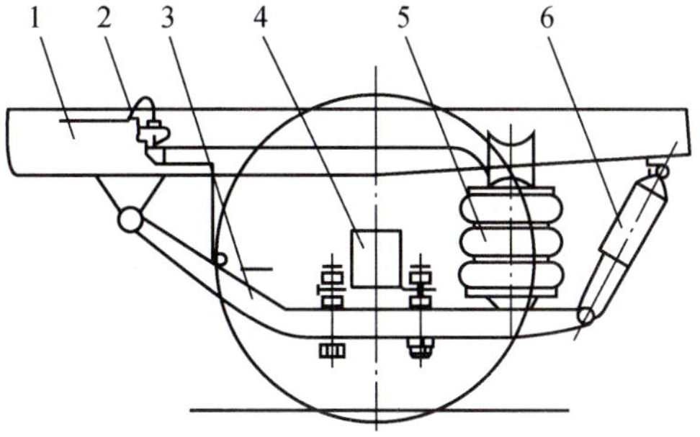

图 3-17 空气弹簧非独立悬架示意图

1—车架；2—高度控制阀；3—纵向推力杆；4—车桥；5—空气弹簧；6—减振器

为提高汽车行驶的平顺性，希望将弹簧做得尽可能柔软。但如果弹簧太软，在汽车空车和满载时，弹簧的变形数值会相差很大。空车时车身将被抬得很高，满载时车身则被压得很低，出现经常碰撞缓冲块的现象。而不同类型的汽车在使用中提出不同的要求：对重型矿用车及大型客车而言，要求空车与满载时的车身高度相等；对于乘用车，要求在好路上降低车身高度，以便高速行驶，在坏路上提高车身，以便增大通过能力。这说明在保证行驶平顺性的前提下，车身高度与汽车使用要求之间存在着较大的矛盾。为此应该对车身高度进行调节。

采用空气弹簧悬架时，容易实现车身高度的自动调节。在装有压气机的汽车上一般用随载荷的不同而改变空气弹簧内的空气压力的方法来达到这个目的。图3-17所示的高度控制阀2即起这个作用。高度控制阀固定在车架上，通过控制杆与装在车桥上的纵向推力杆3相连。高度控制阀体内有两个阀：通气源的充气阀和通大气的放气阀。这两个阀均由控制杆操纵。当汽车载荷增加，车桥移近车架时，控制杆上升，顶开充气阀，压缩空气便进入空气弹簧，使车架和车身升高，直到恢复车身与车桥的原定距离为止。当载荷减小，车桥远离车架时，控制杆下移，打开放气阀，则空气弹簧内的空气排入大气，车身和车架随即降低直到原定数值。

4. 油气弹簧非独立悬架

油气弹簧装于汽车上，和其他弹簧一样，可以构成独立悬架或非独立悬架。如图3-18所示为上海SH380型矿用自卸车的油气弹簧非独立悬架示意图。两个油气弹簧1的两端分别固定在前桥上的支架10和纵梁上的支架2上。左、右两侧各有一根下纵向推力杆11，装在前桥6和纵梁4之间。一根上纵向推力杆8安装在前桥上的支架9和纵梁4的内侧支架上。上、下两纵向推力杆构成平行四边形，既可传递纵向力，承受制动而引起的反作用力矩，又可保证车轮上下跳动时主要倾角不变，有利于汽车操作的稳定性。一根横向推力杆3装在左侧纵梁与前桥右侧的支架上，传递和承受侧向力。在两纵梁下面装有缓冲块7，以避免在很大的冲击载荷下前桥直接碰撞车架。

大吨位的自卸汽车采用的油气弹簧悬架（简称油气悬架）与钢板弹簧悬架相比有以下特点：油气悬架具有变刚度特性，可保证汽车具有良好的行驶平顺性，特别是工地和矿山用车，其道路条件和装卸条件都很恶劣（用大型电铲将矿石从空中往车厢里倾装时，会产生很大的冲击），采用油气悬架后，可显著地缓解冲击，减少颠簸，从而改善驾驶员的劳动条件和提高平均车速；油气弹簧纵向尺寸小，对整车总布置有利，有的自卸车采用了烛式独立前悬架，能使转向轮偏转角达 45°，大大减小了汽车的转弯半径；改变缸筒工作腔的油量和气室的充气压力，可得到不同的变刚度特性，从而使油气弹簧的主要部件可以在不同吨位的汽车上通用。基于以上特点，油气悬架愈来愈广泛地被运用在大型工矿用自卸汽车上。

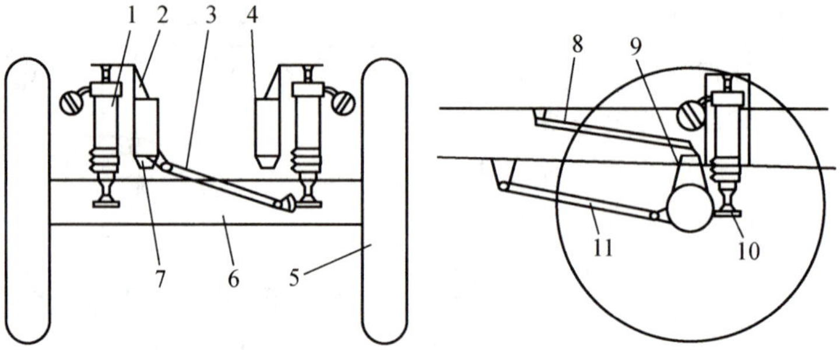

图 3-18 上海 SH380 型矿用自卸车前轮油气弹簧非独立悬架示意图

1—油气弹簧；2—支架；3—横向推力杆；4—箱形断面纵深；5—车轮；6—前桥；7—缓冲块；8—上纵向推力杆；9—支架；10—支架；11—下纵向推力杆

(二) 独立悬架

随着汽车速度的不断提高，非独立悬架已不能满足行驶平顺性和操作稳定性等方面提出的要求，因此，独立悬架获得了很大的发展。

独立悬架是每一侧的车轮单独地通过弹簧悬架悬挂在车架（或车身）的下面。采用独立悬架时，车桥都做成断开的（见图 3-19）。

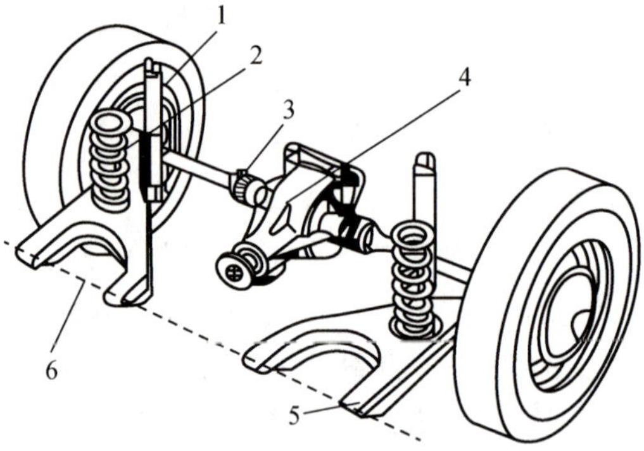

扫一扫 图 3-19 独立悬架

1—减振器；2—螺旋弹簧；3—万向节；4—用螺栓装到车上的差速器；5—拖曳臂；6—拖曳臂以合适的角度连在车上

1. 独立悬架的结构特点

独立悬架的结构特点是两侧的车轮各自独立地与车架或车身弹性连接，因而具有以下优点：

(1) 在悬架弹性元件一定的变形范围内，两侧车轮可以单独运动，而互不影响，这样在不平道路上行驶时可减少车架和车身的振动，而且有助于消除转向轮不断偏摆的不良现象。

（2）减少了汽车的非簧载质量（不由弹簧支承的质量）。在非独立悬架的情况下，整个车桥和车轮都属于簧载质量部分。在用独立悬架时，对驱动桥而言，由于主减速器、差速器及其外壳都固定在支架上，成了簧载质量；对转向桥而言，它仅具有转向主销和转向节，而中部的整体不再存在。所以在采用独立悬架时，非簧载质量只包括车轮质量和悬架系统中一部分零件的全部或部分质量，显然比用非独立悬架时的非簧载质量要小得多。在道路条件和车速相同时，非簧载质量愈小，则悬架所受到的冲击载荷也愈小。故采用独立悬架可以提高汽车的平均行驶速度。

（3）采用断开式车桥，发动机总成的位置便可以降低和前移，使汽车重心下降，提高了汽车行驶稳定性。同时能给予车轮较大的上下运动的空间，因而可以将悬架刚度设计得较小，使车身振动频率降低，以改善行驶平顺性。

以上优点使独立悬架广泛地被应用在现代汽车上，特别是乘用车的转向轮普遍地采用了独立悬架。但是，独立悬架结构复杂，制造成本高，保养维修不便。在一般情况下，车轮跳动时，由于车轮外倾角与轮距变化较大，轮胎磨损较严重。

具有特殊要求的某些越野汽车全部车轮采用独立悬架还是合理的，因为除上述优点外，可保证汽车在不平道路上行驶时，所有车轮和路面有良好的接触，从而增大牵引力。此外，可增大汽车的离地间隙，因而大大提高了越野汽车的通过性能。

小提示

独立悬架中多采用螺旋弹簧和扭杆弹簧作为弹性元件，钢板弹簧和其他形式的弹簧用得较少。

2. 独立悬架的结构行驶

独立悬架的结构类型很多，按车轮运动形式主要可分成以下三类：车轮在汽车横向平面内摆动的悬架（横臂式），如图 3-20（a）所示；车轮在汽车纵向平面内摆动的悬架（纵臂式），如图 3-20（b）所示；车轮沿主销移动的悬架，包括图 3-20（c）所示的烛式悬架及图 3-20（d）所示的麦弗逊式悬架。

在有的独立悬架中，车轮是在斜向平面内摆动的。

下面就此三类独立悬架一一进行说明。

（1）横臂式独立悬架。

横臂式独立悬架分为单横臂式和双横臂式两种。

单横臂式独立悬架的特点是当悬架变形时，车轮平面将产生倾斜而改变两侧车轮与路面接触点间的距离——轮距，致使轮胎相对于地面侧向滑移破坏轮胎和地面的附着。此外，这种悬架用于转向轮时，会使主销内倾角和车轮外倾角发生较大的变化，对于转向操纵有一定影响，目前很少采用。

太脱拉 138 型越野汽车的前悬架是车轮在横向平面内摆动的单横臂扭杆弹簧独立悬架，如图 3-21 所示为悬架整体，其各零件形状如图 3-22 所示。

扭杆弹簧 1（见图 3-21）纵向安置，其后端通过楔形销 3 固定在扭杆弹簧后托架 10

的孔中，前端则用楔形销 3 与摆臂 4 固定连接。摆臂 4 外端用吊耳 7 与可摆动的半轴套管连接，其内端有套筒 8，以其轴颈支于扭杆弹簧前托架 2 的孔中，用以承受径向力，以免扭杆弹簧受到径向力所造成的弯矩。当车轮上下跳动时，垂直载荷经半轴套管和吊耳传到摆臂的外端，使摆臂外端上移，于是扭杆弹簧便产生扭转变形，从而实现了车轮与车架之间的弹性连接。摆臂外端之所以必须用吊耳 7 而不能直接装在半轴套管上，是因为半轴套管与摆臂二者的摆动并非绕同一轴线，且半轴套管又是不能伸缩的整体。

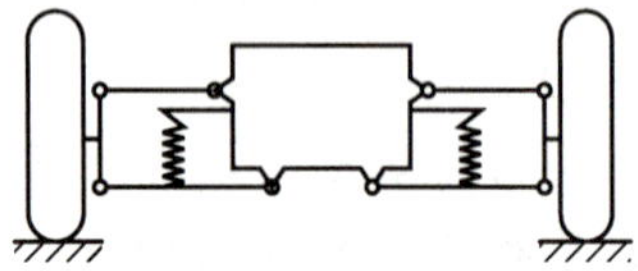
(a)横臂式悬架

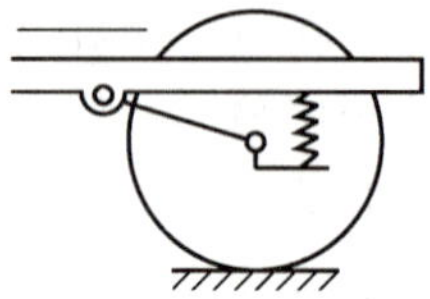
(b)纵臂式悬架

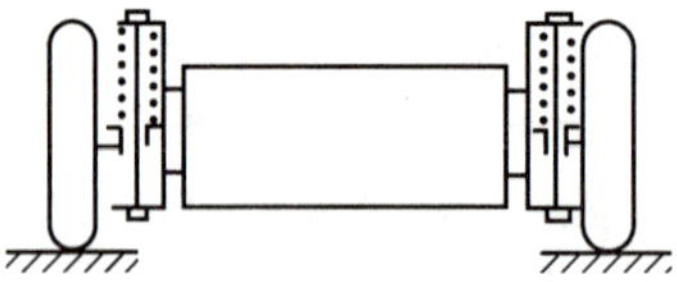
(c)烛式悬架

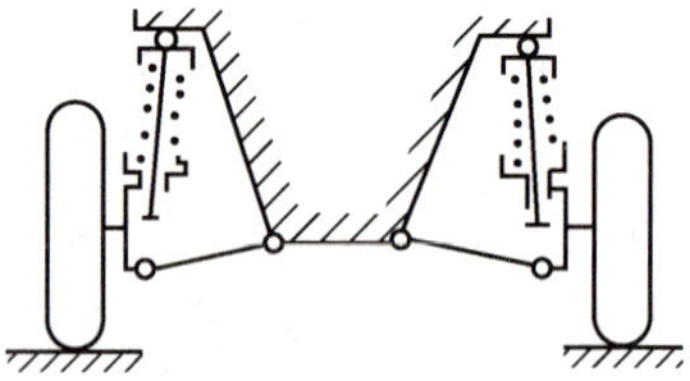
(d)麦弗逊式悬架

图 3-20　几种基本类型的独立悬架示意图

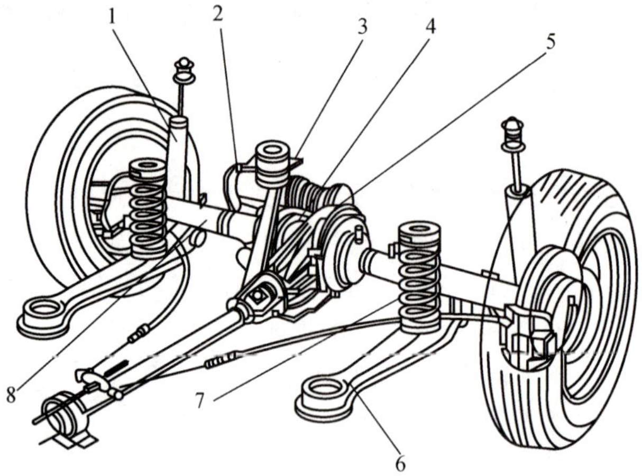

图 3-21　太脱拉 138 型前单横臂扭杆弹簧独立悬架

1—减振器；2—油气弹性元件；3—中间支承；4—单铰链；5—主减速器壳；6—纵向推力杆；7—螺旋弹簧；8—半轴套管

扭杆弹簧后托架 30 连接在前脊梁 29 上（见图 3-22），托架上方有调整螺栓 28，用以调整托架 30 上扭杆弹簧孔的位置。

由于扭杆弹簧本身没有减振作用，故此独立悬架中装有减振器，用螺栓固定在扭杆支架上。减振器摇臂 5（见图 3-21）通过两个长键固定在与摆臂 4 制成一体的驱动套筒 8 的后端，摆臂摆动时即带动减振器摇臂，从而驱动减振器活塞 9，而使减振器起作用。该减振器是单向作用的，即仅在伸张行程中产生起减振作用的阻尼力。

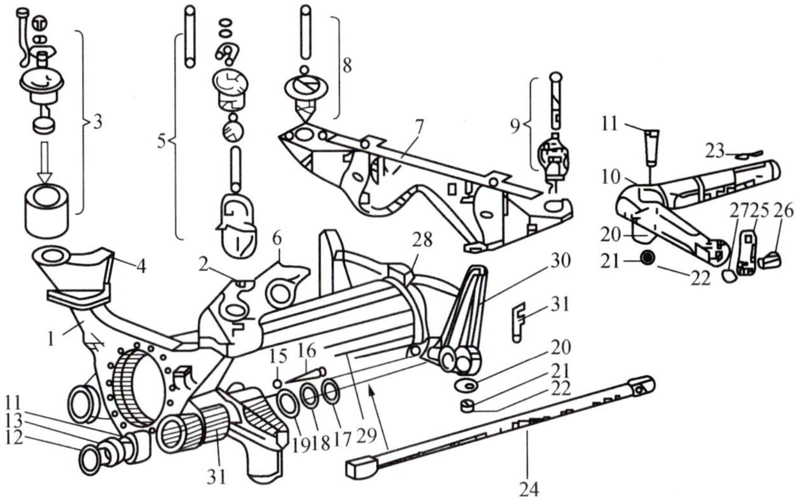

图 3-22 太脱拉 138 型汽车前悬架分解图

1—发动机后部及驾驶室前部的托架；2—发动机后部左侧（从前往后看、下同）托架；3—驾驶室前部左侧托架组件；4—发动机后部右侧托架组件；5—驾驶室前部右侧托架组件；6—转向器托架；7—连接货箱副梁的托架；8—驾驶室后部左侧托架组件；9—驾驶室后部右侧手术架组件；10—摆臂；11—楔形销；12—钢环；13—油封；14—胶木衬套；15—弹簧垫圈；16—减振器固定螺栓；17—槽形螺母；18—锁止垫片；19—垫片；20—平垫；21—螺母；22—开口销；23—键；24—右侧扭杆弹簧；25—吊耳；26—吊耳销；27—销环；28—扭杆弹簧后托架调整螺栓；29—前脊梁；30—扭杆弹簧后托架；31—扭杆弹簧前托架

双横臂式独立悬架，这种悬架的两个摆臂长度可以相等，也可以不等（见图 3-23）。两摆臂等长的悬架，当车轮上下跳动时，车轮平面没有倾斜，全轮距却发生了较大的变化，这将增加车轮侧向滑移的可能性。在摆臂不等长的独立悬架中，如将两臂长度选择适当，可以使车轮和主销的角度以及轮距的变化都不太大，不大的轮距变化在轮胎较软时可以由轮胎变形来适应，目前乘用车的轮胎可容许轮距的改变在每个车轮上达到4～5mm 而不致使车轮沿路面滑移。因此不等长的双摆臂独立悬架在乘用车的前轮上应用得很广泛。

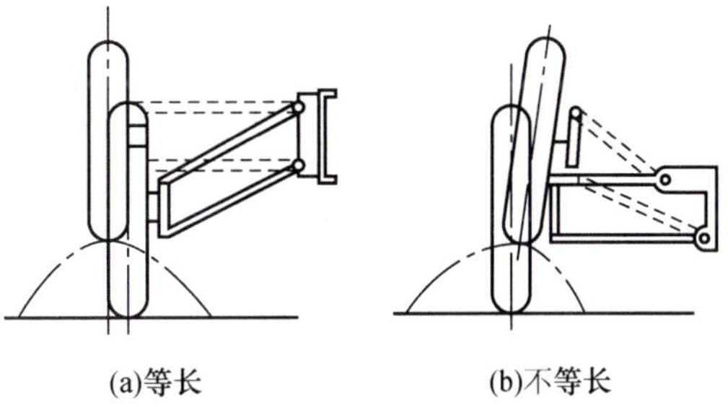

图 3-23 双横臂式独立悬架示意图

红旗牌各型高级乘用车的前轮就采用这种不等长的双摆臂螺旋弹簧独立悬架，其结构如图 3-24 所示。

上摆臂 11 和下摆臂 4 的内端分别通过摆臂轴 15 和 1 与车架做铰链连接，二者的外端则分别通过上球头销 14 和下球头销 3 与转向节 9 相连。螺旋弹簧 5 的上、下端分别通过橡胶垫圈 7 支承于车架横梁上的支承座和下摆臂上的支承盘内。双向作用筒式减振器 6 的上、下两端同样分别通过橡胶衬垫与车架和下摆臂上的支承盘相连。

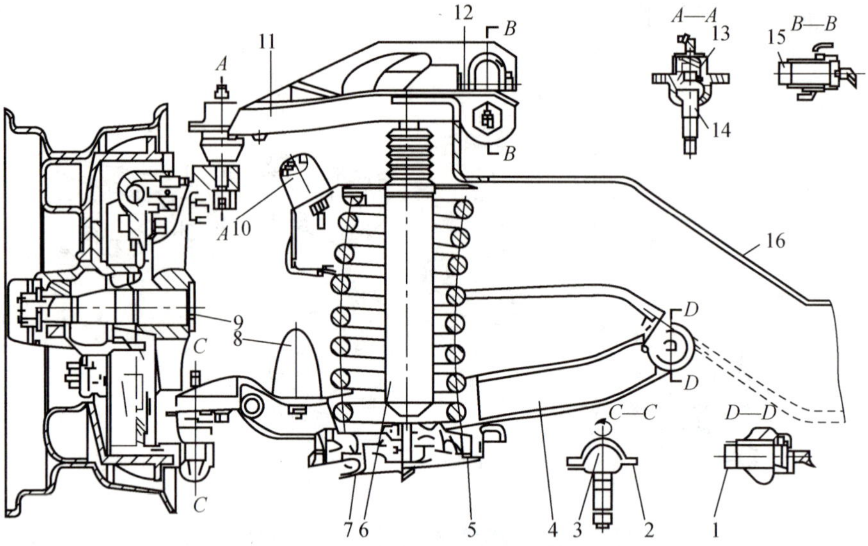

图 3-24 红旗 CA770 型乘用车的前悬架

1—下摆臂轴；2—垫片；3—下球头销；4—下摆臂；5—螺旋弹簧；6—筒式减振器；7—橡胶垫圈；8—下缓冲块；9—转向节；10—上缓冲块；11—上摆臂；12—调整垫片；13—弹簧；14—上球头销；15—下摆臂轴；16—车架横梁

上摆臂与上球头销是铆接不可拆式，其中装有弹簧 13，保证当球头销与销座有磨损时，自动消除二者之间的间隙；下摆臂与下球头销是可拆的，下球头销如有松动出现间隙时，可以拆开球头销，适当减少垫片 2 以消除间隙。

红旗乘用车采用球头结构代替主销，属于无主销式，即上、下球头销的连心线相当于主销轴线。转向时车轮即围绕此轴线偏转。

主销后倾角由移动上摆臂在摆臂上的位置来调整，而上摆臂的移动是通过上摆臂轴的转动实现的。车轮外倾角由加在上摆臂轴与固定支架间的调整垫片 12 调整。主销内倾角和车轮外倾角的关系已被转向节的结构所确定，故调整车轮外倾角以后，主销内倾角自然正确。

悬架的最大变形受上下分置的两个缓冲块 10 和 8 限制。

路面对车轮的垂直力依次通过转向节、下球头销、下摆臂和螺旋弹簧传到车架，纵向力、侧向力及其力矩均由转向节及导向机构——上、下摆臂的上、下球头销来传递。为了可靠地传递纵向力、侧向力及其力矩，必须使悬架具有足够的纵向和侧向刚度。为此，上、下两摆臂都是叉形的钢架，其内端为宽端，外端为窄端。

（2）纵臂式独立悬架。

纵臂式独立悬架也有单纵臂式和双纵臂式两种。

单纵臂式独立悬架转向轮的独立悬架采用单纵臂式时，车轮上下运动将使主销后倾角产生很大的变化（见图 3-25），因此，单纵臂式独立悬架一般多用于驱动桥。如

图 3-26所示为驱动轮（后轮）所用的单纵臂式扭杆弹簧独立悬架。悬架的摆臂 4 是一片宽而较薄的钢板。其一端与半轴套管 5 做铰链式连接，而另一端带有套筒 1。套筒借花键与扭杆 2 的外端相连。扭杆装在套管 3 中，其内端则固定在车架的中央管内。当车轮跳动时，薄钢板的摆臂略有扭转和侧向弯曲，这种结构不需要专门的铰链接头或弹性件接头。

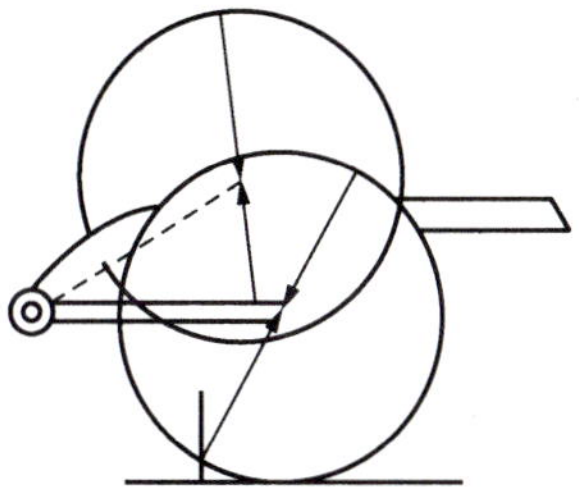

图 3-25 单纵臂式独立悬架示意图

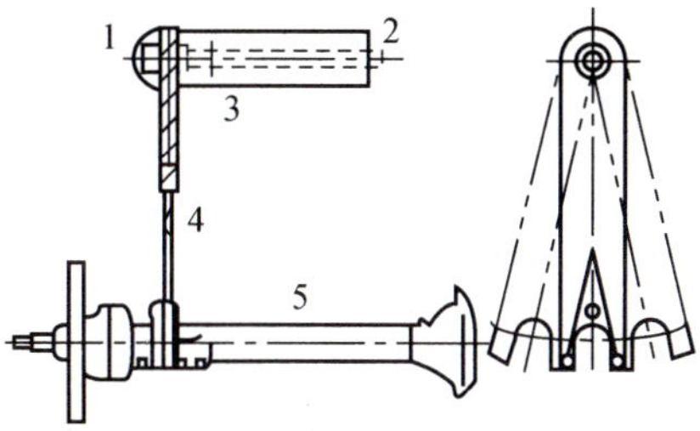

图 3-26 单纵臂式扭杆弹簧独立悬架

1—套筒；2—扭杆；3—套管；4—摆臂；5—半轴套管

双纵臂式独立悬架的两个摆臂长度一般做成相等的，形成平行四边形结构。这样，在车轮上下跳动时，主销的后倾角保持不变，故这种形式的悬架适用于转向轮。图3-27所示为转向轮前轮的双纵臂式扭杆弹簧悬架，转向节和两个等长的摆臂做铰链式连接。在车架的两根管式横梁 2 内都装有若干层矩形断面的薄弹簧钢片叠成的扭杆弹簧 3，两根扭杆弹簧的内端用螺钉固定在横梁 2 的中部，而外端则插入摆臂轴 4 的矩形孔内，摆臂轴用衬套 5 支承在管式横梁内。摆臂轴 4 和摆臂刚性地相连。另一侧车轮的悬架与之完全相同而且对称。

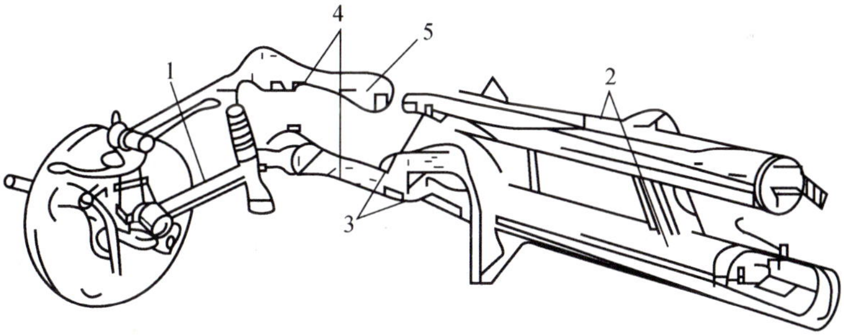

图 3-27 双纵臂式扭杆弹簧独立悬架

1—摆臂；2—横梁；3—扭杆弹簧；4—摆臂轴；5—衬套

车轮沿主销移动的悬架目前大致可分为两种形式，一种是车轮沿固定不动的主销轴线移动的烛式悬架；另一种是车轮沿摆动的主销轴线移动的麦弗逊式悬架。

独立悬架如图 3-28 所示，为车轮的转向节沿着刚性地固定在车架上的主销上下移动的烛式独立悬架。这种悬架对于转向轮来说，当悬架变形时，主销的定位角不会发生变化，仅轮距、轴距稍有改变。因此，有利于汽车的转向操作和行驶稳定性。侧向力全部由套在主销 1 上的长套筒 6 和主销承受，则套筒与主销之间的摩擦阻力大、磨损严重。

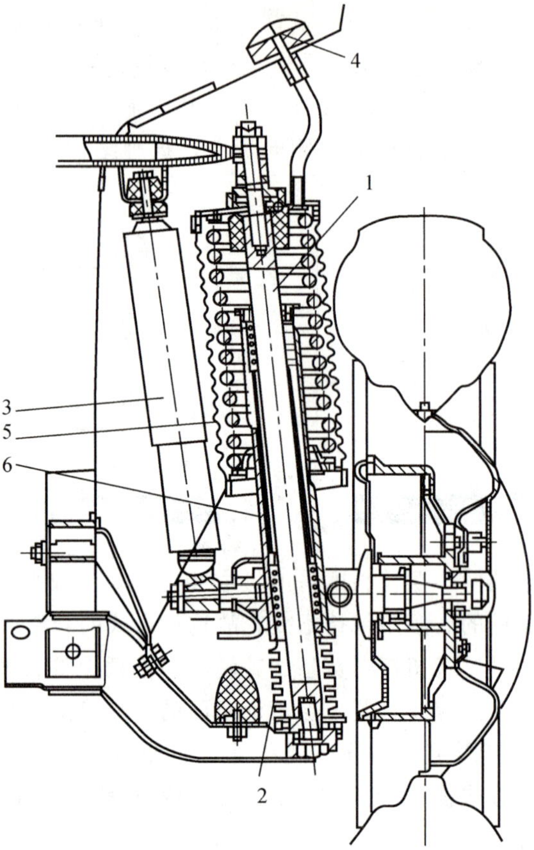

图 3-28　独立悬架

1—主销；2、5—防尘罩；3—减振器；4—通气管；6—套筒

如图 3-29 所示为吉林 JL110 型微型汽车的麦弗逊式前悬架。筒式减振器 4 的上端用螺栓和橡胶垫圈与车身 5 连接，减振器缸筒下端固定在转向节 3 上，而转向节通过球铰链与横摆臂 1 连接，车轮所受的侧向力通过转向节大部分由横摆臂承受，其余部分由减振器承受。因此，这种结构形式较烛式悬架在一定程度上减少了滑动磨损。

螺旋弹簧 6 套在筒式减振器的外面。主销的轴线为上下铰链中心的连线。

四、检修非独立悬架

(一) 检修钢板弹簧

汽车钢板弹簧的主要损伤是钢板弹簧的断裂、弹力减弱及磨损。

用直观检视法，钢板弹簧如有裂纹、折断及厚度明显变薄等缺陷，应予以更换。更换新的钢板弹簧时，其长度、宽度、厚度及弧高应符合原厂规定。不得将长片裁成短片代用。

钢板弹簧的折断，通常是前钢板弹簧比后钢板弹簧严重，经常发生在第一片卷耳与第一道夹子的附近，各片易损坏处是在上、下片端部的对应处。

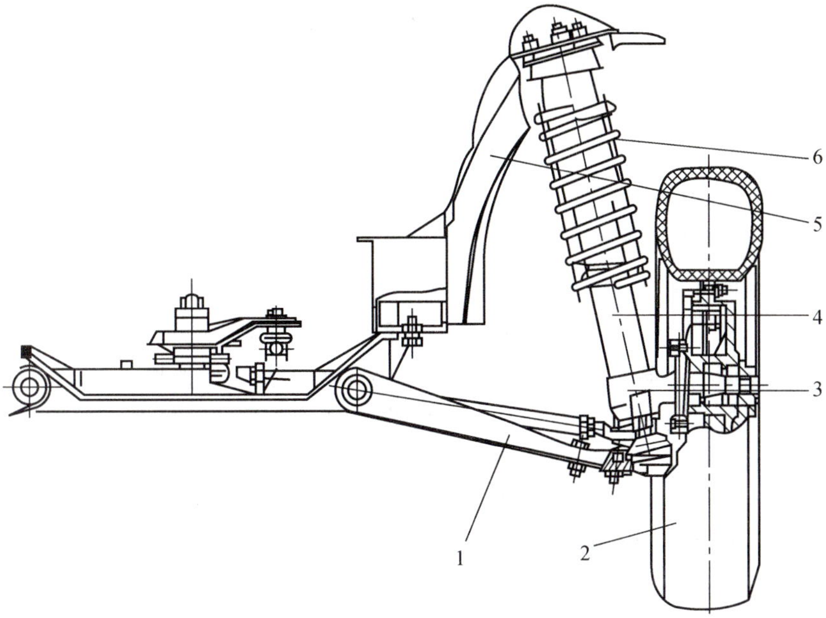

扫一扫 图 3-29 吉林 JL110 型微型汽车的麦弗逊式前悬架

1—横摆臂；2—车轮；3—转向节；4—筒式减振器；5—车身；6—螺旋弹簧

钢板弹簧弹性减弱，表现为弧高的减小。因此，检验其弧高的变化，即可判断出钢板弹簧弹性的减弱程度。检验方法，一般在弹性试验器上检验有负荷或无负荷下弧高的减小量，也可用样板（新片）进行靠合试验。要求左右钢板弹簧的总片数相等，总厚度差不大于 5mm，弧高差不大于 10mm。

钢板弹簧装配时，应注意以下问题：

①装配前，应将钢板弹簧上的污泥、铁锈等清除干净，并在各片间涂抹石墨润滑脂。

②有中心孔的，其中心螺栓应按规定的力矩拧紧。

③钢板弹簧固定卡应按规定数量配齐。卡子内侧与钢板弹簧两侧的间隙为 0.7～1mm，卡子套管与钢板弹簧顶面的距离为 1～3mm，以保证各片弹簧可以自由伸张。

各卡子螺栓应从远离轮胎的一侧穿入，以防止使用中螺栓松动窜出，刮伤轮胎。

④已装配好并压紧的钢板弹簧，片与片之间应紧密配合，相邻两片在总接触长度 1/4 的长度内，间隙应不大于 1.2mm。

（二）检修减振器

目前，汽车广泛采用的是双向作用筒式减振器，减振器在使用过程中如出现油液渗漏、阀门关闭不严或不能开启等问题，使减振效能降低或失效，应进行检修或更换。

1. 筒式减振器主要零件的检修（以解放 CA1091 型汽车为例）

（1）防尘罩及贮油缸破裂、凹陷，应予以焊修、校正或更换。

（2）油封磨损严重、密封环失效均应更换。

(3) 活塞杆弯曲变形应予以校正，磨损后其圆度、圆柱度误差超过 0.10mm 或杆端螺纹损伤超过两牙时，应予以更换。

(4) 活塞及缸筒表面磨损使配合间隙大于 0.15mm 或严重拉伤时，应更换减振器总成。

(5) 各阀片磨损严重或变形、弹簧弹力减弱应更换。

2. 筒式减振器的装复

(1) 在减振器杆上依次安装下列零件：贮油缸螺母、密封垫、贮油缸盖、油封、油封垫圈、油封弹簧、密封环、导向座、限位座、进油阀弹簧、进油阀阀片、活塞、复原阀阀片、上调整垫圈、支承座、复原阀弹簧、复原阀下调整垫圈和复原阀螺塞。

(2) 安放油封时，应把外表面具有圆角的一端朝向贮油缸螺母。装配前应在油封表面涂抹润滑油，并注意不要碰伤刃口。

(3) 在工作缸的一端压入支承座总成，检查并调整隔片的位置，使其到工作缸与支撑座接缝处的距离为 120mm，然后把工作缸装入贮油缸内。

(4) 将经过 1200～1300 孔/cm^2 的金属网过滤的减振器油（45 号变压器油和 22 号透平油各 50%的混合液）加注到贮油缸内。无滤网时，应注意不得有金属屑或棉纱丝混入。减振器油的加入量应为 370mL（EQ6100-1 型为 370～390mL）。

(5) 将活塞杆及活塞总成装入工作缸内，使导向座的止口套入工作缸，装好密封环，最后用专用扳手以 59N·m（EQI 090 型为 78～88N·m）的力矩拧紧贮油缸螺母。

3. 减振器性能的试验

减振器装复后，应在减振器性能试验台上进行试验。当试验行程为 100mm，试验频率为 100 次/分钟时，复原行程的最大阻力应为 2156～2646N，压缩行程的最大阻力为 392～588N，同时检查有无漏油现象。

无试验条件时，可上下往复推拉减振器 2～3 次，试验其阻力是否恢复。拉伸时，应感到有沉重阻力，压缩时的阻力较轻，且推拉中阻力均匀、无卡滞及明显的空行程现象。加满减振液（禁止以制动液代替）后，平放 12～24h 应无渗漏。

五、检修独立悬架

独立悬架是车桥两侧车轮各自独立与车架或车身弹性连接，以适应路面的变化。

在悬架弹性元件一定的变形范围内，汽车两侧车轮可以单独运动，互不影响，可减少行驶时车架和车身的振动，而且可有效地防止转向轮的摆动。

使用独立悬架时，非悬挂质量小，从而可提高汽车的行驶平顺性。

独立悬架通常采用断开式车桥，发动机总成的位置降低并前移，使汽车重心下降，汽车行驶稳定性得到提高。同时能给予车轮较大的运动空间。因此，可以把悬架刚度设计得较小，使车身振动频率降低，从而改善行驶的平顺性和乘坐的舒适性。

小提示

独立悬架被广泛地应用于现代汽车上，国产乘用车的前悬架多采用独立悬架。

上海桑塔纳乘用车的前悬架系统由减振支柱、横向稳定杆等组成，是一种车轮沿摆动的主销轴线移动的麦弗逊式独立悬架，如图 3-30 所示。

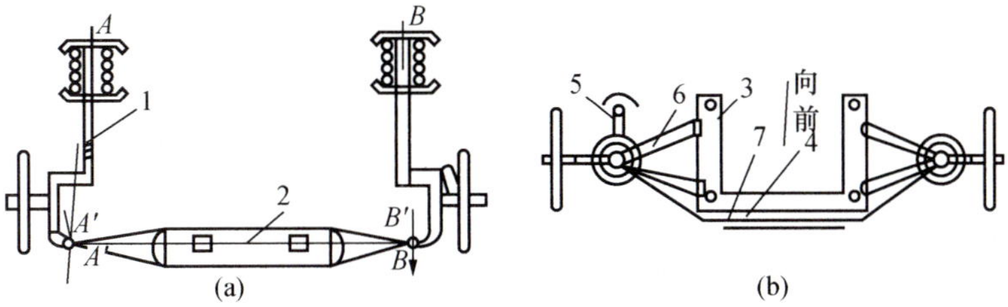

图 3-30 上海桑塔纳乘用车前悬架横向稳定杆作用原理图

1—减振支柱；2、4—横向稳定杆；3—发动机支架；5—横拉杆臂；6—悬架臂；7—橡胶套筒

修理上海桑塔纳悬架时，应检查各零件有无裂纹、变形和损坏，减振器是否失效和漏油，螺旋弹簧弹力是否符合要求和有无裂纹等。如发现损坏，应予以更换。

安装时，应注意被铰接部分的装配，应保证转动灵活而无松动，安装横向稳定杆时，必须使横向稳定杆的弯曲部分向下，使安装位置留出适当的空隙，以便安装卡箍。

任务实施

桑塔纳前悬架拆装实训

在小王的协助下，李师傅对桑塔纳乘用车前悬架进行了拆装。

实训条件：需要举升机一台，常用工具、专用工具若干套，工作台。

拆卸步骤

（1）在汽车举升前，拆下车轮螺栓并拆卸车轮；

（2）先后拆下前制动器及转向节，拆卸过程中，不要拆卸和破坏制动软管；

（3）拆卸轮毂与减振器支柱外壳的紧固螺栓，用拉力器从减振器支柱外壳上压出横拉杆接头。

（4）从下摆臂下方拆下横向稳定杆和传动轴与轮毂上的螺母。向下揿压前悬架摆臂，从车轮轴承内拉出传动轴。

（5）取下盖子，顶住减振器支柱下部，用专用工具固定滑柱，拆下减振器上的螺母。带弹簧的减振器总成即可拆下。

（6）分解带弹簧的减振器总成，压紧弹簧，用扳手和专用工具拆螺母和螺母盖，取下弹簧。

（7）用台钳夹住转向节臂。拆下减振器固定螺母，抽出前减振器。

（8）压出轮毂轴承。拆下制动盘，卸掉挡泥板，压出轮毂，从支柱外壳中取下挡圈，向挡圈方向压出轮毂轴承，用拉力器拉出轴承内座圈。

经检查，发现前悬架稳定杆变形。更换稳定杆后，故障消失。

Chapter 1
Chapter 2
Chapter 3
Chapter 4
Chapter 5

实训报告单

<table>
<tr><td rowspan="2">桑塔纳前悬架拆解</td><td>姓名</td><td></td><td>学号</td><td></td></tr>
<tr><td>班级</td><td></td><td>日期</td><td></td></tr>
<tr><td colspan="5">一、基础知识准备
1. 简述悬架的功用及组成。

2. 悬架分为哪几类？各有什么优缺点？

3. 悬架有几部分组成？各有什么作用？

二、实训考核
1. 简述前悬架的实训步骤及注意事项。

2. 指出所拆卸的悬架部件的名称及其作用。

3. 检查所拆卸的悬架零部件是否损坏，如果损坏对万向传动装置的功用会有什么影响？

三、安全文明生产</td></tr>
<tr><td colspan="2">教师评语</td><td colspan="3">本次实训成绩</td></tr>
<tr><td colspan="2" rowspan="2"></td><td>良好</td><td>合格</td><td>不合格</td></tr>
<tr><td></td><td></td><td></td></tr>
</table>

教师考核方案

<table>
<tr><td rowspan="2">桑塔纳前悬架拆解</td><td>姓名</td><td></td><td>学号</td><td></td></tr>
<tr><td>班级</td><td></td><td>日期</td><td></td></tr>
</table>

一、基础知识准备（每题 10 分，共 30 分）

1. 简述悬架的功用及组成。
2. 悬架分为哪几类？各有什么优缺点？
3. 悬架有几部分组成？各有什么作用？

二、实训考核（每题 10 分，共 30 分）

1. 简述前悬架的实训步骤及注意事项。
2. 指出所拆卸的悬架部件的名称及其作用。
3. 检查所拆卸的悬架零部件是否损坏，如果损坏对万向传动装置的功用会有什么影响？

三、安全文明生产

1. 学生工具选用、使用错误，扣 5 分；
2. 学生工具、零部件摆放不整齐、无序，扣 5 分；
3. 学生实训过程中出现掉落工具、零件情况，扣 5 分；
4. 学生在操作过程中出现重大违规及危及人身安全情况，扣 20 分。

四、实训评估

采用自评、小组评和教师评的方式对实训情况进行评分，每项分值为 10 分。

评价人	基本知识掌握程度	工作态度	团队合作能力	任务完成情况
自评				
小组评				
教师评				
平均分				

注：总分＞80 为优良；80≥总分≥60 为及格；总分＜60 为不及格。

任务 3.3　检修车轮与轮胎

任务引入

一辆捷达伙伴乘用车，行驶了 49 000km，当汽车行驶时，右后轮处发出明显的“嗡嗡”声音，且随着车速的提升，噪声增大。李师傅判断声音为车轮轴承异响，决定对车轮进行检修。

任务分析

通过本任务的学习，学生能够掌握车轮与轮胎的功用、结构及工作原理，能够熟练对车轮及轮胎常见故障进行诊断和维修。

知识准备

车轮与轮胎是汽车行驶系统的主要部件，其作用是支承汽车总质量；吸收和缓冲汽车行驶时所受到的路面冲击和振动；保证轮胎与路面的良好附着性能，以提高汽车的动力性、制动性和通过性；在保证汽车正常行驶的同时，通过轮胎产生自动回正力矩，使汽车保持直线行驶的方向。

一、车轮概述

（一）车轮的组成与结构形式

车轮的作用是安装轮胎、连接半轴或转向节，并承受汽车质量和半轴或转向节传来的力矩。它由轮辋、轮毂及轮辐组成。按照连接部分（轮辐）构造的不同，车轮可分为辐板式车轮和辐条式车轮。

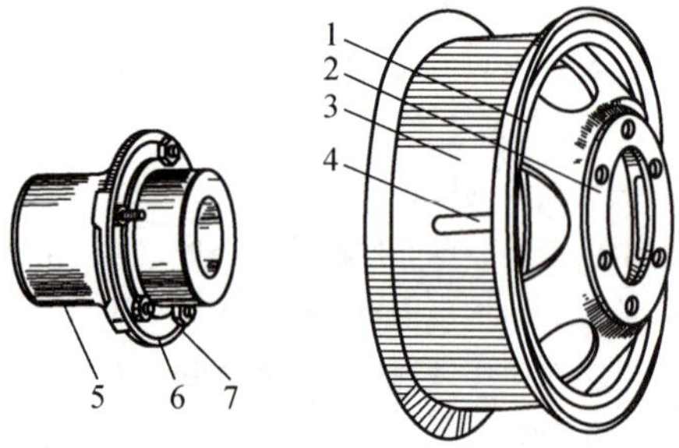

图 3-31　辐板式车轮

1—挡圈；2—轮辐；3—轮辋；4—气门嘴伸出口；5—轮毂；6—凸缘；7—螺栓

1. 辐板式车轮

辐板式车轮如图 3-31 所示，它主要由挡圈、轮辋、轮毂、气门嘴伸出口、辐板等组成。轮辋和轮毂由钢质圆盘（辐板）相连。辐板上开有几个大孔，以便于拆装充气，而且有利于减轻质量和制动鼓散热。由于其结构简单、成本低、刚度好被广泛使用，目前东风 EQ1092 型和解放 CA1092 型汽车均采用该车轮。

2. 辐条式车轮

辐条式车轮如图 3-32 所示。它用轮辐把轮辋和轮毂连接起来，轮辐一端与轮毂铸成一体，另一端用螺栓与轮毂衬块固定在一起。其特点是在使用中轮辐容易松动，需定期紧固，维修、安装较为不便。现在只有在高级乘用车上或一些高档赛车上，轮辐采用钢丝辐条。

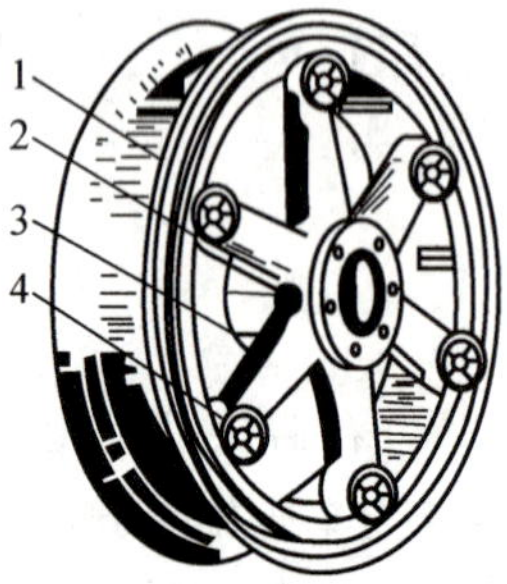

图 3-32　辐条式车轮

1—轮辋；2—衬块；3—轮辐；4—螺栓

（二）车轮的主要零件

1. 轮毂

轮毂与制动鼓、轮辐和半轴凸缘连接，由圆锥滚子轴承支承在转向节轴颈或半轴套管上。

2. 轮辐

辐板式车轮上的轮辐与轮辋通过焊接或铆接固定成一体，并通过轮辐上的中心孔和周围的螺栓孔安装到轮毂上。辐条式车轮的轮辐是钢丝辐条或者是和轮毂铸成一体的铸造辐条。

3. 轮辋

轮辋也称钢圈，用于安装车轮，按其结构特点不同可分为深式轮辋、平式轮辋和可拆式轮辋 3 种，如图 3-33 所示。

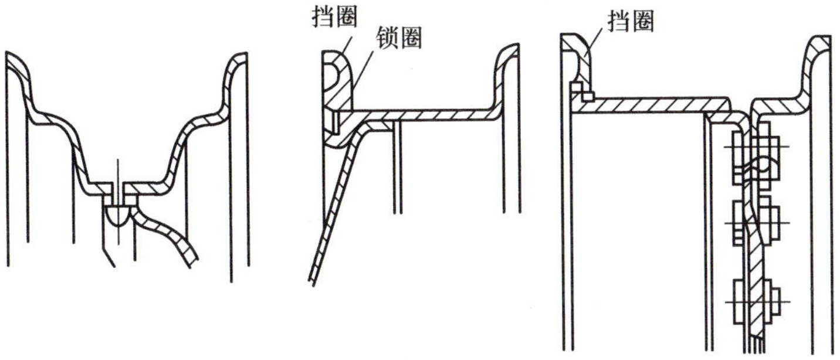

图 3-33 轮辋断面

（1）深式轮辋。

深式轮辋是整体的，又称深槽轮辋，如图 3-33（a）所示。其中部有一条便于拆装轮胎的环形深凹槽，凹槽两侧与轮胎胎圈配合的台阶通常是倾斜的，称为胎圈座角，倾斜角一般是 $5° \pm 1°$。深式轮辋结构简单、刚度大、质量较小，对于小尺寸弹性较大的轮胎最适宜，它主要用在乘用车及轻型越野车上。

（2）平式轮辋。

平式轮辋的底面呈平环状，如图 3-33（b）所示。它一侧有凸缘，另一侧为可拆式挡圈。挡圈的固定形式有多种，常用弹性开口锁环嵌入环槽中以防挡圈脱出。货车轮胎尺寸较大，胎圈较硬，宜采用这种轮辋，以便于轮胎的拆卸，如东风 EQ1092 和解放 CA1092 型汽车均采用平式轮辋。

（3）可拆式轮辋。

可拆式轮辋由内外两部分组成，二者用螺栓连成一体，如图 3-33（c）所示。拆装轮胎时，只需拆下螺栓的螺母即可，图中所示挡圈是可拆的，这种轮辋只能用于单个轮胎，主要用于大中型越野汽车。

小提示

轮辋边缘常夹装用以保证车轮动平衡的平衡块，当车轮维修拆装后，或磨损后破坏了原来的动平衡，要重新进行车轮动平衡试验，以恢复车轮的动平衡。

（三）国产轮辋规格表示方法

我国汽车轮辋规格用轮辋断面宽度（英寸）、轮辋名义直径（英寸）及轮缘高度代号（拉丁字母）来表示。直径数字前面的符号为轮辋结构形式代号，符号“×”表示该轮辋为一件式轮辋，符号“—”表示该轮辋为两件以上的多件式轮辋。

对于不同形式的轮辋，以上代号不一定同时出现。例如，东风 EQ1092 型汽车轮辋为 7.2—20，表示该轮辋断面宽度和名义直径分别是 7.2 英寸和 20 英寸的多件式轮辋。上海桑塔纳乘用车轮辋规格为 5.5J×13，表示其轮辋断面宽度和名义直径分别为 5.5 英寸和 13 英寸，轮缘高度为 17.27mm，属一件式轮辋。

二、轮胎概述

（一）轮胎的功用及分类

轮胎安装在轮辋上，直接与路面接触，它的作用是：

（1）和汽车悬架共同来缓和汽车行驶中所受到的冲击，并缓减由此而产生的振动，以保证汽车有良好的乘坐舒适性和行驶平顺性；

（2）保证车轮和路面有良好的附着性，以提高汽车的牵引性、制动性和通过性；

（3）支承汽车的质量、承受路面的其他反作用力。

因此，轮胎必须具有适宜的弹性和承受载荷的能力。同时，在其与路面直接接触的胎面部分，应具有增强附着作用的花纹。

轮胎基本上有以下几种分类方法。

（1）按胎体结构的不同，轮胎可分为充气轮胎和实心轮胎两种。现代汽车绝大多数采用充气轮胎。

（2）按轮胎内空气压力的大小，充气轮胎分为高压胎、低压胎和超低压胎三种。

（3）按保持空气方法的不同，充气轮胎分为有内胎轮胎和无内胎轮胎两种。

（4）按胎体帘线粘接方式的不同，充气轮胎分为普通斜交轮胎（交替斜纹布层轮胎）、子午线轮胎和带束斜交轮胎。

（二）充气轮胎的结构

1. 普通充气轮胎

普通充气轮胎由外胎、内胎和垫带组成，使用时安装在汽车车轮的轮搁上，如图 3-34 所示。

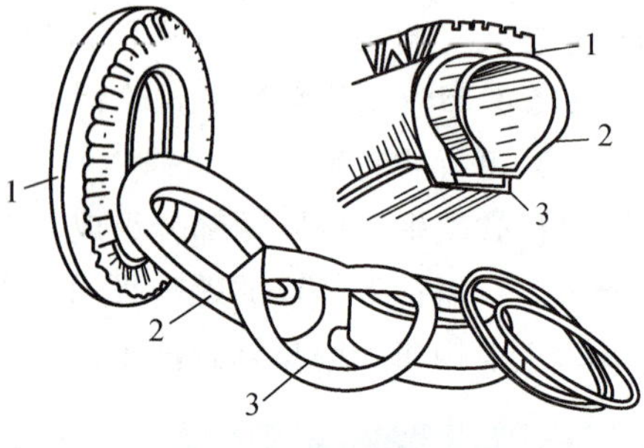

图 3-34 普通充气轮胎的构成

1—外胎；2—内胎；3—垫带

（1）外胎的结构。

外胎由胎面、帘布层、缓冲层和胎圈组成，如图 3-35 所示。

①胎面。

胎面是轮胎的外表面，可分为胎冠、胎侧和胎肩三部分。

胎冠的外部是耐磨的橡胶层，用于保护帘布层和内胎免受路面造成的磨损和外部

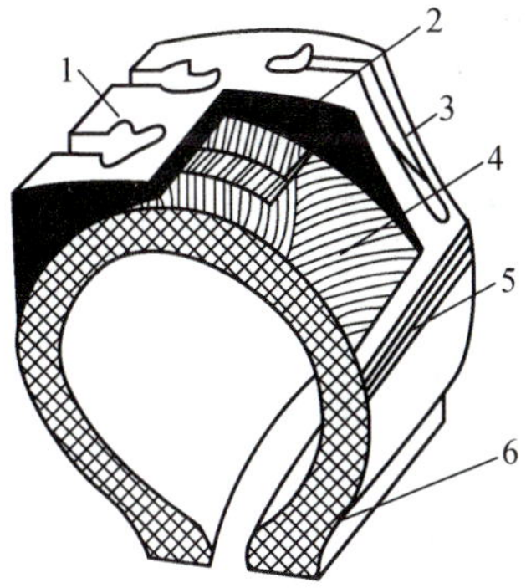

图 3-35 外胎结构

1—胎冠；2—缓冲层；3—胎间；4—帘布层；5—胎侧；6—胎圈

损伤。胎冠与路面直接接触，并产生摩擦阻力，使车辆行驶和制动。为使轮胎与地面有良好的附着性能防止纵、横向滑移，在胎面上制有各种形状的花纹。主要有普通花纹（包括纵向折线花纹和横向花纹）、组合花纹、越野花纹等。普通花纹如图 3-36（a）和（b）所示的特点是花纹细而浅，花纹块接地面积大，因而耐磨和附着性较好。其中纵向折线花纹如图 3-36（a）所示由几组沿轮胎圆周分布的锯齿形沟槽构成。这种花纹最适合于在较好的硬路面上高速行驶，广泛用于乘用车、客车及货车等各种车辆。横向花纹如图 3-36（b）所示仅用于货车。组合花纹由纵向折线花纹和横向花纹组合而成如图 3-36（c）所示，在好路面和不良路面上都可提供稳定的驾驶性能，广泛用于客车和货车。越野花纹如图 3-36（d）所示的凹部深而粗，在软路面上与地面附着性好，越野能力强，适用于矿山、建筑工地及其他一些在松软路面上使用的越野汽车轮胎。

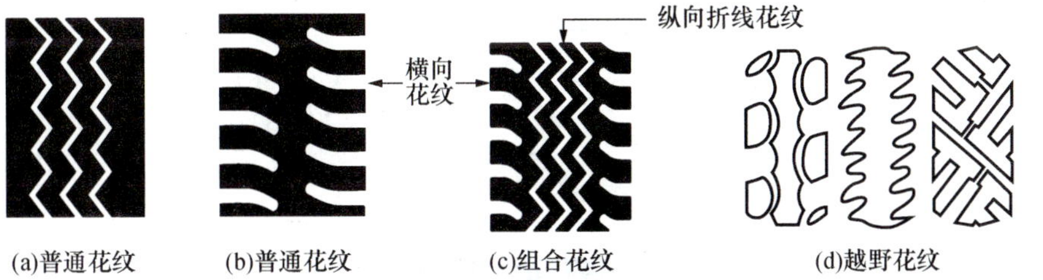

图 3-36 胎面花纹

对于单向花纹轮胎相对于旋转方向而言，具有方向性（见图 3-37）。安装时，胎面花纹的尖端与旋转方向要一致。轮胎胎面上的横向沟槽具有方向性，可以改善在湿路上的使用性能，更容易排除积水。但如果将这种轮胎反向安装，则其在湿路上的使用性能反而降低。

胎肩是较厚的胎冠和较薄的胎侧间的过渡部分，一般也制有各种花纹，以提高该部位的散热性能。

胎侧又称胎壁，它由数层橡胶构成，覆盖轮胎两侧，保护内胎免受外部损坏。胎侧在行驶过程中，不断地在载荷作用下弯曲变形。胎侧上标有厂家名称、轮胎尺寸及其他资料。

②帘布层。

帘布层是外胎的骨架，用以保持外胎的形状和尺寸，并使其具有足够的强度。帘布层通常由成双数的多层帘布用橡胶贴合而成，相邻层的帘线交叉排列。帘布层数越多，轮胎的强度越大，但弹性下降。帘线可以是棉线、人造丝、尼龙和钢丝。

③缓冲层。

缓冲层夹在胎面和帘布层之间，由两层或数层较稀疏的帘布和橡胶制成，弹性较大。其作用是加强胎面与帘布层之间的接合，防止汽车紧急制动时胎面与帘布层脱离，并缓和汽车行驶时所受到的路面冲击。

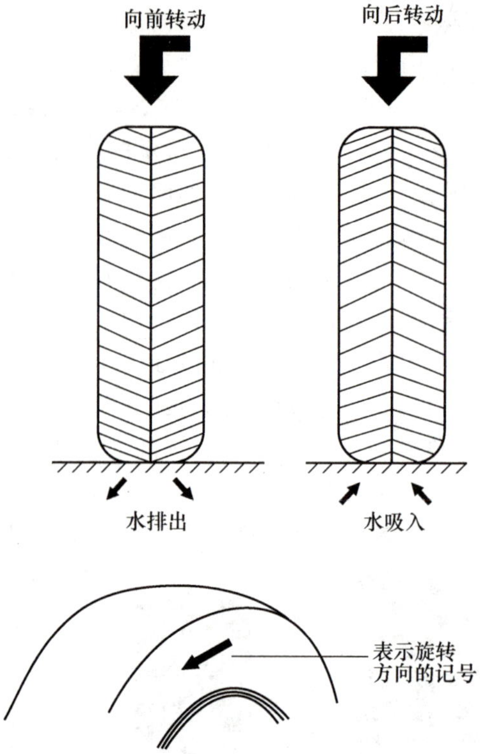

图 3-37 轮胎的方向性

④胎圈。

胎圈使外胎牢固地安装在轮辋上，有很大的刚度和强度，由钢丝圈、帘布层包边和胎圈包布组成。

(2) 内胎。

内胎是一个环形的橡胶管，上面装有气门嘴，以便充入或排出空气，为使内胎在充气状态下不产生褶皱，其尺寸应稍小于外胎的内壁尺寸。

(3) 垫带。

垫带是一个环形的橡胶带，它垫在内胎与轮辋之间，保护内胎不被轮辋和胎圈磨伤。

2. 三种充气轮胎的结构和性能特点

目前普通斜交轮胎、子午线轮胎和无内胎轮胎应用广泛，所以介绍这三种轮胎。

(1) 普通斜交轮胎的结构和性能特点。

帘布层和缓冲层各相邻层帘线交叉，且与胎面中心线呈小于 90°排列的充气轮胎为普通斜交轮胎，常称斜交轮胎，如图 3-38 (a) 所示。普通斜交轮胎是一种老式的结构，由于帘布层的斜交排列，给轮胎胎面和胎侧增加了强度，在适当充气时，会使驾驶员感到较为柔软、舒适。接触地面时使胎面平整，减少了扭曲，汽车行驶平稳，牵引效果好，防穿透性有所改善，延长了轮胎的使用寿命。

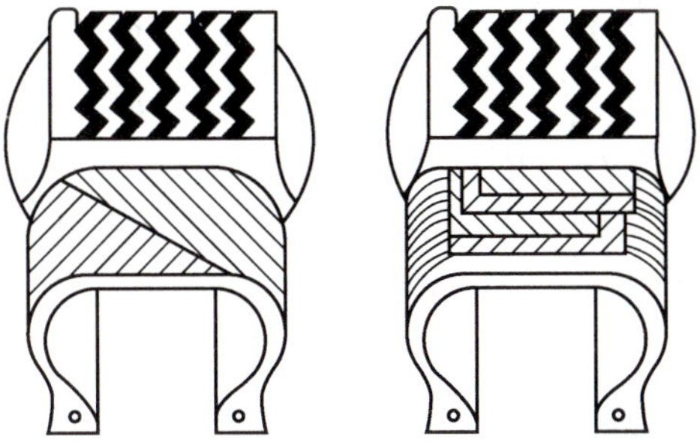

(a)普通斜交轮胎　　(b)子午线轮胎

图 3-38　轮胎的结构形式

（2）子午线轮胎的结构和性能特点。

子午线轮胎用钢丝或纤维织物做帘布层，其帘线与胎面中心线的夹角接近 90°，从一侧胎边穿过胎面，到另一侧胎边。帘线这样分布就像地球上的子午线，故称子午线轮胎，如图 3-38（b）所示。由于子午线轮胎的帘线呈这样的环形排列，帘线的强度得到充分利用，故子午线轮胎帘布层数比斜交轮胎向前看可减少 40%～50%。帘线在圆周方向上若只靠橡胶来联系，难以承担行驶时产生的切向力，所以子午线采用了与胎面中心线夹角很小（10°～20°）的多层束带。这个多层束带用强度大、伸张很小的纤维织物帘布或钢丝帘布制造，像刚性环带一样，紧紧箍在胎上，以保证轮胎具有一定的外形尺寸，承受内压引起的负荷及滚动时所受的冲击力，减少轮胎面与胎体帘布层所受的负荷等。又由于胎体的带束与帘线交叉于三个方向，这样就形成了许多密实的三角形网状结构，如图 3-39 所示。因而也就阻止了胎面向周向和横向伸张与压缩，大大提高了胎面刚性，从而减少了胎面与路面的滑移现象，提高了胎面耐磨性。子午线轮胎胎壁比斜交轮胎软，在径向上容易变形，可以增加轮胎的接地面积，如图 3-40 所示。子午线轮胎即使在充足气后，两侧壁上也有一个特殊的凸起部，与斜交轮胎比，好像是充气不足，其实这是子午线轮胎胎壁软结构特点的表现。

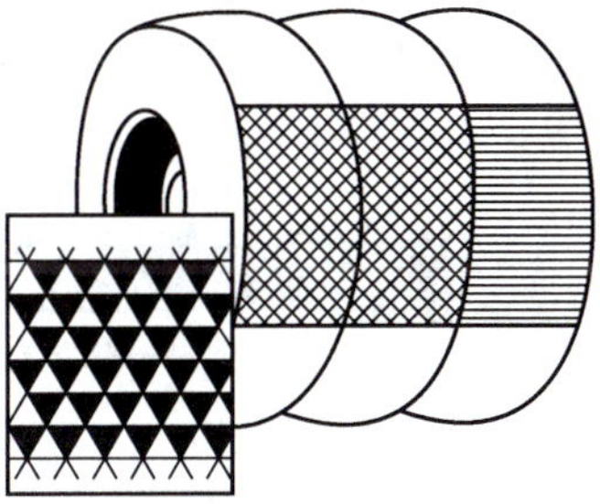

图 3-39　子午线轮胎胎冠的三角形结构

子午线轮胎的结构特点使其具有较斜交轮胎优越的性能。

①行驶里程长。由于子午线轮胎胎面刚性大，周向变形小，在路面上的滑移小，又因为轮胎接地面积大，单位压力小，且分布均匀，胎面耐磨性比斜交轮胎可增加 50% 以上。

②滚动阻力小，节约燃料。由于子午线轮胎帘布层数减少，层间摩擦力小，其滚动阻力较斜交轮胎小 25%～30%，这样不但可提高汽车的动力性，还可提高燃料经济

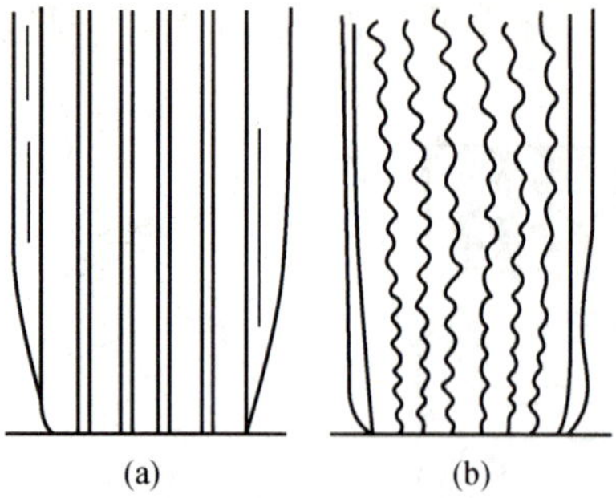

图 3-40 子午线轮胎与斜交轮胎壁形状比较

性，在实际使用中，节油率可达 8%，并且随着车速的提高，节油效果更加显著。

③承载能力大。子午线轮胎帘线与轮胎变形方向一致，可充分利用帘线强度，比斜交轮胎承载能力约高 14%。例如，国产一层钢丝帘布的 9.00R20 子午线轮胎的负荷为 1800kg，而有 10 层棉帘布的同尺寸普通轮胎的负荷仅为 1350kg。

④减振性能好。子午线轮胎胎体大、柔软，具有良好的缓冲性能，所以使汽车有良好的行驶平顺性，乘坐舒适，货物不易损坏，可延长汽车机件使用寿命。

⑤附着性能好。由于胎体弹性好，接地面积大，胎面滑移少，即附着性能好，提高了汽车的牵引性能。

⑥胎面耐穿刺，不易爆破。子午线轮胎由于有多层环形束带，胎面刚性大，减小了胎面胶的伸张变形，接地面积又大，单位压力小，因而提高了胎面耐穿刺性能。加上帘线强度得到充分利用，即使在恶劣的使用条件下，子午线轮胎也不易发生爆破。

⑦胎温低，散热快。由于子午线轮胎帘布层数少，且帘布层之间不产生剪切作用，故比斜交轮胎温度低，散热快，有利于提高车速。

⑧轮胎质量轻，节约原料。由于子午线轮胎的胎侧变形大，胎侧及胎面受力比斜交轮胎大得多，因此胎面与胎侧的过渡区以及胎圈附近易产生裂口，对材料及制造技术要求很高，生产成本也较高，但由于其性能优越，很快为世界各国所承认。

知识链接

到 1989 年，子午线轮胎发展较早的西欧，已接近 100%取代了斜交轮胎，美国达 89%，日本达 78%，我国也在积极发展子午线轮胎。

(3) 无内胎轮胎的结构特点。

无内胎轮胎在乘用车上广泛应用，并开始在部分载货汽车上使用。它没有内胎，空气直接压入外胎中，因此要求外胎和轮辋之间有很好的密封性。为此，在胎圈上做出若干道同心的环形槽纹，在轮胎内压的作用下，此槽纹使胎圈紧贴在轮辋边缘上，以保证轮胎与轮辋之间的密封性。由于没有内胎以及内胎与轮辋之间的垫带，消除了内、外胎之间的摩擦，并使热量从轮辋直接散出，故无内胎轮胎行驶时的温度较普通轮胎低 20%～25%，以利于提高车速，且寿命比普通轮胎约长 20%，并有结构简单、质量小的特点。此外，轮胎内壁上附加了一层厚 2～3mm 的自粘层，当轮胎被刺穿后，自粘层的橡胶处于压缩状态而紧箍刺物，使得轮胎不漏气或漏气很慢，因此，这种轮胎的突出优点是安全，但制造材料和工艺要求较高，特别是大尺寸轮胎尤为困难，途中维修也有困难。

3. 轮胎规格的表示方法

充气轮胎的尺寸规格可用外胎直径 D、轮辋直径 d、断面宽 B 和断面高 H 的名义尺寸代号表示（见图 3-41）。目前，充气轮胎一般习惯用英制表示，但欧洲国家则常用公制。个别国家也有用字母做代号来表示轮胎规格尺寸的。我国充气轮胎规格表示方法也采用的是英制表示法。

高压胎一般用 $D\times B$ 来表示。其中 D 为轮胎的名义外径，B 为轮胎的断面宽度，单位均为英寸（见图 3-41）。“×”表示高压。高压胎在汽车上很少采用，主要介绍低压胎。

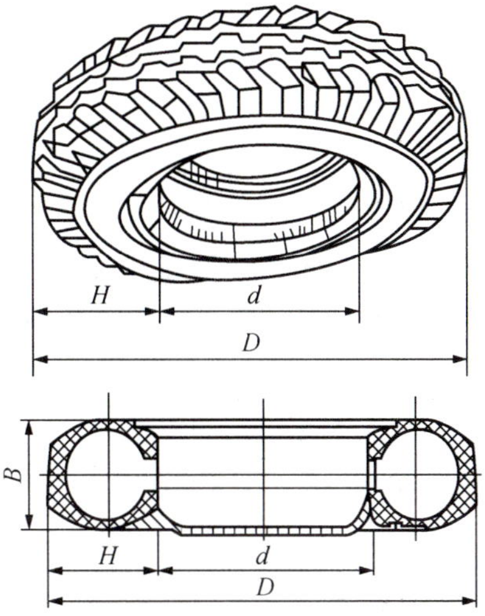

图 3-41 轮胎的尺寸代号

D—轮胎外径；d—胎圈内径或轮辋直径；B—轮胎断面宽；H—轮胎断面高

（1）斜交轮胎的规格。

我国和大多数国家一样，斜交轮胎的规格用 $B-d$ 表示，载货汽车斜交轮胎和乘用车斜交轮胎的尺寸 B 和 d 均使用英寸（in）为单位，示例如下。

【例 3-1】

9.00 — 20

20：轮辋名义直径代号

9.00：轮胎名义断面宽度代号

（2）子午线轮胎的规格。

国产子午线轮胎规格用 BRd 表示，其中 R 代表子午线轮胎（“radial”的第一个字母）。国产乘用车子午线轮胎断面宽度 B 已全部改用公制单位 mm；载货汽车轮胎断面宽度 B 有英制单位（in）和公制单位两种。而轮辋直径 d 的单位仍为英寸（in）。

随着轮胎的扁平化，公用断面宽度 B 和轮辋直径 d 已不能完全表示轮胎的规格。即在断面宽度 B 相同的情况下，断面高 H 随不同扁平率而变化。轮胎按其扁平率——高宽比划分系列，目前国产乘用车子午线轮胎有 80、75、70、65 和 60 五个系列，数字分别表示断面宽度 B 的 80%、75%、70%、65% 和 60%。显然，数字越小，胎越矮，即轮胎越扁平。有些载货汽车子午线轮胎有 80 系列。

子午线轮胎规格示例如下。

【例 3-2】 载货汽车普通断面子午线轮胎

9.00 R 20

20：轮辋名义直径代号

R：子午线结构代号

9.00：轮胎名义断面宽度代号

【例 3-3】 乘用车子午线轮胎

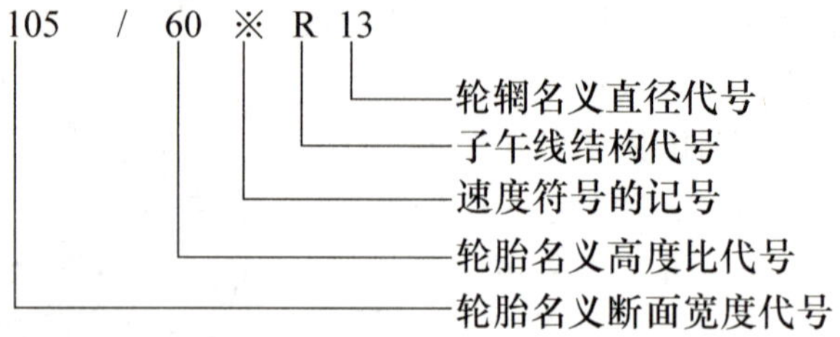

其中数字 60，表明属于 60 系列的轮胎。

美国规定乘用车轮胎在规格前加“P”（表示乘用车轮胎）。例如北京切诺基吉普车的轮胎规格为 P215/75R15。

（3）无内胎轮胎的规格。

按国家标准 GB 2977—1989 的规定，载货汽车普通子午线无内胎轮胎规格表示为如下形式。

【例 3-4】

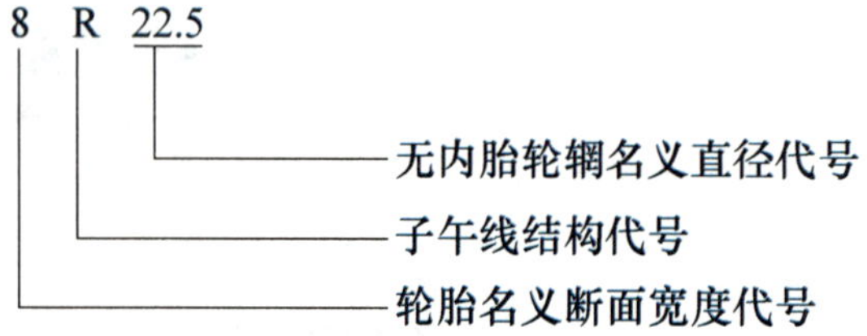

有些子午线无内胎轮胎，在规格中加“TL”标志，例如轻型载货汽车子午线轮胎 7.00R16.5TL、乘用车子午线轮胎 205/7SR15TL 等，其中的“TL”表示无内胎轮胎。

4. 轮胎性能

轮胎设计，要为其特殊使用目的提供最佳性能。反过来，特定条件下行驶的汽车，就要采用性能最合适的轮胎。

为了掌握轮胎正确的检修程序，有必要了解轮胎基本性能。轮胎的性能包括：行驶阻力、轮胎所产生的热量、轮胎的制动性能、胎面花纹噪声、驻波、浮滑现象、轮胎磨损。

（1）行驶阻力。

汽车行驶中受到的阻力有：传动系统中的摩擦；加速过程中的惯性阻力；在斜坡路段，由重力等造成的爬坡阻力；空气阻力；轮胎的滚动阻力。

（2）轮胎所产生的热量。

橡胶、帘布层帘线及轮胎的其他主要材料并不具有完全的弹性。这些材料在轮胎变形时吸收能量并将其转化为热量，因为它们都是不良导体，不能使产生的热量快速散发，因此热量积累在轮胎材料内部，造成轮胎内部温度上升。过量的热量积累，削弱了各橡胶层与轮胎帘线之间的黏合力，最终导致各橡胶层分离，甚至使轮胎爆裂。积累在轮胎之间的热量因无气压力、载荷、车速、胎面纹槽深度及轮胎结构等因素而异。

(3) 轮胎的制动性能。

轮胎与路面之间所产生的制动力可使汽车减速和停车。制动力的大小取决于路面条件、轮胎类型、轮胎结构以及轮胎工作的其他条件。轮胎的制动性能由其摩擦系数评估。摩擦系数越小，则轮胎所产生的摩擦力越小，制动距离越长。

(4) 胎面花纹噪声。

胎面花纹噪声是轮胎最突出的工作声音。与路面接触的胎面花纹槽中含有空气，这些空气密封在纹槽与路面之间，并受到压缩，当胎面离开路面时，受到压缩的空气便从纹槽中突然冲出，产生噪声。这就是胎面花纹噪声。

(5) 驻波。

车辆行驶过程中，随着胎面新的部分与路面接触，轮胎便不断地变形。稍后，当该部分胎面离开路面时，轮胎内的空气压力及轮胎本身的弹性，便要将轮胎恢复原状。但当车速较高时，轮胎旋转速度快得没有足够的时间来完成这一复原过程。在如此短暂的时间间隔内，不断地重复这一过程，便会使胎面振动，这些振动被称为驻波，如图 3-42 所示。驻波在轮胎附近不断传播。储存在驻波中心的能量，大部分转化为热量，使轮胎温度急剧升高。在某些情况下，这种储存的热量会导致爆裂，甚至在几分钟内将轮胎毁坏。

一般来说，乘用车轮胎的最大允许速度由出现驻波时的车速决定。

(6) 浮滑现象（水滑现象）。

如果车速太高，胎面没有足够的时间从路面上排开积水，进而形成水膜，如图3-43所示，致使轮胎不能附着在路面上，车辆便会在积水路面上打滑，这种现象称为浮滑现象，如图 3-44 所示。这是因为当车速升高时，水的阻力也相应增大，迫使轮胎“浮”在水面上。其效果与滑水运动相似，滑水运动员会在低速时沉入水中，而当速度升高时，他便开始在水面上滑行。

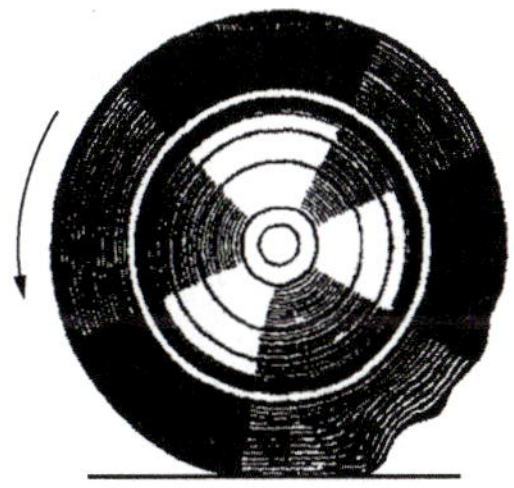

图 3-42 驻波

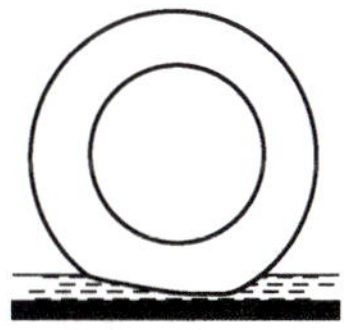

图 3-43 形成水膜

(7) 轮胎磨损。

轮胎在路面上滑动时所产生的摩擦力，会使胎面和其他橡胶面遭受损失或损坏，这就是轮胎磨损。轮胎磨损与充气压力、载荷、车速、路面条件、温度等因素有关。

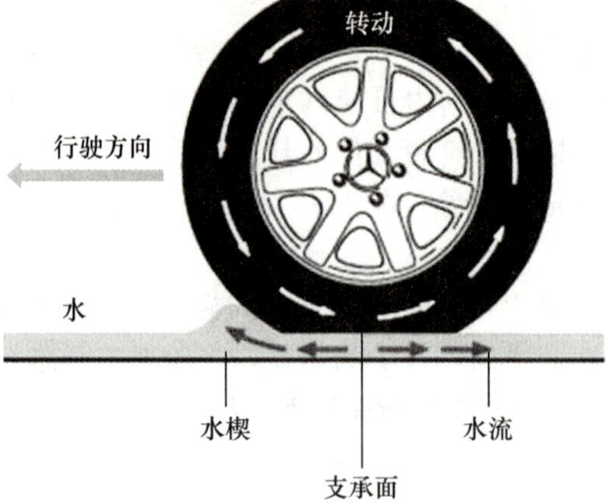

图 3-44　浮滑现象

三、轮胎维护与检修

（一）车轮和轮胎的使用初维护

车轮的正确使用和维护不但可以延长其使用寿命，而且可提高汽车行驶的安全性。

（1）规格、厂牌、标准内压、层数、帘布构造和花纹不同的轮胎不得同轴并装，内胎和衬带应与外胎尺寸配合，不可过大或过小。各种汽车必须装固定规格的轮胎和轮辋。表 3-1 所示为常用国产汽车的轮胎和轮辋规格。

表 3-1　常用国产汽车的轮胎和轮辋规格

车型	适用轮胎规格	适用轮辋规格
北京 BJ2022	6.50—16	4.50E×16
跃进 NJ1050	7.50—20	5.00S—20
解放 CA1091	8.25—20/9.00—20	6.50—20/7.0　20
东风 EQ1090	9.00—20	7.0—20
红旗 CA7550	8.20—15	6L—15

注：轮辋尺寸标记“—”表示平底轮辋；“×”表示深槽轮辋；字母是轮缘高度的代号；前面的数字为轮辋宽度（英寸）；后面的数字为轮辋直径（英寸）。

（2）高压轮胎和低压轮胎不能混合使用，并装的两只轮胎磨耗程度相差不得超过 5mm（由胎面花纹沟底部量起），同时要注意两胎气门嘴的位置应装在交叉方向，以便充气。

（3）使用中避免过大偏载，尽量保持合理的载荷分配和左右轮负荷分配。

（4）定期检查轮胎气压。避免轮胎气压偏低或偏高，停车时应检查胎面，取出嵌在轮胎上的铁钉、石头等硬物及夹在双胎中间的砖石等物。

（5）轮胎侧面有旋转方向标志的，应按规定方向装配。人字形花纹的轮胎，地上印迹的尖部应向后，以保证具有最大的驱动力。

（6）挡圈和锁圈必须选配密合，发现边口变形或破裂应立即更换，即使挡圈、锁圈不密合的现象不严重，也应更换或加装保险压板，以防止挡圈弹出伤人。

（7）由于装载位置和载荷的不同，行驶路面情况不一样，所以，轮胎在使用中会形成较大的磨耗差别。为使轮胎能均匀地磨耗，延长使用寿命，同一汽车上所装的轮胎，每行驶 10 000km 左右应进行一次轮胎换位。轮胎换位的方法有 2 种，即交叉换位和循环换位：

交叉换位，如图 3-45（a）、(b)、(c）所示，使磨耗较大的胎位上的轮胎调到磨耗较小的胎位上去，不改变它们在原来胎位上的滚动方向。

循环换位如图 3-45（d）所示，除胎位 4 换到胎位 1 和胎位 2 换到胎位 6 后，轮胎要改变它们在原来胎位上的滚动方向外，其他胎位上的轮胎在换位后，都保持原来的滚动方向不变。此法适用于胎面花纹无方向的轮胎。

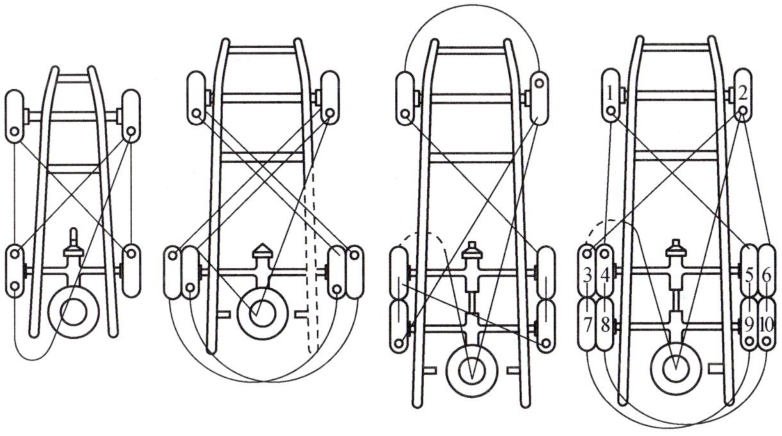

(a)交叉换位　(b)交叉换位　(c)交叉换位　(d)循环换位

扫一扫 图 3-45 轮胎的换位

（8）轮胎的换位需注意以下几点。

①无论采用哪一种方法，只能一用到底，不可改变，否则对减少轮胎磨耗不利；

②做好标记或记录，以便以后换位方便；

③翻新胎、有损伤的轮胎或磨损严重的轮胎不得用来做转向胎；

④车辆前后轮的轮胎帘线层数不同，轮胎的承载负荷不同时不能随便换位；

⑤胎面花纹有方向性，应按规定装好；

⑥如轮胎有异常磨耗，可在排除故障后提前换位；

⑦换位后轮胎应按新的位置规定值充气。常用国产车轮充气标准如表 3-2 所示。

表 3-2 常用国产汽车轮胎充气标准

车型	轮胎气压（kPa）	
	前轮	后轮
解放 CA1092	392	480
东风 EQ1092	392	519
跃进 NJ1050	320	400
标致	176	235～274
切诺基	215	215
红旗	200	200
桑塔纳	176	176
BJ1021S	245	421

小提示

应按汽车保养规定及时进行轮胎换位，特别是新车初驶后的换位，对轮胎的使用寿命影响很大。

（二）检修轮胎

1. 检修内胎

内胎使用中常见的损伤形式为穿孔、破裂、气门嘴损坏、漏气等。这些损伤形式的共同特点都是漏气。检查和确定损伤部位的方法一般是把具有一定气压的内胎放到水中，观察气泡的出处就能确定损伤部位并加以修补。气门嘴如歪斜变形、丝扣损坏、折断等应及时更换。

2. 检修外胎

（1）外胎内壁应光滑，不得有砂子，外胎嵌入石子应将其清除掉。如因气压不足而损坏或有较大破洞（其穿洞长度不超过 30mm，且数量不超过 3 个，两洞距离不小于 50mm），应送修理厂修理。

（2）轮胎花纹及胎面严重磨损，已暴露出帘布层或胎面局部损伤洞口超过规定标准应报废。

（3）胎圈钢丝应无松散折断，若胎圈钢丝露面不超过周长的 1/6 可送厂翻修，否则应更换。

3. 装配轮胎

（1）将外胎内部和内胎外表面擦净，在其相互接触表面上薄而均匀地涂上一层细滑石粉。将内胎及衬带装入，并将气门嘴对准气门槽孔，将轮胎装在轮辋上，如图 3-46所示。

（2）将挡圈和锁圈放在轮胎与轮辋处，用脚踏平，使其基本入槽，然后用轮胎撬棒将锁圈装入轮辋中，如图 3-47 所示。

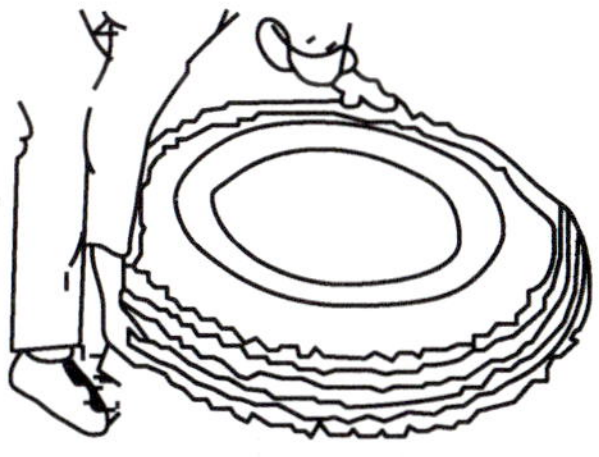

图 3-46 安装轮胎

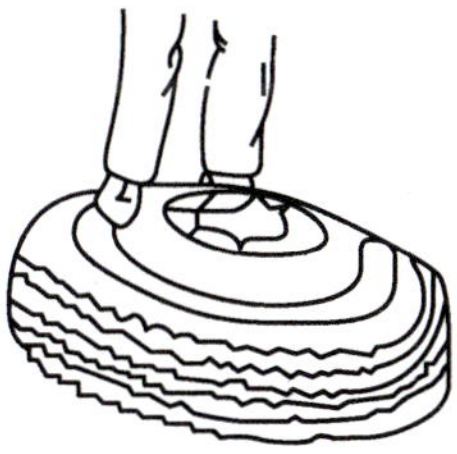

图 3-47 装上的轮胎圈

（3）轮胎装好后应按规定充气压充足气。充气时要在轮辋孔中穿入与轮胎直径相当的钢钎保险，以防挡圈弹出伤人。

（4）把车轮装上车，装配时，应将螺栓、螺母的螺纹部分涂以润滑脂，同时注意制动毂检视孔不被遮挡。手工安装时，先将螺母拧到不松动时，将轮胎降到地面，再按图 3-48 所示次序及规定力矩拧紧螺母。

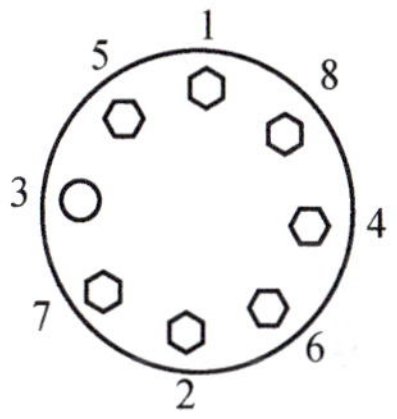

图 3-48 车轮螺母拧紧次序

（5）对于后轮双车轮，一定要先拧紧内侧车轮的内螺母，然后安装外侧车轮。

（6）后轮双轮胎的气门嘴应相互错开 180°对称排列；两胎间隙应合适，一般在负荷下应为 20～35mm；双轮胎高低搭配合适，一般较低的轮胎装于里侧，轮高的轮胎装于外侧。

实训：拆卸车轮

拆卸车轮前，应将汽车停放在平整的路面上，熄火，挡杆处在空挡或 P 挡上，拉紧辅助制动器，在车辆后 150m 处放置警示物。

拆卸车轮的步骤如下。

（1）逆时针拧松车轮螺栓，拧松螺栓顺序为对角拧松。

（2）拧松螺栓后，用千斤顶顶起汽车，注意千斤顶应放置在车底卡槽处，避免汽车滑脱。

（3）为拆卸轮胎方便，千斤顶顶起车轮不宜过高，轮胎距离地面 5cm 左右即可。

（4）按对角顺序卸下螺栓。

（5）双手紧紧抓住轮胎两侧取下轮胎，取下轮胎后有轮辋的一面应朝上。

（6）将拆卸下的轮胎放在汽车底盘下面，防止放置千斤顶支撑不牢，汽车滑落损伤底盘。

任务实施

拆卸车轮

李师傅判断该车右后轮异响原因是轴承损坏，因此与小王一起进行车轮的拆卸，拆卸步骤如下。

1. 汽车停放

将汽车开至举升区内，注意车与两举升柱距离尽量相等。

2. 举升前准备

（1）调整好举升臂和举升垫块，安放车轮挡块。

（2）检查车辆周围有无障碍物，确认无障碍物后再举升。

3. 拧松车轮紧固螺栓

选用指针式扭力扳手和套筒，加装中接杆，以拉力对角拧松螺栓。

4. 举升

将车辆稍微举起一段高度，当车轮离地时停止。

5. 离地时检查

分别去车头、车尾用双手按两下，看车辆举升是否平稳，如果不平稳就重新降下来调整举升垫块，再次确认车辆周围无障碍物之后举升。

6. 锁止

当车辆举升至车轮离地 10cm 左右停止，并锁止举升机。

7. 拆卸车轮

（1）选用扳手和套筒，拆下车轮紧固螺栓，并按顺序摆放。注意对角拆卸螺栓，在拆最后一颗螺栓时，需用一手扶着车轮。

（2）双手托住车轮，缓缓卸下车轮，注意不要发出刮擦声。

（3）将拆下的车轮置于车轮架进行相应的检查和修理。

经检查，右后轮轴承确实损毁，更换后，故障消除。

实训报告单

<table>
<tr><td rowspan="2">轮胎检修</td><td>姓名</td><td></td><td>学号</td><td></td></tr>
<tr><td>班级</td><td></td><td>日期</td><td></td></tr>
<tr><td colspan="5">一、基础知识准备
1. 简述车轮的功用及组成。

2. 简述轮胎的结构及功用。

3. 简述轮胎换位的注意事项。

</td></tr>
</table>

续表

<table>
<tr><td rowspan="2">轮胎检修</td><td>姓名</td><td></td><td>学号</td><td></td></tr>
<tr><td>班级</td><td></td><td>日期</td><td></td></tr>
<tr><td colspan="5">二、实训考核
1. 简述轮胎拆卸的步骤及注意事项。

2. 指出所拆卸的车轮各部分的名称及其作用。

3. 记录所拆卸轮胎的技术参数。

三、安全文明生产</td></tr>
<tr><td colspan="2">教师评语</td><td colspan="3">本次实训成绩</td></tr>
<tr><td colspan="2" rowspan="2"></td><td>良好</td><td>合格</td><td>不合格</td></tr>
<tr><td></td><td></td><td></td></tr>
</table>

教师考核方案

<table>
<tr><td rowspan="2">轮胎检修</td><td>姓名</td><td></td><td>学号</td><td></td></tr>
<tr><td>班级</td><td></td><td>日期</td><td></td></tr>
<tr><td colspan="5">一、基础知识准备（每题 10 分，共 30 分）
1. 简述车轮的功用及组成。
2. 简述轮胎的结构及功用。
3. 简述轮胎换位的注意事项。
二、实训考核（每题 10 分，共 30 分）
1. 简述轮胎拆卸的步骤及注意事项。
2. 指出所拆卸的车轮各部分的名称及其作用。
3. 记录所拆卸轮胎的技术参数。
三、安全文明生产
1. 学生工具选用、使用错误，扣 5 分；
2. 学生工具、零部件摆放不整齐、无序，扣 5 分；
3. 学生实训过程中出现掉落工具、零件情况，扣 5 分；
4. 学生在操作过程中出现重大违规及危及人身安全情况，扣 20 分。</td></tr>
</table>

续表

轮胎检修	姓名		学号	
	班级		日期	

四、实训评估

采用自评、小组评和教师评的方式对实训情况进行评分，每项分值为 10 分。

评价人	基本知识掌握程度	工作态度	团队合作能力	任务完成情况
自评				
小组评				
教师评				
平均分				

注：总分＞80 为优良；80≥总分≥60 为及格；总分＜60 为不及格。

任务 3.4　检修车桥

任务引入

东风 EQ1092 型汽车转向沉重，且出现跑偏及轮胎偏磨的现象。车主希望李师傅对该车辆进行检修，李师傅与小王进行了初步分析，认为是转向桥出现了问题，因此对转向桥进行检修。

通过本任务的学习，学生能够掌握车桥的功用、结构及工作原理，能够熟练地对车桥故障进行诊断和维修。

知识准备

车桥也称车轴，它通过悬架装置与车架或承载式车身相连。车桥的作用是传递车架与车轮之间的各方向作用力及力矩。

根据车桥上车轮作用的不同，车桥可分为转向桥、驱动桥、转向驱动桥和支持桥 4 种。其中转向桥和支持桥属于从动桥，驱动桥和转向驱动桥为主动桥。一般车辆都以前桥为转向桥（但有些工程用车以后桥为转向桥），而以后桥（或中、后桥）为驱动桥；越野汽车和部分乘用车（4×4）的前桥为转向驱动桥；有些单桥驱动的三轴汽车（6×2）的中桥（或后桥）及挂车上的车桥都是支持桥。

一、车桥概述

本节主要讲解转向桥和转向驱动桥。支持桥除不能转向外，其他功能和结构与转向桥基本相同。

（一）转向桥

由于前轮为转向轮，所以前桥又称转向桥，主要由前轴、转向节、主销和轮毂等组成，东风 EQ1092 型汽车转向桥的结构如图 3-49 所示。

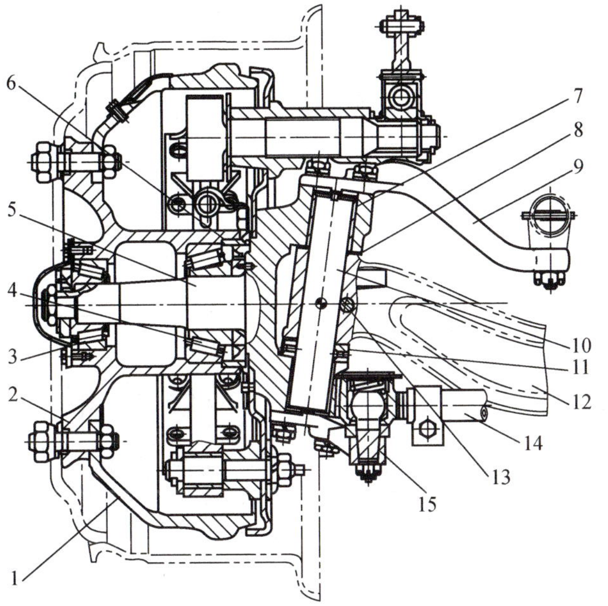

图 3-49 东风 EQ1092 型汽车转向桥的结构

1—制动毂；2—轮毂；3—轮毂外轴承；4—轮毂内轴承；5—转向节；6—油封；7—衬套；8—调整垫圈；9—转向节臂；10—主销；11—滚子推力轴承；12—前轴；13—锥形锁销；14—横拉杆；15—梯形臂

前轴是转向桥的主体，其断面为工字形，以提高承受垂直面内弯矩的能力，钢板弹簧座以外部分逐渐由工字形断面过渡到方形（或圆形）断面。前轴中部加工出两处用来支承钢板弹簧的宽面，其上钻有安装 U 形螺栓用的 4 个通孔和 1 个位于中心的钢板弹簧定位孔。前轴中部向下弯曲，以降低发动机总成的位置，降低汽车重心，并扩展驾驶员的视野，同时减小传动轴与变速器输出轴之间的夹角。前轴及两端各有一加粗部分呈宽拳形，主销 10 插入空拳部的孔中，并用锥形锁销 13 将其固定在前轴 12 上。

转向节 5 上、下两叉耳各制有安装主销 10 的同轴孔，孔内压装有带润滑油槽的衬套 7。在转向节与前轴之间装有滚子推力轴承 11 与调整垫圈 8，这样可使前轮围绕主销 10 偏转一定的角度实现汽车转弯。

在左转向节上部装有转向节臂 9，它与纵拉杆连接。在转向节下部装有与横拉杆 14 相连的梯形臂 15。轮毂 2 通过内、外滚子推力轴承 11 支承在转向节轴颈上。轴承松紧度可通过轴端调整螺母调整。轮毂内轴承端部装有油封 6，以防润滑脂进入车轮制动器内。

为防止转向时轮胎与转向纵拉杆或翼子板相碰擦，转向轮的最大转向角不能超过规定值，为此在转向节上装有最大转向角限位螺钉，它与前轴两端的限位凸块相配合，用来调整转向轮的最大转向角。

（二）转向驱动桥

转向驱动桥一般用在越野车和部分乘用车上，如图 3-50 所示，转向驱动桥与一般驱动桥一样装有主减速器 1 和差速器 3。为适应转向的需要，半轴制成内、外两部分，中间用等角速万向节 6 连接。同时主销 12 也制成上、下两段，并固定在转向节 7 球形支架上，转向节球形支架用螺栓与半轴套管 3 连接，承受着由轮毂 9、转向节轴颈、转向节壳体 11 传来的各个方向的力。凸缘盘与外半轴通过花键连接，其外部用螺栓与轮毂 9 相连。当转向驱动轮需要驱动时，扭矩由差速器、内半轴、等角速万向节、外半轴、凸缘盘传到轮毂上。

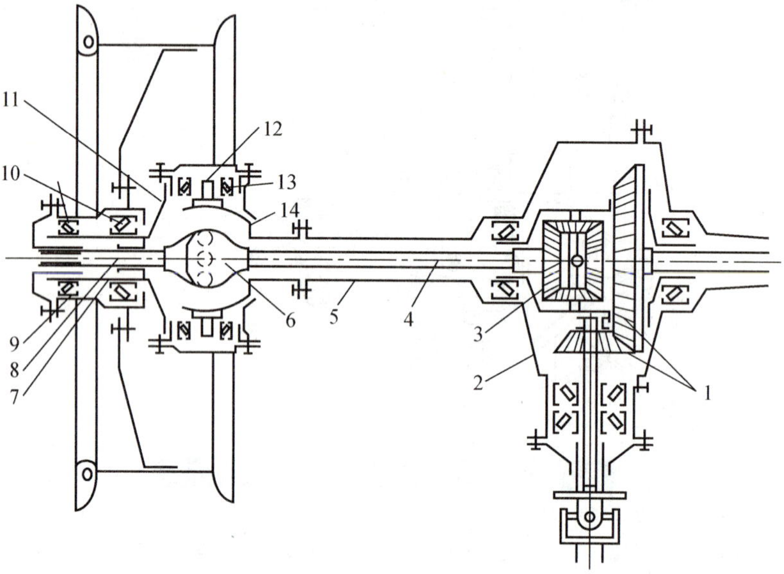

扫一扫 图 3-50 越野车和部分乘用车的转向驱动桥结构

1—主减速器；2—主减速器壳；3—差速器；4—内半轴；5—半轴套管；6—万向节；7—转向节；8—外半轴；9—轮毂；10—轮毂轴承；11—转向节壳体；12—主销；13—主销轴承；14—球形支架

左转向节上的上轴承盖与转向节臂制成一体，当汽车转向时，通过转向节臂推动转向节壳体绕主销转动，使汽车前轮偏转而实现转向。

图 3-51 所示为桑塔纳乘用车的前桥系统，它由两个滑柱式独立悬架组成，承担着驱动和转向的任务。前悬架总成上端通过减振器支柱 12 与车身相连接，下端通过左、右下悬臂与固定在车身上的副车架连接。副车架与下悬臂之间装有横拉杆 16，其作用是保证稳定转向和减少车身侧倾，转向系统中无主销实体，转向盘和齿轮、齿条转向机构通过一根连接柱连在一起，横拉杆 16 可调节前轮前束，发动机的动力通过传动轴经花键传递给轮毂及车轮。

这类转向驱动桥的特点是结构简单，布置紧凑，传动效率高，便于维修，而且车辆转弯半径小，机动性好。

课堂讨论

请讨论非独立悬架和独立悬架的优缺点。

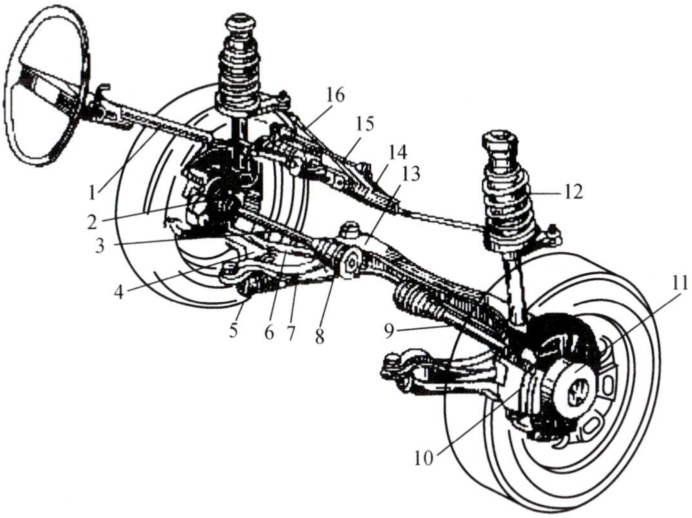

图 3-51 桑塔纳乘用车的前桥系统

1—安全转向柱；2—外等角速万向节；3—左半轴；4—悬架摆臂；5—悬架后段的橡胶金属轴；6—横向稳定杆；7—发动机支架；8—内等角速万向节；9—右半轴；10—制动钳；11—外半轴凸缘；12—减振器支柱；13—橡胶金属支架；14—齿轮齿条式转向器；15—转向减振器；16—横拉杆

二、车桥结构及检修

（一）维修非独立悬架结构转向桥

1. 分解

（1）将汽车后轮固定，用举升器顶起前轴使前轮离地，用搁车凳或其他专用支架支在车架前保险杠下。

（2）拆下两前轮及与前桥相连的制动软管等，拆下转向纵拉杆，松开减振器下连接环与支架的连接，将专用小车推至前轴下，拆下前钢板弹簧 U 形螺栓、螺母，松下举升器，将前桥总成放到小车上推出。

（3）将转向桥总成固定并分解。

①拆下转向节上的防尘盖和轮毂轴承锁紧螺母、调整螺母等，将轮毂连同制动毂一起取下；

②拆下制动凸轮机构和制动底板总成；

③拆下转向横拉杆，视需要拆下转向节上臂和左、右转向梯形臂；

④拆下转向节主销上的盖板和楔形锁销，冲出主销，取下转向节、推力轴承和调整垫片等。

2. 检修主要零件

（1）前轴的检修。前轴的常见损伤是弯曲、扭转、裂纹、主销孔及其上、下端面的磨损、变形，钢板弹簧座及钢板定位孔的磨损。

①前轴弯曲、扭转变形的检修。前轴弯曲、扭转变形大多发生在钢板弹簧座和主

销孔之间，主要由前轴受到过大的垂直载荷以及起步过猛、紧急制动等因素所引发。

前轴的弯曲、扭转变形可用检验仪、角尺、拉线和水平仪等方法进行检验。检验前应先检查作为定位基准的两个主销孔和钢板弹簧座平面，修整后才可作为定位基准。

方法一：用试棒和角尺法检查。如图 3-52 所示，用与主销直径相向的标准试棒插入主销孔内，在钢板弹簧上放两块与主销孔两端面同样高的垫块，用专用角尺检查。首先检查角尺边缘与试棒的贴合情况：如两者上端存在间隙，则轴向下弯曲；如两者下端有间隙，则轴向上弯曲。再观察角尺与试棒、角尺与垫块中心线重合情况。如角尺与试棒中心线重合、而角尺与垫块中心线不重合，则前轴有前后弯曲情况；如角尺与垫块中心线重合，而角尺与试棒中心线不重合，则弯曲出现在前轴拳形部位。

方法二：用拉线法测量。如图 3-53 所示，用拉线法检查前轴。

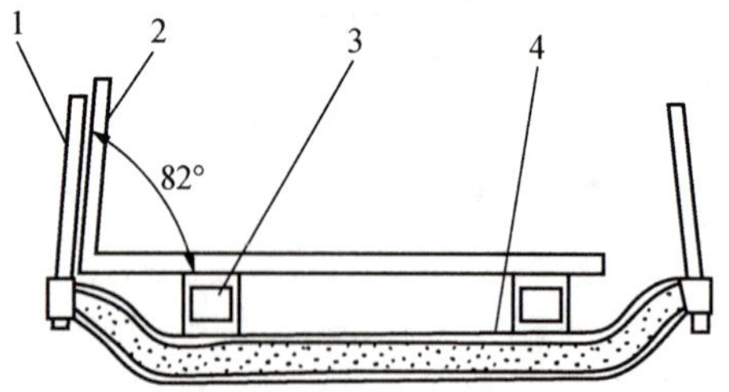

图 3-52 用试棒和角尺法检查前轴（工字梁）

1—试棒；2—角尺；3—垫块；4—前轴

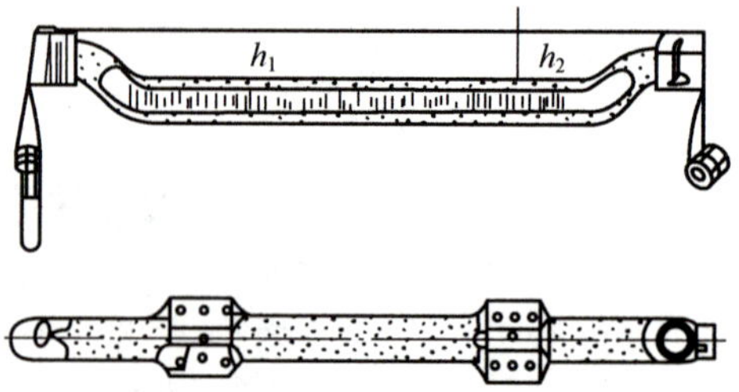

图 3-53 用拉线法检查前轴（工字梁）

工字梁，在线的两端吊上重物，并使线通过两主销孔中心，用尺测量两个钢板弹簧座平面与线之间的距离 h_1 和 h_2，两者之差即为轴的直线度。检查两钢板弹簧座的中心定位孔是否有偏差，如有，则说明轴有扭曲；检查主销孔上平面内端与线的距离，两距离有误差，则说明主销孔角度不正。

方法三：用水平仪检查。将前轴固定于台钳上，水平仪放在前轴一端钢板弹簧座上校平，然后将水平仪移至另一钢板弹簧座与前轴垂直方向放置，观察水平仪中的气泡是否在中心位置，若不在中心位置，则表明前轴有弯曲现象。

另外，前轴的弯曲、扭转变形还可用专用的工字梁检验仪进行检查。

前轴的弯曲或扭曲超过规定值时可更换，也可采用热压或冷压校正的方法予以校正。

②前轴裂纹的检修。前轴的裂纹常发生在钢板弹簧座内侧 150mm 处断面凸缘两侧和主销孔至钢板弹簧座之间。前轴裂纹可直观检视，还可用渗油敲击法和探伤法检查。

前轴经检查不得有任何性质的裂纹，若有，一般予以更换。

③前轴其他部位损伤的检修。当前轴与主销配合松旷时，一般更换前轴空拳部的衬套及主销，并做适当的铰配。

前轴空拳部的上、下端平面磨损不大时，可锉平后在空拳部下平面加装调整垫圈。

前轴钢板弹簧座平面磨损应修平，厚度减少量不得大于 2mm，钢板弹簧上的 U 形螺栓承孔及定位孔的磨损均不得大于 1mm。超过规定时，应酌情修复。

（2）转向节检修。转向节的损伤主要是在轴颈根部的裂纹、转向节衬套的磨损、内外轴承轴颈的磨损、转向节臂锥形孔的磨损及螺纹损伤。转向节的主要检查部位如图 3-54 所示。

转向节轴颈根部的裂纹可用磁力探伤法检查，也可用油浸敲击探伤法检查，若有裂纹则应更换。转向节衬套与主销配合间隙过大时，应更换转向节衬套，并用长刃铰刀铰至配合尺寸。

轮毂轴承内圈与转向节轴颈的配合间隙应符合原厂要求，轴承外圈在轮毂轴承座孔内不能松动，转向节轴头螺纹损伤不得超过 2 牙，否则需堆焊后重新车制螺纹。转向节臂装入锥形孔时，其端面应低于孔平面 1～2mm，键槽磨损不大于 0.12mm。

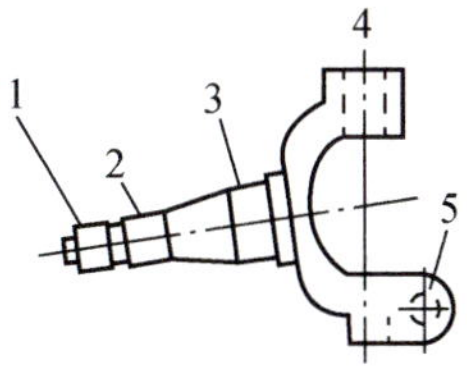

图 3-54 转向节的主要检查部位图

1—轴头螺纹；2—外轴颈；3—内轴颈；4—主销承孔；5—转向节臂锥形孔

(3) 前桥的装配与调整。装配前，将全部零件清洗干净，将前轴固定，并在主销及主销衬套上抹上一层润滑脂，将止推轴承注满润滑脂。

①将止推轴承放入转向节下耳凹槽内（解放 CA1091 型汽车的转向节下耳凹槽处推力轴承开口向下、以防泥沙进入轴承内），将转向节下耳置于前轴空拳形部位，用调整垫圈调好转向节与前轴之间的间隙（一般为 0.15mm 左右），并能保证转向节转动灵活，无卡滞，不松旷。

②压入主销，使主销中部凹槽对准锥形锁销孔，装入锥形锁销并锁紧，锁销大端露出孔外的长度不少于 2mm，否则应换加粗的锥形锁销。

③检查转向节、主销、前轴三者的装配间隙是否正常：用弹簧秤钩住转向节外端，拉动转向节时，其值不大于 9.8N。

④装好主销上下盖板，装上转向节上臂和左右转向节臂及横拉杆等，用规定力矩拧紧螺母并锁止。

⑤安装车轮制动器并调整轮毂轴承预紧度，车轮制动器安装完毕后，一边转动轮毂，一边将轮毂轴承调整螺母拧到底后，再退回 1/4～1/6 圈，最后安装锁紧螺母并锁止，装上端盖。

轮毂轴承预紧度的调整，应根据螺纹的松紧程度适当掌握。在调整过程中，往往会因操作不当使轴承预紧度偏紧，增加其轴向载荷，对轴承使用极为不利，有时会造成轴承早期损伤，甚至前轮甩脱造成事故，所以应按规定操作。

⑥将前轴总成安装到汽车上并检查、调整前轮前束。

a. 前束的检查。检查前束应在前轮气压、前轮毂轴承预紧度及转向传动机构各连接件的间隙均正常的情况下进行。

将汽车前桥支起，使两前轮悬空并成直线行驶状态，在左右轮胎的胎面中心线处画一“+”记号，转动车轮，测量两记号在轮胎正前方时的距离 B，再转动车轮，测量两记号在轮胎正后方时的距离 A，则 $A-B$ 为前束值，如图 3-55 所示。

几种国产汽车转向轮定位参数如表 3-3 所示。

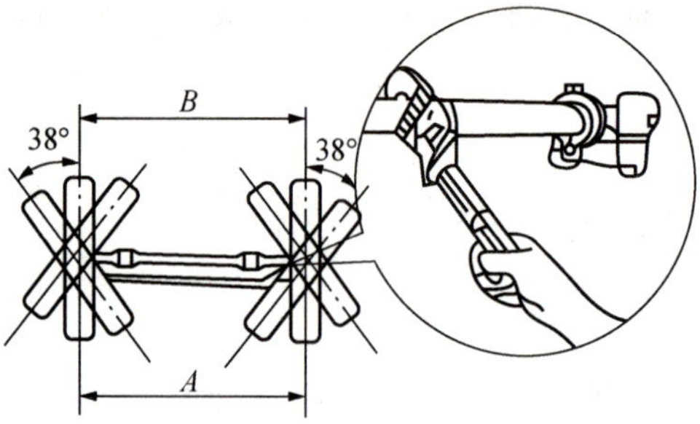

扫一扫 图 3-55 前轮前束测量与调整

表 3-3 汽车转向轮定位参数

项目 \ 车型	东风 EQ1090E 型	解放 CA1091 型	北京 BJ2020 型	凯美瑞
主销后倾角	2.50°	1.5°	3°	2.75°±0.75°
主销内倾角	6°	8°	5.50°	11.92°±0.75°
前轮外倾角	1°	1°	1.50°	−0.50°±0.75°
前轮前束（mm）	1～5	2～4	3～5	−2～+2
前束测量位置	胎冠中心	胎冠中心	胎冠中心	胎冠中心

b. 前束的调整。前束值不符合要求时，会引起前轮发摆、转向沉重、轮胎磨损加速等现象，因此必须进行调整。

对解放 CA1091 型汽车和东风 EQ1090E 型汽车进行前束调整时，可先把横拉杆两端接头的 4 个锁紧螺栓松开，用管子钳转动横拉杆，由于横拉杆两端的螺纹旋向相反，转动横拉杆时即可改变横拉杆的长度，横拉杆伸长，则前束增大，反之则减小。调整后，将两端的 4 个锁紧螺栓锁紧。

对于前轮驱动汽车，由于前驱动桥有主减速器，横拉杆是弯曲的。在前束调整时不能转动横拉杆，而只能分别转动横拉杆两端的接头。这种汽车的横拉杆两边螺距往往不相等，左边一般为 2mm，右边一般为 1.5mm。调整时，可根据需要分别转动两端接头。北京 BJ2020 型汽车前轮前束是通过装在横拉杆左端的调整管进行调整的，如图 3-56 所示。调整时，将调整管两端的紧固螺栓旋松，把铁棍插入中心孔内转动调整管即可达到调整前束的目的，调整后用紧固螺栓锁紧。

（二）检修独立悬架前轴总成

图 3-57 所示为桑塔纳乘用车的前轴总成。从车上卸下前轴总成，应先拆卸前轮、制动钳总成、转向拉杆球销、横摆臂球销、横向稳定杆、传动轴，然后拧松卸下前轴滑柱与车身的连接螺母，取下前轴总成。

1. 转向节和轮毂的检修

用手转动轮毂，轮毂运转平稳，轴承运转平稳，推拉和摇摆轮毂时无明显松旷感。

轮毂花键无明显磨损时，不必拆卸轮毂和轮毂轴承。否则，拆卸制动盘、挡泥板后在压力机上压出轮毂、卸下弹性挡圈后压出轮毂轴承，解体检修。

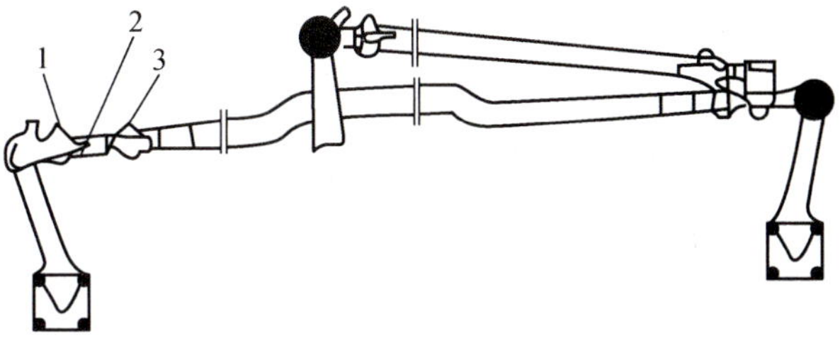

图 3-56 北京 BJ2020 型汽车前轮前束调整

1、3—紧固螺栓；2—调整管

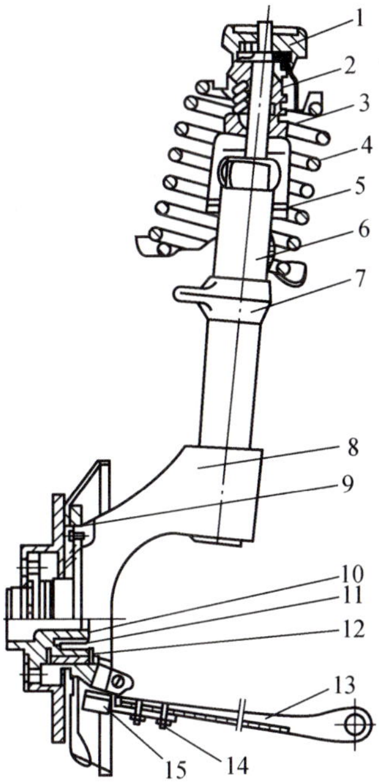

图 3-57 桑塔纳乘用车的前轴总成

1—推力轴承；2—滑柱（减振器）；3—限位缓冲器；4—螺旋弹簧；5—护套；6—滑柱管；7—转向臂；8—轮毂轴承座；9—制动盘；10—轮毂；11—轮毂轴承；12—弹性挡圈；13—横摆臂；14—连接螺栓；15—球销组件

小提示

1. 轮毂轴承不得用溶剂清洗。用经验法检验轴承，若明显松旷和转动卡滞及有异响，应更换轴承。

2. 弹性挡圈变形、失效必须更换，转向节上的滑柱管、轮毂轴承座一旦出现变形或裂纹，就应更换，不宜进行焊补或校正修理。

2. 检修横摆臂

横摆臂与副车架铰链连接，若连接处橡胶衬套老化产生永久变形、破损和磨损，必须用压力机压出橡胶衬套，更换新件。

用手推拉和摇摆球销，若明显松旷应更换球销组件。横摆臂轻微变形可继续使用。严重变形时应更换。球销组件用螺栓固定在横摆臂上，松动紧固螺栓后，球销组件可沿汽车横轴移动，以调整前轮外倾角。因此，拆卸球销组件时，应在这两个零件上相对做好安装标记，以免安装时前轮定位参数发生变化。

通过对转前桥的检修李师傅发现转向节保养不善及缺油是造成转向沉重的主要原因。

任务实施

转向桥的拆装

1. 拆卸

拆卸东风 EQ1092 型汽车转向桥时，应先垫好后轮，举升车前端，架好保险凳，拆下前轮胎后进行分体。具体步骤如下。

①拆下挡灰盖螺栓，取下挡灰盖及衬垫；

②剔平止动垫圈，依次拆下锁紧螺母，止动垫圈，锁紧垫圈和调整螺母；

③拉下轮毂及轮毂外轴承，装上转向节锁紧螺母，以防损伤螺纹；

④拆卸车轮制动器；

⑤拆下转向臂，直拉杆球头开口锁销，拆下锁紧螺母，拆卸横拉杆和直拉杆带转向节总成；

⑥拆卸左转向节上臂和左右转向臂；

⑦拆卸主销上、下盖板锁紧螺母，冲击楔形锁销；

⑧从前轴上取下左转向节，止推轴承及调整垫片，以相同的方法依次取下右转向节各部件。

拆卸后，李师傅发现该车前轴弯曲，这是造成故障现象的主要原因。

2. 装配

转向桥的装配按上述相反顺序操作。

① 装配前必须对零部件进行清洗、检验；

② 各处的调整垫片保持平整，不能任意调换，厚度不允许任意变动；

③ 螺栓螺母紧固要可靠，开口销齐全完整，锁止固定可靠。

经维修后，故障消失。

实训报告单

<table>
<tr><td rowspan="2">车桥检修</td><td>姓名</td><td></td><td>学号</td><td></td></tr>
<tr><td>班级</td><td></td><td>日期</td><td></td></tr>
<tr><td colspan="5">一、基础知识准备
1. 什么是车桥？车桥的功用是什么？

2. 什么是转向桥？什么是转向驱动桥？

3. 转向驱动桥有几部分组成？

二、实训考核
1. 简述主减速器拆卸的步骤及注意事项。

2. 常见的驱动桥故障有哪些？

3. 常见的后桥异响原因有哪些？

三、安全文明生产</td></tr>
</table>

<table>
<tr><td rowspan="3">教师评语</td><td colspan="3">本次实训成绩</td></tr>
<tr><td>良好</td><td>合格</td><td>不合格</td></tr>
<tr><td></td><td></td><td></td></tr>
</table>

教师考核方案

车桥检修	姓名		学号	
	班级		日期	

一、基础知识准备（每题 10 分，共 30 分）

1. 什么是车桥？车桥的功用是什么？
2. 什么是转向桥？什么是转向驱动桥？
3. 转向驱动桥有几部分组成？

二、实训考核（每题 10 分，共 30 分）

1. 简述主减速器拆卸的步骤及注意事项。
2. 常见的驱动桥故障有哪些？
3. 常见的后桥异响原因有哪些？

三、安全文明生产

1. 学生工具选用、使用错误，扣 5 分；
2. 学生工具、零部件摆放不整齐、无序，扣 5 分；
3. 学生实训过程中出现掉落工具、零件情况，扣 5 分；
4. 学生在操作过程中出现重大违规及危及人身安全情况，扣 20 分。

四、实训评估

采用自评、小组评和教师评的方式对实训情况进行评分，每项分值为 10 分。

评价人	基本知识掌握程度	工作态度	团队合作能力	任务完成情况
自评				
小组评				
教师评				
平均分				

注：总分＞80 为优良；80≥总分≥60 为及格；总分＜60 为不及格。

项目总结

本项目重点讲述了以下内容。

1. 汽车行驶系统的组成、作用；
2. 车架和悬架的作用、组成及检修；
3. 车轮与轮胎的作用、组成及检修；
4. 车桥的作用、组成及检修。

项目检测

简答题

1. 汽车行驶系统的功用是什么?

2. 转向轮定位参数有哪些? 各起什么作用，为什么有些乘用车的主销后倾角为负值?

3. 什么是子午线轮胎? 其特点是什么?

4. 双向作用筒式减振器中的压缩阀、伸张阀、流通阀和补偿阀各有何特点?

5. 独立悬架有什么优缺点?

测试题 选择题

测试题 判断题

项目四

汽车转向系统

项目导读

用来改变或保持汽车行驶或倒退方向的一系列装置称为汽车转向系统（steering system）。汽车转向系统的功能就是按照驾驶员的意愿控制汽车的行驶方向。汽车转向系统对汽车的行驶安全至关重要，因此，汽车转向系统的零件都称为保安件。

项目要点

- 机械转向系统的结构、工作原理及检修与调整；
- 动力转向系统的结构、工作原理及检修与调整；
- 四轮转向系统的结构、工作原理及检修与调整。

任务 4.1 机械转向系统

任务引入

某捷达汽车转向时，需要较大的方向盘转动角度才能实现，且需要不断修正方向盘才能保持直线行驶。李师傅决定对该车转向器进行检修。

任务分析

通过本任务的学习，学生能够掌握机械转向系统的结构及工作原理，并能熟练进行机械转向系统的拆装实习及故障诊断与维修。

知识准备

一、汽车转向系统

汽车在行驶中，需要经常改变行驶方向。改变行驶方向的方法是通过转向轮（一般是前轮）相对于汽车纵轴线偏转一定角度实现的。汽车在行驶时，转向轮也往往受到路面侧向干扰力的作用自动偏转而改变行驶方向。因此，驾驶员需要通过一套机构随时改变或恢复汽车行驶方向，该套专设机构即为汽车的转向系统。

汽车行驶方向的改变是由驾驶员通过操纵转向系统来改变转向轮（一般是前轮）的偏转角度实现的。转向系统不仅可以改变汽车的行驶方向，使其按驾驶员规定的方向行驶，而且还可以克服由于路面侧向干扰力使车轮自行产生的转向，恢复汽车原来的行驶方向。

汽车转向系统一般由转向操纵机构、转向器、转向传动机构三部分组成，但由于转向系统的类型不同，其结构组成也有所差异。

汽车的转向系统按转向能源的不同分为机械转向系统和助力转向系统两大类。为使汽车在转弯时减少附加阻力和轮胎磨损，汽车转向时各个车轮都应做纯滚动。此时，各轮的轴线必须相交于一点，如图 4-1 所示，交点 O 称为转向中心。该中心随驾驶员操纵的前轮转角的变化而改变，因此也称为瞬时转动中心。由图 4-1 可看出，这时汽车的内转向轮偏转角为 α。两者的关系如公式（4-1）：

$$\mathrm{ctan}\alpha = \mathrm{ctan}\beta + B/L \tag{4-1}$$

式中：B——两侧主销间的距离；

L——汽车轴距。

上式称为转向梯形理论特性关系式。从式中可以看出，每对应一个内轮偏转角 β，就有一个对应的外轮偏转角 α。这个关系是由转向梯形一定的底角即所谓“前展”（小于 90°）来保证的。“前展”使内、外轮转角存在着余切差的关系。它是利用前轮转角测量仪器来检查校正的。

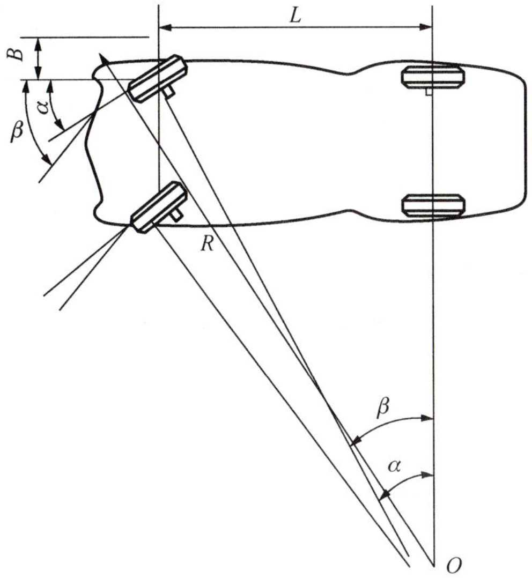

图 4-1 双轴汽车转向示意图

由转向中心 O 到外转向轮与地面接触点的距离 R 称为汽车的转弯半径。转弯半径 R 愈小，则汽车在转向时所需的场地面积就愈小，汽车的机动性也愈好。从图 4-1 中可看出，当外转向轮偏转角达到最大值 α_{max}时，转弯半径 R 最小，即：

$$R_{min}=L/\sin\alpha_{max} \tag{4-2}$$

转向轮内轮的最大偏转角为 34°～42°，最小转弯半径为 7～12m。

对于只用前桥转向的三轴汽车，由于中桥和后桥车轮的轴线总是平行的，故不存在理想的转向中心。它是在中、后桥轴线等距离处做一假想平行线，与前轴线相交于一点，形成纯滚动转向中心。为此，中、后桥在转向时，应自动做相对轴向位移（由悬架装置来保证），使其车轮尽量地减小横向滑磨，以满足转向的要求。

二、机械转向系统构造

（一）机械转向系统的组成

汽车转向系统由转向操纵机构、转向器和转向传动机构三大部分组成，图 4-2 所示为无动力的一般转向系统的布置图。

需要转向时，驾驶员对转向盘 1 施加一个转向力矩。该力矩通过转向轴 2、转向万向节 3 和转向传动轴 4 输入转向器 5。从转向盘到转向传动轴这一系列部件和零件即属于转向操纵机构。

作为减速传动装置的转向器中有 1～2 级减速增扭传动组件（传动副），经转向器放大后的力矩和减速后的运动传到转向摇臂 6，再通过转向直拉杆 7 传给固定于左转向节 9 上的转向节臂 8，使左转向节 9 和它所支承的左转向轮偏转。为使右转向节 13 从其所支承的右转向轮随之偏转相应角度，设置了固定在左、右转向节上的梯形臂 10 和 12，两端与梯形臂做球头销链连接的转向横拉杆 11 组成的转向梯形。自转向摇臂至转向梯形这一系列部件和零件（不含转向节）都属于转向传动机构。

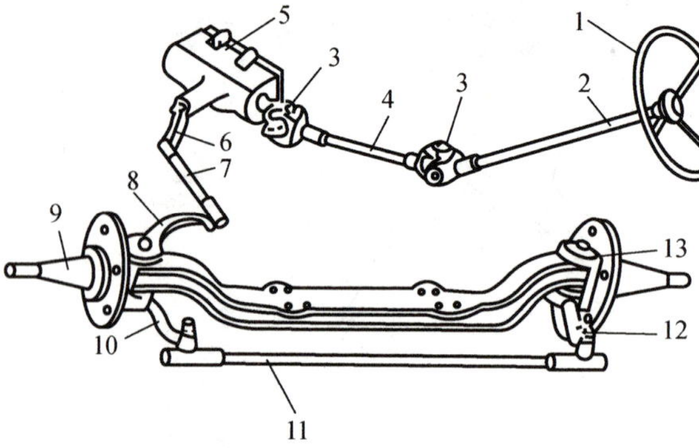

扫一扫

图 4-2　无动力转向系统布置图

1—转向盘；2—转向轴（柱）；3—转向万向节；4—转向传动轴；5—转向器；6—转向摇臂；7—转向直拉杆；8—转向节臂；9—左转向节；10、12—梯形臂；11—转向横拉杆；13—右转向节

图 4-3 所示为与前独立悬架配用的转向系统。

图 4-3　与独立悬架配用的转向系统

包括我国在内的大多数国家都规定车辆靠右侧通行，相应地应将转向盘安置在驾驶室左侧。这样，驾驶员的左方视野较广阔，有利于两车安全交会。相反，在一些规定车辆左侧通行的国家使用的汽车上，转向盘则应安置在驾驶室右侧。

（二）转向系统的操纵装置

转向系统的操纵装置主要由转向盘、转向柱（转向轴、罩壳、套管、轴承等）组成。转向柱对方向的操纵性、安全性和驾驶员操作方便性有重要作用。转向柱连接着转向器，转向柱的零件必须处在良好的状态，才有可能减小转向盘的游动间隙，确保转向控制可靠。

目前许多汽车的转向柱被设计成可“坍塌”型，即在发生正面撞车时，由于撞击力作用，会将转向轴的套管（分成两段套装）和转向轴（分成两段套装）内的塑料销钉剪断，销钉被剪断后，转向轴就会“坍塌”而离开驾驶员，防止驾驶员受伤，如图 4-4、图 4-5 所示。

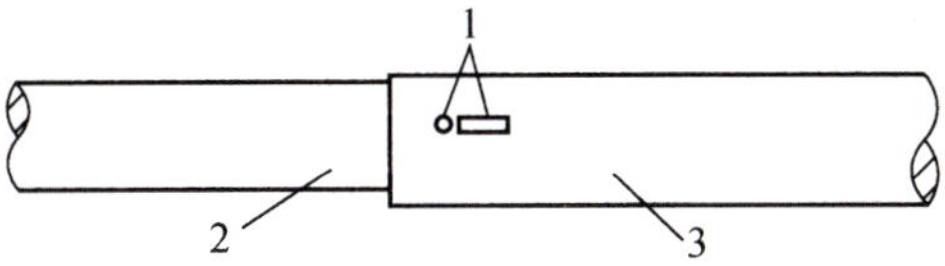

图 4-4 可“坍塌”的转向柱套管中注塑销

1—注塑销检视孔；2—转向柱细套管；3—转向柱粗套管

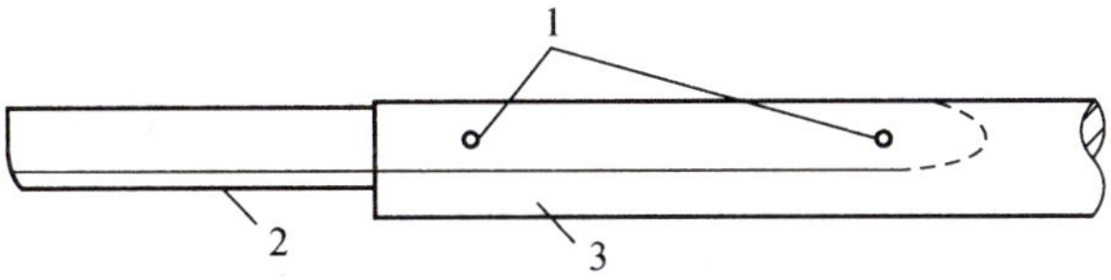

图 4-5 可“坍塌”的转向轴下部注塑销

1—注塑销检视孔；2—转向柱细套管；3—转向柱粗套管

1. 角度不可调节的转向柱

角度不可调节的转向柱的常见结构如图 4-6 所示。

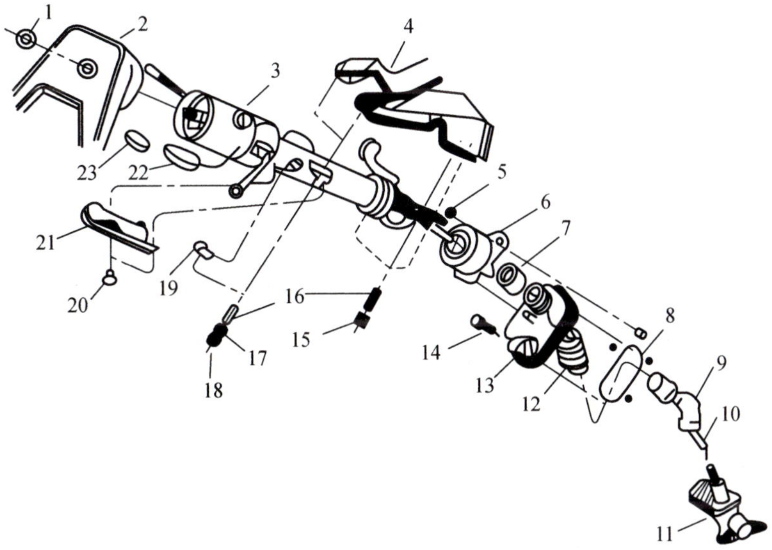

图 4-6 角度不可调节的转向柱

1、5、15、18—螺母；2—转向盘；3—转向柱总成；4—转向柱支架；6—隔音器；7—密封圈；8—底板孔；9—联轴器总成；10—销；11—转向器；12—防尘套；13—凸缘盘；14—螺钉；16—螺柱；17—垫圈；19、23—垫片；20—固定器螺钉；21—电缆槽；22—搭铁板转向柱一般有两段转向轴，由两个万向节连接。套管和前围板包在转向轴外，上部的转向轴由套管内的两个轴承支撑着，凸缘盘、密封圈和消音器件包在转向轴外，并盖住转向轴从底板伸出的孔，下部的转向轴外侧还包着凸缘盘下面的防尘套。

许多车辆中的安全气囊控制模块安在转向盘顶部（见图 4-7），一个类似时钟发条的电气连接件接头或螺旋电缆安在转向盘下，内有一带状导体，可在转向盘转动时仍保持气囊模块和气囊供电系统之间的通电。转向盘通过花键与上部转向轴连接，并用螺母将转向盘固定在轴上。大多数转向盘与轴有对准标志，安装时必须对准二者。

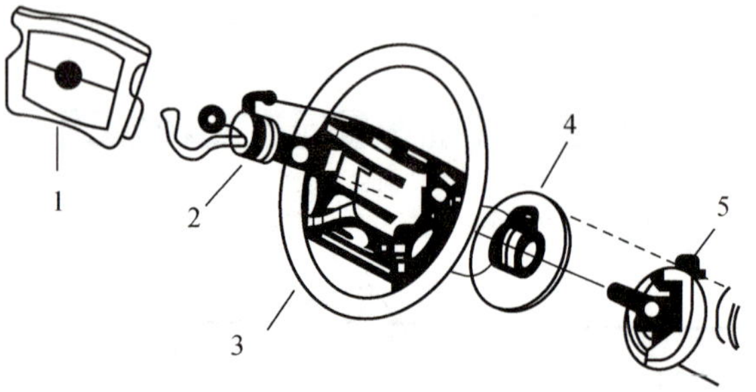

图 4-7　气囊模块安装在转向盘内，时钟发条状电气接头安装在转向盘下

1—气囊模块；2—减振装置（仅用于 4 轮驱动）；3—转向盘；4—时钟发条状电气接头；5—转向柱

点火开关的固定柱筒多安装在转向柱壳体的右上侧，点火开关用螺栓固定在柱筒壳体的下侧（见图 4-8）。转向灯开关、报警开关、前照灯变光开关以及刮水器开关（或统称组合开关）等，由一个控制手柄操纵，安装位置在方向盘下方（见图 4-9）。

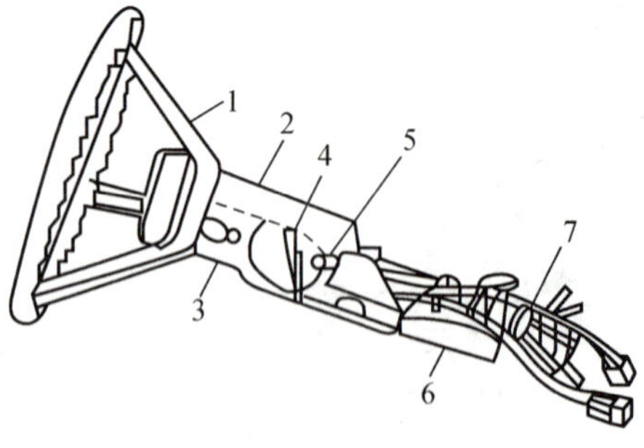

图 4-8　点火开关与点火开关固定柱筒的位置

1—转向盘；2—上盖；3—下盖；4—钥匙；5—钥匙放松按钮；6—点火开关触点；7—上万向节

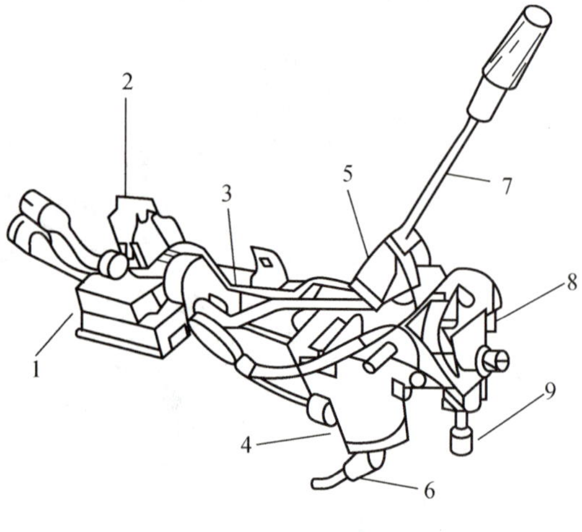

图 4-9　转向、报警、变光及刮水器开关

1—点火开关触点；2—变光开关；3—推杆；4—钥匙筒；5—刮水器开关；6—钥匙；7—手柄；8—转向灯开关；9—报警灯开关

如果变速操纵杆也安在转向柱内，并且有联锁（防盗）装置，则在转向柱下端，将从变速器接出的一个圆管状控制杆，通过组合传动机构与转向柱上的变速操纵杆相连。联锁板固定在上部转向轴上，当变速器在驻车位置、点火开关在关断位置时，变

速操纵杆与联锁板上凸齿啮合，锁死转向盘和变速器，如图 4-10 所示。

2. 角度可调节的转向柱

角度可调节的转向柱有一个较短的上部转向轴以普通方式连接转向盘。上部转向轴通过万向节（可调节角度的“关节”）连着下部转向轴。转向柱也分成上下两部分，上部转向柱管套在上转向轴上，下转向轴由下转向柱管内的轴承支撑（见图 4-11）。

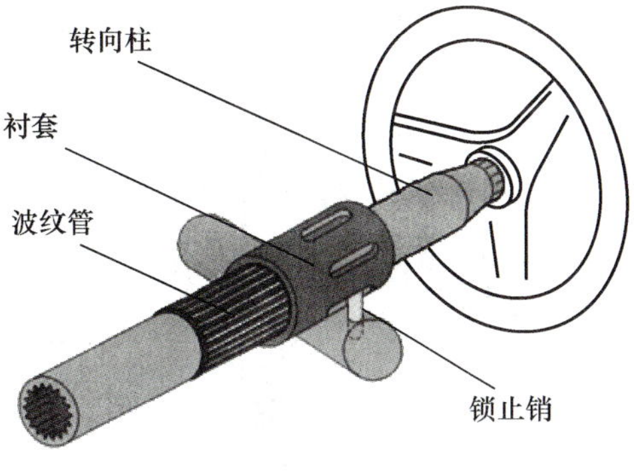

图 4-10 带有联锁板的转向柱上部

当转向盘改变倾角时，转向盘和上转向柱管绕着上下柱管间的两个螺钉旋转。在转向盘倾斜过程中，上转向轴绕着上下转向轴间的万向节旋转。转向盘的这种调节动作可使驾驶员置转向盘舒适位且出入方便（见图 4-12）。

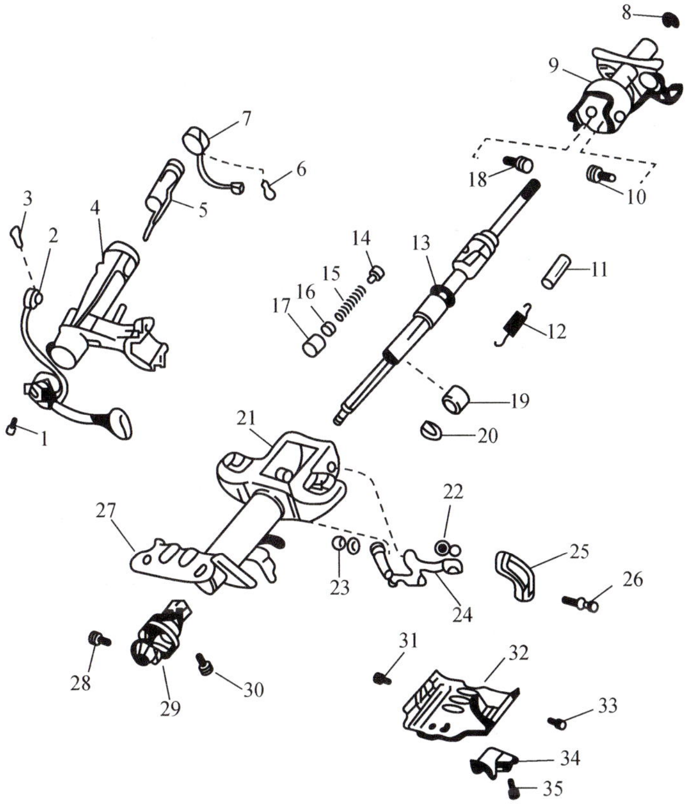

图 4-11 可调节角度的转向柱零件

1、3、6、10、18、28、30、31、33、35—螺钉；2—钥匙联锁线圈；4—上支架；5—钥匙筒；7—钥匙筒照明器；8、20—卡环；9—上柱管；11—弹簧套；12—弹簧；13—主轴；14—轴套；15—压缩弹簧；16、22—平垫圈；17—弹簧座；19—主轴轴套；21—下柱管；23—螺母；24—斜杠杆；25—夹板；26—锥形头螺栓；27—固定支架；29—万向节；32—保护套；34—线夹在一些转向柱里，也有以球轴承作为上下转向轴的旋转中心的（见图 4-13）。

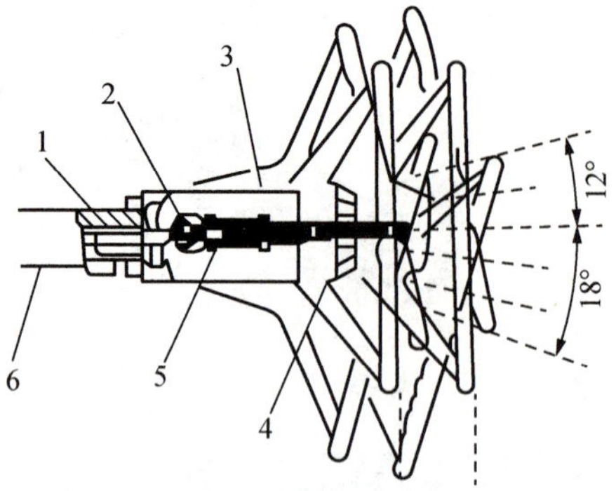

图 4-12 角度可调的转向盘

1—转向轴；2—万向节；3—转向盘；4—锁定钮；5—止动键；6—转向柱

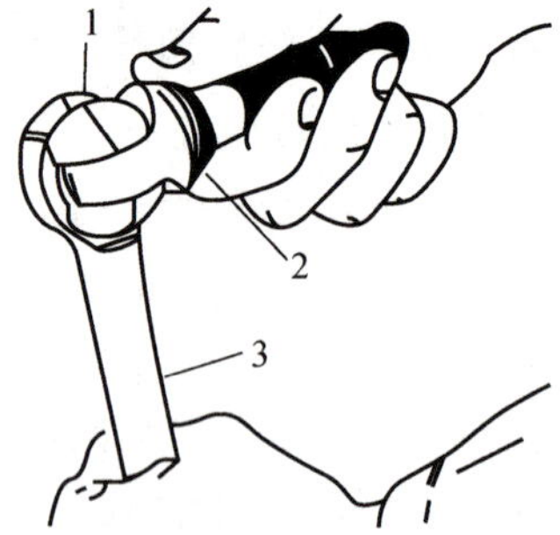

图 4-13 有些可调角度的转向柱以球面轴承作为上下转向轴的旋转“关节”

1—球面轴承；2—上转向轴；3—下转向轴

下转向柱上的四个螺栓将柱管固定在仪表板上，点火开关固定壳体和其他开关安在下柱管上的上支架内。万向节连在下转向主轴和中间轴总成之间，中间轴总成固定在转向柱的中间轴承上（见图 4-14）。

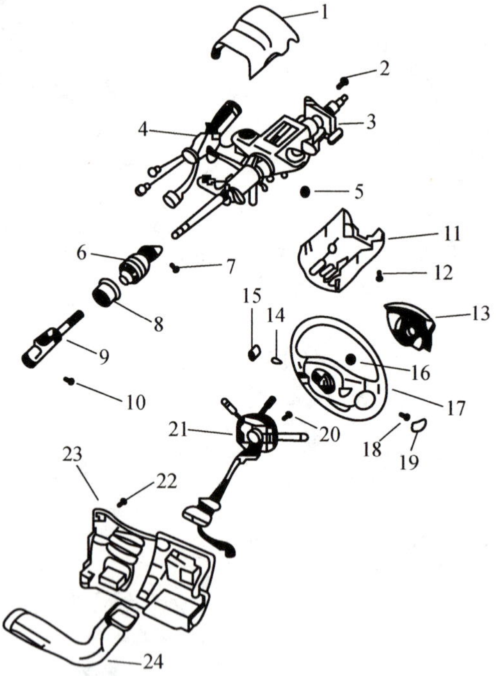

图 4-14 带有万向节、中间轴、组合开关和转向盘的角度可调转向柱

1—转向柱上盖；2、7、10、12、14、18、20、22—螺钉；3—转向减振器；4—转向柱总成；5、16—螺母；6—铰链总成；8—防尘器；9—中间轴总成；11—转向柱下盖；13—转向盘底座；15—第二护盖；17—转向盘；19—第二护盖；21—组合开关；23—仪表盘下装饰板；24—暖风导管

转向盘的中间垫块内装有安全气囊打开控制模块，安在转向盘顶部。气囊打开控制模块和气囊供电系统之间的电气触点由直接安在转向盘下的时钟发条状电气接头（或称螺旋电缆）连接（见图 4-15），组合开关安在时钟发条状电气接头之下。此开关包含信号灯开关、报警灯开关、前照灯变光开关和刮水器开关等，转向盘上还有喇叭按钮触点开关。

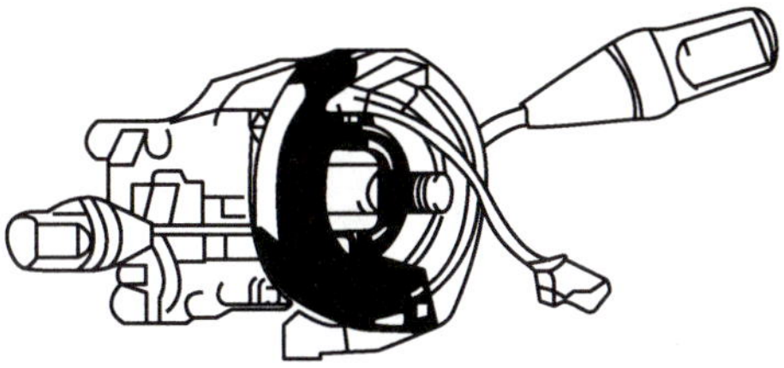

图 4-15 时钟发条状电气接头保持安全气囊系统的供电

（三）转向传动机构

转向传动机构的功用是使转向器输出的力和运动传递到转向桥两侧的转向节，使两侧转向轮偏转，且使两个转向轮偏转角按一定关系变化，以保证汽车转向时车轮对地面的相对滑动程度尽可能小。转向传动机构的组成和布置因转向器位置和转向轮悬架类型而异。

转向传动机构连接着转向器和转向轮。转向传动机构不能与发动机油箱底壳或其他底盘零件相干涉。转向传动机构按照配用悬架类型分类，主要有两种，即与非独立悬架配用和与独立悬架配用的转向传动机构。

1. 与非独立悬架配用的转向传动机构

与非独立悬架配用的转向传动机构，如图 4-16、图 4-17 所示。转向传动机构中的横拉杆、左右两个横拉杆臂与转向桥成梯形布置，通常称为梯形转向传动机构。传动机构由以下主要部分组成。

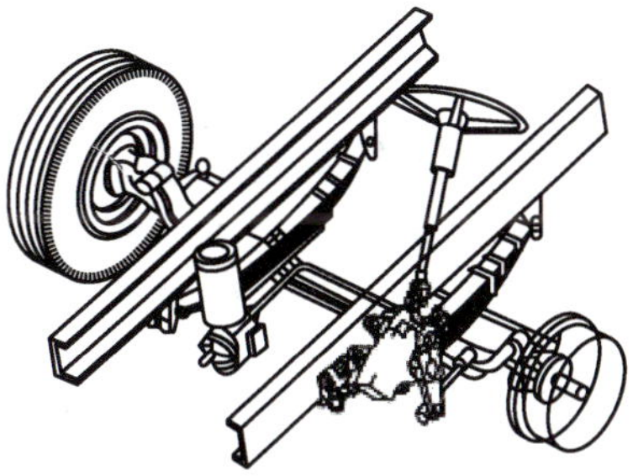

图 4-16 与非独立悬架配用的转向传动系统

（1）转向摇臂。

转向摇臂的大端头用锥形三角细花键与转向器中摇臂轴的外端连接。其小端头带有球头销，以便与转向直拉杆做空间铰链连接。

（2）转向直拉杆。

转向直拉杆（见图 4-18）与转向摇臂及转向节臂的相对运动都是空间运动。为了不发生运动干涉，三者之间的连接件都是球头销铰链。

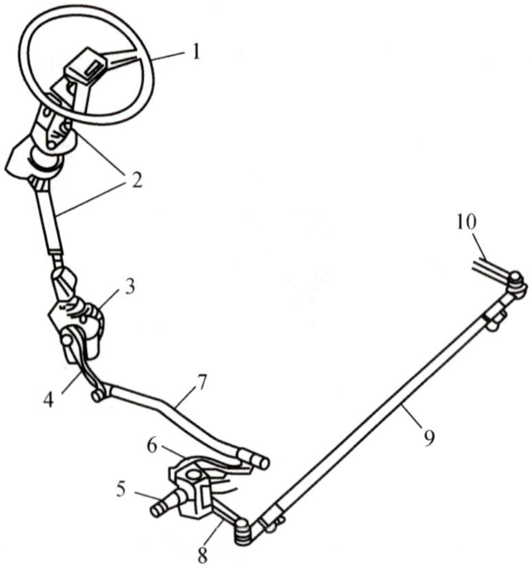

图 4-17 转向传动机构

1—转向盘；2—转向柱；3—转向器；4—转向摇臂；5—转向节；6—转向节臂；7—直拉杆；8、10—横拉杆臂（梯形臂）；9—横拉杆

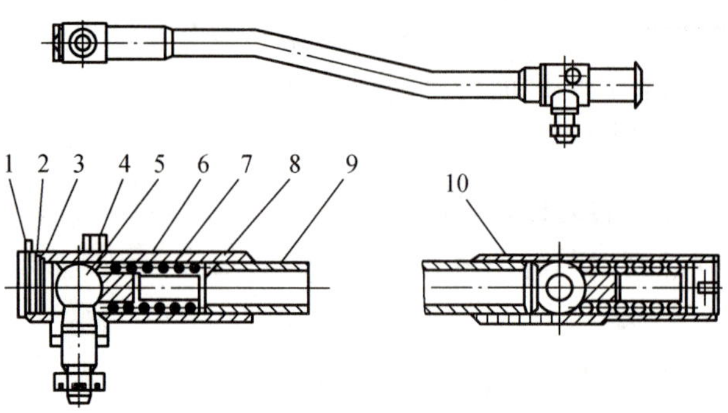

图 4-18 直拉杆

1—开口销；2—防尘罩；3—调整螺母；4—滑脂嘴；5—球头销；6—球头座；7—弹簧；8—止推座；9—直拉杆套管总成；10—平球座

直拉杆是一段两端扩大的钢管。其前端带有球头销，球头销的尾部可用螺母固定于转向节臂的端部。两个球头座在压缩弹簧作用下，将球头销的球头卡持住。为保证球头与座的润滑，可从滑脂嘴注入润滑脂，使润滑脂充满直拉杆端部管腔。拆装时供球头出入的孔口用耐油橡胶片封盖。用压缩弹簧随时补充球头与座的磨损，保证两者间无间隙，并可缓和经车轮和转向节传来的路面冲击。弹簧预紧力可用端部螺塞调节，调好后须用开口销固定螺塞位置。当球头销作用在内球头座上的冲击力超过压缩弹簧预紧力时，弹簧变形增量受到弹簧座自由端的限制，这就可以防止弹簧超载，并保证在弹簧折断的情况下球头销不致从管腔中脱出。

直拉杆的后端可以嵌装转向臂的球头销。这一端的压缩弹簧也装在球头座后方。这样两个压缩弹簧可分别在沿轴线的方向上起缓冲作用。自球头销传来的向后的冲击力由前压缩弹簧承受。当球头销受到向前的冲击力时，冲击力即依次经前球头座、前端部螺塞、直拉杆体和后端部螺塞传给后压缩弹簧。

（3）转向横拉杆。

横拉杆（见图 4-19）两端分别加工成左、右螺纹，左右横拉杆接头也是左、右螺纹与之对应，使横拉杆与两接头能够同时拧进和拧出。转动横拉杆即可改变横拉杆的总长度，从而调整转向轮的前束。当横拉杆调整完后，将两端接头的卡紧螺栓拧紧，保证横拉杆不松动及行车安全。

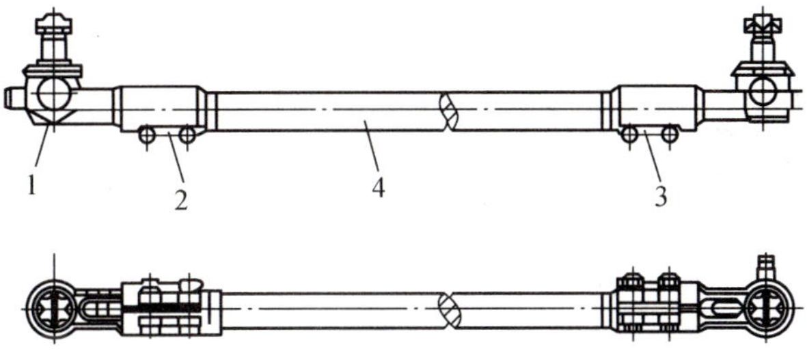

图 4-19 横拉杆

2. 与独立悬架配用的转向传动机构

当转向轮独立悬挂时，每个转向轮都需要相对于车架做独立运动，因而转向桥必须是断开式的。与此相对应，转向传动机构中的转向梯形也必须分成两段或三段（见图 4-20），并且由平行于路面做平面摆动的转向摇臂直接带动或通过转向主拉杆带动。

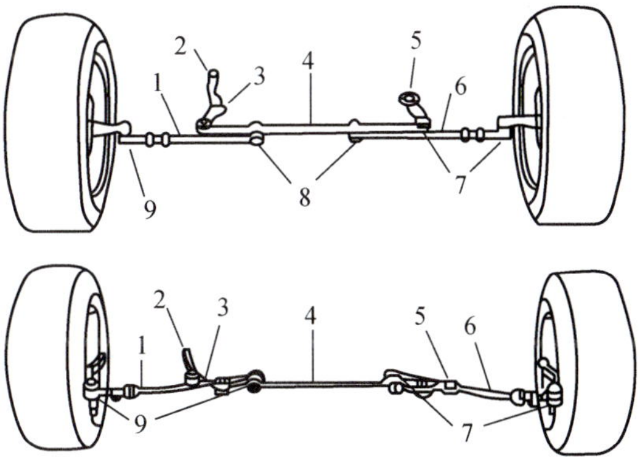

图 4-20 与独立悬架配用的转向传动机构

1，6—横拉杆；2—支撑架；3—转向随动臂；4—中央拉杆；
5—转向摇臂；7、8、9—球头销装置

红旗 CA7560 型乘用车转向传动机构，如图 4-21 所示，摇杆前端固定于车架横梁中部，后端借球头销与转向直拉杆和左右横拉杆连接。转向直拉杆外端与转向摇臂球头销相连。左右横拉杆外端也用球头销分别与左右梯形臂铰接，能随同侧车轮相对于车架和摇杆在横向平面内上下摆动。转向主拉杆仅在外端有球头座，有必要在两个球头座背面各设一个压缩弹簧，分别吸收由横拉杆传来的两个方向上的路面冲击，并自动消除球头与座之间的间隙。

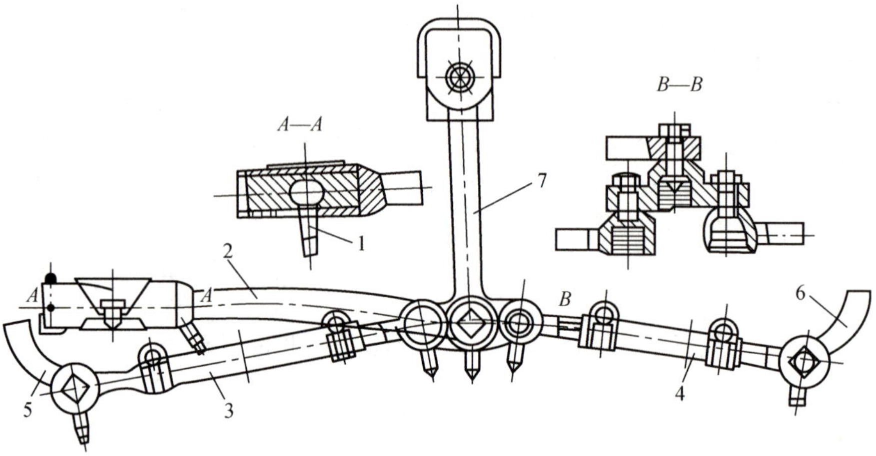

图 4-21　红旗 CA7560 型乘用车转向传动机构

1—转向摇臂球头销；2—转向直拉杆；3—左转向横拉杆；4—右转向横拉杆；5—左梯形臂；6—右梯形臂；7—摇杆

三、机械转向系统检修

机械转向系统检修所需实训条件：

（1）不同类型转向器若干。

（2）常用工、量具每组一套。

（3）拆装专用工机具每组一套。

（一）维修循环球机械转向器

1. 检修循环球机械转向器主要零件

（1）检修转向器壳体。

①壳体、侧盖产生裂纹，应更换，二者结合平面的平面度公差为 0.10mm；

②修整壳体变形。壳体变形的特点是摇臂轴轴承孔的公共轴线对于转向螺杆两轴承孔公共轴线的垂直度误差逾限（公差为 0.04～0.06mm）。两轴线的轴心距变大（公差为 0.10mm），不但会引起转向沉重的故障，同时可以减少转向器传动副传动间隙可调整的次数，缩短了转向器的使用寿命。修整变形时，先修整结合平面；然后更换摇臂轴衬套，如图 4-22 所示的镗模上镗削摇臂轴衬套，利用镗模校正两衬套的同轴度（公差为 0.01mm）和两轴线的垂直度与轴心距。

摇臂轴衬套镗削后与摇臂的配合间隙较原厂规定其增大量不得大于 0.005mm，使用滚针轴承其配合间隙不得大于 0.10mm。汽车二级维护时应检查摇臂轴与衬套的配合间隙，使用限度：乘用车为 0.15mm，载货汽车为 0.20mm。配合间隙逾限后，应更换衬套，衬套与承孔的配合过盈为 0.110～0.051mm。

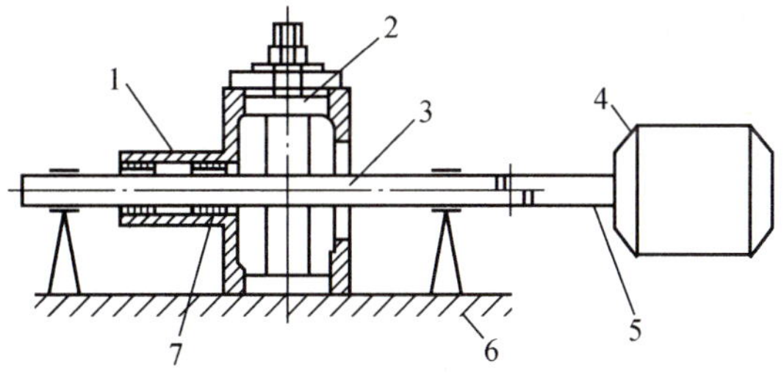

图 4-22 摇臂轴衬套镗模

1—转向器壳体；2—定位模具；3—镗轴；4—动力头；
5—联轴器；6—镗轴支承；7—摇臂轴衬套

Chapter 1
Chapter 2
Chapter 3
Chapter 4
Chapter 5

（2）检修转向螺杆与转向螺母。

①转向螺杆与转向螺母的钢球滚道无疲劳磨损、划痕等耗损，钢球与滚道的配合间隙不得大于 0.10mm。检验钢球与滚道配合间隙的方法有两种：一种方法是把转向螺母夹持固定后，把转向螺杆旋转到一端止点，然后检验转向螺杆另一端的摆动量，其摆动量不得大于 0.10mm，转向螺杆的轴向窜动量也不得大于 0.10mm。另一种方法是将转向螺杆和转向螺母配合副清洗干净后，把转向螺杆垂直提起，转向螺母在重力作用下，应能平稳地旋转下落，说明配合副的传动间隙合格。若无其他耗损，一般不拆检传动副组件。

②总成修理时，应检查转向螺杆的隐伤，若产生隐伤、滚道疲劳剥落、三角键有台阶形磨损或扭曲，应更换。

③转向螺杆的支承轴颈若产生疲劳磨损，会引起明显的转向盘沉重、转向迟钝，可按原厂规定的锥角磨削介入整轴颈，然后刷镀修复。实践证明，其耐久性可达 100 000km 以上。

（3）检修摇臂轴。

①大修总成时，必须进行隐伤检验，产生裂纹后更换总成，不许焊修；

②花键出现台阶形磨损、扭曲变形，应更换；

③支承轴颈如有磨损迹象，应更换。

2. 循环球转向器的装配与调整

（1）安装转向螺杆组件。转向螺杆、螺母组件在维修时一般不拆散。若拆散重新组装时，先平稳地逐个装入钢球，装钢球的过程中，转向螺杆和转向螺母不要相对运动，必要时，只能稍许转动转向螺母（见图 4-23）或用塑料棒将钢球轻轻冲进滚道内；然后给装满钢球的导管口涂压润滑脂防止钢球脱出，用导管卡将导管固定在转向螺母上。所装钢球的直径和数量必须符合原厂规定。如 EQD131 型汽车安装 ϕ450mm 转向盘的转向器的钢球为 ϕ7.144mm，共 2×49+1 粒；EQ140/47 型长轴汽车安装 ϕ550mm 转向盘的转向器的钢球为 ϕ7.144mm，共 2×58+1 粒。

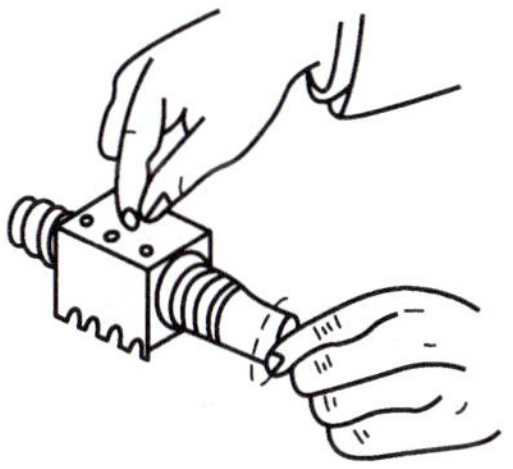

图 4-23 钢球的装入

（2）装入钢球后，转向螺母的轴向窜动量不得大于 0.10mm。

（3）将轴承内圈压在转向螺杆的轴颈上。

（4）组装摇臂轴。

如图 4-24 所示。

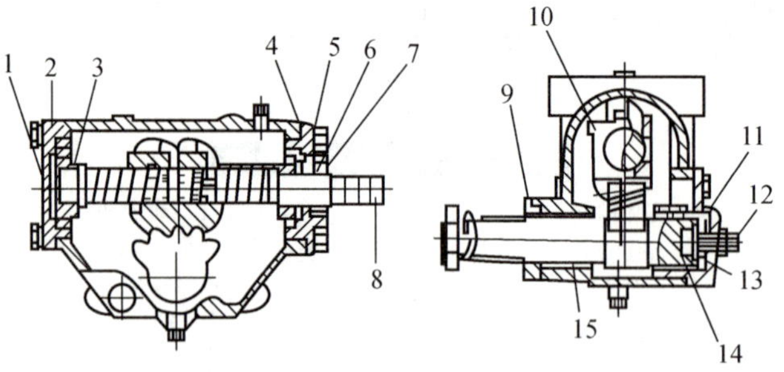

图 4-24　循环球式转向器结构图

1—下盖；2—调整垫片；3、5—螺杆轴承；4—上盖调整垫片；6—上盖；7—螺杆油封；8—转向螺杆；9—摇臂轴油封；10—转向螺母；11—侧盖；12—调整螺钉；13—孔用弹簧圈；14—推力垫片；15—摇臂轴

检查用于转向螺母与齿扇啮合间隙的调整螺钉的轴向间隙，此间隙若大于 0.12mm，再调整螺钉与摇臂上的承孔端面间加推力垫片。

摇臂轴承预润滑之后，将摇臂装入壳体内。并按顺序装入推力垫片、调整螺钉、垫圈、弹性挡圈。

（5）安装转向器下盖、上盖。

①把轴承装入下盖承孔中，如图 4-24 所示。

②安装调整垫片和下盖，从壳体孔中放入转向螺杆组件，安装下盖。装下盖之前在结合平面上涂以密封胶。

③把轴承外圈和转向螺杆密封压入上盖，并装入上盖调整垫片和上盖。

④通过增减下盖调整垫片或用下盖上的调整螺塞调整转向螺杆的轴承紧度。然后检查转向盘的转向力矩，一般为 0.6～0.9N·m。

（6）安装转向器侧盖。

①给油封涂密封胶后，油封唇口向内，均匀地压入壳体上的承孔内；

②将转向螺母移至中间位置（转向器总圈数的 1/2），使扇形齿的中间齿与转向螺母的中间齿相啮合，装入摇臂轴组件；

③侧盖密封垫涂以密封胶，安装、紧固。

（7）调整转向器转向间隙。

①使转向器的传动副处于中间位置（直行位置）；

②通过调整螺钉，调整转向器传动副的啮合间隙，在直行位置上应无间隙啮合；

③中间位置上，转向器转动力矩应为 1.5～2.0N·m。把转向器转动力矩调整合格后，按规定扭矩锁紧调整螺钉。

（8）安装摇臂时，应注意将摇臂与摇臂轴二者的装配记号对正，应特别注意摇臂固定螺母应确实做到紧固、锁止、可靠。

（9）按原厂规定加注润滑油。

（10）有条件时，应检查转向器反驱动力矩（转向轴处于空载状态时，使摇臂轴转动的力矩），转向器的反驱动力矩应符合原厂规定。

（二）维修双销式转向器

双销式转向器传动效率较高，转向轻便，而且结构简单，调整方便，EQ1090 型汽车采用了此种转向器。

1. 拆卸

（1）拆下侧盖时，应先拆下双头螺栓及其余的固定螺栓；

（2）拔出摇臂轴；

（3）拆卸转向螺杆下轴承盖及其附件，取出转向螺杆；

（4）拆下转向螺杆上轴承盖组件。

拆卸转向器时，不能用汽油或煤油清洗橡胶类密封件，禁止用蒸气或碱溶液清洗轴承；必须清除干净结合平面上的纸垫及固态胶状物，必要时可用木棒、塑料棒冲击拆卸零件，不得用榔头直接敲击，防止砸伤零件表面。

2. 主要零件的检修

（1）转向螺杆的检修。

①传动副已丧失传动间隙调整能力时，应予以更换；

②该螺杆表面严重磨损或出现严重压痕、疲劳剥落和裂纹等耗损时，应予以更换；

③轴承轴颈出现疲劳磨损，磨削后刷镀修复。

（2）摇臂轴的检修。

如图 4-25 所示。

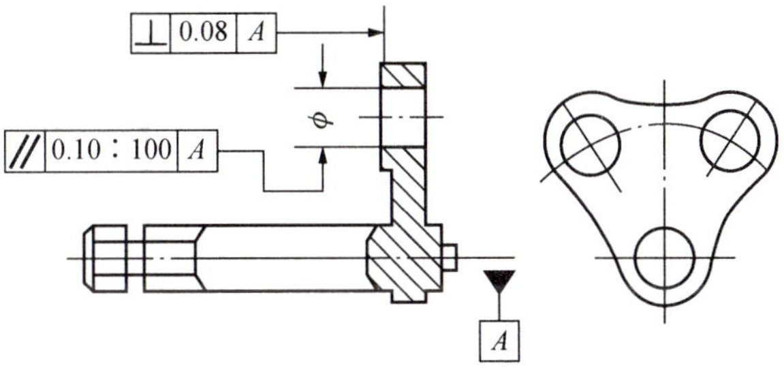

图 4-25 摇臂轴技术条件

①扇形块、花键出现明显的扭曲时，应更换。ϕ42mm 两孔的轴线与 ϕ52mm 轴的轴线的平行度误差不得大于 0.10：100mm；ϕ42mm 两孔端面在同一平面内的位置度误差不得大于 0.8mm；花键安装记号（刻线）与扇形块中线之夹角不超过 13°；

②摇臂轴任何部位出现裂纹都应更换，禁止焊修；

③支承轴颈磨损逾限，刷镀修理或更换。

（3）检查主销轴承组件。

①主销头部产生疲劳剥落或已经产生偏磨或破裂，应更换组件；

②用两个手指捏住主销头部转动，应转动自如，主销在轴承内若有轴向窜动，视情况进行调整。

(4) 摇臂轴衬套使用限度为0.20mm。

3. 转向器的装配

如图4-26所示，装配前应复查所更换的零件和修复零件，复检合格的零件清洗后用压缩空气吹干。在装配中，应尽可能使用专用工具，相关螺栓、螺母的紧固扭矩应符合原厂规定。

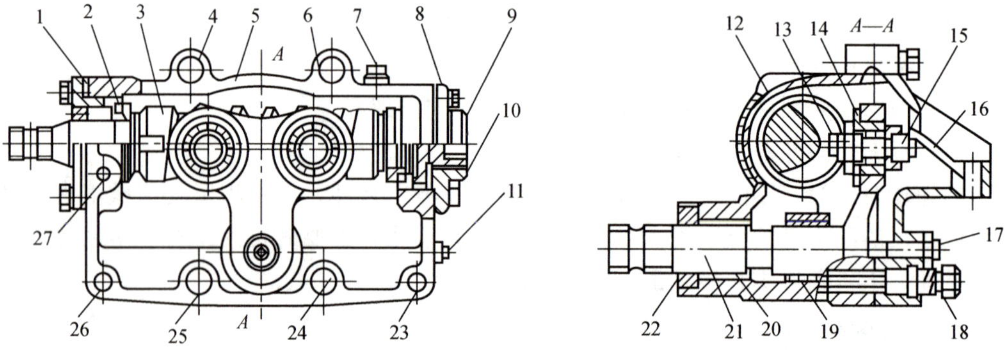

图4-26 双销式转向器（EQ1090型汽车）

1—上盖；2、14—轴承；3—转向螺杆；4、6—六方头长螺栓；5、12—壳体；7—加油孔螺塞；8—下盖；9—调整螺钉；10—锁止螺母；11—放油螺塞；13—主销；15—固定螺母；16—侧盖；17—调整螺钉；18—锁止螺母；19、20—摇臂轴衬套；21—摇臂轴；22—油封；23、26、27—六方头短螺栓；24、25—双头螺栓

(1) 安装转向器下盖。

①先把轴承14的外座圈压入壳体5，有滚道的一面沉入壳体下端面距离为12.5～13.0mm；

②把O形密封圈压入轴承垫块的槽内，而且密封圈不得产生扭曲，不得损伤密封圈外缘，防止漏油。

③安装下盖8，下盖中心的凸台向外。

④在下盖上面装好调整螺钉9和锁止螺母10。下盖紧固螺栓暂勿完全拧紧，待上盖紧固螺栓紧固后再完全紧固下盖紧固螺栓。

(2) 安装转向螺杆3。

①将轴承2和14的内圈压入转向螺杆3的上、下支撑轴颈；

②将转向螺杆放入壳体5；

③放入上轴承保持架。

(3) 安装上盖1。

①先把上轴承外座圈压入壳体上端承孔内，外座圈平面沉入承孔与壳体上端面距离为12.5～13.0mm；

②换装上盖O形密封圈和上盖油封；

③将原调整垫片按原有的顺序和数量放回转向器上盖。该调整垫片是用来调整转向螺杆中点位置的，制造厂家已经调好，维修时不需要重新调整，仍需保持原调整垫片的总厚度。EQ1090 型汽车转向器垫片厚度分别为 0.5mm 一个，0.2mm 两个，0.1mm 一个，四个交错叠压，其总厚度不得大于 1.2mm；

④紧固上盖固定螺栓；

⑤将下盖固定螺栓拧紧。

(4) 检查调整转向螺杆轴承预紧度。

用下盖上的调整螺钉 9 进行调整，轴承紧度合格时，转向螺杆的转动力矩符合原厂规定（EQ1090 型转向器为 1.0～1.7N·m）。调整结束，锁紧锁止螺母 10。

(5) 组装主销 13。

①主销必须成对更换，防止造成左、右转向间隙不等。引起转向力不均匀的故障，同时还应更换主销轴承；

②如图 4-27 所示组装主销与轴承组件，再用专用压套压住轴承外圈将组件压入（压出）承孔。

(6) 将摇臂轴装入壳体。

将摇臂轴组件预润滑后，装入壳体，使主销与转向螺杆啮合，啮合后转向螺杆应转动自如，转动总圈数不少于 8 圈。

(7) 安装侧盖 16。

注意两个双头螺栓要旋入指定的螺孔内。

(8) 调整传动间隙。

注意使摇臂轴与转向螺杆必须处于中间位置。然后手握转向螺杆端部来回转动，通过调整螺钉 17 调整主销的啮合间隙直至有摩擦力矩产生，此时转向螺杆的转动力矩应不大于 2.7N·m。若转向螺杆的中点位置不准确，变更上盖垫片总厚度进行调整。

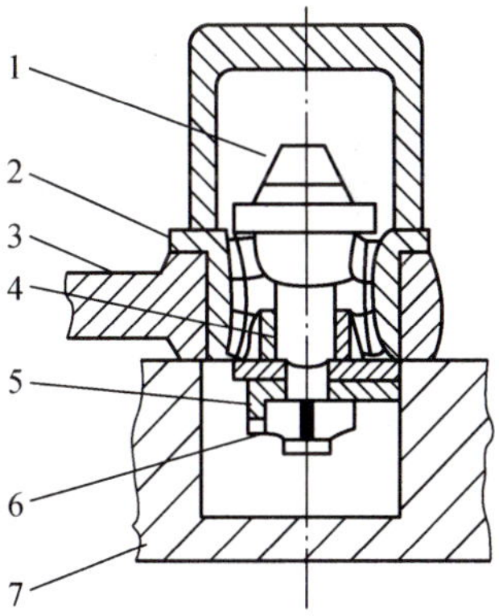

图 4-27 主销组件压装

1—转向器主销；2—轴承块；3—扇形块；4—轴承内座圈；5—止动锁片；6—锁止螺母；7—压套

汽车在二级维护时应检查调整转向器转动间隙。

(9) 安装摇臂。

①摇臂与摇臂轴的安装标记要对正；

②摇臂紧固螺母的紧固力矩应符合原厂规定，而且锁止可靠；

③按原厂规定加注润滑油。若改装车转向器的安装角度有所变化，加注润滑油的容量必须满足转向螺杆上端轴承的润滑需要。

（三）维修齿轮齿条式机械转向器

齿轮齿条式机械转向器因其结构简单，可靠性好，转向结构又几乎完全封闭，维修工作量少，也便于独立悬架的布置；转向齿条和转向齿轮直接啮合，无须中间传动，因此，操纵的灵敏性很好。同时转向齿条的节距由齿条端头起至齿条中心逐渐由大变小，转向齿轮与转向齿条的啮合深度逐渐变大，在转向盘转动相同的条件下，齿条的移动距离在靠近齿条端头要比靠近齿条中心部位稍短些，从而使转向力变化微小，使转向器转矩传递性能好，而且转向非常轻便，将转向器的这种传动比称为“可变传动比”。因此，乘用车已经广泛采用可变传动比的齿轮齿条式转向器，如图 4-28 所示。

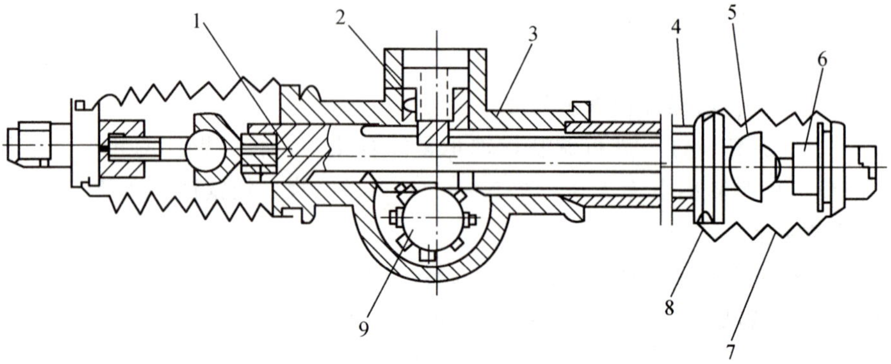

扫一扫 图 4-28　齿轮齿条式转向器

1—转向齿条；2—齿条导块；3—转向器壳体；4—衬套；5—齿条端头；6—横拉杆；7—齿条防尘罩；8—箍带；9—转向齿轮

1. 拆卸

拆卸分解中，应先在转向齿条端头与横拉杆连接处打上安装标记；然后，拆卸转向齿条端头，但不能碰伤转向齿条的外表面；拆下转向齿条导块组件后，拉住转向齿条，使齿对准转向齿轮，再拆卸转向齿轮；最后抽出转向齿条。抽出时，注意不能让转向齿条转动，防止碰伤齿面。

2. 主要零件的检修

(1) 零件出现裂纹应更换，横拉杆、齿条在总成修理时应进行隐伤检验。

(2) 转向齿条的直线度误差不得大于 0.30mm。

(3) 齿面上无疲劳剥蚀及严重的磨损，若出现左右大转角时转向沉重，且又无法调整时应更换。

(4) 更换转向齿轮轴承。

3. 齿轮齿条式机械转向器的装配与调整（见图 4-29）

(1) 安装转向齿轮 6。

①将上轴承 5 和下轴承 7 压在转向齿轮轴颈上，轴承内座圈与齿端之间应装好隔圈；

②把油封 3 压入调整螺塞 4；

③将转向齿轮及轴承一块压入齿条壳体 11；

④装上调整螺塞及油封，并调整转向齿轮轴承紧度。手感应无轴向窜动，转动自如，转向齿轮的转动力矩符合原厂规定，一般约为 0.5N·m；

⑤按原厂规定扭矩紧固锁紧螺母 2，并装好防尘罩 1。

(2) 装入转向齿条 13。

(3) 安装齿条衬套 23。

转向齿条与衬套的配合间隙不得大于 0.15mm。

(4) 装入转向齿条导块 29、隔环 28、导块压紧弹簧 27、调整螺塞（弹簧帽）26 及螺母 25。

(5) 调整转向齿条与转向齿轮的啮合间隙。

转向齿条与转向齿轮的啮合间隙也称为转向齿条的预紧力，其调整机构如图 4-30所示。因结构的差异，调整方法也有所不同。但常见的有两类：一是改变转向齿条导块与盖之间的垫片厚度来调整转向齿条与转向齿轮轮齿的啮合深度，完成预紧力的调整；另一种方法是用盖上的调整螺塞改变转向齿条导块与弹簧座之间的间隙值，完成啮合深度，即预紧力的调整。

如图 4-30 所示的结构形式，其预紧力的调整步骤是：先不装弹簧以及壳体与盖之间的垫片，进行 x 的调整，使转向齿轮轴上的转动力矩为 1～2N·m；然后用厚薄规测量 x 值；最后在 z 值上加 0.05～0.13mm，此值就是应加垫片的总厚度，也就是转向齿条和转向齿轮合格的啮合间隙所要求的垫片总厚度。

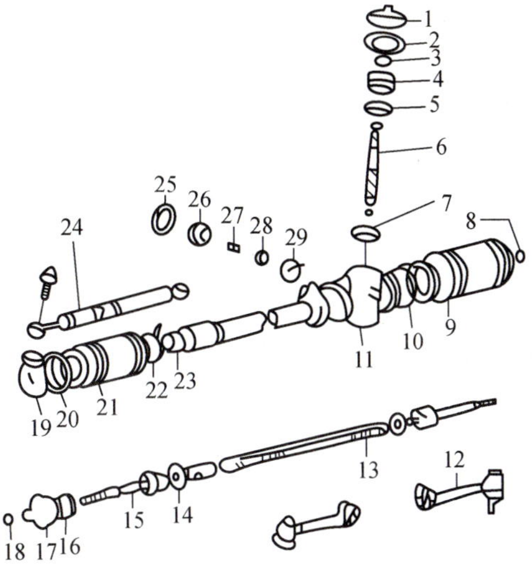

扫一扫

图 4-29 齿轮齿条式机械转向器分解图

1—防尘罩；2—锁紧螺母；3—油封；4—调整螺母；5—上轴承；6—转向齿轮；7—下轴承；8—夹子；9—齿条防尘罩；10—箍带；11—齿条壳体；12—左右横拉杆；13—转向齿条；14—垫圈；15—齿条端头；16—固定环；17—防尘罩；18—夹子；19—减振器支架；20—防尘罩护圈；21—防尘罩；22—箍带；23—齿条衬套；24—转向减振器；25—螺母；26—弹簧帽；27—导块压紧弹簧；28—隔环；29—转向齿条导块

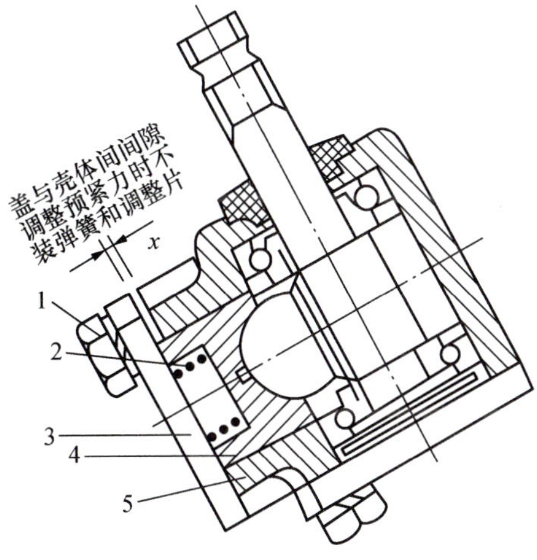

图 4-30 预紧力调整结构

1—固定螺母；2—导块压紧弹簧；3—盖；4—导块；5—转向器壳体

结构有弹簧座，无旋转盖上的调整螺塞时，使弹簧座与导块接触，在将调整螺塞旋出30°～60°之后，检查转向齿轮轴的转动力矩，如此重复操作，直至转向齿轮的转动力矩符合原厂规定，最后紧固锁紧螺母。

（6）安装垫圈14和转向齿条端头15（见图4-29）。

安装时应特别注意转向齿条端头和齿条的连接必须紧固，锁止可靠。

（7）安装横拉杆和横拉端头。

安装横拉杆和横拉端头，并按原厂规定检查调整左、右横拉杆12的长度，以保证转向轮前束正确。另外，横拉杆端头球销的夹角应符合原厂规定；调整合格后，必须按原厂规定的扭矩紧固并锁止横拉杆夹子。

任务实施

齿轮齿条式转向器的拆装

李师傅判断该车转向器出现了故障，因此邀请小王与其对转向器进行拆装。

一、拆卸

（1）拆卸分解中，应先在转向齿条端头与横拉杆连接处打上安装标记，然后拆卸转向齿条端头，但不能碰到转向齿条的外表面。

（2）拆下转向齿条导块组件后，拉住转向齿条，使齿对准转向齿轮，再拆卸转向齿轮，最后抽出转向齿条。抽出时，注意不能让转向齿条转动，以防止碰伤齿面。

二、装配

1. 安装转向齿轮

（1）将上轴承和下轴承压在转向齿轮轴轴颈上，在轴承内座圈与齿端之间应装好隔圈。

（2）把油封压入调整螺塞。

（3）将转向齿轮及轴承一块压入壳体内。

（4）装上调整螺塞及油封，并调整转向齿轮轴承预紧度。手感应无轴向窜动，转动自如，转向齿轮的转动力矩符合原厂规定，一般约为0.5N·m。

（5）按原厂规定力矩紧固锁紧螺母，并装好防尘罩。

2. 装入转向齿条等部件

（1）装入转向齿条。

（2）安装齿条衬套。转向齿条与衬套的配合间隙不得大于0.15mm。

（3）装入转向齿条导块、隔环、导块压紧弹簧、调整螺塞（弹簧帽）及锁紧螺母。

3. 安装垫圈和转向齿条端头

安装时应特别注意，转向齿条端头和齿条的连接必须紧固，锁止可靠。

4. 安装横拉杆和横拉杆端头

安装横拉杆和横拉杆端头，并按原厂规定检查调整左、右横拉杆的长度，以保证转向轮前束正确。另外，横拉杆端头球销的夹角应符合原厂规定。调整合格后，必须按原产规定的扭矩紧固并锁止横拉杆夹子。

通过对转向器的检修，李师傅发现齿条导块磨损，更换零部件后，故障现象消失。

实训报告单

机械转向系统检修	姓名		学号	
	班级		日期	

一、基础知识准备

1. 什么是机械转向系统？其有何优点？

2. 机械转向系统分为哪几种？各有什么优缺点？

3. 机械转向系统有哪几部分组成？

二、实训考核

1. 简述循环球式转向器的拆卸步骤及注意事项。

2. 简述循环球式转向器的动力传递路线。

3. 指出所拆卸的各零部件的名称及其作用，如果其损坏对转向器有何影响？

三、安全文明生产

教师评语	本次实训成绩		
	良好	合格	不合格

教师考核方案

<table>
<tr><td rowspan="2">机械转向系统检修</td><td>姓名</td><td></td><td>学号</td><td></td></tr>
<tr><td>班级</td><td></td><td>日期</td><td></td></tr>
</table>

一、基础知识准备（每题 10 分，共 30 分）

1. 什么是机械转向系统？其有何优点？

2. 机械转向系统分为哪几种？各有什么优缺点？

3. 机械转向系统由哪几部分组成？

二、实训考核（每题 10 分，共 30 分）

1. 简述循环球式转向器的拆卸步骤及注意事项。

2. 简述循环球式转向器的动力传递路线。

3. 指出所拆卸的各零部件的名称及其作用，如果其损坏对转向器有何影响？

三、安全文明生产

1. 学生工具选用、使用错误，扣 5 分；

2. 学生工具、零部件摆放不整齐、无序，扣 5 分；

3. 学生实训过程中出现掉落工具、零件情况，扣 5 分；

4. 学生在操作过程中出现重大违规及危及人身安全情况，扣 20 分。

四、实训评估

采用自评、小组评和教师评的方式对实训情况进行评分，每项分值为 10 分。

评价人	基本知识掌握程度	工作态度	团队合作能力	任务完成情况
自评				
小组评				
教师评				
平均分				

注：总分＞80 为优良；80≥总分≥60 为及格；总分＜60 为不及格。

任务 4.2 动力转向系统

任务引入

某桑塔纳帕萨特乘用车转向异常沉重，李师傅怀疑该车转向机构损坏，准备对转向系统进行检查。

任务分析

通过本任务的学习，学生能够掌握动力转向系统的结构及工作原理，并能熟练进行机械转向系统的拆装实习及故障诊断与维修。

知识准备

动力转向系统是兼用驾驶员体力和发动机或蓄电池动力为转向能源的转向系统。在正常情况下，汽车转向所需能量，只有一小部分由驾驶员提供，而大部分是由其他动力装置提供的。但在转向动力装置失效时，一般还应当能由驾驶员独立承担汽车转向任务。因此，动力转向系统是在原基础上加设一套转向动力装置而形成的。

图 4-31 所示为一种液压式动力转向系统的组成和液压转向动力装置的管路布置示意图。其中属于转向动力装置的部件是：转向油罐 9、转向油泵 10、转向控制阀 11 和转向动力缸 12。当驾驶员逆时针转动转向盘 1 时，转向摇臂 4 推动转向直拉杆 5 后移。直拉杆的推力作用于转向节臂 6，并依次传到梯形臂 7 和转向横拉杆 8，使之右移。与此同时，转向直拉杆还带动转向控制阀 11 中的滑阀，使转向动力缸 12 的右腔接通转向油泵 10 的出油口，右腔接通液面压力为零的转向油罐。于是转向动力缸 12 的活塞所受向右的液压作用力便经推杆施加在横拉杆 8 上。这样，为了克服地面作用于转向轮上的转向阻力矩，驾驶员需要加于转向盘上的转向力矩比用无动力转向时小很多。

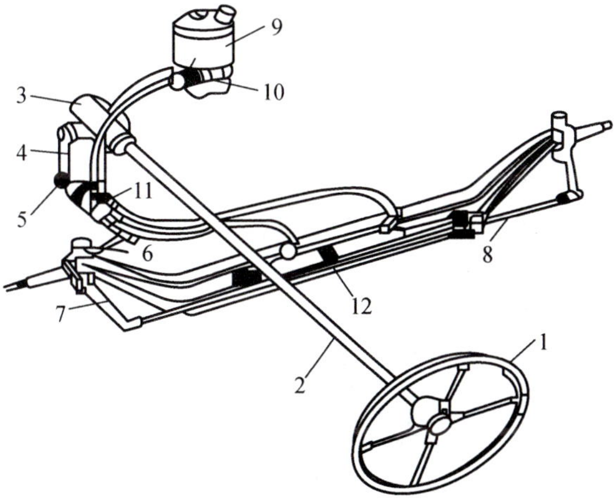

扫一扫

图 4-31 动力转向系统示意图

1—转向盘；2—转向轴；3—机械转向器；4—转向摇臂；5—转向直拉杆；6—转向节臂；7—梯形臂；8—转向横拉杆；9—转向油罐；10—转向油泵；11—转向控制阀；12—转向动力缸

一、动力转向系统结构

在重型载重汽车及乘用车上，因载重或转向轮气压较低等原因，转向阻力较大。为此常采用动力转向系统，这样既可使转向操纵轻便，又能保证转向灵敏。

采用动力转向，固然能提高行驶的安全性和操纵的轻便灵活性，但原来的转向性能多少要起一些变化，故对动力转向有如下要求。

（1）工作可靠，一旦动力转向发生故障，机械转向仍能生效。

（2）方向盘上的转角与转向轮的转角保持一定关系，并能使转向轮保持在任一偏转角位置上。

（3）转向灵敏，转动时间要短。

（4）要有“路感”，能随时将路面上阻力情况反映到转向盘上，使驾驶员始终感觉到道路情况。

动力转向器按其动力来源可分为力液压式、气压式和电动式，以液压式应用最为广泛。

液压式动力转向器按动力缸、分配阀、转向器的相互位置不同又可分为整体式动力转向器和半整体式动力转向器，如图 4-32 所示为整体式动力转向器在汽车上的布置。

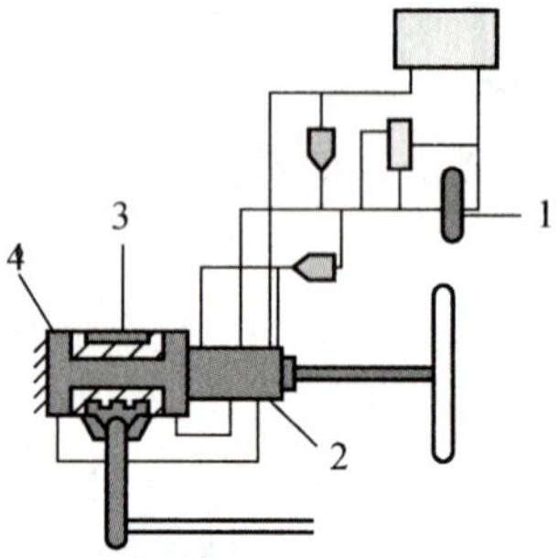

图 4-32　整体式动力转向器

1—转向液压泵；2—转向控制阀；3—机械转向器；4—转向动力缸

动力缸、转向器合为一体时称为整体式动力转向器。动力缸和转向器分开布置的称为半整体式动力转向器。下面以奥迪乘用车整体式动力转向器为例介绍动力转向装置的工作原理。

如图 4-33 所示为奥迪乘用车整体式动力转向器。叶轮泵由发动机驱动，分配阀装在转向柱下端，齿条右端装有动力缸。活塞将动力缸分成两个工作压力室。储油罐通过吸油管连接叶轮泵，通过回油管连接分配阀。压力管从叶轮泵通往分配阀。

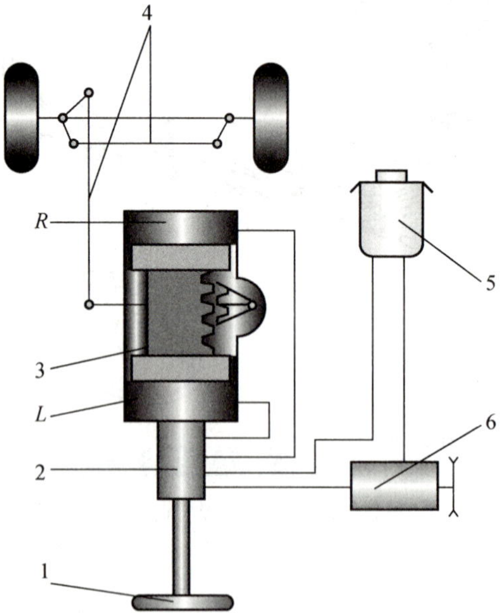

图 4-33　奥迪乘用车整体式动力转向器

1—转向操纵机构；2—转向控制阀；3—机械转向器与转向动力缸总成；4—转向传动机构；5—转向油罐；6—转向油泵；*L*—转向动力缸左腔；*R*—转向动力缸右腔

不转向时，分配阀保持开启状态，动力缸活塞两边的工作腔与低压回油管相通而不起作用。叶轮泵输出的油液经分配阀流回储油罐。因转向压力和流量限制阀的节流阻力很小，故叶轮泵输出油的压力很低，叶轮泵实际上处于空转状态。

转向时，驾驶员转动转向盘，带动转向轴和转向齿轮，使分配阀处在与某一转弯方向相应的工作位置时，转向动力缸中相应的工作腔与回油管路断开，与叶轮泵输出管路相通，另一腔仍通回油管路。转向阻力经横杆传到制有齿条的活塞杆上。形成比转向分配阀节流阻力高得多的管路阻力。于是，叶轮泵输出压力急剧升高，高压液体通过分配阀进入动力缸活塞的一边，推动活塞，进而推动齿条起助力作用。转向角度愈大，转向力也愈大，活塞移动的行程就愈长，产生的压力也就愈高，由此产生的转向助力作用也愈大。转向盘停止转动时，分配阀随即回复到中间位置，使动力缸停止工作。

小提示

奥迪乘用车装用的整体式动力转向器结构简单，由于只在转向时液压系统工作管路才产生高压，所以叶轮泵的寿命较长，漏油较少，消耗发动机功率也较小。

二、动力转向系统检修

（一）检查动力转向系统

1. 清洁及外部检查

（1）清洁动力转向器及转向油泵外部，检查是否有漏油痕迹。

（2）检查各连接油管是否漏油，接头连接是否牢固可靠。

（3）检查转向减振器有无漏油现象。

2. 其他检查

（1）转向油泵皮带张紧力的检查。

检查时，用手以约 100N 的力按下转向油泵皮带的中间位置，皮带下坠 9～10mm，说明松紧度合适，否则必须调转。车辆每行驶 5 000km 时，应检查皮带的张紧力，每行驶 40000km 时，应更换皮带。

（2）转向油罐液面的检查。

将车辆停放在平坦的地面上，启动发动机，并使其达到正常的工作温度。当发动机处于怠速运转时，左、右打几次转向盘。使油温达到 40℃～80℃。观察转向油罐液面，此时油液面应处于转向油罐上的标记位置（见图 4-34）或用油标尺检查。

（3）转向功率的检查。

①将汽车停放在平坦的地面上，把转向盘转到使前轮处于直线行驶的位置，并启动发动机，使其处于怠速运转。

②在转向盘外周挂上弹簧秤，测试转向盘从直行位置向左右转动所需的转向力，如图 4-35 所示，转向力应不大于 40N。若转向力过大，应检查整个动力转向系统。

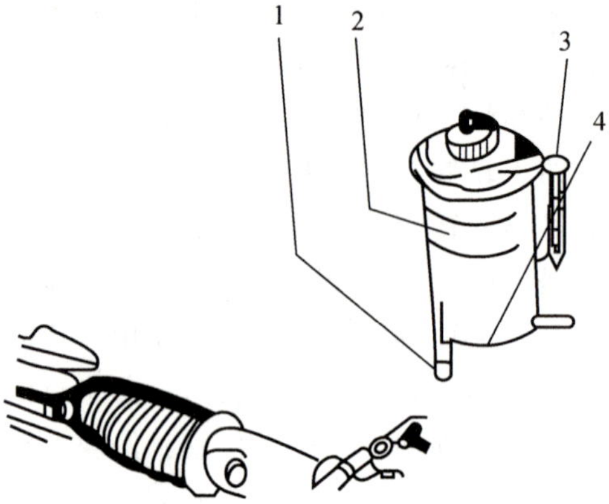

图 4-34 转向油罐液面的检查

1—吸油管连接；2—转向油罐；3、4—回油管连接

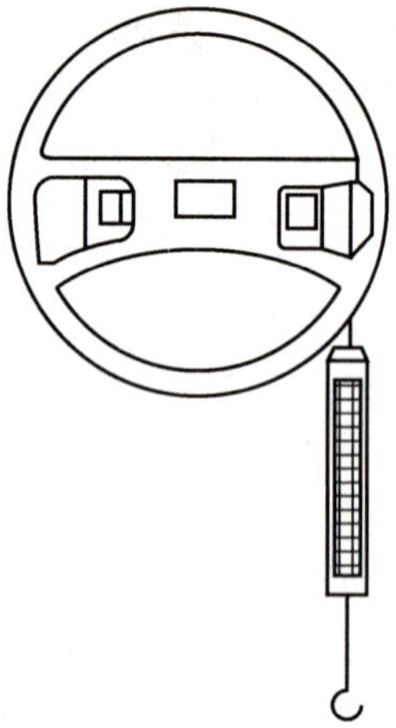

图 4-35 测试转向盘从直行位置向左右转动所需的转向力

（4）转向间隙的检查。

轻轻地来回转动转向盘，从中间位置向两侧转大约 30°时，转向器应无碰撞声。若转向间隙过大，可以听到轻微的碰撞声。

（5）系统压力的检查（见图 4-36）。

①将压力表阀门打开。启动发动机并以怠速运转，从一侧锁止位置到另一侧锁止位置转动转向盘数次。

②检查压力。正确的压力值应为 6 800～8 200kPa，若压力在此数据范围内，说明系统工作正常。

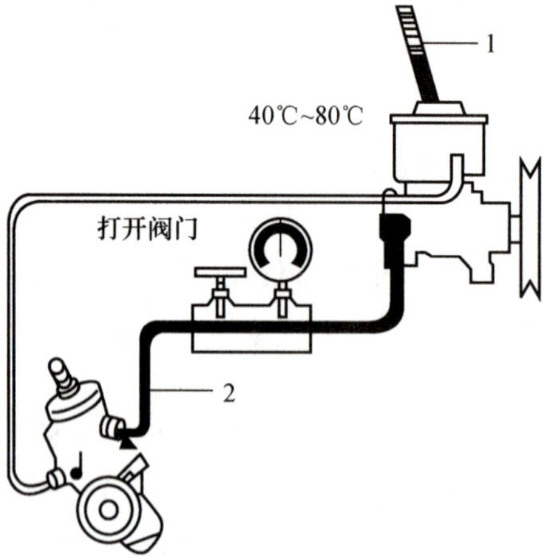

图 4-36 系统压力的检查

1—温度计；2—齿轮箱油压

（6）转向油泵压力的检查（见图 4-37）。

①装上专用压力表。

②使发动机怠速运转，转动转向盘数次。

③将压力表阀门关闭（不超过 5s）。观察压力表读数，表针若在 6 800～8 200kPa 范围内，说明转向油泵正常。

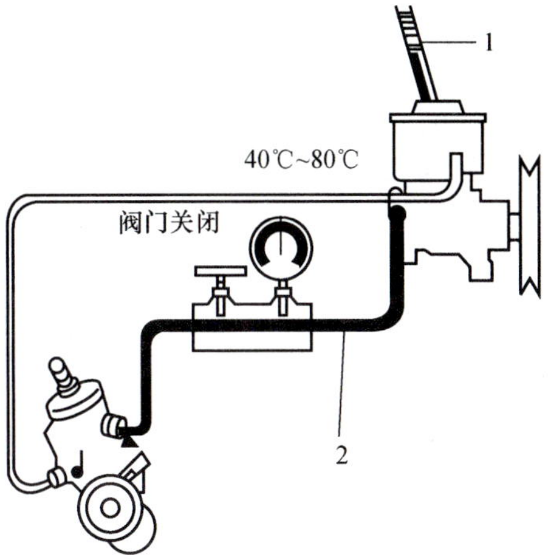

图 4-37 转向油泵压力的检查

1—温度计；2—油泵油压

（二）调整

1. 转向盘和转向柱转换器之间的距离调整（见图 4-38）

调整时，要松开法兰套管的夹箍。根据需要将转换器移到转向柱的套管上。然后拧紧夹箍，在转向齿轮上滑动法兰套管进行调整。

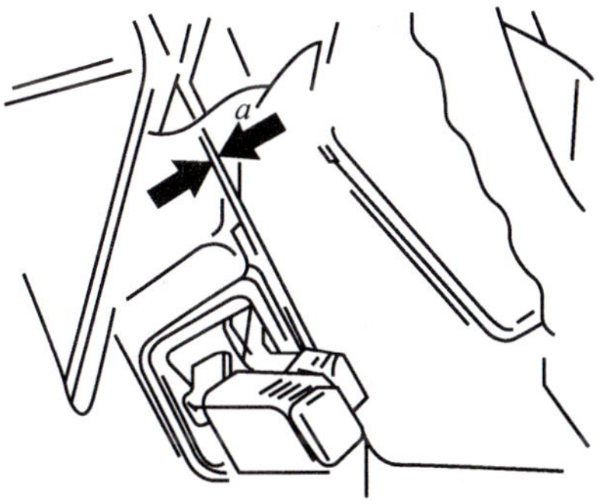

图 4-38 转向盘和转向柱转换器之间的距离调整

2. 转向油泵皮带张力的调整（见图 4-39）

（1）从交流发电机和空调压缩机上拆下皮带。

（2）松开转向油泵装配支架上的两个螺母。转动支架上的调整螺栓，当两轮中间皮带挠度为 9～10mm 时，再锁上两个螺母。

（3）装上交流发电机和空调压缩机皮带。

3. 转向间隙的调整

（1）一个人在车内轻轻地来回转动转向盘，另一人小心地调节螺钉，转向间隙的调整如图 4-40 所示，直到在车门处听不到碰撞声为止。

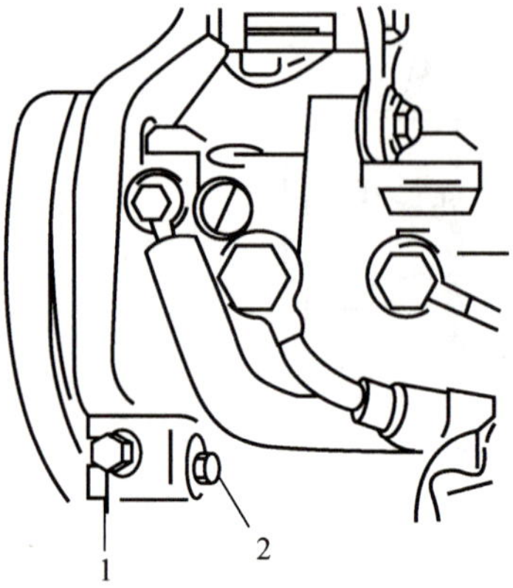

图 4-39 转向油泵皮带张力的调整

1—调整螺栓；2—锁紧螺母

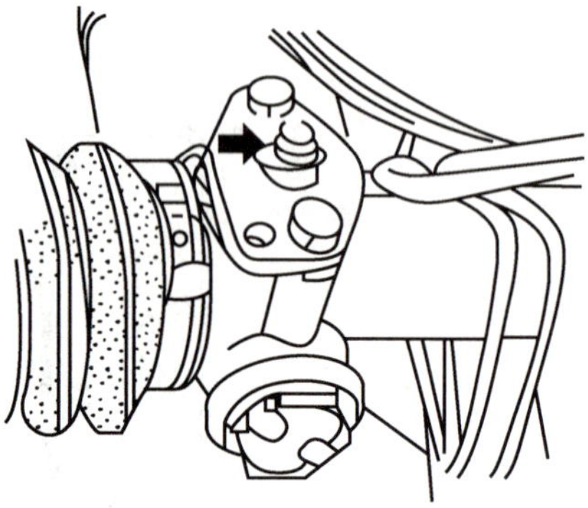

图 4-40 转向间隙的调整

（2）将调整螺钉拧紧 45°（约 1/8 圈），接着进行路试。

（3）若转向达不到要求，再将调整螺钉松开 45°，再进行路试，直到合适为止。

李师傅检查转向系统后，发现转向泵皮带张力不够，经调整后，故障现象消失。

（三）更换转向油液

1. 放油

（1）支起汽车前部，使两前轮离开地面。

（2）拧下转向油罐盖，拆下转向回油管，然后将转向油放入容器内，如图 4-41 所示。

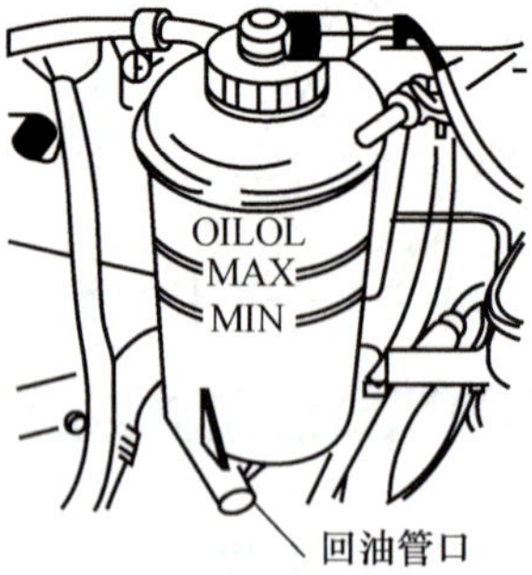

图 4-41 将转向油放入容器中

（3）发动机怠速运转，存放转向油的同时，左右转动转向盘。

2. 加油与排气

（1）向转向油罐内加注符合规定的转向油（奥迪和桑塔纳 2000 型乘用车的转向油

型号为 G002000），如图 4-42 所示。

图 4-42 向转向油罐内加注转向油

（2）支起汽车前部，并用支架支撑，转动转向盘，连续从左极限到右极限 2～3 次。

（3）检查转向油罐中的油液高度，视需要补足转向油。

（4）降下汽车的前部，启动发动机，怠速运转，连续转动转向盘 2～3 次。

（5）发动机以 1 000r/min 或更慢的速度运转，转动转向盘，从左极限到右极限几次，最后让转向盘回到中间位置。

（6）再检查转向油罐中的液面，若高度没有明显的增高，或没有气泡和乳化的现象产生，说明系统中的气体已经被排干净。

小提示

转向助力油含有致癌物质且具有腐蚀性，如果沾到皮肤及油漆、橡胶配件上，应及时清洗干净。

任务实施

拆卸电子助力转向机

针对该车故障现象，李师傅与小王对该车转向机进行拆卸，拆卸步骤如下。

（1）先断开蓄电池电源线；吊起车辆，拔下电动机线束插接端口。

（2）拆下固定横拉杆的螺母。

（3）拆卸左前轮罩处的转向器固定螺栓。

（4）拔下转向传感器的线束插接端口。

（5）拆卸后横板上固定转向器的左边自锁螺母。

（6）把车辆放下。拆卸紧固齿条与转向横拉杆的螺栓。

（7）拆卸仪表板侧边下盖、通风管和踏板盖。

（8）拆卸紧固转向小齿轮与下轴的螺栓，使各轴分开。

（9）拆卸防尘套。

（10）拆卸后横板上转向器的固定自锁螺母。

（11）拆下转向器。

拆卸后，发现转向油缸筒拉缸，更换后，故障消失。

实训报告单

动力转向系统检修	姓名		学号	
	班级		日期	

一、基础知识准备

1. 什么是动力转向系统，其有何优缺点？

2. 简述液压式动力转向器的构成。

3. 液压式动力转向器分为哪几种？

二、实训考核

1. 检查转向油泵皮带张紧力是否合适，并说明原因。

2. 如何进行转向油罐液面的检查？

3. 简述更换转向油液的步骤。

续表

动力转向系统检修	姓名		学号	
	班级		日期	
三、安全文明生产				
教师评语	本次实训成绩			
	良好	合格	不合格	

教师考核方案

动力转向系统检修	姓名		学号	
	班级		日期	

一、基础知识准备（每题 10 分，共 30 分）

1. 什么是动力转向系统，其有何优缺点？
2. 简述液压式动力转向器的构成。
3. 液压式动力转向器分为哪几种？

二、实训考核（每题 10 分，共 30 分）

1. 检查转向油泵皮带张紧力是否合适，并说明原因。
2. 如何进行转向油罐液面的检查？
3. 简述更换转向油液的步骤。

三、安全文明生产

1. 学生工具选用、使用错误，扣 5 分；
2. 学生工具、零部件摆放不整齐、无序，扣 5 分；
3. 学生实训过程中出现掉落工具、零件情况，扣 5 分；
4. 学生在操作过程中出现重大违规及危及人身安全情况，扣 20 分。

四、实训评估

采用自评、小组评和教师评的方式对实训情况进行评分，每项分值为 10 分。

评价人	基本知识掌握程度	工作态度	团队合作能力	任务完成情况
自评				
小组评				
教师评				
平均分				

注：总分＞80 为优良；80≥总分≥60 为及格；总分＜60 为不及格。

任务 4.3　四轮转向系统检修

任务引入

某奥迪 Q7 车主反映，其爱车原地打方向时没有液压助力，同时仪表盘没有故障灯亮起，因此找到了李师傅，希望能够排除故障。

任务分析

通过本任务的学习，学生能够掌握四轮转向系统的结构及工作原理，并能熟练进行机械转向系统的拆装实习及故障诊断与维修。

知识准备

具有四轮转向（4WS）装置的汽车，在十分狭小拥挤的地方，能够非常方便地驶出停车位置、转向或调头，后轮可以与前轮相反或相同的方向行驶。四轮转向的汽车与常规的前轮转向的汽车相比有一个较小的转弯半径。四轮转向系统中的后轮转向可以根据车辆速度或者转向盘的转角来控制。在车速较低或转向盘转角很大时，后轮的转向与前轮相反。当车辆行驶速度较高或转向盘转角较小时，后轮的转向与前轮相同。

当车辆高速转弯时，离心力使车辆后部产生向侧面移动的趋势，这会使后轮在路面上发生侧向滑动，车速和转向的急剧程度决定了侧滑的大小。如果侧滑过大，会使汽车发生横向旋转，从而失去对车辆的控制。高速行驶时四轮转向系统使后轮转动方向与前轮相同，侧滑将会减轻，使稳定性得到改善。

一、四轮转向系统概述

（一）电控四轮转向

1992 年电子控制的四轮转向系统出现在本田一序曲汽车上。在电子控制的四轮转向系统中，前轮转向器和后轮转向执行器之间没有任何机械连接装置，后轮转向执行器是由安装在左后座椅后部的行李箱内的转向电子控制模块来控制的。电子控制系统中的四轮转向系统利用转向盘转动速度、车辆行驶速度和前轮转角的信息来计算并控制后轮转角，其工作示意图如图 4-43 所示。

1. 后轮转向执行器

后轮转向执行器如图 4-44 所示。它可以与电动转向器相对照。执行器包含一个通过循环球螺杆机构驱动转向齿条的电动机。转向横拉杆是从转向执行器连接到后轮转向臂和转向节处，执行器内的回位弹簧在点火开关断开，或四轮转向系统失效时将后轮推回直线行驶位置。一个后轮转角主传感器和一个后轮转角副传感器安装在后轮转向执行器的顶端。

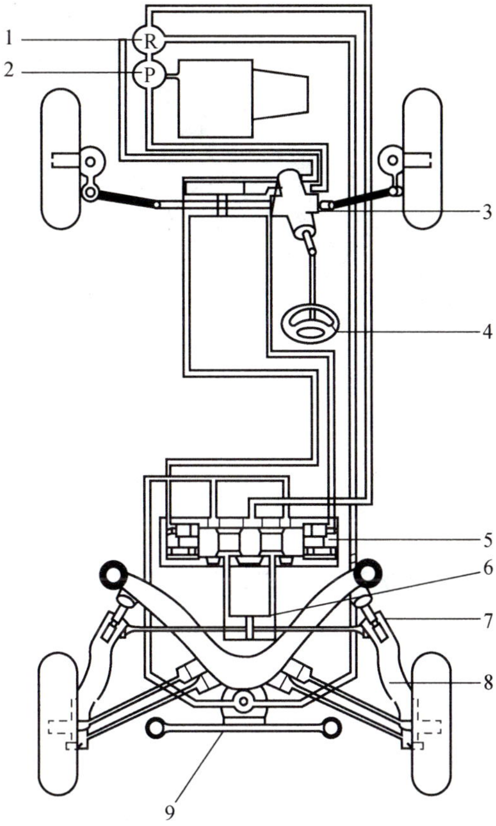

图 4-43 液压式四轮转向系统示意图

1—储油罐；2—转向油泵；3—前轮动力转向器；4—转向盘；5—后轮转向控制阀；6—后轮转向动力缸；7—铰接头；8—从动臂；9—后轮转向专用油泵

2. 传感器

（1）后轮转角主传感器。

后轮转角主传感器位于后轮转向执行器的左侧。这个传感器含有一个随循环球螺杆旋转的脉冲环，电子霍尔传感元件直接安装在脉冲环上部（见图 4-45）。当循环球螺杆与脉冲环旋转时，霍尔传感元件向电子控制模块发出脉冲数字电压信号，显示后轮转角。

（2）后轮转角副传感器。

后轮转角副传感器安装在后轮转向执行器上与后轮转角主传感器位置相对的一端。后轮转角副传感器内有一个连接在齿条轴上的锥形轴（见图 4-46），锥形轴与齿条一同水平移动。后轮转角副传感器的触棒与锥面弹性接触。当锥形轴水平移动时，锥面使传感器触棒来回移动。这根触棒的运动使传感器产生模拟电压信号，将转角信息传送给电子控制模块。

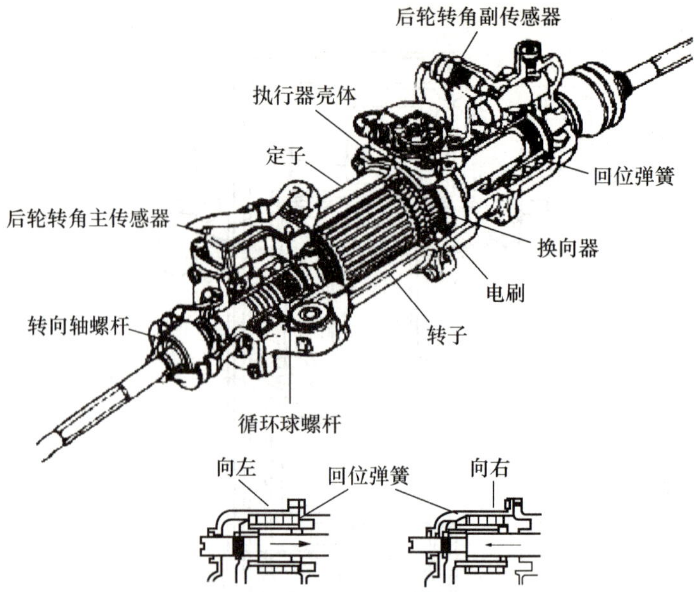

图 4-44 后轮转向执行器

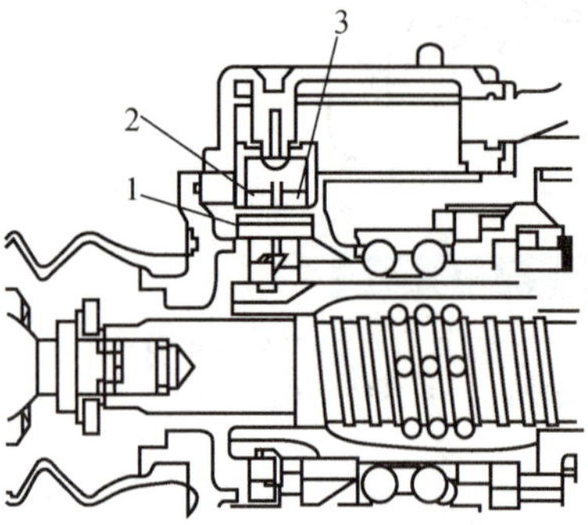

图 4-45 后轮转角主传感器

1—电磁转子；2—霍尔电路集成块；3—检测元件

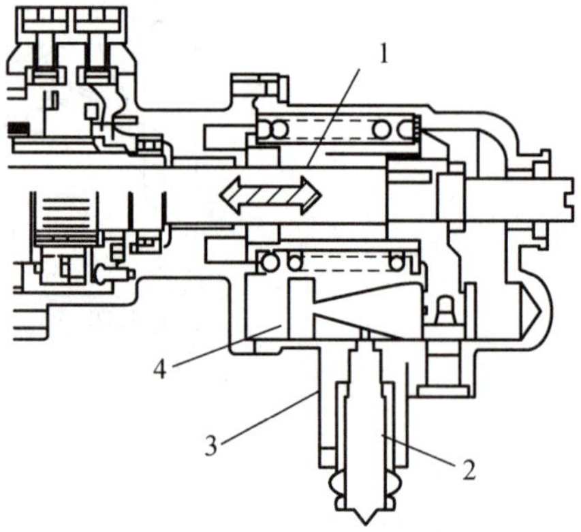

图 4-46 后轮转角副传感器

1—转向轴螺杆；2—后轮转角副传感器；3—后轮执行器弹簧盖；4—锥形轴

（3）转向盘转向传感器。

转向盘转向传感器也称转向盘转动传感器，如图 4-47 所示。转向盘转向传感器安装在组合开关下方的转向柱上。转向传感器一般采用霍尔效应原理结构，转向传感器能够检测转向盘的转动方向、转动速度和转动角度。转向盘转动时，转向传感器向电子控制模块传送前轮转动的信号。

（4）前轮转角传感器。

前轮转角传感器安装在前齿轮齿条转向器内。这个传感器含有一个与后轮转角传感器十分相似的锥形轴。这个前轮转角传感器向电子控制模块发送与前转角相关的信号。

（5）后轮转速传感器。

后轮转速传感器安装在每个后轮上。传感器与防抱死制动系统（ABS）的电子控制模块以及四轮转向控制系统相连接（资源共享）。每个后轮毂上安有一只带齿槽的环，轮速传感器就直接安装在这些带槽的环的上方。传感器包括一只绕有线圈的永久磁铁。当后轮转动时，带槽的环上的齿经过传感器，这样就在传感器内产生电压。以Hz为频率单位的电压信号经计算机处理来确定轮速（见图4-48）。

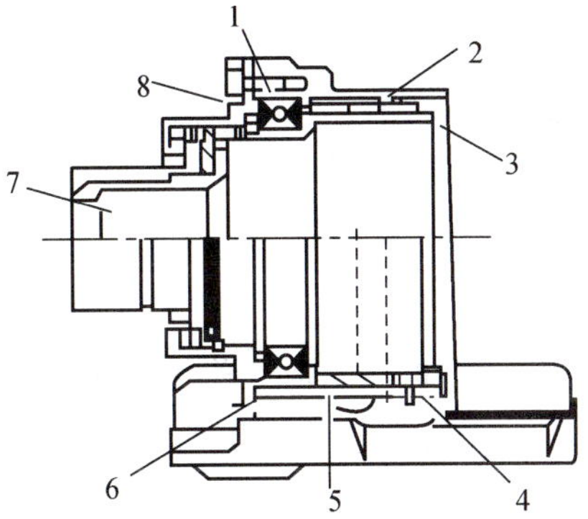

图4-47 转向盘转向传感器

1—轴承；2—磁铁；3—磁转子；4—霍尔集成块；5—检测元件；6—输出电路；7—锁颈；8—锁壳

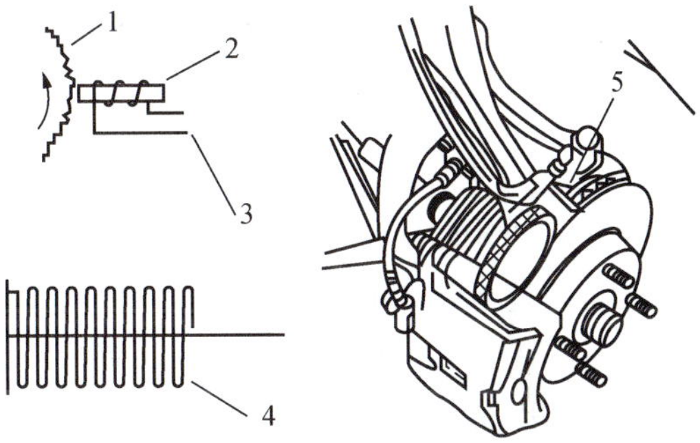

图4-48 后轮转速传感器

1—齿形转子；2—永久磁铁；3—信号输出；4—输入信号；5—转速传感器

小提示

为了防止对轮速传感器的电磁干扰，传感器的导线外有附加屏蔽，如果这层屏蔽被损坏或拆去，电子控制模块（计算机系统）的工作将会受到严重影响。禁止随意更换传感器导线，禁止将传感器导线重新布置到其他电压干扰源（如火花塞导线等）附近。

（6）车速传感器。

车速传感器将与车辆速度（来自变速器）相关的电压信号送到四轮转向系统电子控制模块。这个车辆速度流量也被送到电动变速器电子控制模块。

3. 四轮转向系统的工作

（1）四轮转向电子控制模块的工作情况。

发动机工作时，四轮转向电子控制模块不断地从所有的输入传感器处收到信息，如果转向盘转动，四轮转向电子控制模块就会对车速传感器、转向盘转向传感器、前轮转角传感器、后轮转角主副传感器传来的信息进行分析计算，并控制适当的后轮转角，将蓄电池电压输送到后轮转向执行电动机，使后轮转向（见图4-49）。

蓄电池电压通过两只大功率输出晶体管输送到后轮转向执行器电动机处。其中一只晶体管在右转弯时导通，而另一只在左转弯时导通。后轮转角主、副传感器将反馈信号送到四轮转向电子控制模块，以告知后轮转角是否已被执行。

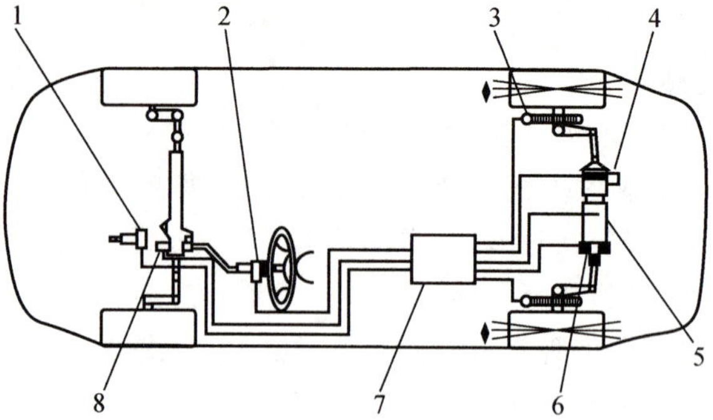

图 4-49 四轮转向系统的连接及控制

1—车速传感器；2—前轮转角主传感器；3—后轮传感器；4—后轮转角副传感器；5—后轮转向执行器；6—后轮转角主传感器；7—四轮转向控制模块；8—前轮转角副传感器

（2）四轮转向工作特性。

当车速低于 29km/h 时，如果转向盘转动，后轮会立即开始向与前轮相反的方向转动（见图 4-50），在车速为零时，后轮最大转角是 6°。后轮转角减小的程度随车速变化，在 29km/h 时后轮转角几乎是零。

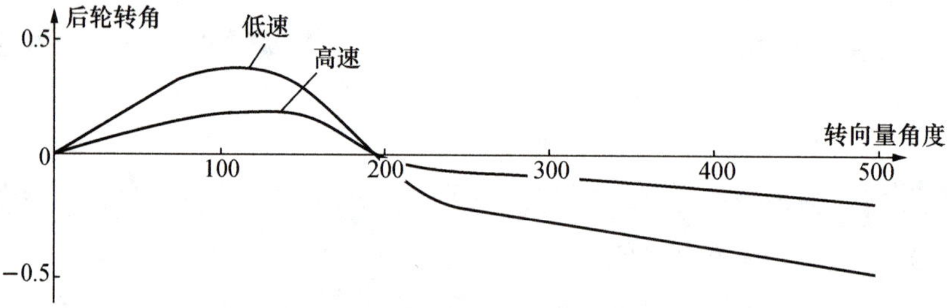

图 4-50 车速、转向盘角度确定后轮的转角

当车速增至大于 29km/h 时，转向盘在最初 200°转角内后轮转向与前轮方向一致。在这个车速范围内，转向盘转角大于 200°时，后轮会转向相反的方向。当车速提高到 96km/h 并且转向盘转角是 100°时，那么后轮将会向与前轮相同的方向转动大约 1°。在这个车速下，如果转向盘转动 500°，后轮将会沿与前轮相反的方向转动大约 1°（见图 4-50）。

（二）电子控制、液压驱动的四轮转向

1. 系统的基本结构原理

电子控制、液压驱动的四轮转向系统在有的马自达乘用车上能够找到。有一根转向传动轴连接在前轮转向器齿条和后轮转向系统的“相位控制单元”（前轮和后轮转向方向相同为相位同向，前轮和后轮转向方向相反为相位反向）之间，这根转向传动轴由前轮动力齿轮齿条转向器的齿条驱动。后轮相位控制单元包括一个步进电机、控制接头、摇臂、小伞齿轮、主伞齿轮、控制杆和控制阀等（见图 4-51）。

步进电机由电子控制单元操纵，它从两只速度传感器处得到输入信号。在相位控

制单元中，有一只小伞齿轮与主伞齿轮啮合。由前桥转向器伸出的转向传动轴与小伞齿轮相连。摇臂和控制杆连在转向器齿轮轴、控制接头之间，而且它穿过主伞齿轮上开的一个孔。当转向盘向任何一方转动时，小伞齿轮使主伞齿轮转动，并带动控制杆做弧线运动。步进电机上的小伞齿轮与驱动短轴上相应的主伞齿轮啮合。这根短轴上的蜗杆与蜗轮轮齿啮合。

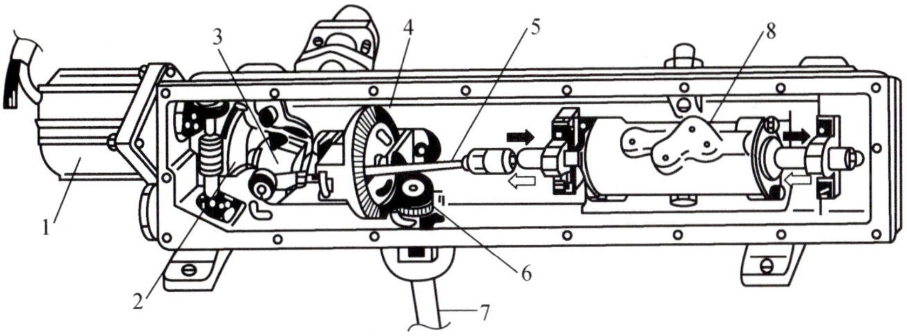

图 4-51 后轮转向相位控制单元

1—步进电机；2—控制接头；3—摇臂；4—主伞齿轮；5—控制杆；6—小伞齿轮；7—前转角输入轴；8—控制阀

步进电机的转动使短轴伞齿轮及蜗杆转动，蜗杆带动蜗轮转动，蜗轮转动使摇臂左右移动，这样摇臂随动臂转动（受主伞齿轮、控制杆驱动）。同时，拉或推控制杆移动，改变液压控制阀的油液流经孔的量。当主伞齿轮沿摆过的弧线推动控制杆时，调整控制杆和控制阀的位置，以便准确地调节液体流量，控制杆的移动（液压控制阀的开度）受到主伞齿轮（前轮转向角度）摆动的控制，同时也受步进电机（与蜗轮联动摇臂的拉动）的控制。从动力转向泵传来的液压通过控制阀到达动力液压缸，液压缸的输出控制后转向轮。

2. 后轮转向相位反向

当车速在 35km/h 以下时，相位电子控制模块和动力液压缸使后轮的转向与前轮相反。在这种情况下，步进电机和控制接头调整控制杆位置，使动力转向液体压力由控制阀左端的量孔控制（见图 4-52）。

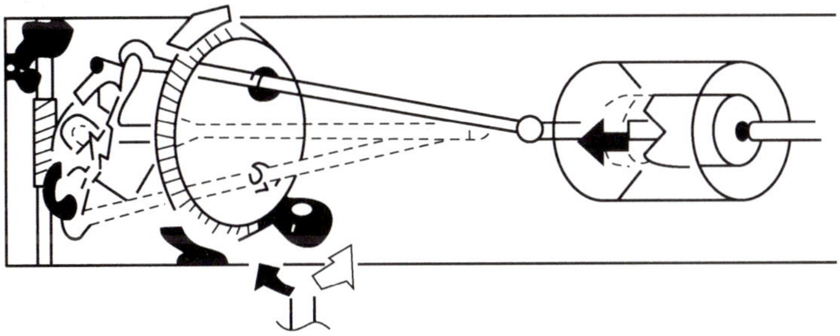

图 4-52 后轮转向相位相反

当前轮转向时，后轮转向传动轴使主伞齿轮和摆臂沿弧线运动，这使得水平的控制杆和控制阀横向运动，并且控制阀调节流向动力液压缸的液压以控制后轮转向。当后轮转向与前轮相反时，最大转角是5°，出现在车速为15km/h时。相位相反的后轮转向使车辆转弯半径减小，提高了低速时的机动性。在35km/h时，步进电机调整控制接头、摆臂的位置，使得控制阀不再向动力油缸输油，使后轮保持直驶位置（见图4-53）。

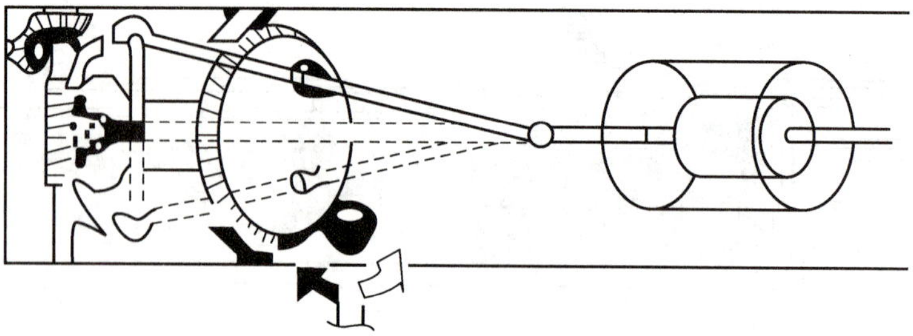

图 4-53　后轮保持直驶位置

3. 后轮转向相位相同

当车辆以35km/h以上的速度行驶时，电子控制模块驱动步进电机和控制接头调整控制杆和阀的位置，使液体向控制阀的右端量孔流动（见图4-54）。

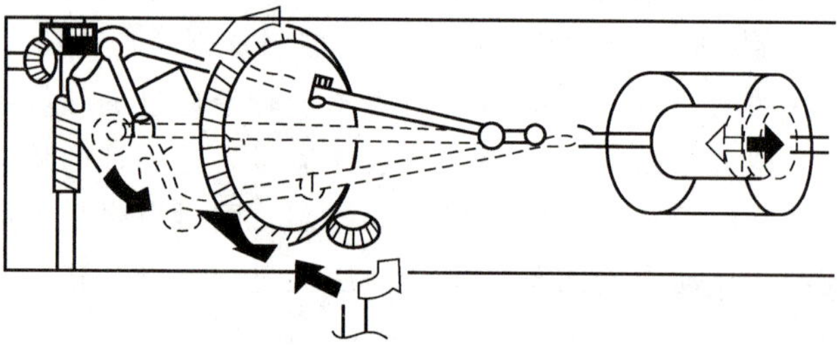

图 4-54　后轮转向相位相同

当前轮转向时，后轮转向传动轴使主伞齿轮和控制杆沿圆弧运动，这也使水平的控制阀横向运动。控制阀向动力液压缸提供精确的压力以控制后轮转向的角度。在这种工作方式下，后轮与前轮的转向相同。如果后轮转向系统出现电气或液压故障，复位弹簧将会把后轮锁定在直驶位置。

二、四轮转向系统检修

（一）系统检修前应注意的问题

1. 系统检修前应注意的问题

（1）以前是否改动过悬架而影响转向系统的工作；

（2）轮胎尺寸是否与生产厂家的规定相符；

（3）轮胎气压是否达到生产厂家的规定；

（4）动力转向油泵皮带张力是否达到生产厂家的规定；

（5）动力转向油泵油箱中的液面高度是否达到了生产厂家的规定；

（6）发动机在生产厂家要求的怠速转动时是否稳定；

（7）转向盘是否是原配的。

2. 失效保护功能是否起作用

在四轮转向系统出现故障时，能够自动进入失效保护状态。处在这种状态时，后轮处在中央（直驶）位置。

如果四轮转向电子控制模块察觉系统出了故障，电子控制模块转换至失效保护状态。在这种状态下，电子控制模块存入故障代码，并接通四轮转向指示灯，以通知驾驶员系统出现问题。进入这种状态时，四轮转向电子控制模块切断后轮转向单元的电压，而且使后轮保持在直驶位置。

3. 是否有阻尼控制

当四轮转向系统进入失效保护状态时，如果后轮迅速回正反而会对转向盘转向控制产生影响。为避免这种情况，四轮转向控制系统进入失效保护状态时，给阻尼继电器充电，在转向轴被回正弹簧力移到中央位置时，后轮转向执行电动机由转向轴的运动驱动。

这样，电动机的工作相当于发电机，转子输出的电压经由阻尼继电器回馈到电动机励磁绕组。进入这种情况时，转子速度降低，回正弹簧缓慢地将后转向轴驱动到中央位置。如果没有阻尼继电器，回正弹簧将会迅速地将后轮转回至中央位置。

（二）诊断故障代码

1. 路试

四轮转向控制系统在故障出现时，即使是暂时故障，也会将故障代码进行存储并接通四轮转向指示灯。通过路试检验电子控制系统是否正常，同时系统内自诊断系统会将故障代码记录并存储。如果路试中四轮转向指示灯没有亮，则控制系统也是完好的，则不需进一步诊断。查阅生产厂家的维修手册，寻找问题来源、检查步骤和诊断方法，确保在检查中发现问题。

2. 点火开关接通时故障代码的显示

注意：在检查控制模块的计算机系统时，除非生产厂家的说明书中指明，否则，禁止将接线端子短路或搭铁；在检查计算机系统时，禁止在点火开关接通时通、断计算机系统的元件，否则会损坏计算机系统或元件；在检查装有安全气囊车辆上的电子系统时，大多数生产厂家建议将点火开关断开，拆下蓄电池负极电缆，并在电子器件维修检查之前等候 1min。检查装有安全气囊的车辆上的电子系统时，必须按照生产厂家维修手册上指出的所有注意事项进行。

应该按照生产厂家维修手册的诊断步骤进行四轮转向系统的维修，检修方法、步骤因汽车型号及生产年份的不同而不同。以下是本田一序曲型乘用车的典型操作步骤。

（1）故障代码的读取。

①拆下位于仪表板后面的双电极维修诊断插头，并将这个插头上的两点电极用短

接导线连起来（见图 4-55）。

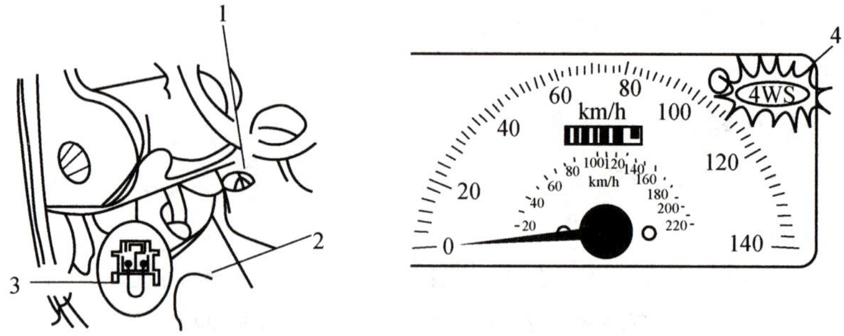

图 4-55 诊断插头与四轮转向指示灯

1—数据接头；2—检测接头；3—短接线；4—四轮转向指示灯

②接通点火开关，但不要启动发动机。

③观察四轮转向（4WS）指示灯，读取故障代码。3 次长的闪烁以及短暂停顿之后接着 1 次短的闪烁表示 31 号代码。代码是按照数字顺序给出的。

④记录故障代码。

（2）故障代码的清除。

①断开蓄电池引线。

②断开四轮转向电子控制模块电源插座。

③从发动机罩下的保险/继电盒中拆下第 43 号时钟与收音机 10A 的保险丝。

（3）发动机工作时故障代码的显示。

四轮转向电子控制模块实际含有两个处理器，分别称为主处理器和副处理器。每只处理器最多可存储 10 个故障代码。如果在发动机运转时检查故障，代码的显示也表明了存储在哪一个处理器中。如果维修诊断插头电极由短接线连起来，而且发动机已经开动，四轮转向指示灯在主、副处理器中有故障信号的情况下，按如下顺序工作，如图 4-56 所示。

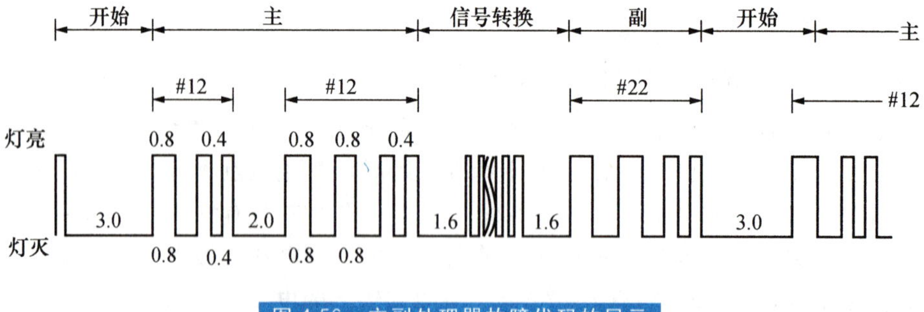

图 4-56 主副处理器故障代码的显示

①点火开关打开时快速闪亮 1 次。

②停顿 3s。

③显示主处理器中存储的代码（如果储存了两个或两个以上的代码，在两个代码之间停顿 2s，以示区分）。

④停顿 1.6s。

⑤连续快速闪烁 3s，表明将主副处理器的信号隔开。

⑥停顿 1.6s。

⑦显示副处理器中存储的代码。

⑧停顿 3s，随后重复上述过程。

（4）转向角度主传感器故障代码。

如果是转向角度主传感器出现故障，时钟与收音机 10A 保险丝被切断后，四轮转向（4WS）指示灯也不会再闪亮。如果是电子控制四轮转向系统中其他部分出现故障，在点火开关断开时，四轮转向指示灯随之熄灭。然而，在点火开关接通时，4WS 指示灯又会再亮起来，四轮转向电子控制模块再次感知故障。

（5）代表短时非正常行驶工况的代码。

代码 70、71、73 及 74 代表不正常、不正规的驾驶情况（见表 4-1）。当四轮转向电子控制模块感知这种非正常情况时，它并不使 4WS 指示灯亮，但在诊断过程中，这些代码会出现。

表 4-1 非正常行驶工况的代码

代码	工作状况	4WS 指示灯
70	汽车行驶时，点火开关从断开到接通	亮
71	驾驶员及 3 个乘客在车上时驾驶员违反操作规程，转动转向盘时，后轮碰到人行道或其他障碍物	—
72	蓄电池快速充电时，启动发动机	—
73	驻车制动器起作用时（未松开），开动汽车	诊断后点亮 5min

（三）维修后轮转向执行器

1. 后轮转向执行器的拆卸

（1）拆卸前的注意事项。

①有很多四轮转向系统在维修、诊断过程中需要在后转向执行器上安装中心锁销，以便将后轮锁定在中央位置。

②在未拔出锁销时不允许启动发动机，否则会损坏锁销或后轮转向执行器。

③后轮转向执行器不允许随意拆解，否则会损坏执行器或破坏控制精度。

④在拆卸横拉杆接头时，不要损坏防尘套。

（2）拆卸后轮转向执行器的步骤。

①用起重机或千斤顶将车辆后部抬高，并用千斤顶支架在生产厂家指定的位置支承汽车底盘。

②从转向横拉杆接头处，拆下开口销及螺母。

③将一只 12mm 螺母装到转向横拉杆接头处，直到球头销末端与螺栓平齐。

④将专用工具装到转向横拉杆接头上，使其两臂平行。将工具上螺母拧紧，以便

松开转向横拉杆接头（见图 4-57）。在两只转向横拉杆接头处做同样的操作。

⑤从转向横拉杆上拆下螺母，并从转向臂处拆下转向横拉杆。

⑥拆下后转向执行器护罩（见图 4-58）。

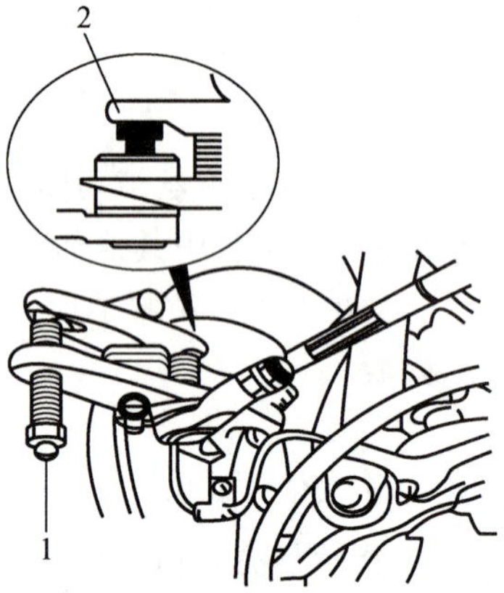

图 4-57　用专用工具拆下横拉杆接头

1—球铰拆卸专用工具；2—螺母

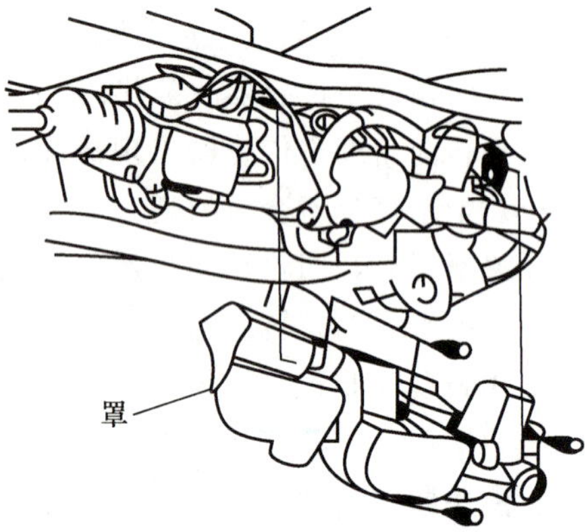

图 4-58　拆下后转向执行器护罩

⑦拆下中心锁销插盖螺栓及垫圈（垫圈不能重复使用，需要更换新品），并装上后轮转向中心锁销（见图 4-59）。

⑧拆下后轮转向执行器的搭铁电缆接头及所有电气配线接头（见图 4-60）。

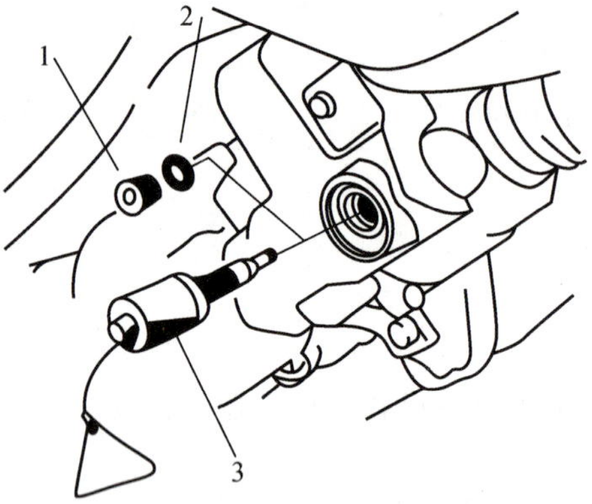

图 4-59　安装后转向中心锁销

1—螺栓；2—垫圈（更换）；3—中心锁销

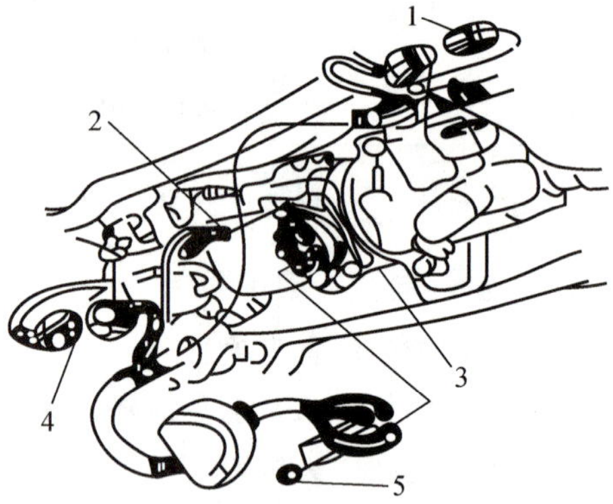

图 4-60　拆下电缆接头

1—三芯插头；2—接地导线；3—后轮转向执行器；4—八芯插头；5—接地螺母

⑨拆下四只安装螺栓及托架，并拆下后轮转向执行器（图 4-61）。

2. 转向横拉杆及其接头的拆卸

①用蜡笔做记号，以标记转向横拉杆接头，锁紧螺母及转向横拉杆的相对位置。

②用扳手卡住转向横拉杆接头，并松开锁紧螺母（见图 4-62）。

③拆下转向横拉杆接头。

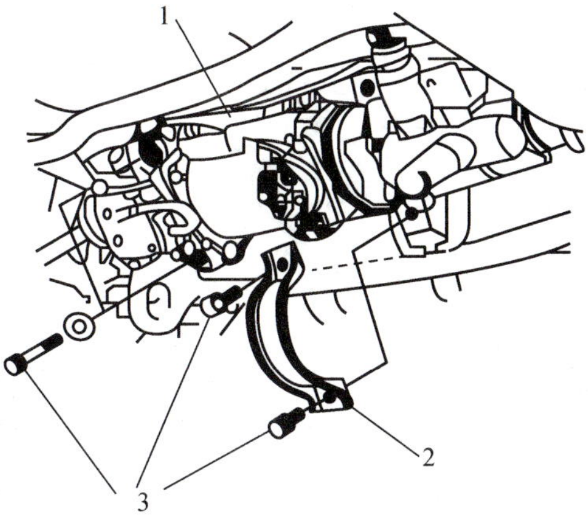

图 4-61 拆下安装螺栓、托架和后轮转向执行器

1—后轮转向执行器；2—安装托架；3—螺栓

④从转向横拉杆内接头上拆下防尘套卡箍及卡子（见图 4-63）。

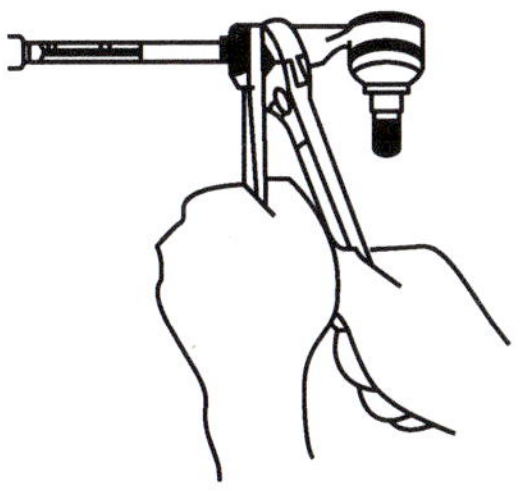

图 4-62 松开横拉杆锁紧螺母

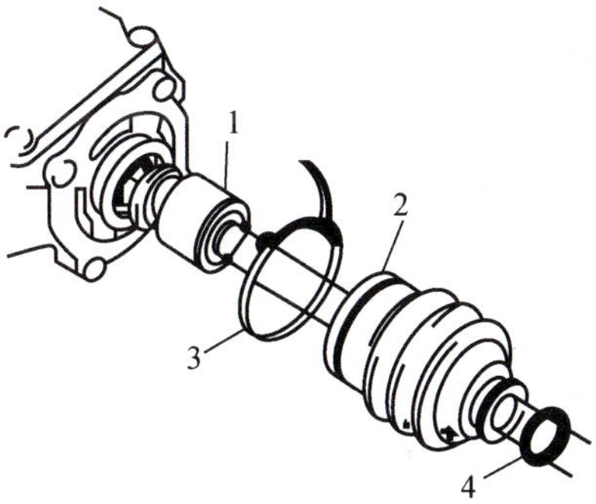

图 4-63 从横拉杆内接头上拆下防尘套卡箍及卡子

1—齿条端头；2—防尘套；3—防尘套卡箍；4—管箍

⑤将专用的齿条夹持扳手平的一面朝向执行器壳体，并用手锤在壳体及垫圈之间轻轻敲击（见图 4-64）。

⑥将转向横拉杆上锁紧垫圈的弯折处撬起弄平。

⑦用专用工具卡在执行器轴螺纹处，并用扳手松开转向横拉杆（见图 4-65）。

⑧沿轴的螺纹扭下转向横拉杆，随后对每只转向横拉杆接头进行同样的操作。

3. 转向横拉杆接头防尘罩的拆卸与更换

转向横拉杆接头防尘罩如果裂开、松动或老化，必须及时更换。注意：不要在转向横拉杆接头、防尘罩的安装轴肩和球头销锥面处涂润滑脂；不要使灰尘或异物进入转向横拉杆接头球铰或防尘罩。可按照如下步骤拆卸并更换接头防尘罩。

①用一只大的螺丝刀将旧的防尘罩从转向横拉杆接头上卸下来。

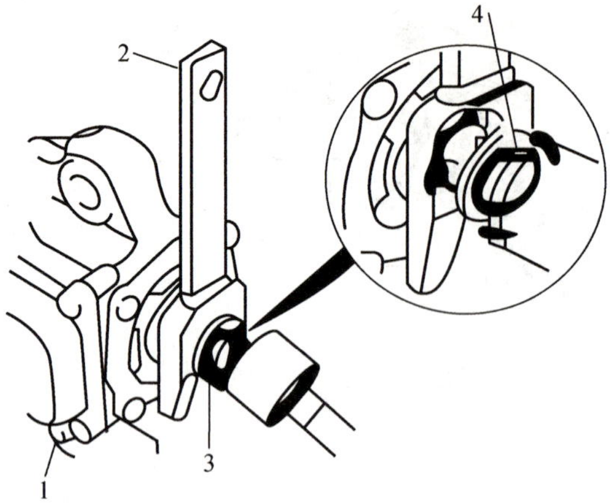

图 4-64　在执行器壳体和锁紧垫圈之间放置齿条夹持扳手

1—执行器壳体；2—夹持扳手；3—限位垫圈；4—锁紧垫圈

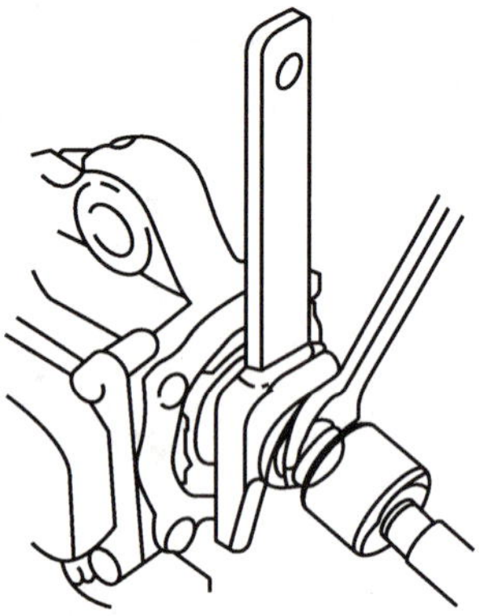

图 4-65　拆下横拉杆

②向新的防尘罩内加注生产厂家推荐的润滑脂，并在接口部涂上较薄的一层。

③用抹布将润滑脂从球头销的滑动表面上擦去，并在球头销下表面及球头销体处加润滑脂（见图 4-66）。

④用专用工具将新防尘罩装入转向横拉杆接头（见图 4-67）。

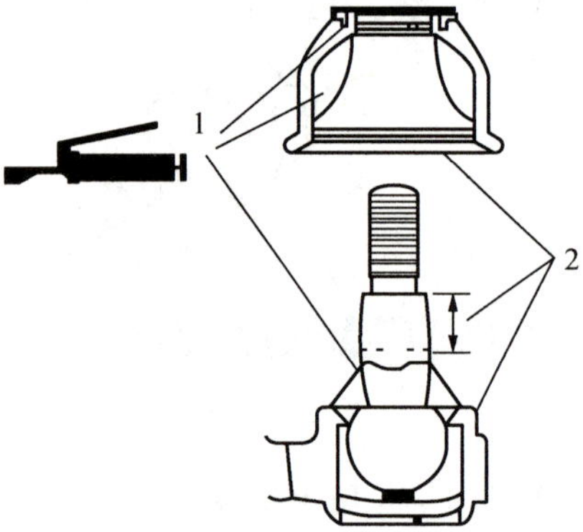

图 4-66　将润滑脂充入防尘罩及转向横拉杆接头

1—润滑部位；2—防尘套安装部位及球头销锥面部位

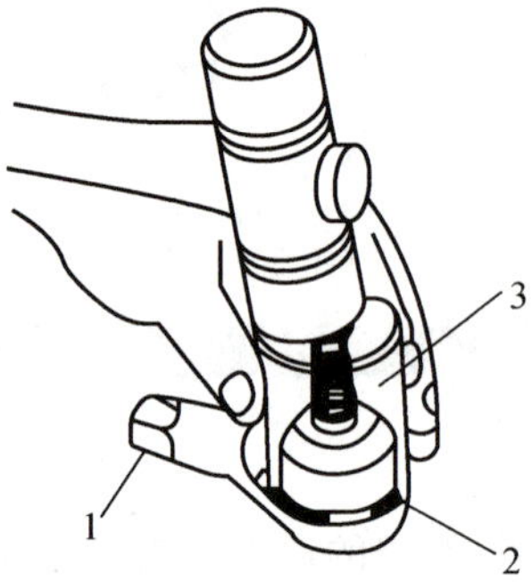

图 4-67　用专用工具将防尘罩装在转向横拉杆接头上

1—转向横拉杆接头；2—球头销防尘套；3—毂状件安装引导附件

⑤用抹布将球头销圆锥面上的润滑脂擦去，并在防尘罩下端及转向横拉杆杆体处，涂抹密封液。

4. 转向横拉杆及其接头的安装

①装上转向横拉杆接头，并使转向横拉杆接头、螺母及转向横拉杆上的记号对正。拧紧转向横拉杆螺母至规定力矩。

②拧上每只内转向横拉杆并固定锁紧垫圈，使锁紧垫圈的凸起朝向转向横拉杆接头，限位垫圈有倒角的一面向外（见图 4-68）。

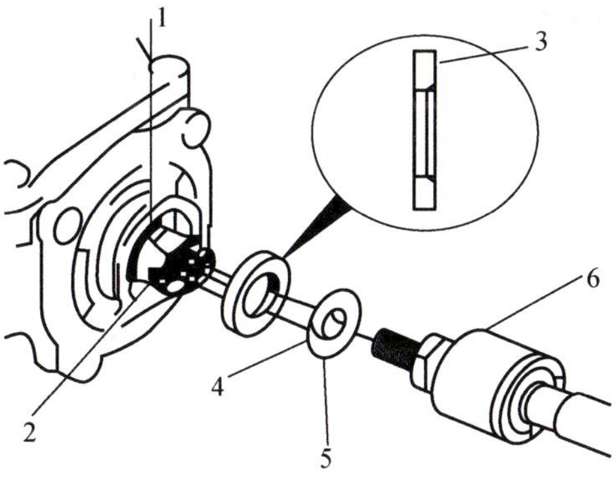

图 4-68 安装横拉杆内接头

1—轴螺纹；2—槽；3—限位垫圈；4—凸起；5—锁紧垫圈；6—齿条断头

③用手锤轻敲执行器壳体与限位垫圈之间的专用卡持工具（见图 4-64）。

④用卡持工具卡住轴，将转向横拉杆接头拧紧至规定力矩。

⑤将锁紧垫圈小凸起翻向转向横拉杆内接头平面。

⑥取下专用卡持工具，在转向横拉杆的滑动表面涂上硅润滑脂（见图 4-63），在转向横拉杆防尘套内壁涂上较薄的一层硅润滑脂。

⑦在转向横拉杆接头壳体的周围，涂上生产厂家推荐用的润滑脂。

⑧将防尘套装到执行器壳体上，并将防尘套箍和垫圈装在相对于执行器壳体的正确位置（见图 4-69）。

⑨卡紧防尘罩卡箍，并将两对搭扣锁在箍上（见图 4-70）。轻敲防尘套卡箍重叠的部分，使其贴合并压紧。

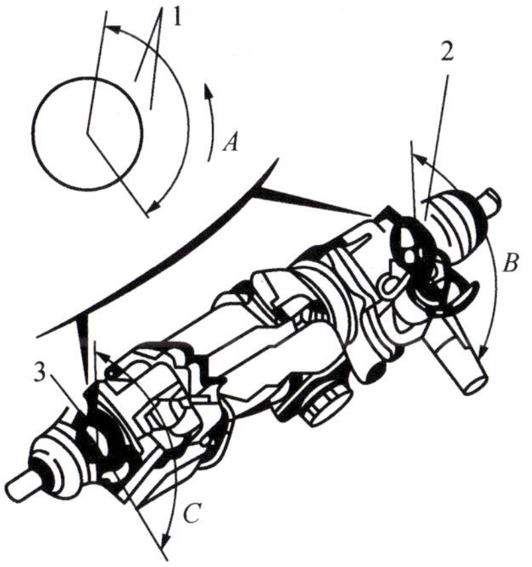

图 4-69 防尘套卡箍相对于执行器壳体的正确位置

1—搭扣；2—右防尘套卡箍；3—左防尘套卡箍

A—包卷方向；*B*、*C*—搭扣应在此范围扣紧

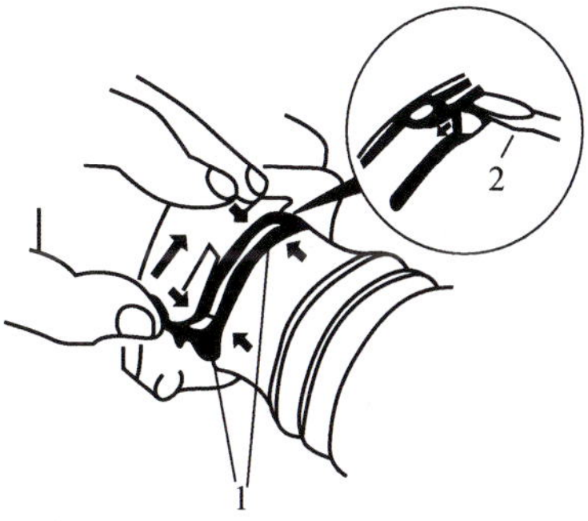

图 4-70 卡紧横拉杆内防尘套卡箍

1—搭扣；2—螺丝刀

5. 拆卸更换后轮转向执行器的传感器

①松开后轮转角副传感器锁紧螺母，并将传感器沿螺纹从壳体中旋出（见图4-71）。

传感器的O形圈不允许重复使用。

②拆下后轮转角主传感器的两只安装螺栓，并将传感器从执行器壳体中取出（见图4-72）。

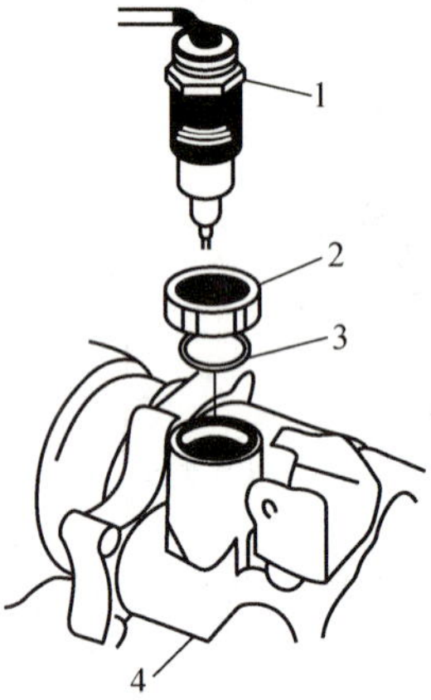

图4-71　拆卸后轮转角副传感器

1—后轮转角副传感器；2—锁紧螺母；3—O形圈（更换）；4—执行器壳体

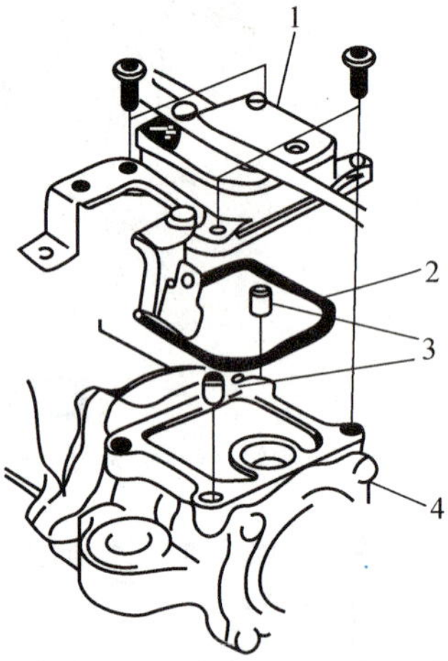

图4-72　拆下后轮转角主传感器

1—后轮转角主传感器；2—O形圈（更换）；3—定位销；4—执行器壳体

小提示

执行上述操作时，用封口胶带或其他的物品盖住后轮转角主副传感器的安装孔，以防止灰尘或异物落入。注意定位销的位置，传感器的O形圈不允许重复使用。

③在后轮转角副传感器上，安装锁紧螺母及新的O形圈。

④在O形圈上涂一层较薄的润滑脂，并将传感器装到执行器壳体里。

⑤转动传感器直到它触到锥形轴，再反向旋出半圈，用手指拧紧锁紧螺母。后轮转角副传感器的最终调整在执行器装到车上时完成。

⑥在后轮转角主传感器O形圈表面上涂一层润滑脂，并将它装到传感器上。

⑦将后轮转角主传感器及密封圈装到执行器壳体内，注意定位销的位置，并拧紧安装螺母至规定力矩。

6. 安装后轮转向执行器

①装上后轮转向执行器的4只安装螺栓及托架，托架上的箭头指向上方（见图4-61）。

②将后轮转向执行器安装螺栓拧紧至规定力矩。

③将转向臂与转向横拉杆接头重新连接起来，并将螺母拧紧至规定力矩。

④将开口销安装在螺母及转向横拉杆销钉开口处并锁住开口销（见图4-73）。

⑤检查所有电气线路接头端子是否有污物，并视需要进行清洁。安装后轮转向执行器上所有的线路接头，并将接头螺母拧紧至规定力矩（见图4-60）。

⑥安装后轮转向主传感器插头上的接线柱护罩。拆下后轮转向锁销，并装上盖螺

栓及垫圈（见图 4-59）。转向执行器护罩待到后轮转向执行器完成最终的调整后再安装。

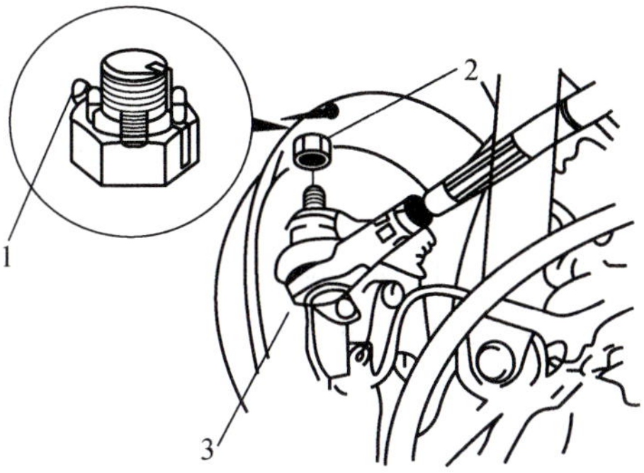

图 4-73 转向横拉杆接头上开口销的安装

1—开口销安装方法；2—花螺母；3—转向横拉杆接头

7. 后轮转向执行器的调整

当四轮转向系统中出现工作电源断路、各个传感器不正常和控制模块工作不正常等情况时，后轮能够自动恢复到直驶位置，确保行车安全和驾驶操作可靠。自动恢复后轮直驶位置的检查非常重要。

（1）初步检查。

检查中应注意不要在后轮转向执行器锁销插着的时候启动发动机，否则会损坏锁销及后轮转向执行器。在进行以下操作后，后轮应该能够恢复直驶位置。

①蓄电池接线电缆断开；

②四轮转向电子控制模块接头断开；

③时钟与收音机保险丝断开。

（2）转向盘在中间位置时后轮处于直驶位置的检查。

四轮转向系统的转向盘处在中间位置时，后轮必须与之对应，能够保证在直驶位置。四轮转向系统控制模块具有检查此项的功能。

①将车辆驶进定位台，并使四只轮子都在转弯半径测量转盘上。注意，使车轮在测量转盘的中央，并处在直驶位置，而且测量转盘在零度位置（见图 4-74）。

②保证转向盘在正中间位置。

③在仪表板下方的诊断插座上接上短接线（与读取电子控制模块故障代码的接法相同）。在检查之前，可先检查故障代码，并证实系统内无故障，四轮转向系统指示灯不可能同时指示“后轮直驶”和故障代码。

④将驻车制动器完全拉紧，直到驻车制动警

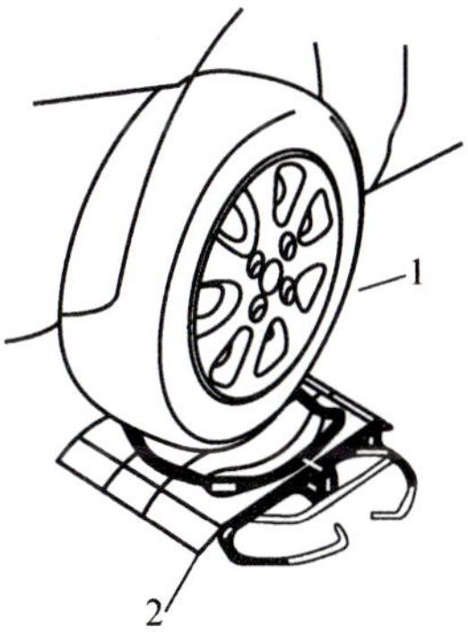

图 4-74 将车轮置于转向测量转盘上

1—车轮；2—测量转盘

告灯亮起。打开点火开关，并使前轮转向传感器处于测试状态。

⑤接通点火开关，缓慢地向左及向右转动转向盘。

⑥注意观察4WS指示灯闪烁情况，反复转动方向盘，找出能使4WS指示灯持续亮2s以上转向盘的位置。如果转向盘转动的弧长偏离中心位置小于9mm时，4WS指示灯发光，则前转角传感器及系统正常。反之，系统需要重新调整。

⑦在步骤①～⑤之后，注意观察4WS指示灯闪烁情况，反复转动转向盘，找出能使4WS指示灯以间隔为0.2s闪烁转向盘对应的位置。如果转向盘转动的弧长偏离中心位置小于55mm，前转角副传感器正常。反之，系统需要重新调整。重新调整前转角副传感器后，4WS指示灯应在转向盘转动的弧长偏离中心18mm的位置开始闪烁。

⑧在步骤①～④之后，松开驻车制动器，确认驻车制动警示灯熄灭。这时4WS电子控制模块进入对后转向传感器检查状态。

⑨拆下后轮转向执行器上转向中心锁销插孔盖螺栓及密封垫圈，然后装上后轮转向中心锁销插至其充分伸入执行器内（见图4-59）。

⑩将前轮置于直驶位置，以防止在发动机误开动时后轮转向。

⑪用手将左后轮转向到左方再转向最右方，并让一位助手观察4WS指示灯（见图4-75）。4WS指示灯应在后轮向左刚开始转动时，开始以0.2s的间隔闪烁。如果4WS指示灯不闪烁，重新调节后轮转角副传感器。

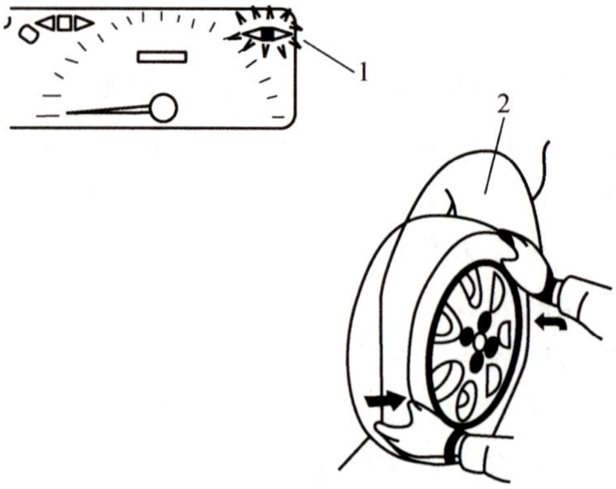

图4-75　将左后轮推向左转时4WS指示灯闪烁，后轮转角副传感器正常

1—指示灯；2—转动车轮

⑫用手将左后轮转向最左方，再慢慢转向右方。在左后轮开始向右转时，4WS指示灯点亮的时间在2s以上。如果4WS指示灯没有亮，检查后转角主传感器是否损坏。

⑬断开点火开关，拆下后轮转向中心锁销，并装好盖螺栓及垫圈，将螺栓拧紧至规定力矩。从维修诊断插座上拆下短接线，装上后轮转向执行器护罩。

8. 前转角主传感器的调节

①将车辆置于维修台，两只前轮都放在转弯半径测量转盘上。将测量转盘向最右端再向最左端转，并记下由最右端到最左端转向盘全程转动的圈数。

②将转向盘向右转回全程圈数的一半，这样就使前转向齿条处在中央位置，而转向盘轮辐相对中央位置偏向角度应在生产厂家规定范围之内，否则，应该对前转角主传感器及转向盘轮辐重新调节。

③将转向盘置于中央位置，并拆下转向盘安装螺母，用转向盘拆卸器将转向盘拆下（见图 4-76）。

④查看前转角主传感器上的黄色漆记号是否在下方（见图 4-77）。如果是，那么前转角主传感器处在正常的正中位置。

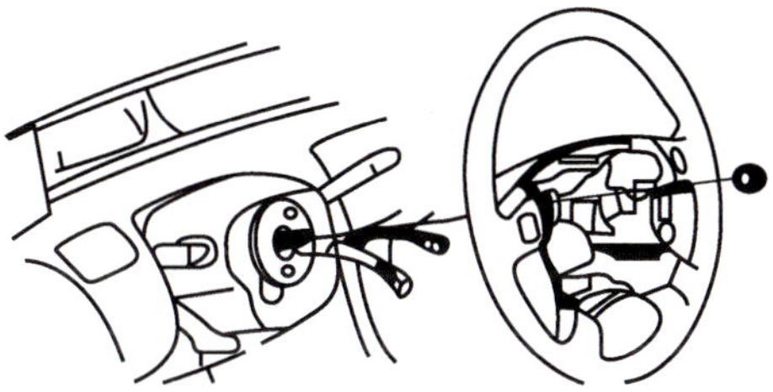

图 4-76 拆卸转向盘

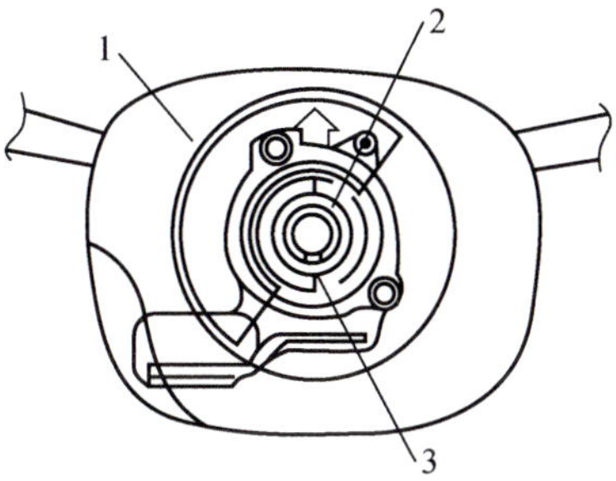

图 4-77 检查在前转角主传感器上的黄色漆记号的位置

1—前转角主传感器；2—转子；3—记号

⑤如果前转角主传感器上的黄色漆记号不在下方，暂时将转向盘装上，并使轮辐处在水平位置，转动转向盘至黄色漆记号到达下方。

⑥拆下转向盘，将转向盘轮辐重新置于水平位置。

⑦装上转向盘，用花键定位，使轮辐水平位置与车轮中央位置最接近。应确保转向盘孔与安全气囊时钟发条状电气接头上销钉配合合适。注意不要用力向下推转向盘。当花键与时钟发条状电气接头销钉正确定位后，将转向盘向下压到位并装上安全螺母。

⑧扶住转向盘，将安装螺母拧紧至规定力矩。

9. 前转角副传感器的调节

（1）用千斤顶举升起前后悬架，并将千斤顶支架放在底盘下方生产厂家指定的位置。4 个车轮必须都离开地面。

（2）将转向盘定在直驶位置上。

（3）在 4WS 诊断插座上接好短接线。

（4）将驻车制动完全拉紧，打开点火开关，注意驻车制动警示灯应点亮。

（5）断开点火开关。

（6）拆开前转角副传感器盖上的绑带，并拆下盖子。

（7）从传感器线卡上拆下导线，并拔下线束插头。

（8）松开前转角副传感器锁紧螺母再用手拧紧，然后将锁紧螺母拧松 3/4 圈，并接上线束插头。

（9）确保前轮处在直驶位置，接通点火开关，并转动转向盘至 4WS 指示灯变亮，将转向盘保持在这个位置上。

(10) 慢慢将前转角传感器顺时针转动至4WS指示灯熄灭，记下传感器相对于壳体的位置。

(11) 慢慢地将前转角副传感器逆时针转动至4WS指示灯开始闪烁，并记下传感器相对于壳体的位置。将前转角副传感器调节到指示灯熄灭和开始闪烁的中间位置并固定，然后将锁紧螺母拧紧至规定力矩。

(12) 断开点火开关。如果前转角传感器的线束扭绞，拔出插头并将线束弄直，装上线束卡并装上传感器盖，用新的绑带将盖子封紧。按前述内容进行一次自动恢复后轮直驶位置检查。

10. 后轮转角副传感器的调节

(1) 用千斤顶举升前后悬架，并将千斤顶支架放在底盘下生产厂家建议的位置。4只车轮必须都离开地面。

(2) 在4WS诊断插座上接好短接线，并要保证所有的故障代码都能显示。

(3) 松开驻车制动器，并接通点火开关，确认驻车制动警示灯熄灭。

(4) 断开点火开关。

(5) 拆下转向中心锁销安装孔盖螺母和垫圈，并装上后转向中心锁销。

(6) 从线卡上拆下后转角副传感器导线，并断开线束插头。

(7) 松开后轮转角副传感器锁紧螺母再用手拧紧，然后再向回转大约半圈。

(8) 接上后轮转角副传感器插头，并将前轮置于直驶位置。

(9) 接通点火开关。

(10) 用手将左后轮转向左极限，然后再将它向右转，直到4WS指示灯变亮。

(11) 慢慢地逆时针转动后轮转角副传感器，直到4WS指示灯熄火，并记下传感器相对于壳体的位置。

(12) 再将此传感器顺时针转动至4WS指示灯开始闪烁，并记下传感器相对于壳体的位置。将传感器置于指示灯熄灭及开始闪烁的位置中间，将传感器固定在这个位置上，并将锁紧螺母拧紧至规定力矩。

(13) 断开点火开关。

(14) 如果后转角副传感器导线被扭紧，则拆开线插头，理顺线路并重新将插头接好。

(15) 拆下4WS诊断插座上的短接线。

(16) 拆下后轮转向中心锁销，并装好盖螺栓及垫圈，将盖螺栓拧紧至规定力矩。

(17) 装上后轮转向执行器护罩，按前述进行自动恢复后轮直驶位置检查。

任务实施

李师傅判断该车转向系统出现了故障，因此进行了下列检查。

(1) 检查转向助力油液，发现油液位正常。

(2) 使用VAS5052进行检测，发现J520中有故障码，显示为：伺服电子转向开路/短路。

（3）对伺服电控转向助力系统阀门 N119 进行功能测试，测试结果为 J520 输出电压正常。

（4）对 J520 至电磁阀 N119 中间的导线进行检查，拆下变速器护板，发现 N119 的一根导线断裂。

更换导线后，故障消失。

实训报告单

四轮转向系统检修	姓名		学号	
	班级		日期	

一、基础知识准备

1. 什么是四轮转向系统，其有何优缺点？

2. 电控四轮转向系统由哪几部分构成？

3. 简述电控四轮转向系统的工作原理。

二、实训考核

1. 请说明系统检修前有哪些注意事项。

2. 请读取转向系统故障代码，并解释该代码的含义。

3. 简述转向横拉杆及其接头的拆卸步骤。

三、安全文明生产

教师评语	本次实训成绩		
	良好	合格	不合格

教师考核方案

<table>
<tr><td rowspan="2">四轮转向系统检修</td><td>姓名</td><td></td><td>学号</td><td></td></tr>
<tr><td>班级</td><td></td><td>日期</td><td></td></tr>
</table>

一、基础知识准备（每题 10 分，共 30 分）

1. 什么是四轮转向系统，其有何优缺点？
2. 电控四轮转向系统由哪几部分构成？
3. 简述电控四轮转向系统的工作原理。

二、实训考核（每题 10 分，共 30 分）

1. 请说明系统检修前有哪些注意事项。
2. 请读取转向系统故障代码，并解释该代码的含义。
3. 简述转向横拉杆及其接头的拆卸步骤。

三、安全文明生产

1. 学生工具选用、使用错误，扣 5 分；
2. 学生工具、零部件摆放不整齐、无序，扣 5 分；
3. 学生实训过程中出现掉落工具、零件情况，扣 5 分；
4. 学生在操作过程中出现重大违规及危及人身安全情况，扣 20 分。

四、实训评估

采用自评、小组评和教师评的方式对实训情况进行评分，每项分值为 10 分。

评价人	基本知识掌握程度	工作态度	团队合作能力	任务完成情况
自评				
小组评				
教师评				
平均分				

注：总分＞80 为优良；80≥总分≥60 为及格；总分＜60 为不及格。

项目总结

本项目重点讲述了以下内容：

1. 汽车转向系统分为三大类：机械转向系统、动力转向系统和四轮转向系统；
2. 机械转向系统的作用、组成、构造及维修；
3. 动力转向系统的作用、组成、构造及维修；
4. 四轮转向系统的作用、组成、构造及维修；
5. 汽车转向系统常见故障为：方向跑偏、方向摆头、转向沉重和转弯不足。

项目检测

简答题

1. 什么是转向盘的自由行程？为什么转向盘会留有自由行程？自由行程过大或过小对汽车转向操纵性能会有何影响？一般范围应是多少？

2. 简述电动助力转向的组成结构及其原理。

3. 对于与独立悬架配用的转向传动机构应注意什么？

测试题

选择题

测试题

判断题

项目五

汽车制动系统

项目导读

制动系统是汽车上用以使外界（主要是路面）在汽车某些部分（主要是车轮）施加一定的力，从而对其进行一定程度的强制制动的一系列专门装置。制动系统的作用是：使行驶中的汽车按照驾驶员的要求进行强制减速甚至停车；使已停驶的汽车在各种道路条件下（包括在坡道上）稳定驻车；使下坡行驶的汽车保持稳定速度。对汽车起制动作用的只能是作用在汽车上且方向与汽车行驶方向相反的外力，而这些外力的大小都是随机的、不可控制的，因此，在汽车上必须装设一系列专门装置以实现上述功能。

项目要点

- 常规制动系统的结构和组成；
- 汽车常规制动系统的维护；
- 汽车防抱死制动系统和驱动防滑系统的结构与维修。

任务 5.1　汽车常规制动系统的结构与检修

任务引入

某辆卡罗拉乘用车在行驶过程中，当被缓慢踩下制动踏板时，明显制动不良；被快速踩下制动踏板，才能停下来。李师傅对该车进行了检查，发现制动总泵建立不起油压，通过检修消除了故障现象。制动系统出现故障会对安全性有很大影响，那么制动系统经常会出现哪些故障，又应该怎样排除呢？

任务分析

通过本任务的学习，学生能够掌握制动系统的分类、构造，并能熟练进行制动系统的维护及故障诊断。

知识准备

汽车制动系统的功用是：根据需要使汽车减速或在最短的距离内停车，以保证行车的安全。汽车制动系统依装置目的及操作不同，可分为如下几种。

第一种为驻车制动装置。一般为机械式，以手操作为主。但也有部分乘用车须用脚操作。驻车制动主要用于停车后防止车辆滑溜。安装在传动轴上的制动器称为中央制动器；制动器安装在后轮上的称为复合式制动器。在行车制动装置失效时或在坡道上起步时，临时可用驻车制动装置。

第二种为行车制动装置。一般以液压为主要操作动力，兼有真空助力辅助制动，使驾驶者易于操作，但大型卡车、客车则以压缩空气制动为主，其他也有采用电气制动的。此种制动通常以脚操作为主。

第三种为应急制动装置。应急制动就是用独立的管路控制车轮制动器作为备用系统。

比较完善的制动系统应具有制动力调节装置、报警装置、压力保护装置或防抱死装置等附加机构。

制动装置由制动器和传动机构组成。

制动传动机构按制动力源可以分为以下两种。

人力式制动传动机构——单靠驾驶员施加与制动踏板或手柄上的力作为制动力源的传动机构。其又分液压式和机械式两种，机械式仅用于驻车制动。

动力式制动传动机构——利用发动机的动力作为制动力源，并由驾驶员通过踏板或手柄加以控制的传动机构。其又分为气压式、真空液压式、空气液压式。

下面对制动装置的基本结构以及制动系统的工作原理进行简单说明。

以一定速度行驶的汽车，具有一定的动能，要使它按需减速停车，路面必须强制地对汽车车轮产生一个阻止汽车行驶的力——制动力。这个力的方向与汽车行驶的方向相反。实质上，制动就是将汽车的动能强制地转化成其他形式的能量，即转化为热能，扩散于大气中。

小提示

有些动力较大的汽车，在驻车制动器工作的情况下仍可起步，这样就会造成驻车制动器和制动器的磨损，发现后应该马上检查制动器和驻车制动器的效能。

一、汽车制动系统基本结构

如图 5-1 所示的行车制动装置由车轮制动器和液压传动结构两部分组成。

它的车轮制动器由旋转部分、固定部分和张开结构所组成。旋转部分是制动鼓 8，它固定于轮毂上和车轮一起旋转。固定部分是制动蹄 10 和制动底板 11。制动蹄上铆有摩擦片 9，蹄的下端松套在支承销 12 上，支承销固定在制动底板上，上端用制动蹄回位弹簧 13 拉紧压靠在轮缸活塞 7 上。制动底板用螺钉与转向节凸缘（前轮）或桥壳凸缘（后缘）固定在一起。制动蹄用液压轮缸通过油压的压力推动活塞 7 使制动蹄张开，或用凸轮的张力机构来促动。

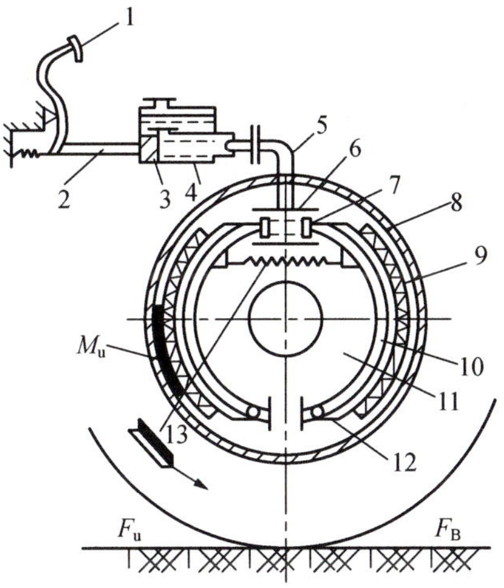

扫一扫 图 5-1 行车制动装置原理图

1—制动踏板；2—推杆；3—主缸活塞；4—制动主缸；5—油管；6—制动轮缸；7—轮缸活塞；8—制动鼓；9—摩擦片；10—制动蹄；11—制动底板；12—支承销；13—制动蹄回位弹簧

二、制动作用产生原理

制动时，踩下制动踏板 1，推杆 2 便推动主缸活塞 3，迫使制动油经油管 5 进入制动轮缸 6，推动轮缸活塞 7 使制动蹄 10 张开，与制动鼓全面贴合压紧。此时，不旋转的摩擦片 9 对旋转的制动鼓 8 将产生一个摩擦力矩，其方向与车轮旋转方向相反，大小决定于轮缸的张力、摩擦系数和制动鼓及制动蹄的尺寸。制动鼓将该力矩传到车轮后，由于车轮与路面间有附着作用，车轮即对路面作用一个向前的周缘力。与此相反，路面会给车轮一个向后的反作用力。它的大小等于被车轮半径除得的商值，方向与汽车行驶方向相反。这个力就是车轮受到的制动力。各轮上制动力的和是汽车受到的总制动力。制动力由车轮经车桥和悬架传给车架及车身，迫使整个汽车产生一定的减速度，甚至停车。

放松制动踏板，在各回位弹簧的作用下，制动蹄与制动鼓的间隙又恢复，因而制动解除。为了保证汽车能在安全的条件下发挥出高速行驶的能力，制动系统必须满足下列要求。

（1）具有良好的制动性能——其评价指标有：制动距离、制动减速度、制动力和制动时间，制动性能可以用制动实验仪器来检验。在实际使用过程中，常以制动距离来间接衡量整车的制动性能。制动距离是以某一速度开始紧急制动（如 30km/h 或 50km/h），从驾驶员踩上制动踏板起直到停车为止汽车所走过的距离。

（2）操作轻便——操作制动系统所需的力不应过大。对于人力液压制动系统最大踏板力不大于 500N（乘用车）和 700N（货车）。踏板行程货车不大于 150mm，乘用车不大于 120mm。

（3）制动稳定性好——制动时，前后车轮制动力分配合理，左右车轮上的制动力矩基本相等，汽车不跑偏，不甩尾。摩擦后间隙应能调整。

（4）制动平顺性好——制动力矩能迅速而平稳的增加，亦能迅速而彻底地解除。

（5）散热性好——连续制动时，制动鼓的温度高达 400℃，摩擦片的能力要高（指摩擦片抵抗因高温分解变质引起的摩擦系数降低）；水湿后恢复能力快。

（6）对挂车的制动系统，还要求挂车的制动作用应略早于主车；挂车自行脱挂时能自动进行应急制动。

三、汽车常规制动系统分类及构造

（一）人力制动系统

人力制动系统的制动能源仅仅是驾驶员的肌体。按其中传动装置的结构形式，人力制动系统有机械式和液压式两种。在汽车发展的早期，行车制动系统和驻车制动系统都是机械式的。20 世纪初，行车制动系统开始采用液压传动装置，但多数还只用于前轮制动。30 年代末，美国汽车的人力行车制动系统已全部改成液压式，但就世界范围而言，直到 50 年代末，汽车的人力行车制动系统已全部改成液压式。就世界范围而言，直到 60 年代初，机械式行车制动系统才完全被淘汰（不过应当指出，在此以前，汽车的液压制动系统已并非全属人力制动系统，而是早已有一部分属于伺服制动系统了）。然而机械传动装置仍保留至今，主要用于驻车制动。

1. 机械制动系统

机械式驻车制动系统的控制装置和传动装置主要由杠杆、拉杆、轴、摇臂等机构零件组成。其制动器是同型车制动系统共用的车轮制动器（红旗 CA770、北京 BJ212 等车型汽车用的）。

如图 5-2 所示为解放 CA141 型汽车的机械式驻车制动系统。当用力压压板 1，使压杆 2 和棘爪 5 脱开时，便可以拨动操纵杆 3，拉动拉杆 6，使蹄片操纵臂 7 摆动，拉动后蹄片臂 10，使其夹紧制动盘 18，产生制动，从而抱住传动轴和后轮。

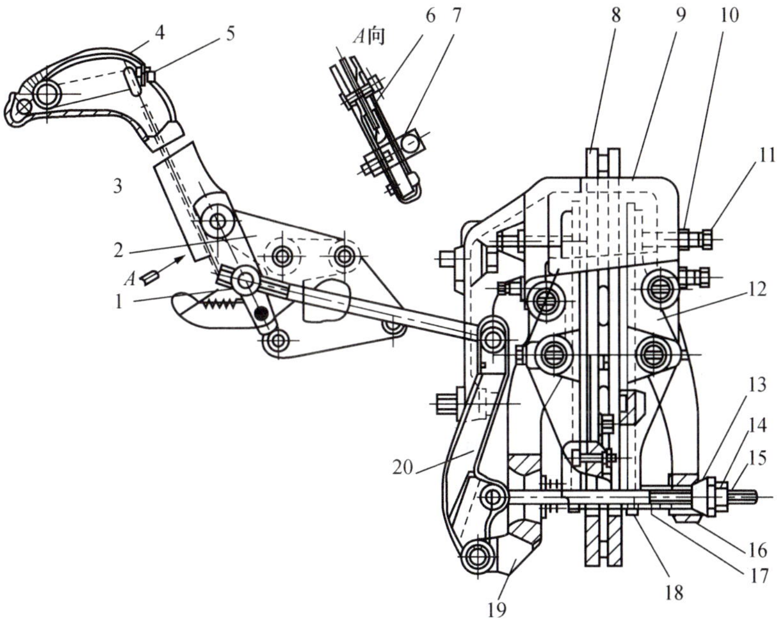

扫一扫 图 5-2 解放 CA141 型汽车的机械式制动器结构

1—压板；2—压杆；3—操纵杆；4—扇形齿板；5—棘爪；6—拉杆；7—蹄片操纵臂；8—前蹄片臂；9—支持弹簧；10—后蹄片臂；11—连接拉杆；12—锁紧螺母；13—调整螺母；14—制动蹄；15—调整螺栓；16—锁紧螺母；17—支架；18—制动盘；19—连接柱；20—拉钩

驻车制动系统必须可靠地保证汽车在原地停驻并在任何情况下不致松动滑行。这一点只有用机械锁止方法才能实现。这便是驻车制动系统多用机械式传动装置的主要原因。应急制动气室不允许兼用于驻车制动，因为长时间驻车后，气压系统的气压可能因漏气而下降到不能保持制动作用的程度。

如图 5-3 所示为采用中央制动器的北京 BJ212 型汽车的机械式驻车制动系统。制动器为凸轮促动的双向自增力式。制动鼓 10 的腹板 11 借螺钉固定在分动器对后桥输出轴 8 的凸缘盘上。两制动蹄下端由制动蹄压紧弹簧 2 压靠到可调顶杆 1 两端，上端则由制动蹄回位弹簧 3 拉靠到支承销 6 上。制动时，杠杆 7 和推杆 5 的动作与后制动器的同名构件相同，此处不多叙述。制动杠杆 7 的下端借传动杆 13 与水平安装的摇臂 14 的内端连接。摇臂外端连接调整叉 16，中部支承在固定于分动器壳体上的垂直销轴上。制动时，通过制动操纵杆手柄 22 向后拉出驻车制动操纵杆 20 和拉绳 17。调整叉即前移而使摇臂 14 绕其轴转，从而使制动杠杆转到制动位置。

双向自增力鼓式制动器用于驻车制动的优越性在于其正反向制动效能都很高，而其受热后效能衰退率大的弱点，则无关紧要，因为驻车制动的热负荷等于零。

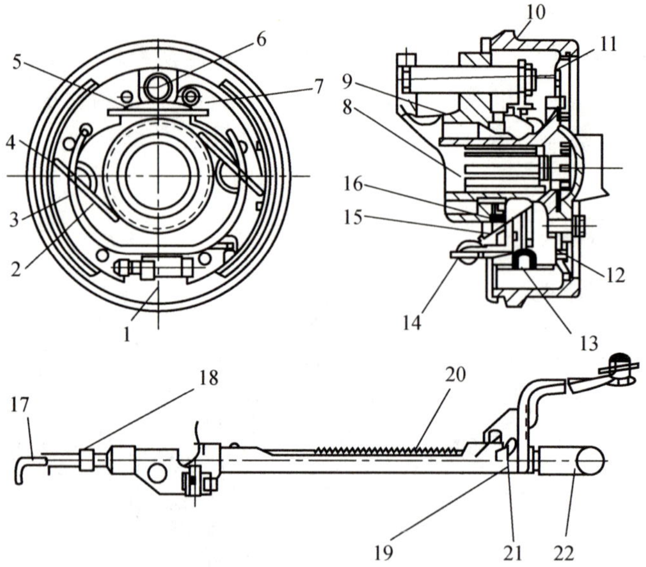

图 5-3　北京 BJ212 型汽车驻车制动系统

1—可调顶杆；2—制动蹄压紧弹簧；3—制动蹄回位弹簧；4—制动蹄；5—制动推杆；6—支承销；7—制动杠杆；8—分动器对后桥输出轴；9—油封；10—制动鼓；11—制动鼓腹板；12—堵塞；13—制动杠杆传动杆；14—摇臂；15—摇臂回位弹簧；16—调整叉；17—拉绳；18—拉绳导套；19—驻车制动操纵导套杆；20—驻车制动操纵杆；21—棘爪；22—操纵杆手柄

驻车制动操纵杆 20 上有棘齿条，当操纵杆被拉出到制动位置后，装在操纵杆导套 19 上的棘爪 21 即在卷簧作用下与棘齿条啮合，使操纵杆固定在制动位置上。

欲解除制动，以便汽车起步，应先将操纵手柄 22 连同操纵杆顺时针转过一个角度，使棘齿条与棘爪脱离啮合，棘齿只压在操纵杆的光滑圆柱面上，然后再将操纵杆推入原始位置。于是摇臂 14、制动杠杆、推杆、制动蹄都在回位弹簧作用下回位。放开手柄后，操纵杆即在弹簧作用下回到原始位置，棘爪又将操纵杆锁住。

调整叉 16 用以调整制动操纵杆的行程，使得操纵杆被拉出到其棘齿条有 7～14 齿，露出后即产生制动作用。

采用中央制动器的驻车制动系统不宜用于应急制动，因为其制动力矩只作用在传动轴上。在汽车行驶中紧急制动时，极易造成传动轴和驱动桥严重超载荷，还可能因差速器壳被抱死而发生左右两驱动轮的旋转方向相反，致使汽车制动时跑偏甚至调头。

2. 人力液压制动系统

人力液压制动系统的基本组成和原理，如图 5-4 所示。作为制动能源的驾驶员所施加的控制力，通过作为控制装置的制动踏板机构 4 传到容积式液压传动装置的主要部件——制动主缸 5。制动主缸属于单向作用活塞式油泵，其作用是将自踏板机构输入的机械能转换成液压能。液压能通过油管 3 输入前、后轮制动器 1 和 7 中的制动轮缸 2。

制动轮缸属于单向作用活塞式油缸，其作用是将输入的液压能再转换成机械能，促使制动器进入工作状态。

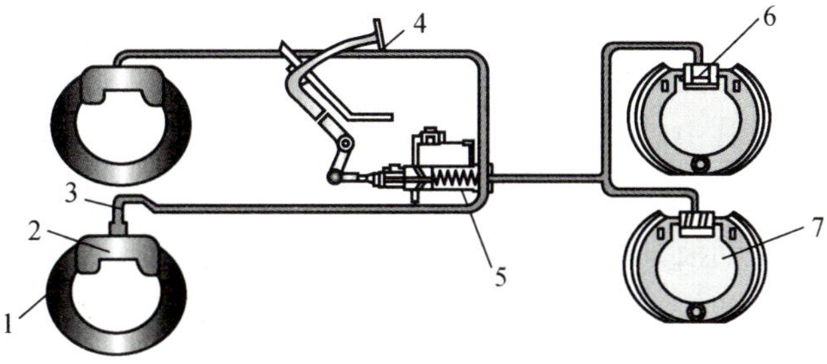

图 5-4 人力液压制动系统示意图

1—前轮制动器；2，6—制动轮缸；3—制动管路；4—制动踏板；5—制动主缸；7—后轮制动器

制动踏板机构和制动主缸都装在车架上。因车轮是通过弹性悬架与车架连接的，而且有的还是转向轮，主缸与轮缸的相对位置经常变化，故主缸与轮缸间的连接油管除金属管（铜管）外，还有特制的橡胶制动软管。各液压元件之间及各段油管之间还有各种管接头。制动前，整个液压系统中应当充满专门配制的制动液。

踩下制动踏板，制动主缸即将制动液经油管压入前、后制动轮缸，将制动蹄推向制动鼓。在制动器间隙消失之前，管路中的液压不可能很高，仅足以平衡制动蹄回位弹簧的张力以及油液在管路中的流动阻力。在制动器间隙消失并开始产生制动蹄力矩时，液压与踏板力方能继续增长，直到完全制动。从开始制动到完全制动的过程中，由于在液压作用下，油管（主要是橡胶软管）的弹性元件膨胀变形和摩擦元件的弹性压缩变形，踏板和轮缸活塞都可以继续移动一段距离。放开制动踏板，制动蹄和轮缸活塞在回位弹簧作用下回位，将制动液压油压回主缸。

显然，管路液压和制动器产生的制动力矩是与踏板力成线性关系的。若车轮与路面间的附着力足够，则汽车所受到的制动力也与踏板力成线性关系。制动系统的这项性能称为制动踏板感（或称路感），驾驶员可因此而直接感觉到汽车制动强弱，以便及时加以必需的控制和调节。

自制动踏板到轮缸活塞的制动系统传动比等于踏板机构杠杆比乘以轮缸直径与主缸直径之比。传动比愈大，则为获得同样大的制动力矩所需的踏板力愈小，但踏板行程却因此而增大，使得制动操作不便。故要求液压制动系统传动比合适，保证制动踏板力较小，同时踏板行程又不太大。对于人力液压制动系统，考虑到制动器容许磨损量的踏板全行程不超过 150mm（乘用车）至 180mm（货车），制动器间隙调整不正常时，踩下踏板到完全制动的踏板工作行程不应超过全行程的 50%～60%，最大踏板力一般不应超过 250N（乘用车）至 550N（货车）。

小提示

液压系统中若有空气侵入，将严重影响液压的升高，甚至使液压系统完全失效。因此，在结构上必须采取措施以防止空气侵入，并方便将已侵入的空气排出。

制动液的质量在保证液压系统工作可靠性方面是很重要的。对制动液的要求是：①高温下不易汽化，否则将在管路中产生气阻现象，使制动系统失效；②低温下有良好的流动性；③不会使与之经常接触的金属（铸铁、钢、铝或铜）件腐蚀，橡胶件发生膨胀、变硬和损坏；④能对液压系统的运动件起良好的润滑作用；⑤吸水性差而溶水性良好，即能使渗入其中的水汽形成微粒而与之均匀混合，否则将在制动液中形成水泡而大大降低汽化温度。

国内目前使用的制动液大部分是植物制动液，用50%左右的蓖麻油和50%左右的溶剂（丁醇、酒精或甘油等）配成，用酒精做溶剂的制动液黏度小，但汽化温度只有343K左右，用丁醇做溶剂时汽化温度可达373K。但植物制动液的汽化温度都不够高，在243K的低温下都易凝结，蓖麻油又是贵重的化工原料，故今后势将逐步被合成制动液和矿物制动液所取代，我国生产的合成制动液的汽化温度可达463K，在238K的低温下流动性良好，适用于高速汽车制动器，特别是盘式制动器。此外，合成制动液对金属件（铝件除外）和橡胶件都无伤害，亲水性也很好，但目前成本较高，且易使普通橡胶膨胀。故用矿物制动液时，活塞皮碗及制动软管等都必须用耐油橡胶制成。

制动主缸有的与贮液室铸成一体，也有二者分制而装合在一起或用油管连接的。跃进NJI30型汽车的制动主缸属于前一种，其构造如图5-5所示，上部为贮液室，盖上的螺塞中有挡片，并有通空气的孔，应保持室中液面距加油口15～20mm。贮液室可借补偿孔（直径6mm）和旁通孔（最窄部分直径仅0.7mm）与主缸相通。制动踏板下臂与拉杆铰接，而拉杆又与主缸推杆借螺纹连接。推杆在工作过程中小有摆动，因而其后端做成半球形，伸入活塞背面的凹部。活塞尾部装有橡胶密封圈，以防向外漏泄，其头部端面铆有星形垫片，其6个臂正好能掩盖住活塞头部沿周向分布的6个轴向小孔，以免皮碗在与这些小孔相接处发生凹陷变形。回位弹簧压住皮碗，并将活塞推靠在挡圈上，同时还使回油阀门紧压主缸体上的阀座。回油阀门为带金属托片的橡胶环，其中央的出油孔被带弹簧的出油阀门密闭。

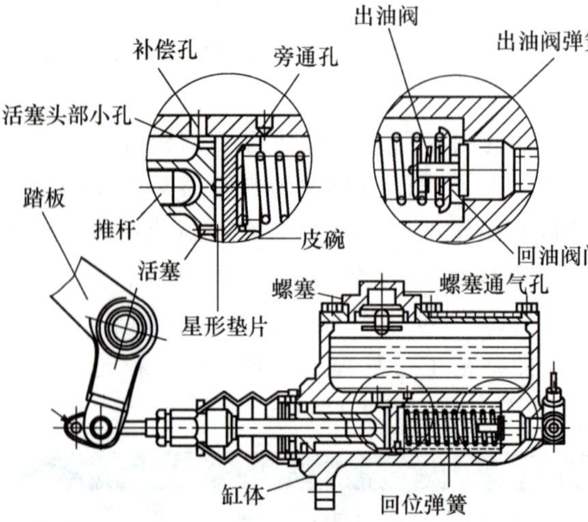

图5-5 跃进NJ130型汽车制动主缸

主缸不工作时，活塞与皮碗正好位于补偿孔与旁通孔之间。

施行制动时，制动踏板机构通过推杆推动活塞和皮碗后移，到皮碗掩盖住旁通孔后，主缸的压油腔即被封闭，于是主缸内液压开始建立。液压略为升高，即足以克服弹簧因有预紧力而推开出油阀门，如图 5-6（a）所示，将制动液排送到轮缸。

撤除踏板力后，制动踏板机构、主缸活塞和轮缸活塞在各自的回位弹簧作用下回位，管路中的制动液借其压力推开回油阀门流回主缸，于是制动解除。

出于弹簧的作用，当管路液压降低到 0.05～0.01N/mm² 时，回油阀门即关闭。这样，在不制动时，液体管路中能经常保持 0.05～0.01N/mm² 剩余压力，以防止空气侵入系统内。此外，剩余压力的存在还可以使轮缸皮碗处于预张紧状态，以防止漏油。

当迅速放开制动踏板时，由于油液的黏性和管路阻力的影响，油液不能及时流回主缸并填充因活塞左移而让出的空间，因而在旁通孔开启之前，压油腔中产生一定的真空度。此时进油腔液压高于压油腔，使得活塞头部星形垫片和皮碗的边缘离开活塞。于是进油腔油液便经活塞上的 6 个小孔，以及皮碗边缘与缸壁间的间隙流入压油腔以填补真空。与此同时，贮液室中的油液经补偿孔流入进油腔，如图 5-6（b）所示。这样就能使活塞在回位过程中避免空气侵入主缸。活塞完全回位后，旁通孔已开放，由管路继续流回主缸而显得多余的油液便可经旁通口流到贮液室，如图 5-6（c）所示。液压系统中因密封不善而产生的制动液的漏泄，和因温度变化而引起的制动液膨胀或收缩，都可以通过补偿孔和旁通孔得到补偿。

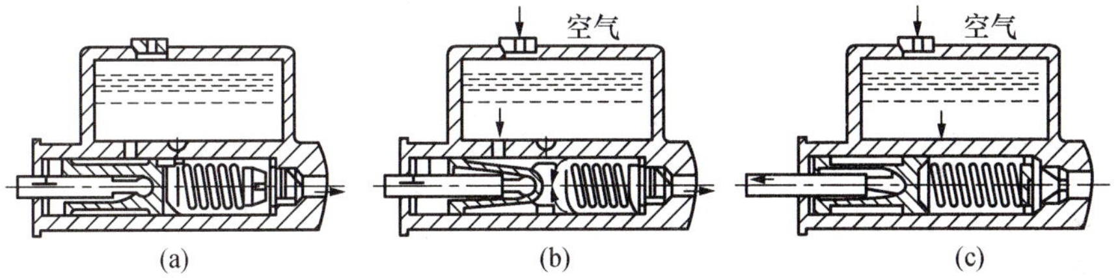

扫一扫 图 5-6 制动主缸工作示意图

液压系统中若存在空气，以致踏板被踩到极限位置仍不能产生制动效果，则应立即放开踏板并随即重新踩下，如此反复几次，使主缸从贮液室吸取一定量的制动液并压入管路，挤压空气，致使液压升高而产生制动作用。但这只能作为临时措施。停车后应立即利用轮缸或主缸上的放气阀放气。

不制动时，推杆的球头与活塞之间应保有一定间隙，以保证活塞能够在回位弹簧的作用下退到与挡圈（见图 5-5）接触的极限位置，使皮碗不致堵住旁通孔；制动时，为了首先消除这一间隙所需的踏板行程，即制动踏板自由行程，对跃进 NJ130 型汽车，规定上述间隙为±0.5mm，相应的踏板自由行程为 8～14mm。如发现踏板自由行程过大或过小，可以通过改变拉杆旋入推杆前端螺孔中的深度来加以调整。

北京 BJ212 型汽车的制动主缸的结构原理与 NJ130 型汽车的相同，但其缸体与离合器液压操纵主缸的缸体铸成一体，二者共用一个贮液室。两个缸筒并列，但工作时互不相通，分别有属于各自的液压回路。

用于双回路液压制动系统的串列双腔制动主缸将在下文介绍，因为在现代汽车上，采用双液压回路的几乎都是伺服制动系统或动力制动系统。

制动轮缸有双活塞式和单活塞式两类。跃进 NJ130 型汽车采用双活塞制动轮缸（见图 5-7）。缸体 1 用螺栓固定在制动底板上。缸内有两个活塞 2，二者之间的内腔由两个皮碗 3 密封。制动时，制动液自油管接头和进油孔 7 进入，活塞在液压作用下外移，通过顶块 5 推动制动蹄。弹簧 4 保证皮碗、活塞、制动蹄的紧密接触，并保持两活塞之间的进油间隙。保护罩 6 除防尘外，还可防止水分进入，以免活塞和轮缸生锈而卡住。

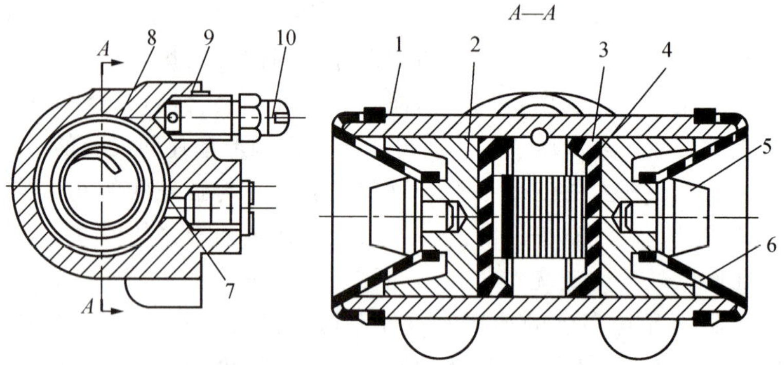

图 5-7　跃进 NJ130 双活塞制动轮缸

1—缸体；2—活塞；3—皮碗；4—弹簧；5—顶块；6—保护罩；7—进油孔；8—放气油孔；9—放气阀；10—螺钉

北京 BJ212 型汽车双领蹄式前制动器配用制动轮缸为单活塞式（见图 5-8），为缩小轴向尺寸，液腔密封件不用抵靠活塞端面的皮碗，而采用装在活塞导向面上切槽内的皮圈 4。进油间隙借活塞端面的凸台保持。

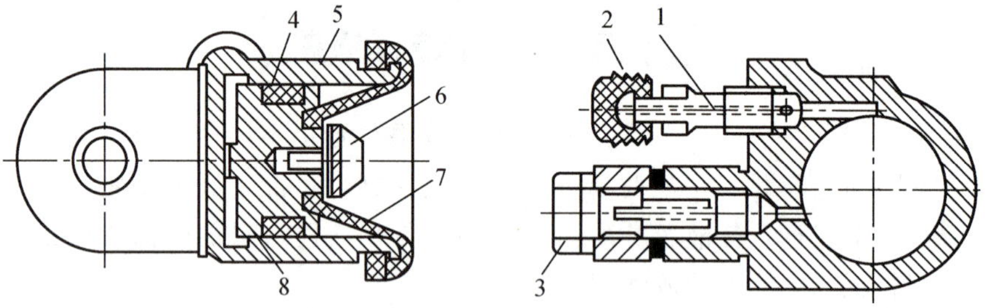

图 5-8　北京 BJ212 单活塞制动轮缸

1—放气阀；2—护罩；3—进油管接头；4—皮圈；5—缸体；6—顶块；7—防护罩；8—活塞

放气阀 1 的中部有螺纹，尾部有密封锥面，平时应将其旋紧压靠在阀座上。与密封锥面相连的圆柱面两侧有径和孔，与阀中心的轴向孔道相通。需要放气时，先取下橡胶护罩 2，再连踩几下制动踏板，对缸内空气加压，然后踩住踏板不放，将放气阀旋出少许，空气即行排出。空气排尽后再将放气阀旋闭。如图 5-7 所示的放气阀 9 用螺钉 10 防尘，结构比较复杂，目前已趋于淘汰。

（二）动力制动

动力制动系统中，用以进行制动的能源是空气压缩机造成的气压能，或由油泵造成的液压能，而空气压缩机或油泵则由汽车发动机驱动。所以，动力制动系统是以汽车发动机为唯一的制动初始能源。但就制动系统范围而言，可认为制动能源是空气压缩机或油泵。在动力制动系统中，驾驶员的肌体仅被看作控制能源，而不是制动能源。

动力制动系统有气压制动系统、气顶液制动系统和全液压动力制动系统三种。

气压制动系统是发展最早的一种动力制动系统。其供能装置和传动装置全部是气压式的。其控制装置大多数是由制动踏板机构和制动阀等气压控制元件组成，也有的在踏板机构和制动机构之间还串联有液压式操纵传动装置。

气顶液制动系统的供能装置、控制装置与气压制动系统的相同，但其传动装置则包括气压式和液压式两部分。

全液压动力制动系统中除制动踏板机构以外，其供能、控制和传动装置全是液压式。

1. 汽车气压制动系统

气压制动回路：解放 CA141 型汽车气压制动回路如图 5-9 所示。该系统为双管路制动系统，由发动机驱动的双气缸式空气压缩机（以下简称空压机）1，将压缩空气输入储气罐 5 内。储气罐内的气压由驾驶室内仪表板上的压力表 13 显示，在空压机连续工作时，该压力应保持在 0.9～1N/mm^2。储气罐上有放水开关，用以在必要时排放被压缩空气携入并凝聚在罐内的水分，也可以用经此开关输出的压缩空气对轮胎充气。

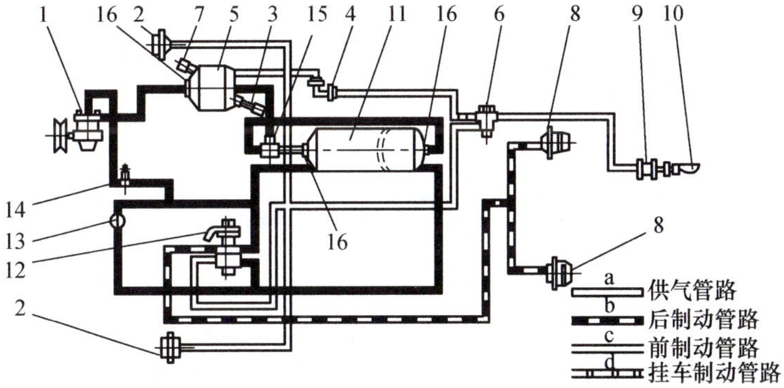

图 5-9 解放 CA141 型汽车双管路气压制动系统回路

1—空气压缩机；2—前制动室；3—安全阀；4—接头；5—储气罐；6—挂车制动阀；7—放气阀；8—后制动室；9—分离开关；10—连接头；11—贮气筒；12—制动阀；13—气压表；14—气压调节器；15—三通接头；16—单向阀

驾驶员通过踏板机构操纵制动阀 12，可以使前、后轮制动气室 2 和 8 同储气罐连通，促使制动器工作，或者使制动气室通大气以解除制动。制动器所产生的制动气室压力与踏板行程成一定的递增函数关系。因每经一次制动，储气罐压力都有所降低，故为了保证在空压机不工作情况下仍能施行多次（一般要求 8～10 次）完全制动，相应于踏板最大工作行程的制动阀输出压力（制动气室工作压力）应远低于储气罐最高压力。对解放 CA141 型汽车，规定制动阀最高输出压力为 0.6～0.65N/mm²。

在采用动力制动系统的情况下，驾驶员所施加的踏板力只用来操纵控制装置，而不能像采用人力制动系统时那样直接造成制动器促动装置的工作压力。故制动阀还应当能使制动气室压力与踏板力也成一定的递增函数关系，以保证驾驶员足够强的踏板感。

气压系统各元件之间的连接管路（由钢管、橡胶软管接头组成）有三种：

①供能装置各组成件（空压机、储气罐）之间和供能装置与控制装置（如制动阀）之间的连接管路，即供能管路 *a*；

②控制装置与制动器促动装置（如制动气室）之间的连接管路，即促动管路 *b*；

③一个控制装置与另一个控制装置之间的连接管路，即操纵管路 *c*。

如图 5-10 所示为东风 EQ140 型汽车气压制动回路，其中有两个储气罐。单缸空压机 1 生产的压缩空气首先通过单向阀 7 输入湿储气罐 5，在此凝聚留下大部分水分后，再输入给带有单向阀的储气罐 11。后者一方面可通过气动制动阀 13 向汽车前、后制动气室 14 和 10 供气，另一方面还可通过挂车制动阀 12 并经汽车与挂车之间的供（给）控（制）共同管路 *d* 向挂车储气罐充气。制动系统以外的附属气动设备（如气动刮水器 17、气喇叭 16）给湿储气罐供气。

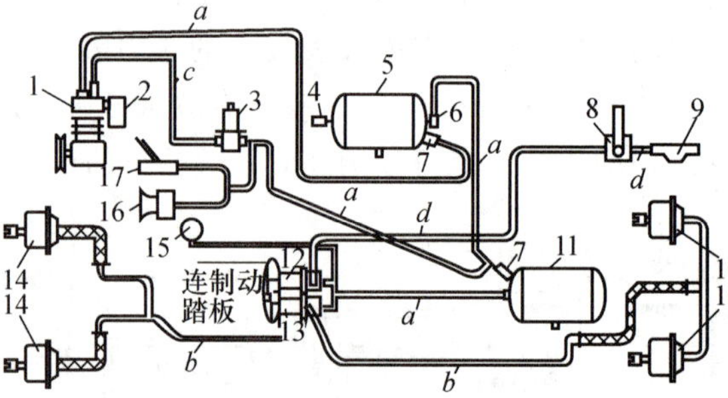

图 5-10　东风 EQ140 型汽车气压制动回路示意图

1—空压机；2—进气滤清器；3—调压阀；4—安全阀；5—湿储气罐；6—放气阀；7—单向阀；8—分离开关；9—跨接软管连接器；10—后制动气室；11—储气罐；12—挂车制动阀；13—气动制动阀；14—前制动气室；15—压力表；16—气喇叭；17—气动刮水器；*a*—供能管路；*b*—促动管路；*c*—操纵管路；*d*—接挂车制动系统的供气共用管路

2. 全液压动力制动系统

全液压动力制动系统的液压系统，同动力转向液压系统一样，也有常压式（闭式）和常流式（开式）两种，二者的制动能源都是汽车发动机驱动的油泵。但目前汽车用的全液压动力制动系统多用常压式，因为其中设有储能器，可以积蓄液压能，以便在发动机或油泵停止运转，或是泵油管路损坏的情况下，仍能进行若干次完全制动。

如图 5-11 所示为一种较简单的全液压双回路动力制动系统。若以之与如图 5-9 所示的气压制动系统比较，不难发现，除后者是单回路式以外，二者的各组成元件在功能上都一一相当。油泵 7 相当于空压机；前、后储能器 2 和 3 相当于储气罐；液压制动阀 4 相当于气压制动阀，前、后盘式制动器 1 和 5 中的油缸（轮缸）相当于制动气室。不过，气压制动系统的传能介质是取之不竭的空气，除了有必要消除排气噪声的情况以外，一般都不设回气管路。液压系统的传能介质是特制的制动液，解除制动时由轮缸经液压制动阀排出的低压油液必须通过回油管路加以回收。

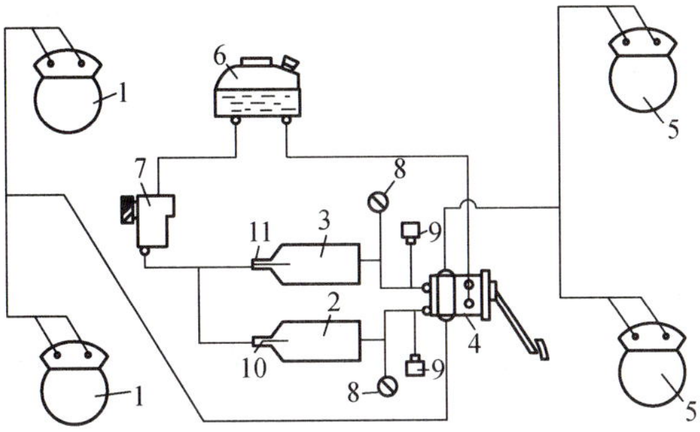

图 5-11 全液压双回路动力制动回路示意图

1—前轮制动器（盘式）；2—前轮制动储能器；3—后轮制动储能器；4—并列双腔液压制动阀；5—后轮制动器（盘式）；6—贮藏罐；7—油泵；8—压力表；9—低压报警灯开关；10、11—单向阀

一种常用的往复式单柱塞油泵示意图，如图 5-12 所示。泵体低压腔内充满由贮液罐供给的低压油，泵缸柱塞 1 由发动机通过曲轴 9 和连杆 11 驱动。一般情况下，泵缸进油孔 2 与低压腔连通。柱塞上行时经进油孔吸油，下行时将封堵进油孔，对缸内油液加压，高压油经出油阀 3 和出油口 4 输出至储能器，储能器压力高达规定值（本例中为 17.6N/mm²）时，卸荷油腔的液压作用力增大到足以克服弹簧预紧力而迫使卸荷阀 5 左移，封闭泵体上的总进油口，于是泵缸柱塞上行时不能吸油，即油泵卸荷空转。与卸荷装置并联的安全阀 8 将系统压力控制在较高的规定值（本例中为 22.4N/mm²）以内。由于制动液的润滑性较差，不得不将曲轴主轴颈和连杆轴颈的压力面积设计得较大。

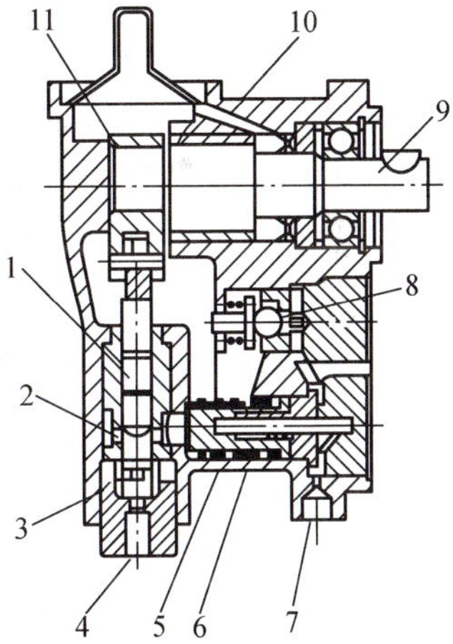

图 5-12 往复式单柱塞油泵

1—泵缸柱塞；2—进油孔；3—出油阀；4—出油口；5—卸荷阀；6—卸荷柱塞；7—卸荷控制压力输入口；8—安全阀；9—曲轴；10—滑动轴承；11—连杆

储能器一般是气囊式（见图 5-13）。气囊 5 用耐油橡胶制成。气囊外有带许多油孔的夹持环 4。气囊内腔中有固定在储能器壳体上的钢支承管 6。气囊外围为压力油腔，内腔为充氮腔 3。如图 5-13 所示储能器的气囊预充气压力应达到规定值（本例中为 6.4N/mm²）。压力油自油泵充入储能器时，气囊被压缩，囊内气压等于外液压。夹持环 4 可对充油的流量脉动起阻力作用。当液压制动阀进油阀开启时，储能器中的压力油便经油道 9 和出油孔 8 通过制动阀充

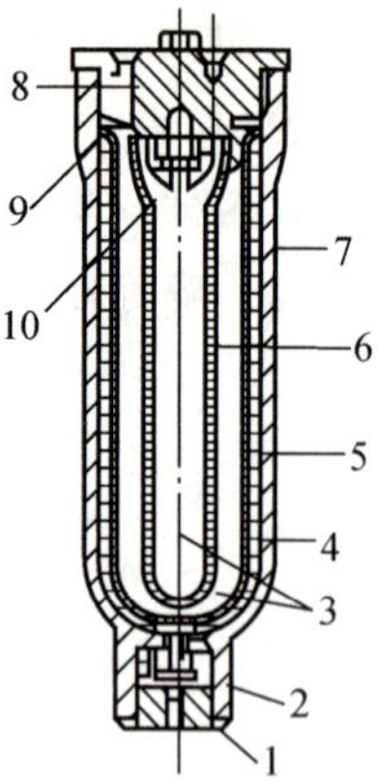

图 5-13 储能器

1—进油螺塞；2—单向阀；3—充氮腔；4—夹持环；5—气囊；6—钢支承管；7—储能器壳体；8—出油孔；9—油道；10—充气低压报警灯开关

入轮缸（或制动钳油缸）。充气低压报警灯开关 10 是压差式的。当气囊内气压正常时，气囊与支承管不接触，气囊内外压力均衡，开关 10 处于断开状态。一旦囊内气压降低到一定值（约 3.2N/mm²），则当油压接近最高值时，气囊便被压缩到与支承管接触而不可能进一步压缩的位置。此时囊外油压将高于囊内气压，压差式开关即接通而亮起报警灯。表示应立即补充氮气。

如图 5-14 所示为一种并列双腔液压制动阀，其结构原理与一般并列双腔气压制动阀类似。进油孔 *A* 通储能器，出油孔 *B* 通制动轮缸；回油孔 *C* 通贮液罐。进油阀门 5 和回油阀门 4 装在同一阀杆上成为阀门组件，反作用活塞 3 下部的空腔通回油孔 *C*。其下端锥面即为回油阀座。在图示不制动状态下，进油阀关闭而回油阀开启，制动轮缸与低压回油管路相通。

制动时，加于制动踏板上的控制力经推杆和柱塞传到橡胶平衡弹簧 1，再经过平衡杠杆 2 平均分配给两个阀腔的反作用活塞 3，使之下移，先压闭回油阀，再推开进油阀，于是油压传入制动轮缸而施行制动。随着出油压力的升高，反作用活塞不断回升（平衡弹簧被进一步压缩），最后达到平衡位置，出油压力因而达到稳定状态。由于橡胶平衡弹簧的变刚度特性，出油压力与踏板力及踏板行程成非线性递增函数关系。

空套在阀门杆下端的平衡活塞 8 也承受进油压力作用，因而可平衡进油阀门所受的油压作用力，使阀门组件的下移阻力减小。

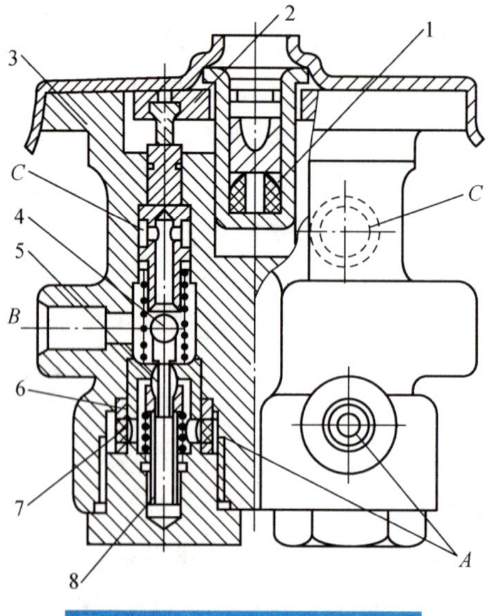

图 5-14 并列双腔液压制动阀

1—橡胶平衡弹簧；2—平衡杠杆；3—反作用活塞；4—回油阀门；5—进油阀门；6—橡胶垫；7—滤芯；8—平衡活塞；*A*—进油孔；*B*—出油孔；*C*—回油孔

（三）伺服制动系统

伺服制动系统是在人力液压制动系统的基础上加设一套动力伺服系统而形成的，是兼用人体和发动机为制动能源的制动系统。在正常情况下，制动能量大部分由动力伺服系统供给，而在动力伺服系统失效时，还可全靠驾驶员代给（即由伺服制动转变成人力制动）。

按伺服系统的输出力作用部位和对其控制装置的操纵方式不同，伺服制动系统可分为助力式（直接操纵式）和间接操纵式两类。前者中的伺服系统控制装置用制动踏板机构直接操纵，其输出力也作用于液压主缸，以补充踏板力之不足；后者中的伺服系统控制装置用制动踏板机构通过主缸输出的液压操纵，且伺服系统的输出力与主缸液压共同作用于一个中间传动液缸（辅助缸），使该液缸输出到轮缸的液压远高于主缸液压。

伺服制动系统又可按伺服能量的形式分为气压伺服式、真空伺服式和液压伺服式三种，其伺服能量分别为气压能、真空能（负气压能）和液压能。

因为在液压制动系统中，推广双回路结构比广泛采用伺服系统更晚，故目前液压制动双回路几乎只存在于伺服制动系统中。因此，在本节还将顺便介绍液压制动双回路及其有关部件的构造。

下面就以增压式伺服制动系统为例介绍一下车辆伺服制动系统。

1. 真空增压伺服制动系统

如图 5-15 所示为交通 SH142 型汽车的真空增压伺服（间接操纵真空伺服吸取）单回路制动系统示意图。由图可见，这种伺服制动系统比人力液压制动系统多一套真空伺服系统。其中包括：由发动机进气管 8（真空源）、真空单向阀 9、真空罐 10 组成的供能装置；作为控制装置的控制阀 6；作为传动装置的伺服气室 7；与液压制动系统共用的中间传动液缸——辅助缸 4。辅助缸、真空伺服气室和控制阀通常组合装配成一个部件，可称之为真空增压器。

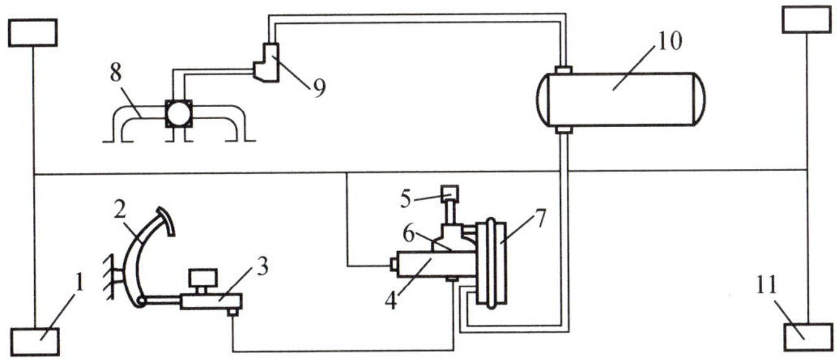

图 5-15 交通 SH142 型汽车真空增压伺服制动系统示意图

1—前制动轮缸；2—制动踏板机构；3—制动主缸；4—辅助缸；5—进气滤清器；6—控制阀；7—真空伺服气室；8—发动机进气管；9—真空单向阀；10—真空罐；11—后制动轮缸

发动机工作时，在进气管 8 的真空度作用下，真空罐 10 中的空气经真空单向阀 9 被吸入发动机，因而罐中也产生并积累一定的真空度，作为制动伺服的能源。伺服系统中工作真空度最高可达 0.07N/mm²。

踩下制动踏板时，制动主缸的输出液压首先传入辅助缸 4，由此一面作为制动促动压力传入前、后制动轮缸 1 和 11，一面又作为控制压力输入控制阀 6。控制阀实质上是一个液压控制的气压继动阀，它在主缸液压控制下，使真空伺服气室的空腔通真空罐或通大气。并保证伺服气室输出力与主缸液压力协调，从而与制动踏板力和踏板行程成递增函数关系。真空伺服气室输出力与自主缸传来的液压作用力一同作用于辅助缸活塞，因此，辅助缸输送至轮缸的压力高于主缸压力。

小提示

柴油发动机进气管中一般无节气门，管中真空度不高，因而柴油车要采用真空伺服制动时，必须装设由发动机驱动的真空泵，或在进气管中加装引射器，作为真空能源。

2. 真空增压器

真空增压器用于将制动主缸输出的液压油再升压，然后送往轮缸。真空增压器主要由真空伺服气室、控制阀和辅助缸三部分组成，如图 5-16 所示。伺服气室膜片 9 将伺服气室分成左、右两腔。左腔 *C* 经伺服气室前壳体端面接头（图中已剖去）通过真空管与真空罐相连接，且经由辅助缸中的孔道与控制阀下腔 *B* 相通。右腔 *D* 则经通气管 8 与控制阀上腔 *A* 相通。伺服气室膜片中央经膜片托盘与推杆 14 紧固在一起。在控制阀中，空气阀 1 和真空阀 2 组成阀门组件，空气阀座在控制阀体上，真空阀座在膜片座上。控制阀活塞 4 与膜片座连成一体，可在控制阀缸中上下移动。辅助缸的内腔被辅助缸活塞 5 分成两部分，左腔通过辅助缸出油接头通向前、后轮制动轮缸或安全缸，右腔经辅助缸进油接头与制动主缸相通。

真空增压器不工作时，伺服气室膜片回位弹簧 10 使膜片处于图示最右端位置。在阀门弹簧和控制阀膜片回位弹簧的作用下，空气阀 1 关闭，增压器与大气隔绝。真空阀 2 则开启，使 *A*、*B*、*C*、*D* 腔相互连通并具有相同的真空度。辅助缸活塞回位弹簧将辅助缸活塞推靠在活塞限位座上。

当踩下制动踏板时，制动主缸的液压油传入辅助缸，一部分液压油经活塞中间的小孔进入各轮缸，补偿管路真空，同时液压油作用于控制阀活塞，当油压升到一定值时，活塞连同膜片上移，首先关闭真空阀，使 *C*、*D* 两腔隔绝，控制阀继续上移将空气阀打开，于是空气经空气阀进入伺服室 *D* 腔。这样 *D*、*C* 两腔产生气压差，推动膜片使推杆左移，在球阀关闭辅助缸活塞中孔后，辅助缸左腔被密封，如图 5-16（a）所示。当推杆继续左移时，作用于轮缸的制动液压力便进一步升高，且远高于主缸油压，达到增压目的。

当制动踏板停到某一位置不动时，主缸不再向辅助缸输送制动液，作用在辅助缸上的力为一定值。由于伺服气室作用于推杆推动辅助缸活塞左移，使辅助缸油压下降，控制阀活塞下移，带动空气阀和真空阀都关闭，因而伺服气室的压力差不变，使 *D*、*C* 两腔的压力差增大，从而使推杆推动辅助缸活塞进一步左移，制动力又增大。

放松制动踏板时，如图 5-16（b）所示，控制阀活塞下移关闭空气阀后，真空阀打开，此时 *A*、*B*、*C*、*D* 腔均通真空源，具有相同的真空度。推杆、膜片及辅助缸活塞在弹簧的作用下各自复位，轮缸油液从辅助缸活塞的小孔中流回，制动作用解除。

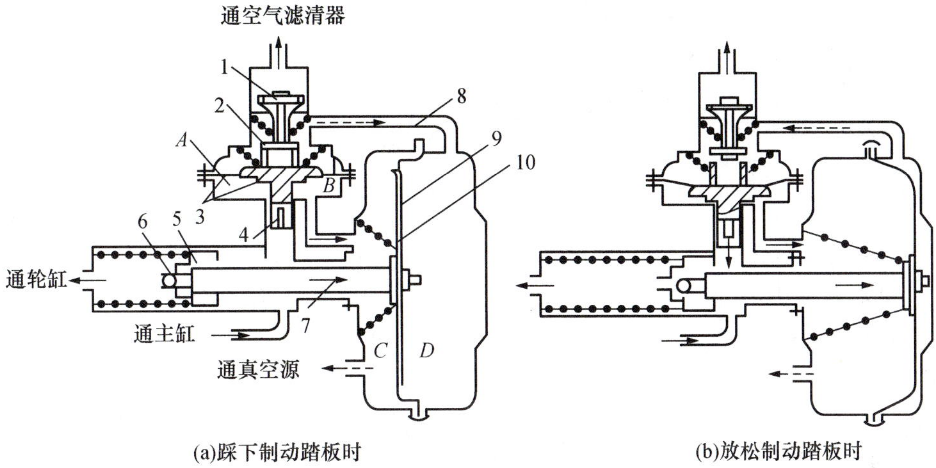

图 5-16 真空增压器工作原理图

1—空气阀；2—真空阀；3—控制阀；4—控制阀活塞；5—辅助缸活塞；6—球阀；7—推杆；8—通气管；9—伺服气室膜片；10—伺服气室膜片回位弹簧

气压式增压器的结构和原理与真空增压器相似，是以压缩空气作用于伺服气室的右腔。

（四）制动器

制动器一般分为鼓式和盘式两种。盘式结构空间小适合于乘用车前轮，但制动力矩比鼓式小，本书只介绍鼓式制动器。

如图 5-17 所示的日本丰田一皇冠乘用车后轮用的双向自增力式制动器，就是既属于液压式行车制动系统，又属于机械式驻车制动系统。

装在制动器上的驻车制动系统传动装置零件有：驻车制动杠杆 1、驻车制动推杆 2、驻车制动摇臂 21 和拉绳 23。驻车制动杠杆 1 装在前制动蹄 16 和制动底板 17 之间，其上端与前蹄回位弹簧固定销 29 铰接（*B*—*B* 剖视图），下端则借拉绳 23 与摇臂 21 的内端连接（*D*—*D* 剖视图）。

进行驻车制动时，须将驾驶室中的手动驻车制动操纵杆拉到制动位置，经一系列杆件传动，使摇臂 21 绕摇臂销轴 26 逆时针转动（在 *D*—*D* 剖视图中为顺时针转动），并通过拉绳 23 使驻车制动杠杆 1 绕摇臂销轴 26 逆时针转动。制动杠杆在转动过程中，首先通过制动推杆 2 将后制动蹄 7 推向制动鼓，到后蹄已压靠制动鼓后，推杆 2 停止运动，其左端即成为制动杠杆继动转动的新支点。于是制动杠杆上端开始左移，通过前蹄回位弹簧固定销 29 将前蹄压靠到制动鼓上。

除驻车制动时，应将驻车制动操纵杆推回不工作位置，制动杠杆在拉绳 23 上的弹簧作用下回位，同时两制动蹄回位弹簧 3 将两蹄拉拢。推杆弹簧 4 用以防止制动推杆在不工作时因窜动碰撞制动蹄而产生噪声。

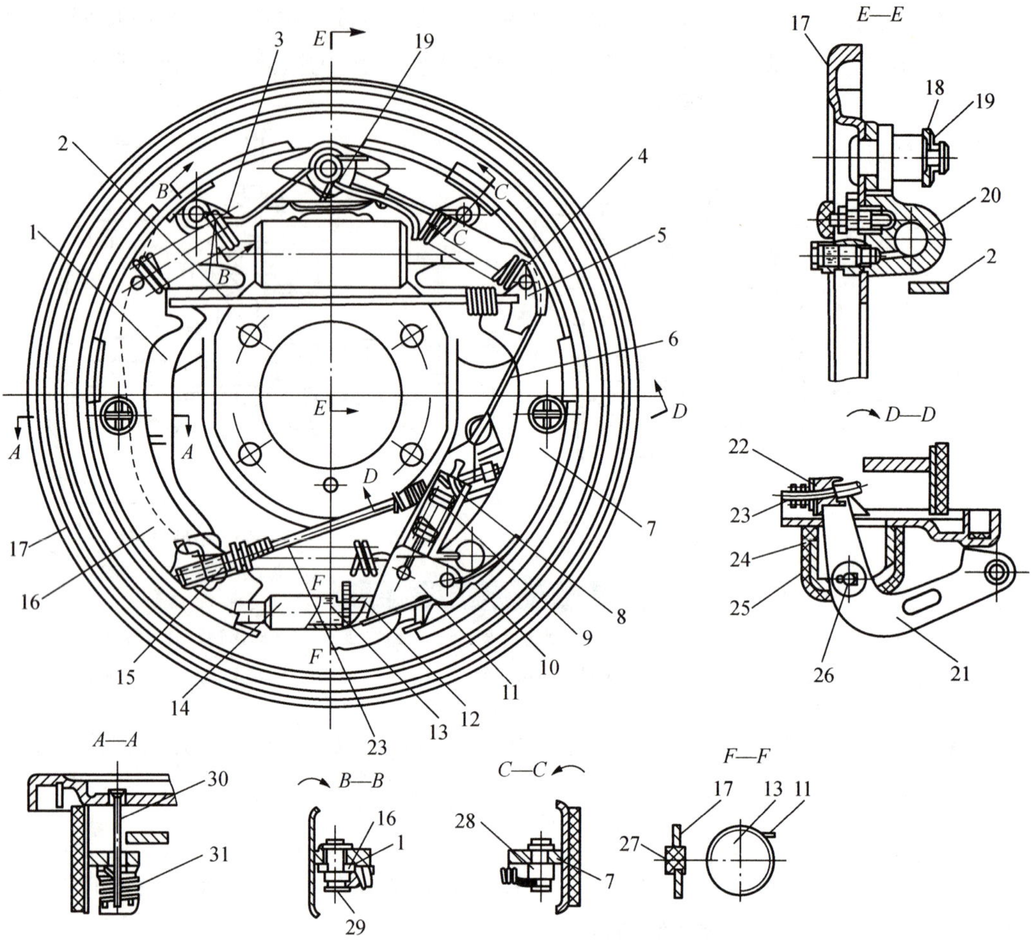

扫一扫 图 5-17 丰田—皇冠汽车后轮制动器

1—驻车制动杠杆；2—驻车制动推杆；3—制动蹄回位弹簧；4—推杆弹簧阀；5—自调拉绳导向板；6—自调拉绳；7—后制动蹄；8—弹簧支架；9—自调拉绳弹簧；10—自调拨扳回位弹簧；11—自调拨板；12—可调顶杆套；13—调整螺钉；14—可调顶杆体；15—拉紧弹簧；16—前制动蹄；17—制动底板；18—垫圈；19—自调拉绳吊环；20—制动轮缸；21—驻车制动摇臂；22—驻车制动限位板；23—驻车制动拉绳；24—摇臂支架；25—防护罩；26—摇臂销轴；27—调整孔堵塞；28—后蹄回位弹簧固定销；29—前蹄回位弹簧固定销；30—制动蹄限位杆；31—制动蹄限位弹簧

这种以车轮制动器为驻车制动器的驻车制动系统可用于应急制动，即在行车制动系统失效情况下的紧急制动。

轮缸式制动器的间隙自调装置，制动器间隙调整是汽车保养和修理作业中的重要项目。为求减少保修工作量，制动器间隙的自动调整装置（以下简称间隙自调装置），在近 20 年来得到迅速发展。

如图 5-18 所示是广泛用于前苏联乘用车上的一种摩擦限位式间隙自调装置，用以限定制动时制动蹄的内极限位置的限位摩擦环 2，装在轮缸活塞 3 内端的环槽中，如图

5-18（a）所示或借矩形断面螺纹旋装在活塞内端。如图 5-18（b）所示，限位摩擦环是一个有切口的弹性金属环，压装入轮缸后与缸壁之间的摩擦力可达 400～550N。活塞上的环槽或螺旋槽的宽度 B 大于限位摩擦环厚度 b。活塞相对于摩擦环的最大轴向位移量为二者之间的间隙 $\Delta=B-b$。间隙 Δ 应等于在制动器间隙为设定的标准值时施行完全制动所需的轮缸活塞行程。

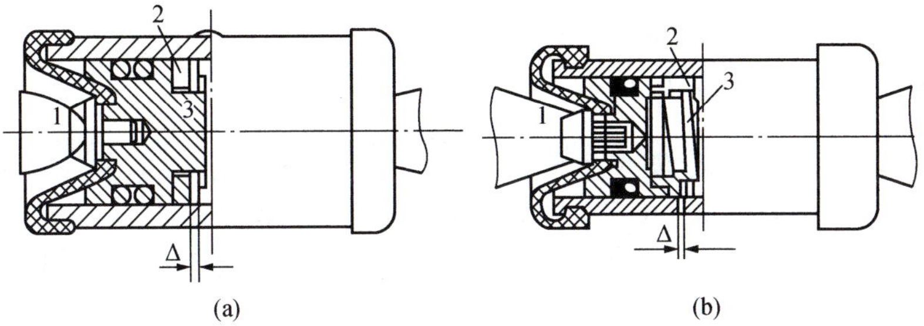

图 5-18 带摩擦限位环的轮缸

1—制动蹄；2—限位摩擦环；3—活塞

四、汽车常规制动器检修

（一）检查与调整制动踏板

1. 检查制动踏板的高度

（1）测量制动踏板高度，应测量从地板到踏板的距离（见图 5-19）。

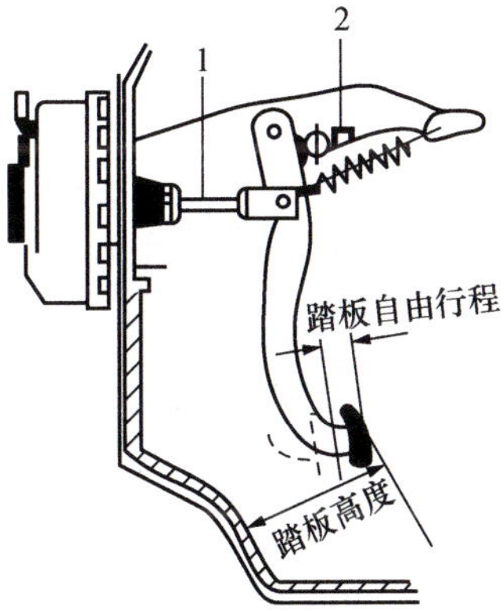

图 5-19 制动踏板高度检查

1—踏板推杆；2—停车灯开关

（2）踏板高度的调整。

①尽量拧松停车开关；

②拧动踏板推杆进行调整；

③将停车灯开关拧紧，直到与踏板止动器相接触。

小提示

皇冠汽车制动踏板的高度为124.5～134.5mm；三菱吉普车制动踏板的高度为191～196mm；五十铃汽车制动踏板的高度为215mm。

2. 检查踏板自由行程

（1）将发动机熄火，踩踏板数次，到加力器不存在真空为止。

（2）踩下踏板，直到感到有点阻力时为止，测量自由行程。

小提示

丰田YH型、RH型、皇冠、LITEACE型汽车制动踏板自由行程为3～6mm；三菱吉普车制动踏板自由行程为10～15mm；五十铃SBR和JBR系列汽车制动踏板自由行程为25mm。

（3）如自由行程不正确，应拧动踏板推杆进行调整。调整后，启动发动机，证明有一定量的自由行程。

3. 检查制动踏板储备距离

放开手制动器，启动发动机，用50kg的力踩下踏板，测量踏板储备距离，如图5-20所示。丰田皇冠、YH型汽车制动踏板储备距离为50mm；三菱吉普车制动踏板储备距离为95mm；五十铃SBR和JBR系列汽车制动踏板储备距离为40mm。如果不正确，则应检修制动器。

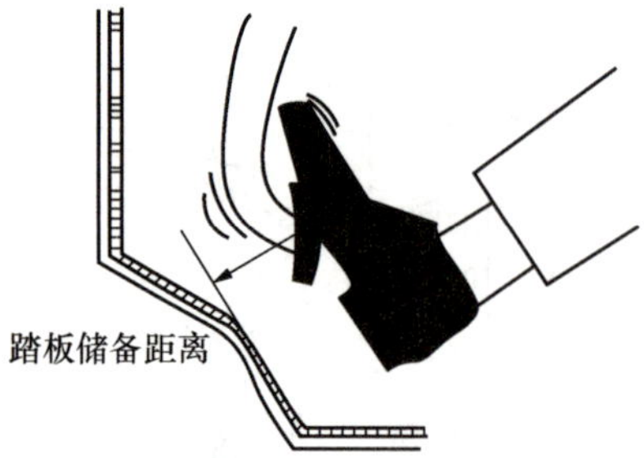

图5-20　测量踏板储备行程

（二）检验制动助力器

1. 操作检查

（1）将发动机熄火，踩制动踏板数次，检查踏板储备距离是否有变动。

（2）踩下踏板，启动发动机，如果踏板慢慢降低，则证明操作正常。

小提示

对于装有电子点火控制的汽车，当发动机启动后，踏板又突然弹回，然后又稍微下降一点，则操作也是正常的。

2. 密封性检验

（1）启动发动机 1～2min 后即熄火，慢慢踩踏板数次，如果踏板在第一次踩下时即大幅下降，但经过第二和第三次之后，又慢慢弹回，则证明助力器密封良好。

（2）在发动机运转时，踩下踏板，然后将发动机熄火。如果踏板踩下 30s 之后储备距离并无改变，也表明助力器密封是好的。

如果车上装有电子点火控制器，当发动机熄火后而踏板立刻轻微地下降，然后，又弹回到原来高度，则证明助力器密封性良好。

（三）排除液压制动系统中的空气

液压制动系统中如果渗入了空气，制动效能将显著变坏。

当踏下制动踏板时，如果感觉绵软无力或有显著的弹性反应，就是有空气渗入的象征，必须立即排除。

如果制动系统做过修理，或认为在制动管内存在空气，则要进行放气。

首先检查制动总泵贮液罐的液面高度，液体缺少时应予补足。当完成每一车轮的放气之后，要检查制动贮液罐的液面高度，如必要应予补充。放气应先从距离制动总泵最远的车轮开始，旋松放气阀，并在放气阀上接上软管，管的另一端浸入玻璃瓶中的制动液中，如图 5-21 所示。然后将制动踏板踩下，并将放气阀旋松少许，此时空气将伴随制动液一起排出，直到瓶内不再产生气泡时迅速将放气阀旋紧，然后再放松踏板。依次对每一车轮重复进行这种操作。

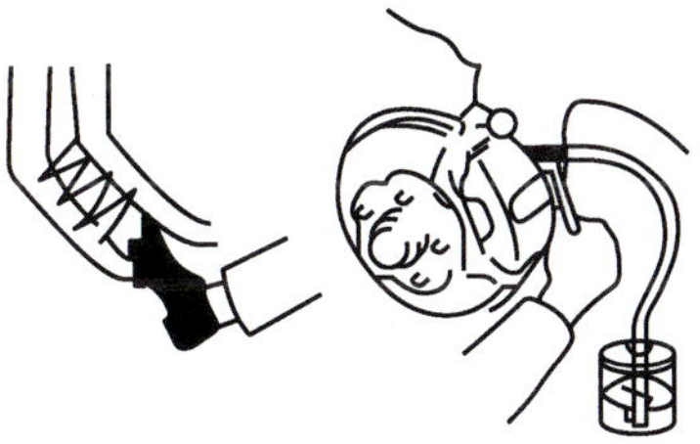

图 5-21 排除液压系统中的空气

（四）检修液压式制动总泵（分泵）

制动总泵和分泵是液压式制动装置的主要组成部分。其技术状态的好坏，直接影响汽车的制动效能。因此，总（分）泵应彻底分解清洗，并进行严格的技术检验，损坏的零件应予修复或更换。

总（分）泵的壳体和活塞等零件，可用制动液或酒精清洗，禁止使用汽油或煤油清洗。清洗时所有的孔道均应用压缩空气疏通。对于皮碗、皮圈和防尘套等橡胶制品，只能用制动液、酒精或丙酮清洗，严禁沾染任何矿物油，以防变形、胀大和损坏。

（1）总（分）泵的内表面必须光滑，如有轻微的擦伤和斑点，可用细砂布磨光。

（2）检查活塞有无台阶磨损，测量活塞和总泵内壁间隙。装配间隙为 0.1mm，如间隙超过 0.2mm，应更换活塞。

（3）检查回位弹簧有无折断和损坏。用张力试验器测量张力，如弹簧损坏或过度疲劳，应更换。

（4）检查活塞皮碗的磨损程度，看有无损坏，必要时应予以更换。

（5）检查防护罩有无损坏或老化，必要时予以更换。

（6）检查隔片，如磨损严重，应更换。

（7）总泵和制动液罐的乙烯基管是安全部件，每 4 年应更换一次。

（五）检修前轮制动器

丰田汽车和三菱汽车前轮制动多数采用盘式制动器，盘式制动器是用与车轮共同旋转的圆盘代替制动鼓，液压制动分泵成对地分布在制动盘两侧，在制动分压盘内侧装有摩擦衬片，制动时摩擦片压向制动盘，由摩擦力进行制动。

在一些其他进口汽车上，也广泛采用盘式制动器，因为盘式制动器具有如下的优点：一是盘式制动器散热作用好，不易生热产生衰减现象，在高速下反复使用仍可保证可靠的制动效果。二是在使用中，圆盘发生热膨胀也和制动鼓不同，制动间隙几乎不变，甚至有减小的倾向，踏制动踏板的有效作用力不会因发热而衰减。制动摩擦衬片可根据磨损情况相应进行调整，以保持一定的踏板有效作用力。三是左右车轮制动器制动力差别很小，可避免制动跑偏现象。四是当制动盘被水浸湿后，在离心力作用下可将水甩掉，制动效果恢复快。五是结构简单，维修方便。

盘式制动器的缺点主要是：造价高，为了获得充分的制动效果，必须增加制动助力装置。

1. 检查和更换制动蹄片

制动蹄摩擦片的表面应当清洁、完整而无裂痕，如有油污将严重影响制动效能，必要时可浸在汽油或碱水中刷洗，用碱水刷洗后用清水冲洗干净、烘干，同时应查明油污的来源，并彻底加以根除。油污严重的制动蹄片应予以更换。

车轮制动蹄摩擦片标准厚度为 10mm，如图 5-22 所示。使用限度为 1mm。如厚度小于 1mm 或摩擦不均匀，则应更换制动蹄片。

三菱汽车制动蹄片里装有磨损指示器，当制动蹄摩擦片厚度达到 2mm 时，磨损指示器碰到制动圆盘，即发出报警的吱吱声，如图 5-23 所示。更换制动蹄片的操作顺序如下。

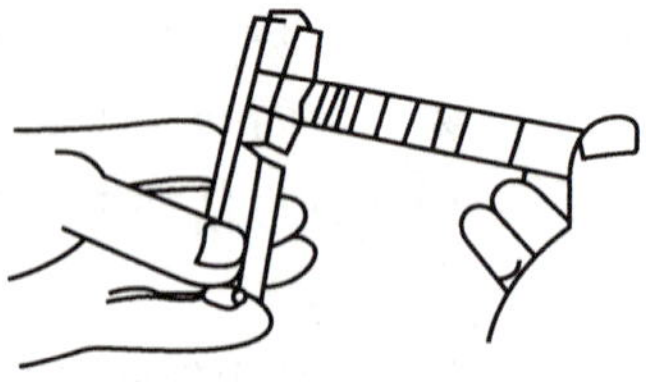

图 5-22　用直尺测量制动蹄片厚度

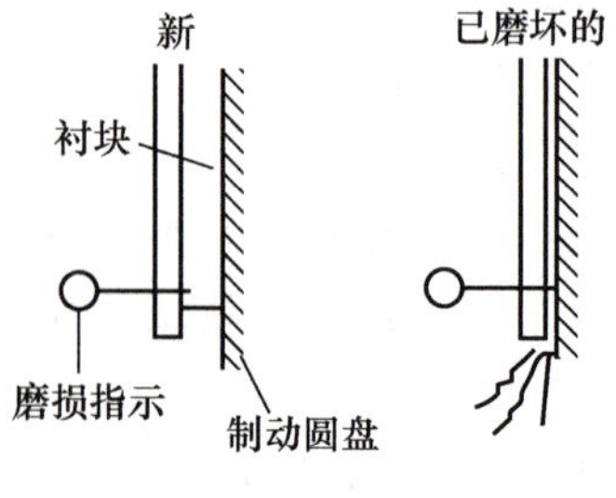

图 5-23　制动蹄片磨损指示报警装置

（1）通过卡钳装置的检查口，检查制动蹄片的厚度，如图 5-24 所示。制动蹄片的使用极限为 2mm，当磨损超过极限值时，要同时更换两侧的制动蹄片。

（2）如图 5-25 所示，卸下锁动销，提起卡钳装置并用金属线吊住。拆装时，不要在锁动销上涂润滑脂。

（3）从卡钳支架上拆下制动蹄片的顺序，如图 5-26 所示。

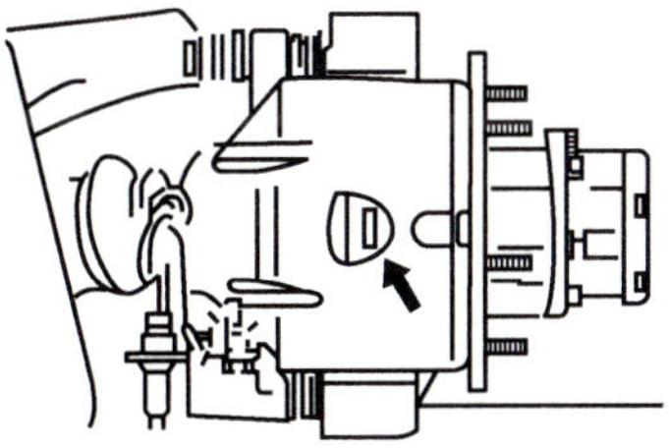

图 5-24 检查制动蹄片的厚度

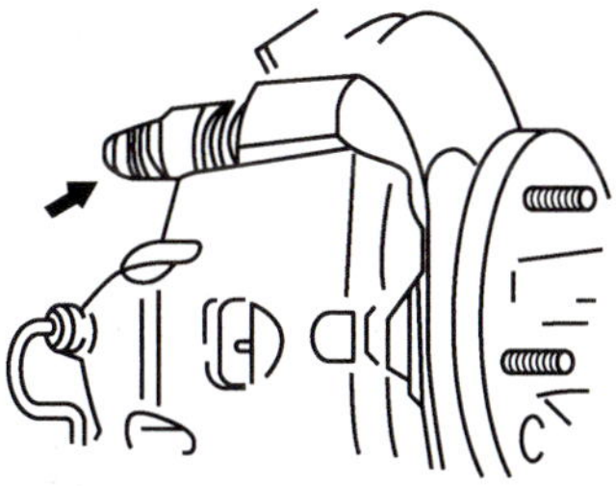

图 5-25 制动蹄片磨损指示报警装置的拆装

（4）测量制动圆盘的厚度。测量前，应清除制动圆盘表面上的尘土和锈。对于制动圆盘的厚度，应选 4 处以上多点测量，以精确掌握其磨损程度。

制动盘的工作表面必须光洁，在不影响制动效果的情况下，允许有轻微的槽痕存在。如制动效果不良，应先磨制动盘的工作表面。丰田汽车制动盘标准厚度为 20mm，最小厚度为 19mm，如图 5-27 所示。三菱汽车制动盘磨损极限为 20.4mm，如果小于最小厚度，则应更换制动盘。

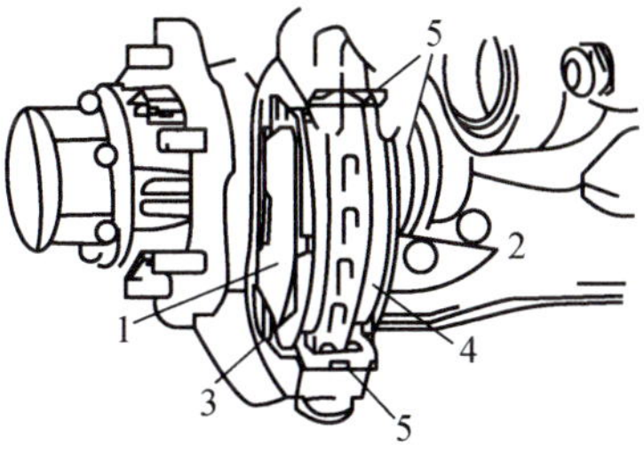

扫一扫

图 5-26 制动片拆卸顺序

1—外垫片；2—内垫片；3—蹄片装置；4—蹄片和磨损指示装置；5—蹄片夹

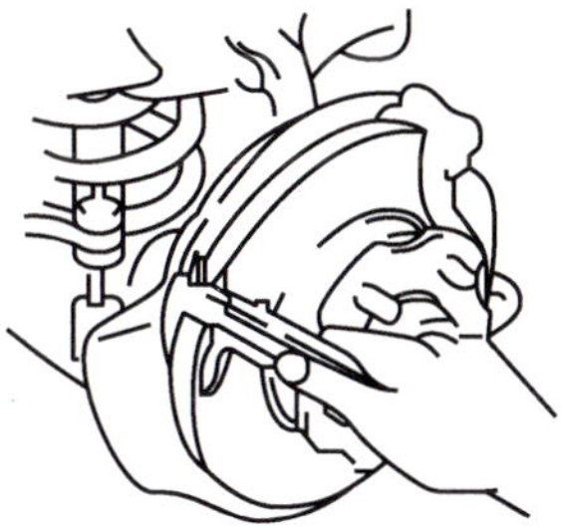

图 5-27 测量制动盘

（5）测量制动圆盘的摆差度。测量制动盘距外缘 10mm 位置的摆差度，如图 5-28 所示。最大摆度为 0.15mm。

（6）安装制动蹄片的顺序，如图 5-29 所示，在制动蹄上安装内垫片和磨损指示器，在制动蹄片上安装外垫片。

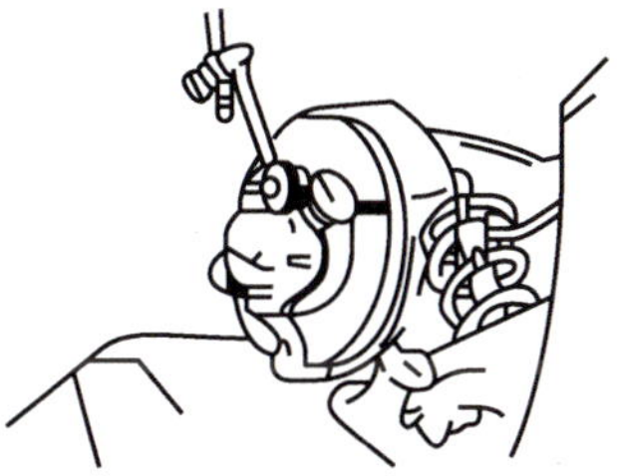

图 5-28 测量制动盘的摆差度

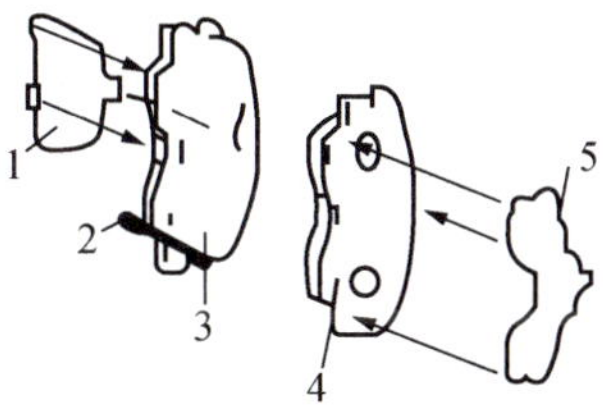

图 5-29 安装制动蹄片顺序

1—内垫片；2—磨损指示器；3—衬块和磨损指示器的组合；4—衬块的组合；5—外垫片

2. 拆卸和安装前盘式制动卡钳

前盘式制动卡钳的拆卸和安装顺序，如图 5-30 所示，图中所示的数字为拆卸顺序，安装时，按拆卸的相反顺序进行。

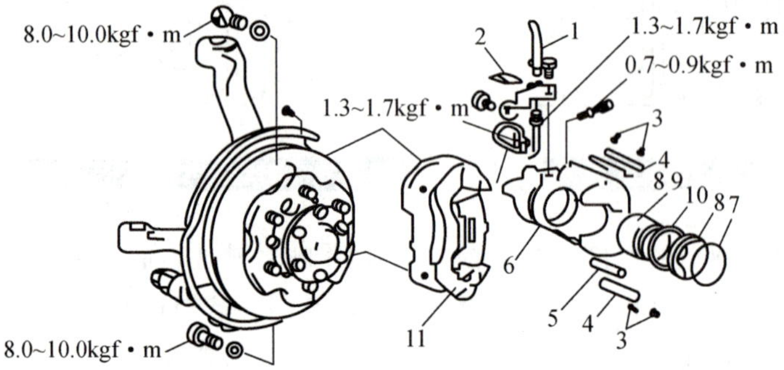

扫一扫 图 5-30 制动卡钳的拆卸和安装

1—刹车软管；2—夹子；3—套管式挡销；4—制动器塞；5—塞片；6—卡钳装置；7—保护罩圈；8—活塞保护；9—活塞；10—活塞密封垫；11—安装托架

3. 前盘式制动卡钳检修要点

①检查活塞有无生锈和发卡现象。

②检查卡钳主体缸部有无磨损或损坏。必要时，予以更换。

③检查活塞保护罩有无裂纹或损坏。

④检查安装托架有无裂纹。

⑤清洗卡钳缸孔和活塞密封垫应使用酒精或刹车液。

⑥重新安装时，应给活塞的外表面涂上刹车液，用手轻轻地将活塞装入缸孔内。

（六）检修后轮制动器

丰田汽车和三菱汽车后轮制动器均采用鼓式制动器。

1. 拆卸和安装后轮制动器

后轮制动器的拆卸和安装顺序，如图 5-31 所示，图中的数字表示拆卸的顺序，安装时，按拆卸的相反顺序进行。在拆卸中，如制动鼓难以卸下，可使用调节器。先拆下支撑板后测调整孔盖，将起子插入调整孔，用起子把调整杆从调节器上分开，如图 5-32 所示，再将一把起子插入调整孔中，用起子朝箭头所指方向拨动调节器牙齿，如图 5-33 所示，以便压迫制动蹄片。

2. 检修后轮制动鼓

制动鼓的工作表面必须光洁。在不影响制动效能和调整质量的情况下允许有轻微的槽痕存在。制动鼓磨损度的测量通过测量制动鼓内径来实现。测量时，要以轮毂轴线为中心测量制动鼓半径。测量制动鼓内径的方法，如图 5-34 所示。

凡具有下列缺陷之一者，均需在专门的镗床或车床上镗削。

①表面严重磨损，有较深的沟槽或擦伤者。

②制动鼓与制动蹄的接触面，小于摩擦片宽度的 4/5 者。

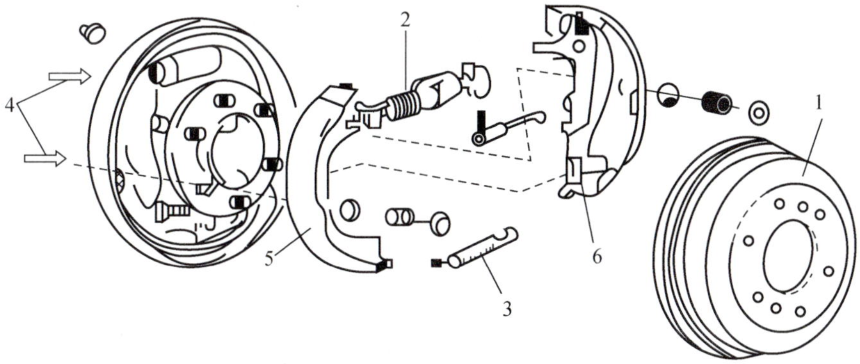

图 5-31 后轮制动器的拆卸和安装拆卸顺序

1—制动鼓；2—蹄片回位弹簧和制动蹄片调节器；3—蹄片护圈弹簧；4—蹄片压底销；5—制动蹄片；6—手刹车制动绳及接头

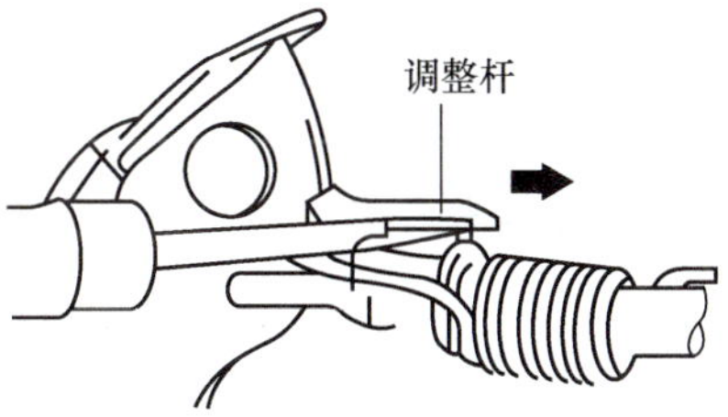

图 5-32 用起子把调节杆从调节器上分开

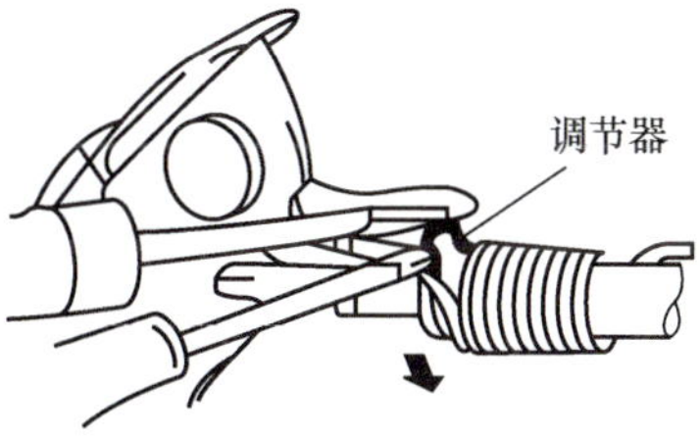

图 5-33 用起子拨动调节器牙齿

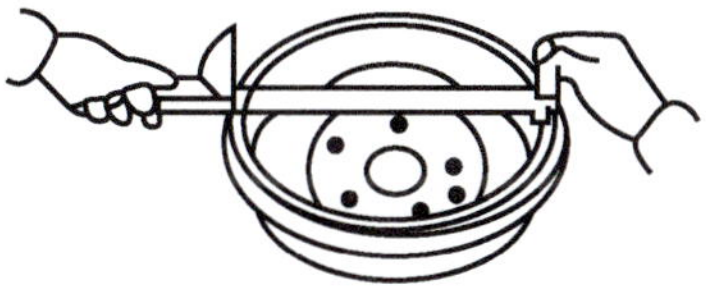

图 5-34 测量制动鼓内径

知识链接

制动鼓修理数据如表 5-1 所示。

表 5-1 制动鼓修理数据

车型	标准内径/mm	装配标准/mm	使用限度/mm
丰田 YH50、60、70 系列和 LH50、60、70 系列汽车	254.0	圆度误差小于 0.05	256.0

续表

车型	标准内径/mm	装配标准/mm	使用限度/mm
三菱吉普车	254.0	圆度误差小于0.05	256.0
五十铃SBR、JBR系列汽车	320	圆度误差小于0.05	322

3. 检查制动蹄和制动鼓之间的间隙

（1）拆下制动鼓。

（2）测制动鼓内径和制动蹄外径，两者之差即为间隙，如图5-35所示。制动鼓与制动蹄的间隙为0.6mm。

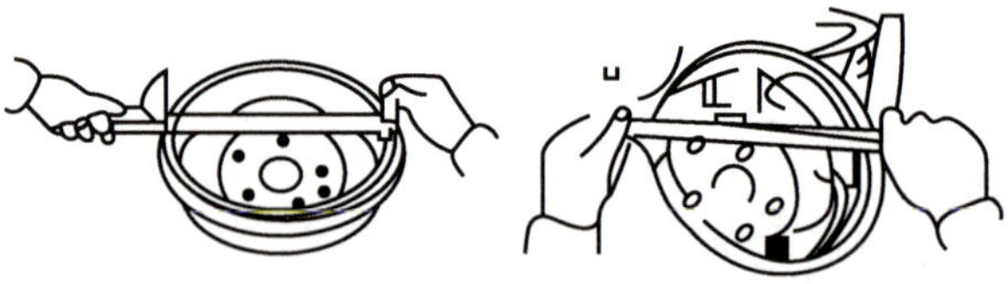

图5-35　检查制动鼓与制动蹄的间隙

4. 测量制动蹄摩擦片厚度

用直尺测量制动蹄摩擦片厚度，如图5-36所示。

丰田汽车后轮制动蹄摩擦片的标准厚度为5mm；使用限度为1mm。

三菱汽车后轮制动蹄摩擦片的标准厚度为4.6mm；使用限度为1mm。

如果制动蹄摩擦片厚度小于使用限度，或存在不均匀的磨损痕迹，应予以更换。更换制动蹄片，则全部后轮制动蹄均应更换，以保证良好的制动效果和行车安全。

5. 测量制动蹄和拉杆之间的间隙

用厚薄规测量制动蹄和拉杆间隙，如图5-37所示。间隙应小于0.35mm。如果间隙过大则应选用正确厚度的调整垫片。垫片厚度有0.2mm、0.3mm、0.4mm、0.5mm、0.6mm、0.9mm几种。

图5-36　测量后轮制动蹄摩擦片厚度

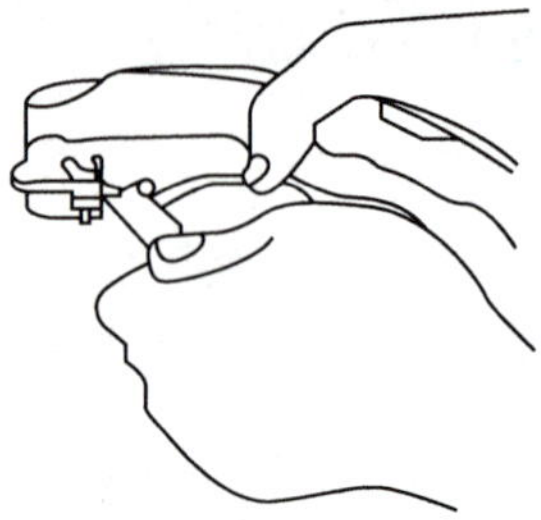

图5-37　测量制动蹄和拉杆间隙

6. 更换调整垫片的步骤

（1）拆下后制动蹄C形垫圈，如图5-38所示。

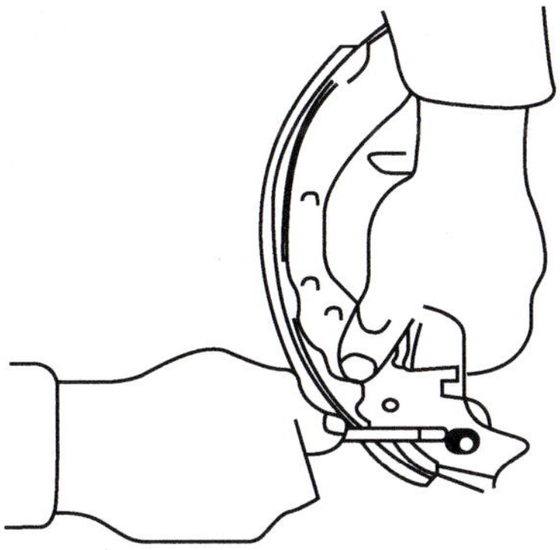

图 5-38 拆下 C 型垫圈

（2）装上有正确厚度的调整垫片。

（3）装上手制动杆和新的 C 形垫圈。

（七）手制动器的调整与修理

1. 三菱吉普车和丰田 YH50、60、70 系列和 LH50、60、70 系列汽车手制动器的检查与调整

三菱汽车和丰田汽车手制动器均作用于后轮。其检查调整程序如下。

（1）用 20kg 的力拉制动操纵杆，并听清拉紧时的响声，标准数值为 4～6 响。

（2）如检查结果不符合上述标准，应进行调整。

①拧松调节器放松停车制动缆，如图 5-39 所示。

②稍微拧紧调节器，重复拉紧和放松手制动器操纵杆，以调整制动蹄片的间隙。

③拧紧调节器直到手制动器操纵杆行程达到标准 4～6 响为止。

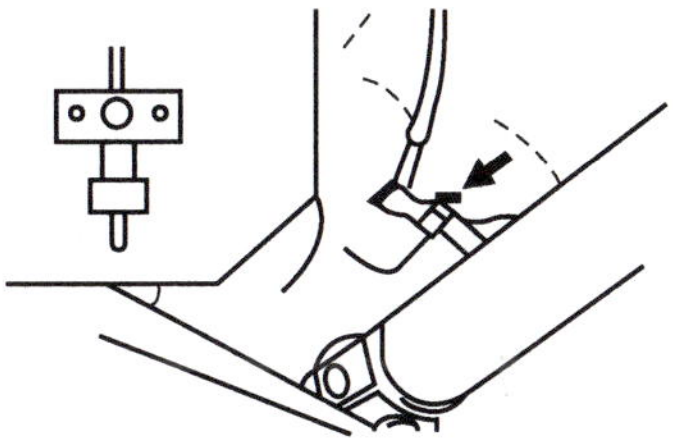

图 5-39 调整手制动器

④调整后，必须以螺母托架紧固调节器。经过调整，如果手制动器操纵杆所啮合的齿数少于标准值 4～6 响，缆已拉过头，将导致自动调节机械装置失灵。必须把它调整在标准数值内。

（3）推回手制动器操纵杆，卸下制动鼓，并核实制动杆调节器是否已触及蹄片，如手制动缆拉得太远，则调节杆未能配合调节器，将造成制动蹄片调节器的操作失灵。

（4）让手制动器操纵杆处于松释位置，转动后轮以确定后制动器没有松脱。

2. 五十铃汽车手制动器的检查与修理

五十铃 SBR 和 JBR 系列汽车的手制动器为内胀机械式，作用于传动轴。制动器是双向增力式。制动蹄由偏心轮来推动。

（1）手制动器零件的检查。

①检查摩擦片有无深沟，磨损是否严重或烧蚀变质。必要时应予更换。测量从摩擦片表面至铆钉头的深度，当深度小于 0.2mm 时，应更换摩擦片。

②检查制动鼓内表面有无损坏、划伤和裂纹。可用车床修整较小的划伤和不均匀的磨损，制动鼓的圆度误差应小于 0.05mm。

③检查制动蹄，如有裂纹、变形和不均匀的磨损，应予更换。

④检查左、右制动蹄回位弹簧的弹力是否一致，有无锈蚀现象。弹簧自由长度为 71.2mm，安装负荷为 15.5kg 时，弹簧长度为 58mm。

⑤手制动操纵机构的检查。检查手制动操纵杆齿有无磨损，控制拉线和每个接头的操作状况，必要时应予更换。

（2）手制动器的调整。

①调整摩擦片与制动鼓的间隙。将起子插入制动调整孔，转动调整螺母，使制动蹄完全张开。直到制动蹄与制动鼓接触时，再将调整螺母转向口齿，此时，间隙应为 0.25mm。

②调整控制拉线的操作程序。

a. 先拉动手制动器操纵杆 2～3 次，然后松开。

b. 将控制拉线插进偏心轮臂，在控制拉线伸出锁紧螺母顶面约 15mm 时用螺母锁紧。

c. 把手制动器操纵杆完全拉紧，检查操纵杆行程是否保持在 12～14 齿范围内。

d. 如果手制动器操纵杆行程大于 14 齿，应更新调整。

3. 手制动器的故障与排除

（1）制动失灵。

①故障原因：

a. 制动鼓与摩擦片的间隙过大；

b. 摩擦片严重磨损，铆钉头露出；

c. 控制拉线伸长；

d. 偏心轴凸轮磨损。

②排除方法：

a. 摩擦片铆钉松动或损坏；

b. 制动鼓与摩擦片的间隙过小；

c. 制动鼓失圆或不均匀磨损。

（2）汽车行驶中手制动器异响。

①故障原因：

a. 摩擦片铆钉松动或损坏；

b. 制动鼓与摩擦片的间隙过小；

c. 制动鼓失圆或不均匀磨损。

②排除方法：

a. 修整或更换摩擦片；

b. 调整制动鼓与摩擦片的间隙；

c. 修整或更换制动鼓。

（八）制动装置的故障诊断及排除

1. 制动距离过长

汽车制动不灵表现为制动距离过长，主要是由制动器内摩擦力不足所致，而摩擦力不足则因为正压力的减少和摩擦系数的降低。

（1）故障原因。

①制动盘（鼓）与制动摩擦片接触不良，间隙增大；

②制动摩擦片沾有油污；

③制动摩擦片磨损严重，铆钉外露；

④制动盘磨损严重，或制动鼓失圆；

⑤真空助力器故障。

（2）排除方法。

①修整或更换制动摩擦片；

②用汽油洗净摩擦片上的油污；

③更换制动摩擦片；

④修整或更换制动盘（鼓）；

⑤检修真空助力器。

2. 制动踏板过低

制动踏板高度降低，与驾驶室地板接触。

（1）故障原因。

①制动管路漏油；

②制动摩擦片严重磨损；

③活塞皮碗严重磨损、变形或变质；

④空气进入制动管路。

（2）排除方法。

①整修制动管路并放气；

②更换制动摩擦片；

③更换活塞皮碗；

④彻底排除制动管路中的空气。

3. 制动卡滞

制动卡滞表现为制动解除后，阻力很大，制动鼓发热；主要是制动器内摩擦力不能因解除制动而随即消除。

（1）故障原因。

①制动蹄回位弹簧过软或折断；

②制动间隙过小；

③总泵皮碗、皮圈发胀或活塞孔堵塞；

④分泵皮碗发胀或活塞发卡；

⑤总泵活塞与推杆间隙过小。

(2) 排除方法。

①更换制动蹄回位弹簧;

②调整制动鼓与摩擦片的间隙;

③检修制动分泵、更换不合格的零件;

④检修制动总泵、更换不合格的零件;

⑤调整总泵活塞与推杆间的间隙。

4. 制动跑偏

制动跑偏表现为制动时同轴两侧车轮的滑磨距离不一致，主要是汽车制动时，同轴两侧车轮的摩擦力大小不一致。

(1) 故障原因。

①两侧摩擦片与制动鼓间隙不一致，摩擦片有油或接触不良;

②制动鼓失圆或安装松动;

③回位弹簧弹力不足;

④制动器底板变形;

⑤各车轮气压不一致;

⑥制动分泵活塞运动受阻。

(2) 排除方法。

①正确调整制动间隙，清除摩擦片的油污;

②检修制动鼓或重新安装;

③更换制动蹄回位弹簧;

④检修或更换制动底板;

⑤按规定给轮胎充气;

⑥检修制动分泵。

任务实施

制动总泵拆装

李师傅带领小王对制动总泵进行了拆装。

拆装步骤

(1) 从车上拆下制动总泵。

①拆下制动液油位传感器插头，取下制动液储液罐罐盖。

②使用废油回收机回收储液罐制动液。注意：不得将制动液洒落在汽车油漆和零部件表面上。

③拆下离合器总泵的连接油管，并进行防尘包扎。

④拆卸制动总泵到 ABS 泵的两根液压油管，并将油管进行防尘保护。注意：拆卸前需将抹布放在油管下方，吸收管内溢出的制动液。

⑤拆卸制动总泵与真空助力器的连接螺母，取下制动总泵。

（2）分解制动总泵（需要分解图）。

①拆下制动液储液罐。

②排尽泵体剩余制动液，用抹布抹干泵体。

③用台虎钳将泵体夹紧，用起子顶住密封挡圈，用卡簧钳取出弹簧锁圈、导向套、油封和第一活塞组件。注意：夹紧泵体需用软木块垫住，防止夹伤泵体。

④卸下储油罐橡胶密封座，取下锁销挡片，用起子用力顶住第二液压活塞组件，取出组件限位锁销，然后取出第二活塞组件。

⑤对第一、第二活塞组件进行分解并清洁干净，整齐摆放。

⑥对拆下的所有零部件进行检查，重点检查皮碗是否老化，是否磨损过甚，各弹簧弹力是否正常，泵腔工作面及活塞工作面是否光滑、拉伤，必要时进行更换。

（3）制动总泵的装合。

①将修复后的制动总泵按拆卸相反的顺序进行装配，装配完成经检验合格后进行装车。注意：制动总泵与助力器锁紧螺母拧紧力矩为 20N·m。

②安装完毕后，按规定添加制动液并对制动系统进行排空气作业。

③实训完毕后，进行 5S 管理，将使用过的工具、设备清洁干净并归位。

拆卸后，李师傅发现制动总泵皮碗老化，更换后，故障消失。

实训报告单

制动系统检修	姓名		学号	
	班级		日期	
一、基础知识准备 1. 简述制动系统的功用及分类。 2. 简述鼓式制动器及盘式制动器的优缺点。 3. 以鼓式制动器为例，说明制动力产生的原理。 二、实训考核 1. 简述拆卸制动器的实训步骤及注意事项。 2. 指出所拆卸下的制动系统各部件的名称及其作用。				

续表

<table>
<tr><td rowspan="2">制动系统检修</td><td>姓名</td><td></td><td>学号</td><td></td></tr>
<tr><td>班级</td><td></td><td>日期</td><td></td></tr>
<tr><td colspan="5">3. 检查所拆卸的制动系统零部件是否损坏，如果损坏对制动系统的功用会有什么影响？

三、安全文明生产</td></tr>
<tr><td colspan="2">教师评语</td><td colspan="3">本次实训成绩</td></tr>
<tr><td colspan="2" rowspan="2"></td><td>良好</td><td>合格</td><td>不合格</td></tr>
<tr><td></td><td></td><td></td></tr>
</table>

教师考核方案

制动系统检修	姓名		学号	
	班级		日期	

一、基础知识准备（每题 10 分，共 30 分）

1. 简述制动系统的功用及分类。
2. 简述鼓式制动器及盘式制动器的优缺点。
3. 以鼓式制动器为例，说明制动力产生的原理。

二、实训考核（每题 10 分，共 30 分）

1. 简述拆卸制动器的实训步骤及注意事项。
2. 指出所拆卸的制动系统各部件的名称及其作用。
3. 检查所拆卸的制动系统零部件是否损坏，如果损坏对制动系统的功用会有什么影响？

三、安全文明生产

1. 学生工具选用、使用错误，扣 5 分；
2. 学生工具、零部件摆放不整齐、无序，扣 5 分；
3. 学生实训过程中出现掉落工具、零件情况，扣 5 分；
4. 学生在操作过程中出现重大违规及危及人身安全情况，扣 20 分。

四、实训评估

采用自评、小组评和教师评的方式对实训情况进行评分，每项分值为 10 分。

评价人	基本知识掌握程度	工作态度	团队合作能力	任务完成情况
自评				
小组评				
教师评				
平均分				

注：总分＞80 为优良；80≥总分≥60 为及格；总分＜60 为不及格。

任务 5.2 汽车防抱死制动系统检修

任务引入

某辆雷克萨斯（LEXUS）LS400 乘用车仪表板上的 ABS 故障指示灯亮，ABS 系统不起作用，制动抱死。请完成对 ABS 系统的检修工作。

任务分析

通过本任务的学习，学生能够掌握汽车防抱死系统和驱动防滑系统的组成、结构，并能熟练进行防抱死系统和驱动防滑系统的维护及故障诊断与排除。

知识准备

一、ABS 防抱死制动系统概述

（一）ABS 系统的优点及种类

以提高汽车行驶性能为目的而开发的各种 ABS 装置（见图 5-40），其原理是充分利用轮胎和地面的附着系数，主要采用控制制动液压力的方法，给各车轮施加最合适的制动力。ABS 具有以下优点。

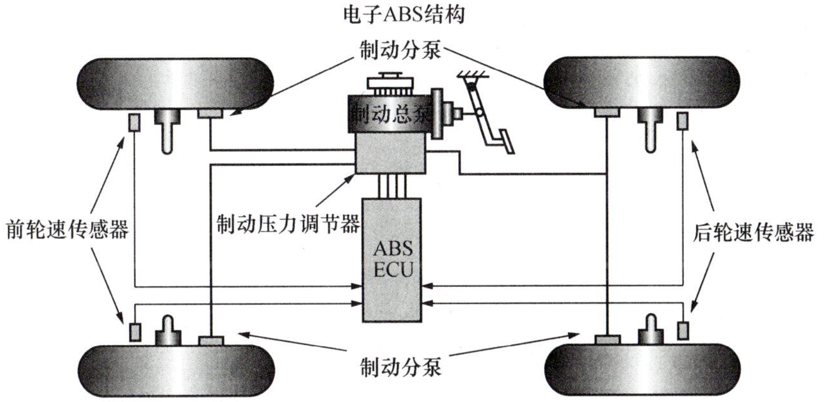

扫一扫 图 5-40 ABS 结构

ABS 系统的第一个优点是能缩短制动距离。这是因为在同样紧急制动的情况下，ABS 系统可以将滑移率控制在 20%左右，即可获得最大的纵向制动力的结果。

ABS 系统的第二个优点是增加了汽车制动时的稳定性。汽车在制动时，4 个轮子上的制动力是不一样的，如果汽车的前轮抱死，驾驶员就无法控制汽车的行驶方向，这是非常危险的；倘若汽车的后轮先抱死，则会出现侧滑、甩尾，甚至汽车整个掉头等严重事故。ABS 系统可以防止 4 个轮子制动时被完全抱死，提高了汽车行驶的稳定性。资料表明，装有 ABS 系统的车辆，可使因车轮侧滑引起的事故比例下降 8%左右。

ABS 系统的第三个优点是改善了轮胎的磨损状况。事实上，车轮抱死会造成轮胎杯形磨损，轮胎面磨耗也会不均匀，使轮胎磨损消耗费增加。经测定，汽车在紧急制动时，车轮抱死所造成的轮胎累加磨损费，已超过一套防抱死制动系统的造价。因此，装用 ABS 系统具有一定的经济效益。

ABS 系统的最后一个优点是使用方便，工作可靠。ABS 系统的使用与普通制动系统的使用几乎没有区别。制动时只要把脚踏在制动踏板上，ABS 系统就会根据情况自动进入工作状态，如遇雨雪路滑，驾驶员也没有必要用一连串的点制动方式进行制动，ABS 系统会使制动状态保持在最佳点。注意：ABS 系统工作时，驾驶员会感到制动踏板有颤动，并听到一点噪声，这些都属于正常现象。ABS 系统工作十分可靠，并有自诊断能力。如果它发现系统内部有故障，就会自动记录，并点燃琥珀色（黄色）ABS 故障指示灯，让普通制动系统继续工作。此时，维修人员可以根据记录的故障（以故障码的形式输出）进行修理。

ABS 系统从目前看可分为以下种类：波许（BOSCH）ABS 系统、坦孚（TEVES）ABS 系统、达科（DELCO）ABS 系统和本迪克斯（BENDIX）ABS 系统，这四种系统都是被广泛应用的系统，而且还在不断发展、更新和换代。

德国波许公司早在 20 世纪 70 年代末就将自己研究生产的波许 ABS 系统应用在梅赛德斯—奔驰系列车上；80 年代末 90 年代初波许 ABS 系统广泛应用于通用公司生产的各种系列车型上。

尽管不同公司生产的 ABS 系统的类型不同，但它们都有相同的基本结构和基本工作原理，它们的重要区别是电子控制单元及控制线路不同。

（二）常用的 ABS 装置

现在实用化的四轮控制防抱死制动装置有 BOSCH、TEVES（ATE）、本田 4W-ALB、丰田的 ESC。

1. 控制通道

BOSCH、TEVES 公司的防抱死制动系统与丰田的 ESC 是在各个前轮中分别独立装有传感器、执行元件的油压系统的 2 通道控制方式，即前二轮独立控制方式。此外，还有后轮传感器安装在各个车轮中的 2 通道方式，或在驱动系统中装设的单通道方式（这时，形成后二轮的平均车轮速度）；执行元件的油压系统也是有双通道与单通道两种方式。在使用后轮 2 通道传感器中，这是一般以易于锁止的车轮速度为基准进行控制的低选择方式。属于具备 2 通道的油压系统并不是经常独立控制的方式，而是与后两轮同时控制的一种方式。

本田 4W-ALB 则采用前二轮同时、后二轮同时的 2 系统控制方式。前轮采用以较难锁止的车轮为基准进行控制的高选择方式；后轮则采用低选择方式。

2. 执行元件方式

BOSCH、TEVES 的防抱死制动系统、丰田的 ESC 与本田 4W-ALB 都具有专用的电动泵，而露卡斯・柯林的 SCS 则具有由驱动轴驱动的专用泵。以该泵为驱动泵，使执行元件进行工作。驱动轴是动力转向轴。本田 4W-ALB、丰田－AISIN ESC 等采用使车轮分泵一侧的油压管路的容积增加或减压的间接控制方式，BOSCH、TEVES 的防抱死制动系统和丰田的 ESC 则采用使车轮分泵油压直接循环进行减压的直接控制方式。

（三）防抱死制动系统的发展趋势

1. 传感器等附加装置

现在许多防抱死制动系统只备有车轮速度传感器，只用这种信号进行控制，这很难确保不同车辆的防抱死制动性能。为了补偿控制的下降，在车辆上增加了检测前后或横向减速度的 G 传感器（减速度传感器），提高了发动机怠速升高功能。如果能确保可靠性，这是一项极其有效的措施，不仅能补偿控制功能的不足，而且可以提高整个装置的功能。

2. 复合化

TEVES（ATE）防抱死制动系统的动力源是电动泵，内装执行元件，该动力源被应用在油压增压器中，形成动力源、油压增压器、总泵、电磁阀为一体的集中系统。几乎相同的装置被应用在凯迪拉克—阿兰特乘用车上，这就是 BOSCH 公司的 ABSII 型防抱死制动系统，奔驰汽车公司则采用在加速一侧利用 ABS 的电磁阀和节流阀来控制车轮滑移率的防侧滑系统并装用在批量生产的车型中。

3. 低成本化

防抱死制动装置已从高级乘用车逐渐向中低档乘用车普及。今后，为了向普通型乘用车和商用车普及，要求 ABS 小型化、低成本，特别要减少执行元件的数量和传感器的通道数，并简化结构。

4. 将来动向

可以预计，今后最新的控制技术是推动传感器技术的高性能，所增加新功能的高级化向确保必要功能、简化结构以降低成本的二极化方向发展。

今后的汽车通过信息收集处理，在安全性、经济性诸方面，可向驾驶者提供尽量多的信息和最佳的适应方法，在这方面，防抱死制动系统仍肩负着重要的使命。

二、ABS 系统的组成及工作原理

ABS 防抱死制动系统通常由电控单元 ECU、液压控制单元（液压调节器）和车轮速度传感器等组成。

（一）ABS 系统电控单元 ECU

1. 概述

ABS 系统电子控制部分可分为电子控制单元（ECU）、ABS 模块、ABS 计算机等，以下简称 ECU。

20 世纪 70 年代中期之前，电子控制单元正处于开发阶段，当时的 ECU 是由运算放大器、晶体管、电阻及电容等分立元件组成的模拟电路构成。模拟电路存在的问题较多，元件数量多、组织生产难度大、噪声难以控制、零点飘移大，集成度很低的分立式 ECU 的外形尺寸也很大。目前的 ECU 主要是由集成度、运算精度都很高的数字电路组成。由于 ABS 装置目前已从高级乘用车开始逐步向家庭乘用车普及，因此，需要在很短的时间内开发出适合各种车型的 ABS 装置。各种新开发的 ABS 几乎都是采用微型电子控制的 ECU。

最初的模拟电路由约 1 000 个电子元件组成，现在的 ECU 采用专用集成电路，混合集成电路，元件数量缩减到 70 个左右，大大减少了 ECU 的重量、体积和成本，提高了可靠性和生产率。随着生产技术及汽车电路可靠性的提高，从原来的穿体安装结构发展到表面安装结构，体积更小。

2. ECU 的基本结构

ECU 由以下几个基本电路组成。

①车速传感器的输入放大电路。

②运算电路。

③电磁阀控制电路。

④稳压电源、电源监控电路、故障反馈电路和继电器驱动电路。

各电路的连接方式，如图 5-41、图 5-42 和图 5-43 所示。

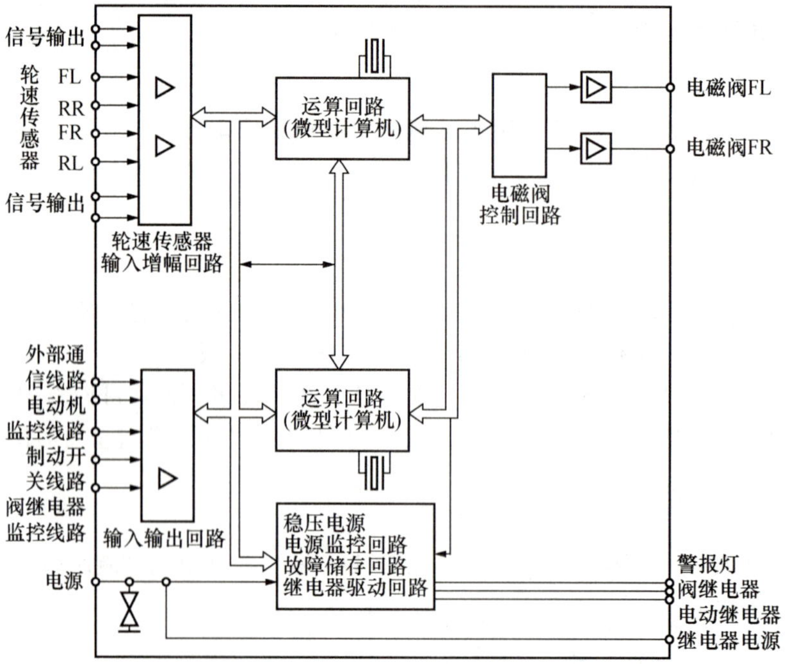

图 5-41　四传感器二通道系统 ECU 模块图

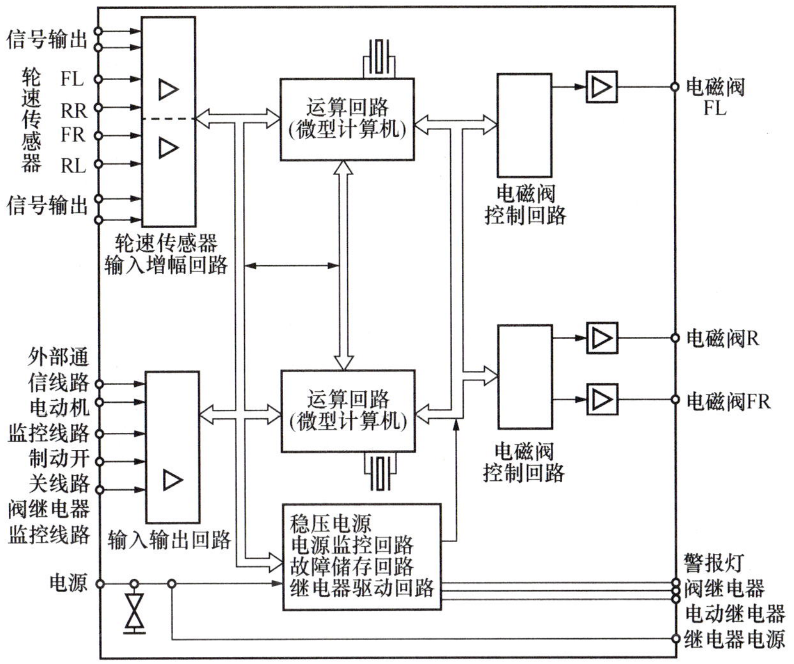

图 5-42 四传感器三通道系统 ECU 模块图

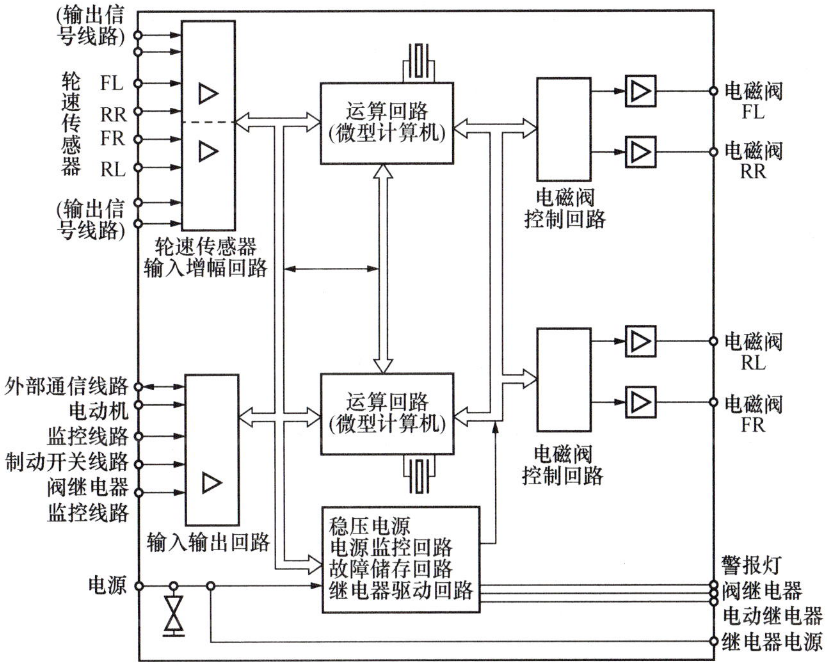

图 5-43 四传感器四通道系统 ECU 模块图

(1) 车速传感器的输入放大电路。

安装在各车轮上的车速传感器根据轮速输出交流信号，输入放大电路将交流信号放大成矩形波，并处理后送运算电路。

不同的 ABS 系统中轮速传感器的数量是不一样的。每个车轮都装轮速传感器时，需要 4 个，输入放大电路也就要求有 4 个。当只在左右前轮和后轴差速器安装轮速传感器时，只需要 3 个，输入放大电路也就成了 3 个。但是，要把后轮的一个信号当作左、右轮的两个信号送往运算电路。

（2）运算电路。

运算电路主要进行车轮线速度、初始速度、滑移率、加减速度的运算，以及电磁阀的开启控制运算和监控运算。安装在车轮上的传感器齿圈随着车轮旋转，轮速传感器便输出信号，车轮线速度运算电路接收信号，并计算出车轮的瞬时线速度。

初始速度、滑移率及加减速度运算电路把瞬间轮速加以积分，计算出初始速度，再把初始速度和瞬时线速度进行比较运算，则得出滑移率及加减速度。电磁阀开启控制运算电路并根据滑移率和加减速度控制信号，对电磁阀控制电路输出减压、保压或增压的信号。

（3）电磁阀控制电路。

电磁阀控制电路接受来自运算电路的减压、保压或增压信号，控制电磁阀的电流。

（4）稳压电源、电源监控电路、故障反馈电路和继电器驱动电路。

在蓄电池供给 ECU 内部所用 5V 稳压电压的同时，上述电路监测 12V 和 5V 电压是否在规定范围内，并对轮速传感器输入的放大电路、运算电路和电磁阀控制电路的故障信号进行监视，控制着继动电动机和继电器门。出现故障信号时，关闭继电器门，停止 ABS 工作，返回常规制动状态，同时仪表盘上的 ABS 警报灯变亮，让驾驶员知道有异常情况发生。

3. 安全保护电路

接通电源（点火开关处于开的位置）时或汽车开始行驶后达到一定的车速时，ECU 将对规定的部位进行检测，正常行驶中也有监视功能。

ECU 的安全保护电路具有故障状态外部显示功能。系统发生故障时，首先停止 ABS 工作，恢复常规制动状态，使仪表盘上的 ABS 警报灯变亮，提示整个系统处于故障状态。现在故障显示方法通过 ECU 内部的发光二极管（LED）的闪烁、仪表盘上的 ABS 警报灯的闪烁或专用的诊断装置加以表示。关闭点火开关后故障显示内容消失，重新打开点火开关时，若未发现故障，则认为系统正常，ABS 可进行正常控制。有专用诊断装置的 ABS 系统能够记忆故障内容，并能根据专用诊断装置的指令将记忆的故障编码进行显示或消除。

（1）接通电源时的初始检查。

打开点火开关，ECU 电源接通时，将检查下列项目。

①微处理机功能检查。

a. 使监视器产生错误信息，让微处理机识别；

b. 检查 ROM 区的数据，确认未发生变化；

c. 对 RAM 区进行数据输入和输出，判断工作是否正常；

d. 检查 A/D 转换的输入，判断是否正常；

e. 检查微处理机间的信号传递，判断是否正常。

②继电器动作检查。

使继电器产生动作，判断是否正常工作。

③故障反馈电路功能检查。

由微处理机来识别故障反馈电路工作是否正常。

（2）汽车起步时的检查。

汽车起步时对重要的外围电路进行检查，若检查结果正常，ABS 开始工作。

①电磁阀功能检查。

a. 让电磁阀工作，判断是否正常；

b. 比较各电磁阀的开、关电阻，判断电磁阀是否工作正常。

②电动机动作检查。

使电动机旋转，判断是否正常。

③轮速传感器及输入放大电路的信号确认。

确认所有的轮速传感器信号都能输入到微处理机。

（3）行驶中的定时检查。

行驶中定时的检查功能包括由微处理机进行的检查和外围电路本身的检查。如果有故障，由微处理机最后确认，与故障内容相对应的故障编码被储存在 ECU 内的不发光存储器中。

①12V（载货车为 24V）、5V 电压监视。

识别供给的 12V 电压和 5V 内部电压是否为规定电压值。监视 12V 电压，并考虑 ABS 工作过程中电压瞬间下降和电动机启动时电压瞬间下降的情况，然后加以分析识别。

②继电器动作监视。

ABS 系统工作过程中，继电器必定动作，ECU 随时监视继电器的工作情况。

③运算电路中运算结果的对比检查。

ECU 内部通常设有两套运算电路，同时进行运算和传递数据，利用各自的运算结果相互比较、互相监视，能够确保可靠性，及早发现异常情况。

另外，各种速度信号和输入、输出信号运算电路中相互比较，这些结果必须相同。

④微处理机失控检查。

由监视电路判断微处理机工作是否正常。

⑤脉冲信号的监视。

微处理机时钟信号的脉冲频率不能降低。

⑥ROM 数据的确定。

计算 ROM 数据之和，确认程序工作正常。

（4）自动诊断显示。

如果检查出安全保护电路有异常情况，则停止 ABS 系统的工作，返回原有的制动方式（不使用 ABS），且 ECU 呈现故障状态。这时 ECU 内的发光二极管、ABS 警报灯或专用诊断装置发出故障信号，ECU 根据这些信号显示出故障编码。

专用诊断装置一般不装在车上，使用时，把它和装在车上的各种 ECU（发动机、变速器、ABS 等）用接线柱相连，选择匹配的通道，就能读出故障编码。使用这种专用诊断装置，利用电磁阀或电动机，可在产品出厂检验时或定点维修厂很容易地判断出 ABS 的功能是否正常。

汽车生产厂、汽车型号或 ABS 系统不同，故障编码也不一样。

4. ECU 的工作原理

ECU 是 ABS 系统的控制中心，它的本质是微型数字计算机，一般是由两个微处理器和其他必要电路组成，是不可分解修理的整体单元。电控单元的基本输入信号是 4 个轮上的传感器送来的轮速信号，输出信号是给液压控制单元的控制信号、输出的自诊断信号和输出给 ABS 故障指示灯的信号，如图 5-44 所示。

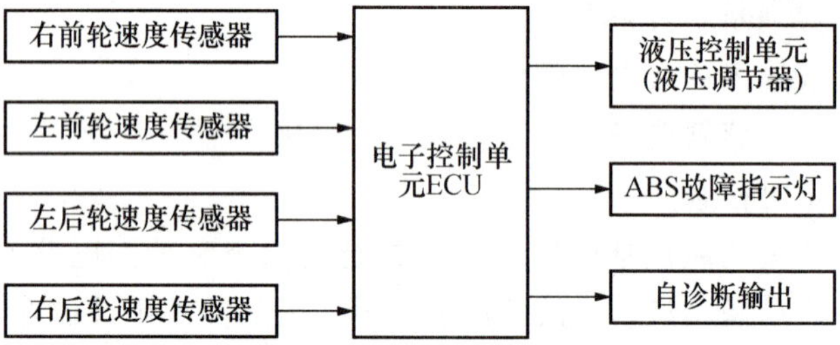

扫一扫

图 5-44　ABS 电控单元和基本输入、输出信号

（1）ECU 的防抱死控制功能。

电控单元有连续监测 4 个车轮传感器速度信号的功能。电控单元连续地检测来自全部 4 个车轮传感器传来的脉冲电信号，并将它们处理、转换成和轮速成正比的数值，从这些数值中电控单元可区别哪个车轮速度快，哪个车轮速度慢。电控单元根据 4 个轮子的速度实施防抱死制动控制。电控单元以 4 个轮子的传感器传来的数据作为控制基础，一旦判断出车轮将要抱死，它立刻就进入防抱死控制状态，向液压调节器输出幅值为 12V 的脉冲控制电压，以控制分泵（轮缸）上油路的通、断，分泵上油压的变化就调节了轮上的制动力，使车轮不会因一直有较大的制动力而让车轮完全抱死（通与断的频率一般在 2～3 次/s）。

一般情况下，防抱死控制采用三通道的方式，即前轮分别有两条油路控制，电控单元可分别对左前轮和右前轮进行防抱死制动控制，后轮只有一条油路控制。电控单元只能对两个后轮进行集中控制（一旦有一个后轮将要抱死，电控单元同时对两个后轮进行防抱死控制）。

（2）ECU 的故障保护控制功能。

ABS 系统电控单元具有故障保护控制功能。如果系统出现故障或受到暂时的干扰，电控单元会自动关闭 ABS 系统，让普通制动系统继续工作。

首先，电控单元能对自身的工作进行监控。由于电控单元中有两个微处理器，它们同时接收、处理相同的输入信号，用与系统中相关的状态——电控单元的内部信号和产生的外部信号进行比较，看它们是否相同，从而对电控单元本身进行校准。这种校准是连续的，如果不能同步，就说明电控单元本身有问题，它会自动停止防抱死制动过程，而让普通制动系统照常工作。此时，修理人员必须对 ABS 系统（包括电控单元）进行检查，并及时找出故障原因。

如图 5-45 所示是 ABS 系统电控单元内部监控工作的简要图解。来自车轮速度传感器的输入信号①同时被送到电控单元中的两个微处理器②和③，在它们的逻辑模块④中处理后，输出内部信号⑤（车轮速度信号）和外部信号⑥（给液压调节器的信号），然后根据这两种信号进行比较、校对。逻辑模块④产生的内部信号⑤被送到两个不同的比较器⑦和⑧中（每个处理器中有一个比较器），在那里进行比较，如果它们不相同，电控单元将停止工作。微处理器②产生的外部信号一路直接被送到比较器⑦，另一路由液压调节器控制电路⑨经过反馈电路⑩送到比较器⑧。微处理器③产生的外部信号直接送到比较器⑦和⑧。通过比较器进行比较，如果外部信号不能同步，ABS 系统电控单元将要关闭防抱死制动系统。

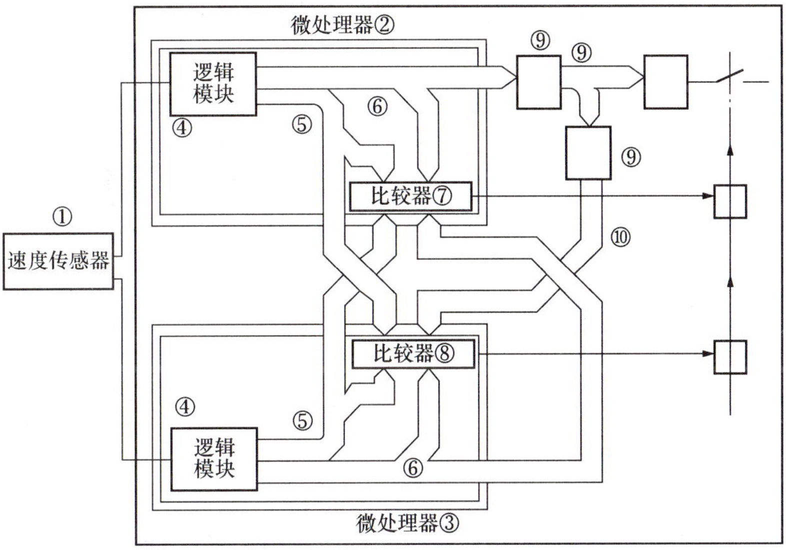

图 5-45 ABS 系统电控单元控制工作框图

ABS 系统电控单元不仅能监视自己内部的工作过程，而且还能监视 ABS 系统中其他部件的工作情况。它可按程序向液压调节器的电路系统及电磁阀输送脉冲检查信号，在没有任何机械动作的情况下完成功能是否正常的检查。在 ABS 系统工作的过程中，电控单元还能监视、判断车轮传感器送来的轮速信号是否正常。

ABS 系统出现故障，例如制动液损失、液压压力降低或车轮速度信号消失，电控单元都会自动发出指令，让普通制动系统进入工作，而 ABS 系统停止工作。对某个车轮速度传感器损坏产生的信号输出，只要它在可接受的极限范围内，或由于较强的无线电高频干扰而使传感器发出超出极限的信号，电控单元根据情况可能停止 ABS 系统的工作或让 ABS 系统继续工作。

小提示

任何时候琥珀（黄）色 ABS 系统故障指示灯常亮不灭，都说明电控单元已停止了 ABS 系统的工作或检测到了系统的故障，驾驶员或用户一定要进行检修，如果处理不了，应及时送修理厂。

（二）车轮速度传感器及工作原理

车轮速度传感器也叫轮速传感器或转速传感器，它可以测出车轮与驱动轴共同旋转的齿圈数，然后产生与车轮转速成正比的交流信号。车轮速度传感器将车轮轮速信号传给 ABS 系统电控单元，电控单元通过计算决定是否开始或准确地进行防抱死制动。因此，车轮速度传感器十分重要。

1. 车轮速度传感器基本结构

车轮速度传感器是一种由磁通量变化而产生感应电压的装置，在每个车轮上安装 1 个，共 4 个，一般由磁感应传感头与齿圈组成。传感头是一个静止部件，通常由永久磁铁、电磁线圈和磁极等构成，安装在每个车轮的托架上。齿圈是一个运动部件，一般安装在轮毂上或轮轴上与车轮一起旋转。齿圈上齿数的多少与车型、ABS 系统电控单元有关，波许公司的有 100 个齿。传感头磁极与齿圈的端面有一空气隙，一般在 1mm 左右，通常可通过移动传感头的位置来调整间隙（具体间隙的大小可查阅维修手册）。在实际安装中，可用一个厚度与空气隙大小一样的纸盘贴在传感头的磁极面上，纸盘的另一面紧挨齿圈凸出端面，然后固定传感器即可。

2. 车轮速度传感器信号产生原理

车轮速度传感器与普通的交流电机原理相同。永久磁铁产生一定强度的磁场，齿圈在磁场中旋转时，齿圈齿顶和电极之间的间隙就以一定的速度变化，这样就会使齿圈和电极组成的磁路中的磁阻发生变化。其结果是磁通量周期性增减，在线圈两端产生正比于磁通量增减速度的感应电压，如图 5-46 所示。将磁场强度换成电压、磁阻换成电阻、磁通量换成电流，类比欧姆定律，其工作原理很容易理解。因此，感应电压正比于车轮速度。

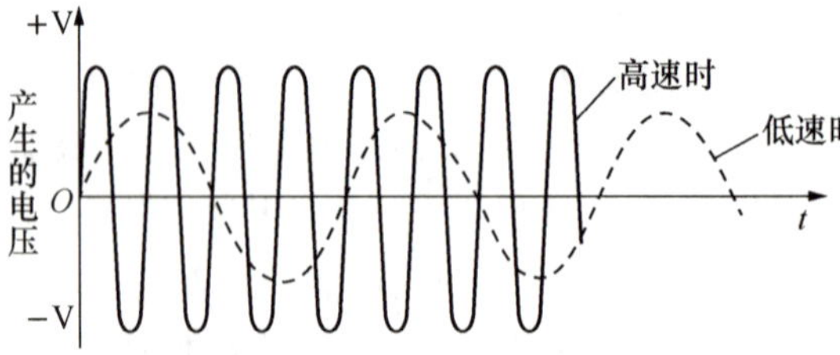

图 5-46 轮速传感器产生的电压信号

3. 车轮速度传感器的工作原理

车轮速度传感器的工作原理如图 5-47 所示。传感头与齿圈紧挨着固定，当齿圈随车轮旋转时，在永久磁铁上的电磁感应线圈中就产生一交流信号（这是因为齿圈上齿峰与齿谷通过时引起磁场强弱变化的缘故），交流信号的频率与车轮速度成正比，交流信号的振幅随轮速的变化而变化（达科 ABSVI，最低转速时电压为 0.1V，最高时为 9V）。ABS 电控单元通过识别传感器发来的交流信号的频率来确定车轮的转速，如果电控单元发现车轮的圆周减速度急剧增加，滑移率 S 达到 20%时，它立刻给液压调节器发出指令，减小或停止车轮的制动力，以免车轮抱死。

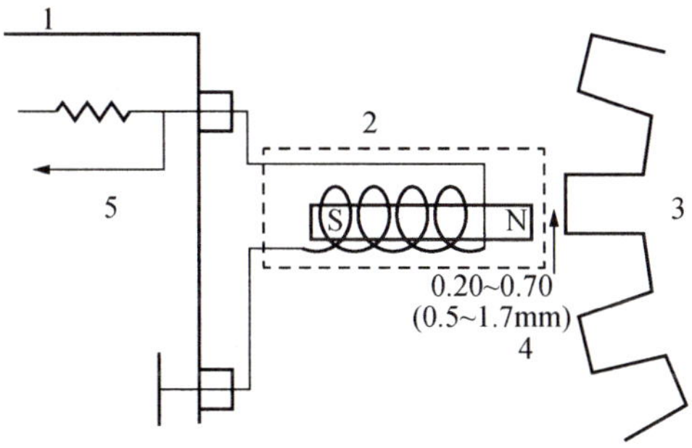

图 5-47 车轮速度传感器工作原理

1—电控单元；2—传感头；3—齿圈；4—空气隙；5—车速信号

传感器引出两根线接入电控单元，这两根线必须是屏蔽线。车轮速度传感器或其线路如果有故障，ABS 电控单元会自动记录故障，点亮故障指示灯，让普通制动系统继续工作。

4. 车速传感器的安装实例

如图 5-48 所示给出了常用的三种车速传感器的安装形式。图 5-49（a）、（b）、（c）分别给出了前轮、后轮和车速传感器的安装实例。

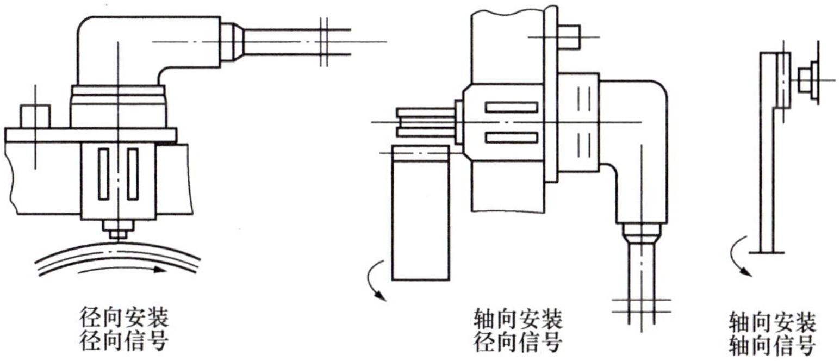

图 5-48 车速传感器的安装形式

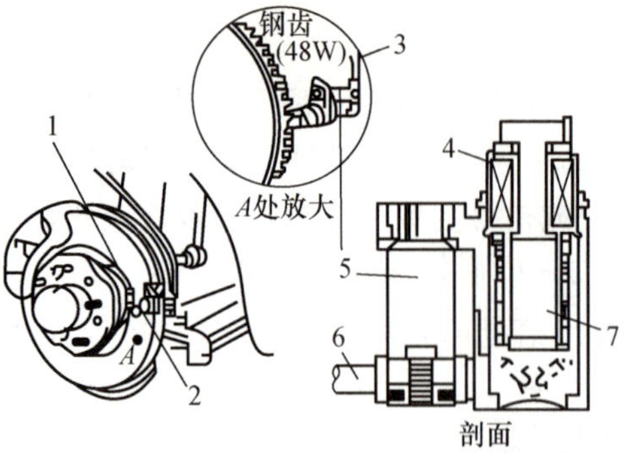

(a)前轮传感器的安装位置及传感器剖面图

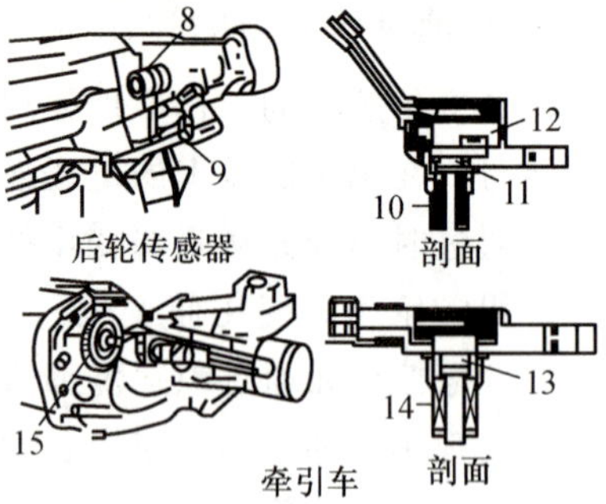

(b)后轮传感器的安装位置及传感器剖面图

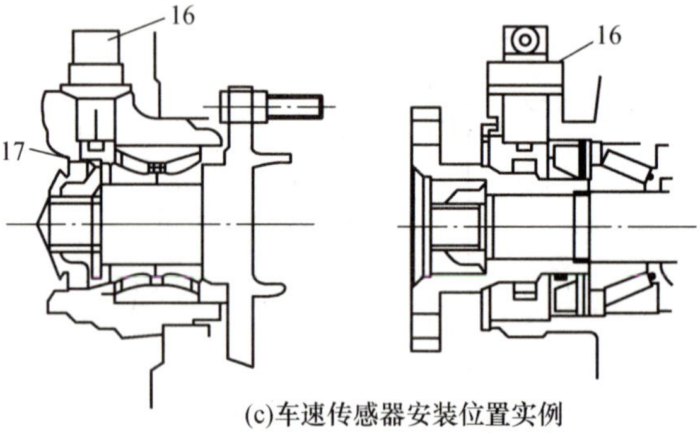

(c)车速传感器安装位置实例

图 5-49 车速传感器安装位置实例

1、8—齿圈；2—前轮传感器；3、4、10、14—连线；5—托架；6—连线插头；7、11、13—磁铁；9—后轮传感器；12—IC 电路部位；15—齿圈（反转齿轮）；16—传感器

5. 汽车减速度传感器

ABS 系统中另一种传感器是汽车减速度传感器（以下称为 G 传感器），如图 5-50 所示。汽车减速传感器的作用是测出汽车制动时的减速度，识别是否是雪路、冰路等易滑路面。现在只用于四轮驱动汽车。

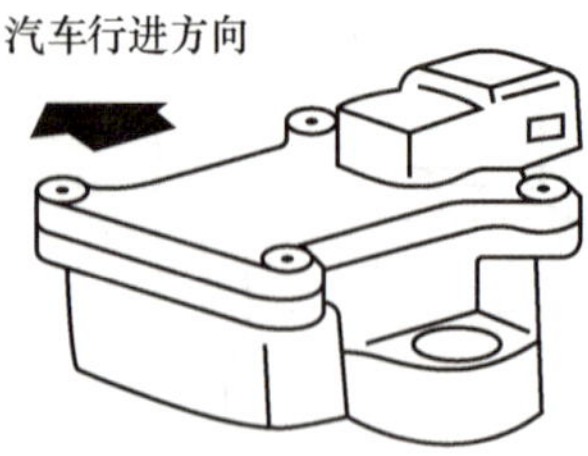

(a)G传感器外形

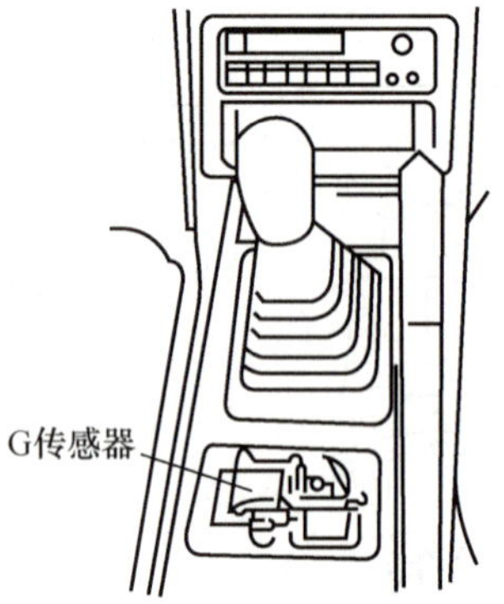

(b)G传感器安装位置图

图 5-50 汽车减速度传感器

如图 5-51 所示是采用水银开关的 G 传感器的剖面图。这种水银开关如 $A-A$ 剖面

所示，与水平面有一定的夹角，汽车处于水平位置时开关处在“ON”状态。汽车在低摩擦系数路面上制动时，由于减速度较小，开关内的水银不移动，开关仍保持在“ON”状态。在高摩擦系数路面上制动时，因为减速度较大，开关内的水银离开触点，开关成为“OFF”状态。这样可识别出路面的摩擦系数信息并传送到电子控制单元。

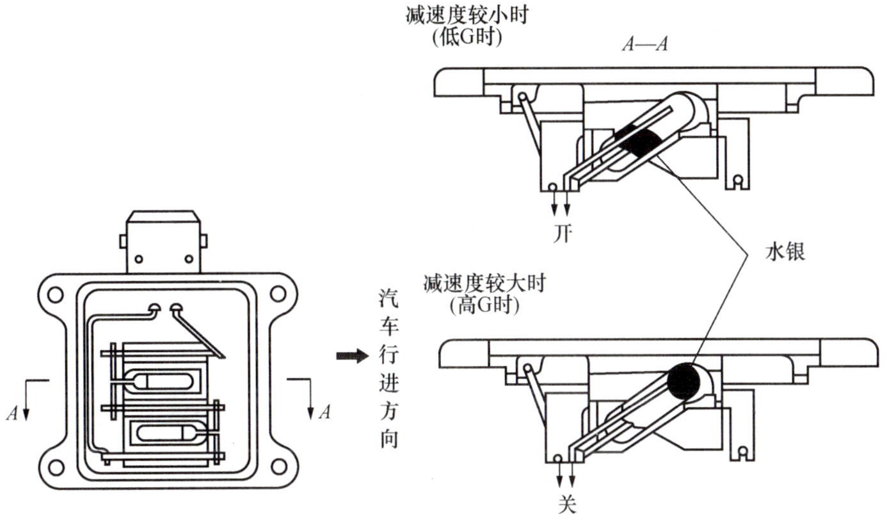

图 5-51 G 传感器水银开关

采用水银开关的 G 传感器中，也有能传递前进和后退两个方向的路面信息，还有的在前进方向上并列安装了两个水银开关，即使一个有故障，另一个也能正常工作。其他形式的 G 传感器还有采用霍尔元件的模拟方式、光学阶梯检测式、差动变压器等多种形式。

(三) 液压控制装置

汽车制动系统随车型的不同有多种形式。ABS 系统也因车型的不同而不同，根据性能和制造成本方面的差别分为多种形式。可按制动控制系统的数目分类，也可按调节器的动力源进行分类。各厂家出于各自的需要，采用不同形式的 ABS 系统，因此，调节器也有几种主要形式，大体分为真空式、液压式、机械式、空气式、空气液压加力式（AOH），这里主要对液压式控制装置进行介绍。

液压式调节器是用电磁阀和液压泵产生的压力控制制动力的。每个车轮或每个系统内部都有电磁阀，通过电磁阀直接或间接地控制制动压力。通常把直接控制制动压力的形式称为循环式，把间接控制制动压力的形式称为可变容积式。这里简要介绍液压控制装置的结构组成，然后介绍典型调节器的工作过程。

1. ABS 系统液压控制装置的组成

ABS 液压控制总成是在普通制动系统的液压装置上经设计后加装 ABS 液压调节器而形成的。普通制动系统的液压装置是大家熟悉的，它一般包括真空助力器、双缸式制动总泵（主缸）、储油箱、制动分泵（轮缸）和双液压管路等。ABS 液压调节器装在制动总泵与分泵之间，如果是与总泵装在一起的，我们称为整体式，否则是非整体式。

整体式 ABS 液压控制装置，除了普通制动系统的液压部件外，ABS 液压调节器通常由电动泵、蓄压器、主控制阀、电磁控制阀体（三对控制阀）和一些控制开关等组成。实质上 ABS 系统就是通过电磁控制阀体上的三对控制阀控制分泵上的油压迅速变大或变小，从而实现了防抱死制动功能。

（1）电动泵和蓄压器。

电动泵和蓄压器可使制动液有很高的压力，而较高的压力正是 ABS 系统工作的基础。

电动泵是一个高压泵，它可在短时间内将制动液加压（在蓄压器中）到 14 000～18 000kPa，并给整个液压系统提供高压制动液体。电动泵能在汽车启动 1min 内完成上述工作。电动泵的工作独立于 ABS 电控单元，如果电控单元出现故障或接线有问题，电动泵仍能正常工作。

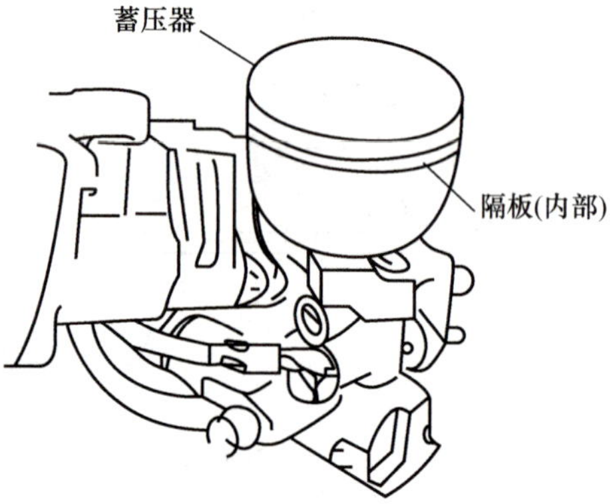

图 5-52　蓄压器

蓄压器的结构如图 5-52 所示，在它的内部充有氮气，可存储高压和向制动系统提供高压。蓄压器被一个隔板分成上下两个腔室，上腔室充满了氮气，下腔室充满了来自电动泵的制动液（蓄压器下腔与电动泵泵油腔相通）。要特别注意的是，禁止拆卸、分解蓄压器，因为蓄压器中的氮气在平时有较大的压力（8 000kPa 左右）。

电动泵给蓄压器下腔泵入制动液，使隔板上移，在蓄压器上腔的氮气被压缩后产生压力，反过来推动隔板下移，会使蓄压器下腔的制动液始终保持大约 14 000～18 000kPa 的压力。在普通制动系统工作的时候（防抱死制动系统没有工作），蓄压器就可提供较大压力的制动液到后轮制动分泵；当防抱死制动系统工作时，加压的制动液可进入前、后轮制动分泵。

制动系统中的所有高压软管用橡胶圈密封，如电动泵泵腔与总泵液压助力装置之间的高压软管。制动系统中的低压软管则使用金属圈密封。

小提示

防抱死制动系统工作时不使用普通制动系统的真空助力器，而是蓄压器给出的高压。如果电动泵出现故障，制动液压力会下降很多，此时必须进行修理，否则车辆不应该运行。

（2）主控制阀和电磁控制阀体。

主控制阀和电磁控制阀体是液压调节器中很主要的部件，由它们完成防抱死制动的控制，如图 5-53 所示。

①主控制阀。

主控制阀装置是电操纵的一种开关阀。在防抱死制动控制的时候，它接通液压助力器的压力腔与总泵内部的油室，关闭通向储油箱的回油路，这样可提供连续的高压制动液，使ABS系统正常、有效地工作。防抱死制动系统停止工作，主控制阀就关闭液压助力器与总泵之间的油路，打开通向储油箱的回油油路，蓄压器的压力不再经过总泵到制动分泵，而直接到回油油路。

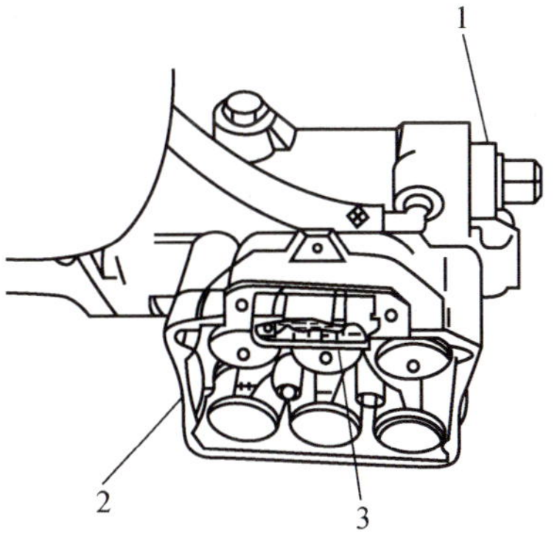

图 5-53 主控制阀与电磁阀体

1—主控制阀；2—电磁控制阀体；3—电磁阀连接器

②电磁阀。

当给螺线管通电时，在螺线管路中心产生磁场，磁场强度与线圈匝数和通电电流之积成正比。若线圈带有铁芯，铁芯就会变成磁力很强的磁铁，产生吸引力。电磁阀就是根据这个原理制成的，它由螺线管、固定铁芯和可动铁芯组成，如图5-54所示。通过改变螺线管的电流改变磁场力，可以控制两铁芯之间的吸引力，该力与弹簧力方向相反，从而控制了柱塞的位置。如图5-54所示，柱塞上设有液体通道，柱塞位置决定了液体通道的开闭。如图5-55所示是三位三通电磁阀（3阀口3位置变换型）的例子，根据电流的大小，可将柱塞控制在三个位置，改变三个阀口之间的通路。如图5-54所示是用符号表示的示意图，图中上段表示电流为零；中段电流小；下段电流大。

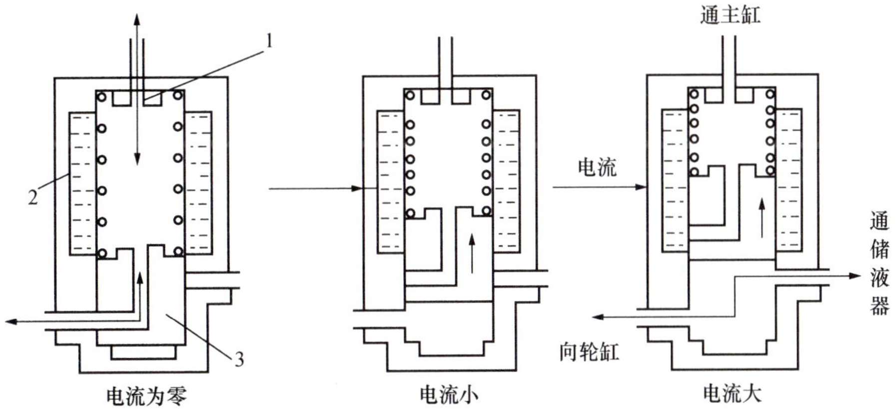

图 5-54 三位三通电磁阀的动作

1—固定铁芯；2—线圈；3—柱塞（可动铁芯）

另外，还有一种应用很广的电磁阀。这种电磁阀电流分为两个挡（ON和OFF），能把柱塞控制在两个位置，改变制动液的通路。电磁控制阀体固定在制动总泵和液压助力装置的一侧。阀体中有三对电磁控制阀，其中两对分别控制两个前轮的制动。一对控制两个后轮的制动。每对电磁阀中一个是常开输入阀，一个是常闭输出阀。

在普通制动系统的工作状态下，制动压力通过常开的输入电磁阀到制动泵。如果系统进入防抱死制动状态，ABS电控单元发出指令，使输入、输出电磁阀适时打开和

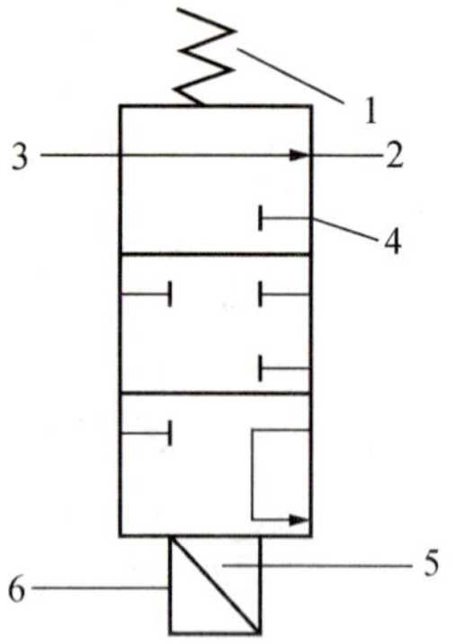

图 5-55 三位三通电磁阀

1—弹簧；2—轮缸；3—主缸；4—单向储液器；5—线圈；6—电流

关闭，让制动分泵的压力快速变化（增压或减压），防止车轮在制动时被完全抱死。ABS 电控单元控制速度很高，它可在防抱死制动过程中打开、关闭相应的输入、输出电磁阀，频率高达 12 次/s。

如果 ABS 系统出现故障，输入电磁阀始终常开，输出电磁阀始终常闭，使普通制动系统能正常工作而 ABS 系统不能工作，直到系统故障被排除为止。

（3）压力控制、压力警告和液位指示开关。

在电动泵旁边有一个装有开关的装置，开关与泵有联系，装置中就有压力控制和压力警告功能的触点开关，而液位开关在油箱上方。

压力控制开关（PCS）是由一组触点组成，它独立于 ABS 电控单元而工作。压力开关一般位于蓄压器下面，监视着蓄压器下腔的液压压力。当液压压力下降到一定的数值（一般是 14 000kPa）时，压力开关闭合，使电动泵继电器下面的电路构成回路（电动泵继电器通电，触点闭合），电源通过此电路让电动泵运转。

如果压力控制开关发生故障，尽管这时蓄压器仍能提供较大的压力，最终会导致 ABS 液压系统中的压力下降。因此，必须对压力控制开关进行检查，待故障排除后再让汽车运行。

压力警告开关（PWS）有两个功能，当压强下降到 14 000kPa 以下时先点亮红色制动系统故障指示灯，然后紧接着点亮琥珀色 ABS 故障指示灯，同时让 ABS 电控单元停止防抱死制动的工作。

制动液油箱里的液位指示开关（FLI）有两个触点，当制动液下降到一定程度时，上面的触点闭合，下面的触点打开。上面触点的闭合点亮红色制动系统故障指示灯，它提醒驾驶员要对车辆的制动液进行检查。下面触点的打开切断了通向 ABS 电控单元的电路，发出使电控单元停止防抱死制动控制的信号，电控单元停止工作的同时点亮琥珀色 ABS 故障指示灯。红色故障灯比琥珀色故障灯先亮。

（4）继电器和电控单元保护二极管。

防抱死制动系统中的继电器和电控单元保护二极管，不是液压系统中的部件，出于它们较为重要又与液压系统的控制有关的原因，因此进行特别介绍。

在 ABS 系统中，一般有两个继电器，一个是灰色主电源继电器，另一个是棕色电动泵继电器。主电源继电器通过点火开关供给 ABS 电控单元电能。只要发动机启动 ABS 电控单元就会感知并启动系统自检程序，检查 ABS 系统是否良好。如果主电源继电器损坏，电控单元就会知道并让 ABS 系统停止工作（普通制动系统继续工作）直到主电源继电器修复为止。电动泵继电器主要给电动泵接通电源。当点火开关接通后，电流通过压力拧开开关（接通状态），使电动泵继电器导通，控制电动泵的触点闭合，蓄电池直接给电动泵供电使其工作。如果电动泵继电器损坏或发生故障，电动泵就不能工作，必然导致整个系统压力下降而无法工作。此时车辆要停止运行，直到将电动泵继电器修复为止。

ABS 电控单元保护二极管可起到保护电控单元的作用。这个二极管装在主电源继电器和琥珀色 ABS 故障指示灯之间，防止电流由蓄电池的正极通过主电源继电器直接流向电控单元而引起电控单元损坏。

（5）故障指示灯。

ABS 系统带有两个故障指示灯，一个是红色制动故障指示灯，另一个是琥珀色（黄色）ABS 故障指示灯。

两个故障指示灯正常闪亮的情况如下：当点火开关打开时，红色制动灯与琥珀色 ABS 灯几乎同时亮，制动灯亮的时间较短，ABS 灯会亮的时间长一些（约 3s）；启动汽车发动机后，蓄压器要建立系统压力，此时两灯泡会再亮 1 次，时间可达十几秒甚至几十秒钟。红色制动灯在停车驻车制动时也应亮起。如果在上述情况下灯不亮，就说明故障指示灯本身及线路有故障。

红色制动故障指示灯常亮，说明制动液不足或蓄压器中的压力下降（低于 14 000kPa），此时普通制动系统与 ABS 均不能正常工作，要检查故障原因及时排除。

琥珀色 ABS 故障指示灯常亮，说明电控单元发现 ABS 系统有问题，要及时检修。

2. 典型调节器的工作过程

（1）循环式调节器。

循环式调节器是在汽车原有的制动管路中串联进电磁阀，直接控制压力的增减。下面就调节器的工作过程做一说明。

①常规制动过程。

常规制动时电磁阀不通电，柱塞处于如图 5-56 所示的位置，主缸和轮缸是相通的，主缸可随时控制制动压力的增减。这时，液压泵也不需要工作。

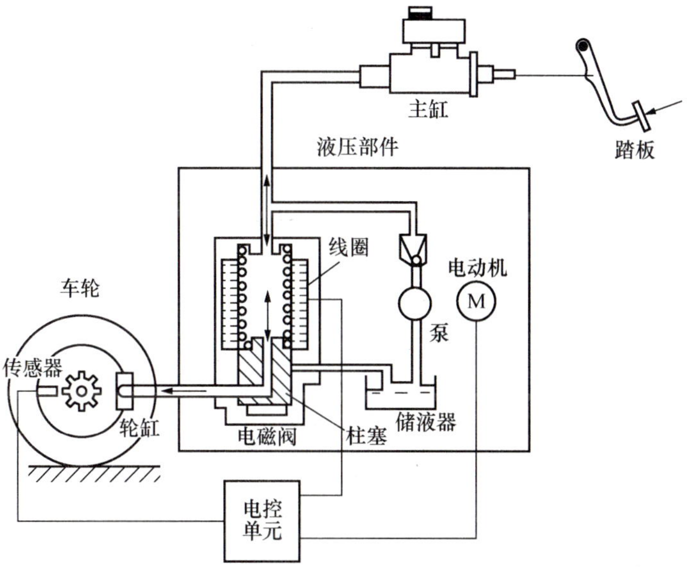

图 5-56 ABS 不工作（常规制动过程）

②减压过程。

当电磁阀通入较大的电流时，柱塞移至上端，主缸和轮缸的通路被截断，轮缸和液压油箱接通，轮缸的制动液流入液压油箱，制动压力降低。与此同时，驱动电动机启动，带动液压泵工作，把流回液压油箱的制动液加压后输送到主缸，为下一个制动周期做好准备，如图 5-57 所示。

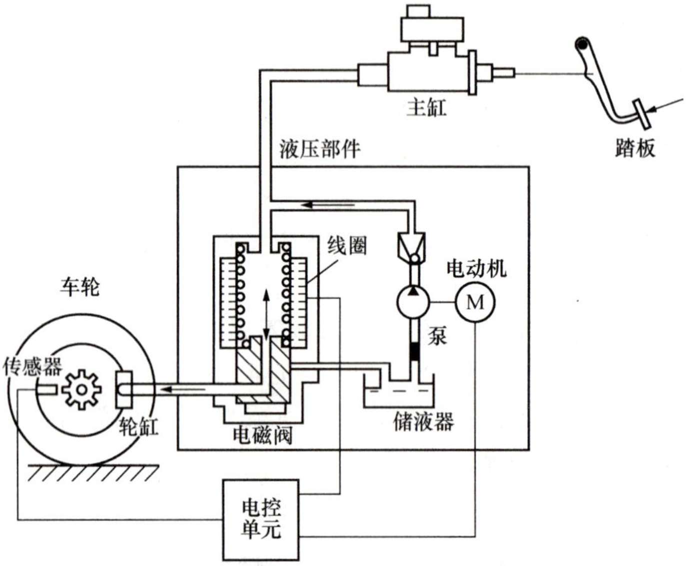

图 5-57　ABS 工作（减压过程）

这种液压泵叫再循环泵。它的作用是把减压过程中的轮缸流回的制动液送回高压端，这样可以防止 ABS 工作时制动踏板行程发生变化。因此，在 ABS 工作过程中液压泵必须常开。

③保压过程。

给电磁阀通入较小的电流时，柱塞移至如图 5-58 所示的位置，所有的通道都被截断，所以，能保持制动压力。

④增压过程。

电磁阀断电后，柱塞又回到如图 5-56 所示的初始位置。主缸和轮缸再次相通，主缸端的高压制动液（包括液压泵输出的制动液）再次进入轮缸，增加了制动压力，如图 5-59 所示。增压和减压速度可以直接通过电磁阀的进出油口来控制。

直接控制式液压装置结构简单、灵敏性好。对于这种方式，液压泵工作时的高压制动液返回主缸，或增压过程制动液从主缸流回瞬间，制动踏板行程均会发生变化（叫踏板反应）。这种反应能让驾驶员知道 ABS 开始工作，这是一个优点。但是，也有不少驾驶员对踏板反应有不舒适感。下面举例介绍降低踏板反应的压力调节器。

⑤带减缓踏板反应装置的压力调节器。

如图 5-60 所示是循环式调节器的基本工作原理。在液压泵和主缸间的管路中设置一个单向阀，不让高压制动液直接进入主缸，而是进入储能器中暂时储存起来。ABS

的增压过程主要是由储能器供给高压制动液。因此，可以抑制 ABS 工作过程中产生的踏板行程变化。

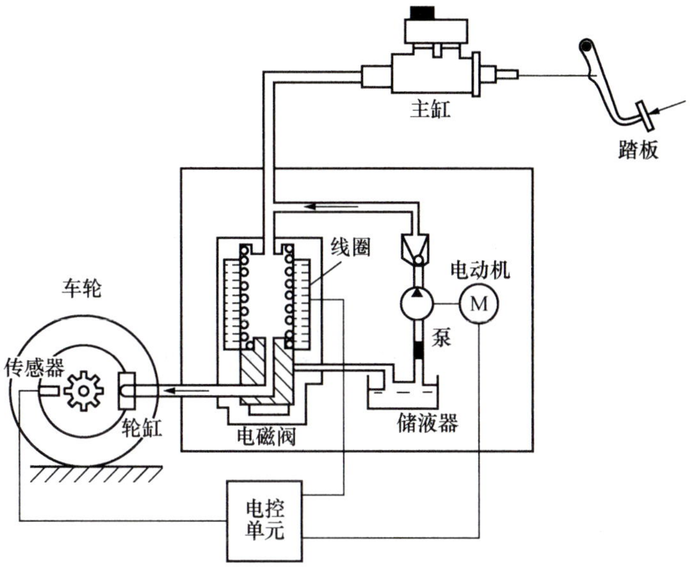

图 5-58 ABS 工作（保压过程）

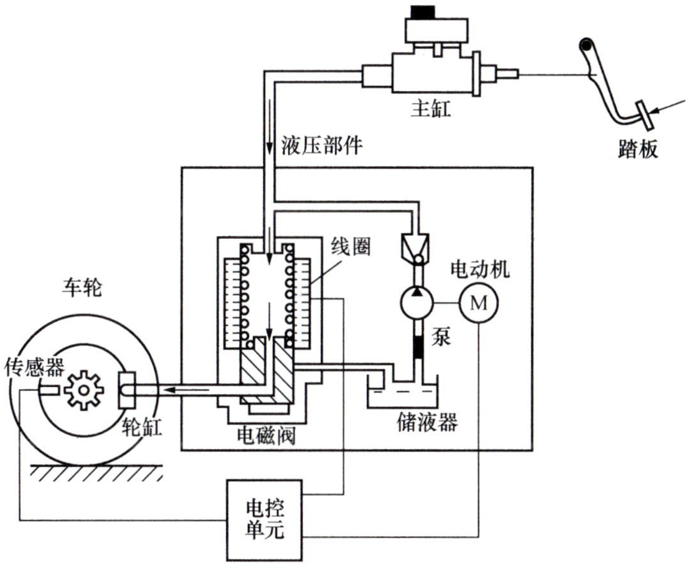

图 5-59 ABS 工作（增压过程）

（2）可变容积式调节器。

可变容积式调节器是在汽车原有的制动管路上增加一套液压装置，用它控制制动管路容积的增减，从而控制制动压力的变化。其特征是有一个动力活塞，下面以动力活塞为主，对可变容积式调节器的工作原理做一说明。

①常规制动过程。

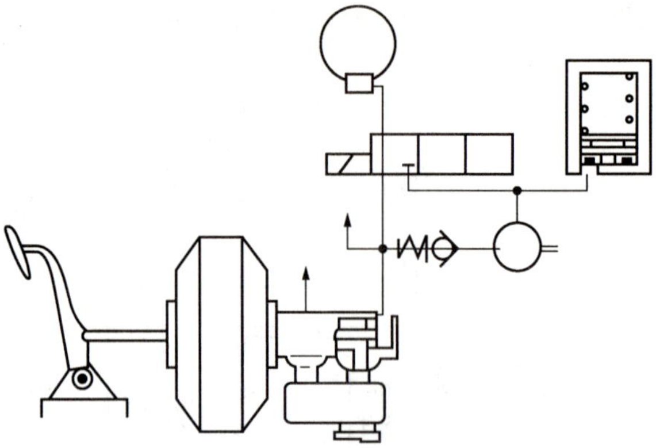

图 5-60 循环式调节器工作原理

如图 5-61 所示，活塞顶端有一推杆顶开单向阀，使主缸和轮缸之间的管路接通。这种状态是 ABS 工作之前或工作之后的常规制动工况，主缸直接控制制动压力的增减。当主缸的输出压力与 μ_B 所要求的压力基本相等时，即使在 ABS 工作过程中也会出现这种工况。

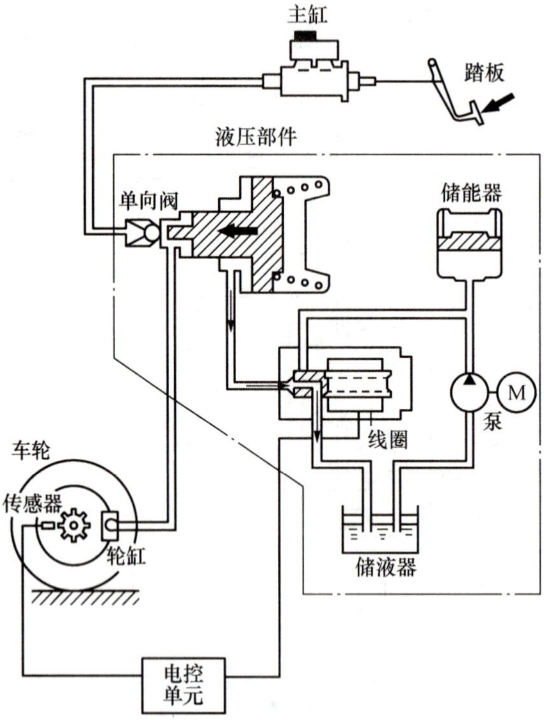

图 5-61 ABS 不工作（常规制动过程）

②减压过程。

减压过程如图 5-62 所示，动力活塞右移，单向阀关闭，主缸和轮缸之间的通路被切断。图 5-62 中部的电磁阀通入较大的电流，电磁阀内的柱塞移到右边，储能器中储存的高压液体通过管路作用在动力活塞的左侧，产生一个与弹簧力方向相反的作用力。图中粗实线部分表示的是轮缸侧的管路容积，与图 5-61 相比，因动力活塞右移而使轮缸侧容积增加了 V_2，制动压力减少的幅度决定于轮缸侧管路容积的增加量。

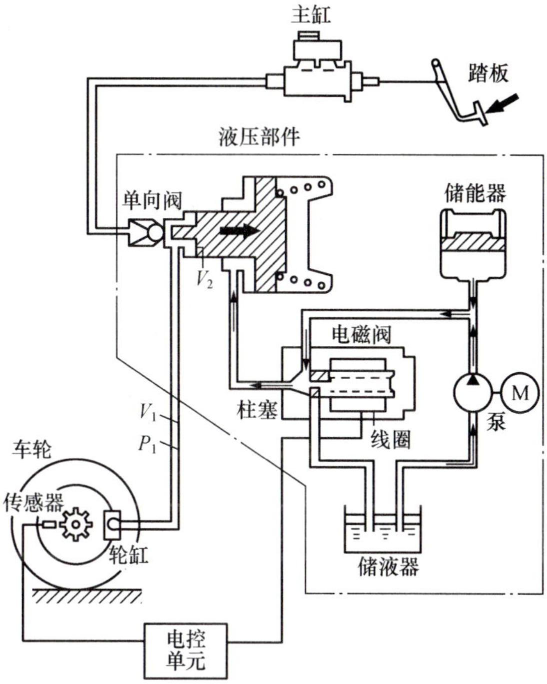

图 5-62 ABS 工作（减压过程）

③保压过程。

如图 5-63 所示，给电磁阀通入较小的电流，电磁阀柱塞移到左边，作用在活塞左侧的液压得以保持，动力活塞两端承受的作用力相等。因此，动力活塞静止不动，管路容积也不发生变化，能够保持制动压力。

④增压过程。

如图 5-64 所示，动力活塞准备左移，将要返回如图 5-61 所示的初始位置。这时，由于电磁阀断电，柱塞回到左端初始位置，作用在动力活塞左侧的高压被解除，动力活塞受力失去平衡，制动液泄入液压油箱。轮缸侧容积增加量 V_2 在此期间减小，制动压力增加至初始值 P_1。

这种方式的特点是通过改变电磁阀柱塞的位置来控制动力活塞的移动，改变缸侧管路容积，利用这种变化间接地控制制动压力的增减。其制动压力的增减速度取决于动力活塞的移动速度。

（3）其他可变容积式调节器。

①旁通式。

旁通式调节器如图 5-65 所示，正常情况下旁通阀受储能器的高压作用，不让主缸的制动液直接进入轮缸，而是通过衰减阀和旁通阀之后进入轮缸。

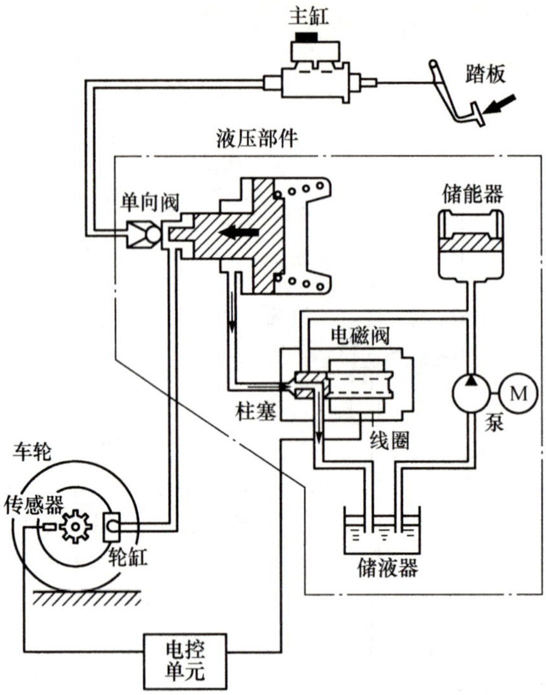

图 5-63　ABS 不工作（保压过程）

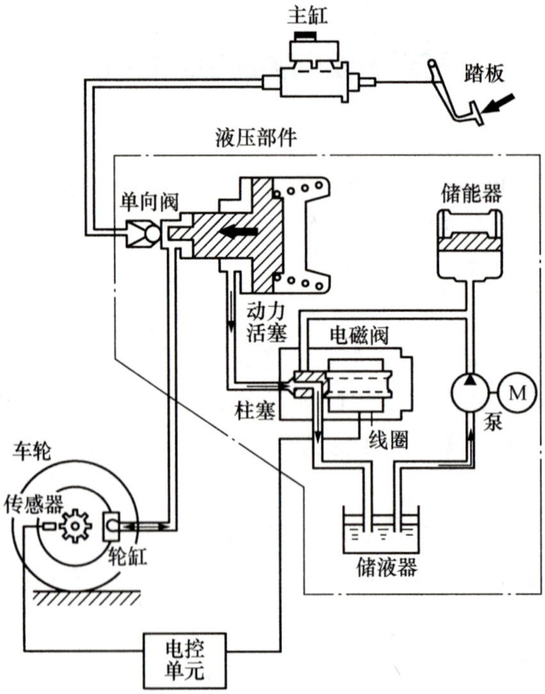

图 5-64　ABS 工作（增压过程）

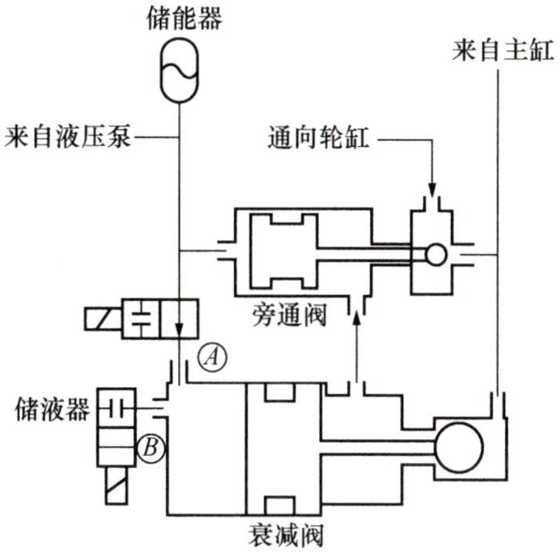

图 5-65 旁通式调节器

开始减压时，通过衰减阀的激磁线圈关闭 *A*，打开 *B*。开始增压时恰好与之相反。若液压系统发生故障、储能器高压消失时，衰减阀和旁通阀的球阀同时移至左端而关闭（此时旁通阀右室的右阀打开），主缸压力经过旁通阀的右室直接传到轮缸，恢复到常规制动方式。这种结构相当于带有安全装置的结构。

②本田式。

本田式调节器如图 5-66 所示，其特征是在正常情况下主缸的制动液不能直接进入轮缸。主缸的制动液首先进入压力转换器，由于壁面 *A* 是固定的，活塞 *B* 向左移，*C* 室的制动液进入轮缸。这时，吸液阀关闭、放液阀打开，故 *D* 室的制动液可自由地流入液压油箱。保压时，放液阀被励磁线圈关闭，*D* 室的制动液泄流被切断，活塞 *B* 停止移动，所以，能保持轮缸的液体压力。减压时，吸液阀被励磁线圈打开，储能器对 *D* 室加压，推动活塞 *B* 右移返回。此外，在增压过程中，吸液阀和放液阀均处于消磁状态，活塞 *B* 返回初始位置，轮缸的制动压力随着主缸的压力升高而增大。

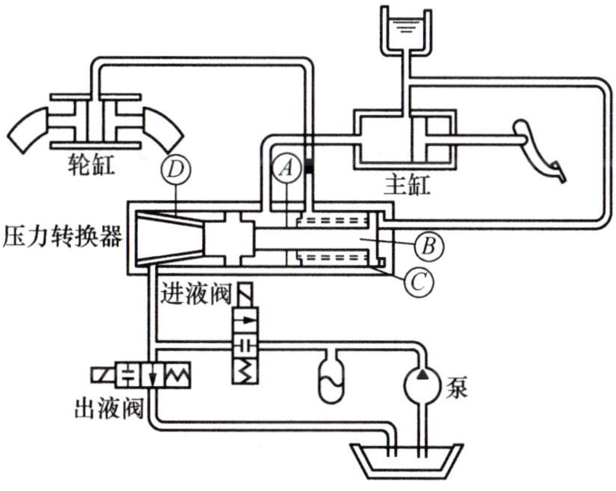

图 5-66 本田式调节器

3. BOSCH ABS 系统的工作

如图 5-67 所示是德国 Bosch ABS 系统，图中 3 是液压调节器，它主要由电磁阀 3a，储油器 3b 和蓄压泵 3c 等组成。在正常制动的时候，ABS 电控单元 5 不控制液压调节器 3 工作，上面的输入阀开启，下面的输出阀关闭，由制动总泵 4 通向车轮制动分泵 2 的油路畅通无阻，制动力的大小与制动踏板踩下的程度成比例，即增压状态，如图 5-67（a）所示。如果车轮开始抱死，ABS 电控单元 5 就会判断出来，并发出指令使液压调节器 3 通电。在液压调节器中，由于电磁阀的衔铁上装有一个预紧弹簧，其弹簧力限制了衔铁在两个不同控制电流下的行程，因此，当 ABS 电控单元控制液压调节器处于半通电状态时，只有上面的输入阀关闭，如图 5-67（b）所示，制动总泵至车轮制动分泵 2 的通道被切断，使车轮的制动压力保持不变，制动力恒定。倘若车轮继续抱死，ABS 就会控制液压调节器处于全通电状态，下面的输出阀开启，如图 5-67（c）所示，车轮制动分泵 2 接通回油通道，车轮制动力下降，车轮速度开始上升。此时 ABS 电控单元再给液压调节器断电，车轮的制动力会上升。这样反复循环控制，将车轮的滑移率 S 控制在 20%左右，达到最佳制动的目的。

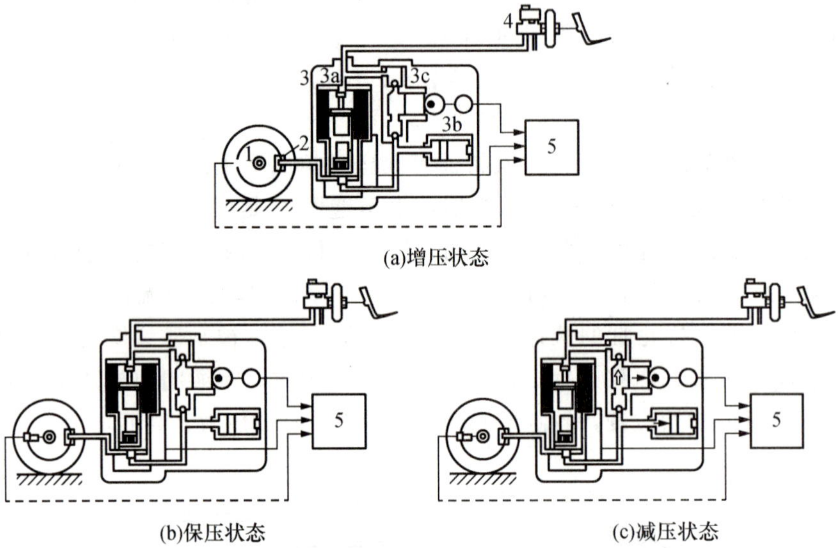

图 5-67 Bosch ABS 系统的工作

1—车轮速度传感器；2—制动分泵；3—液压调节器；4—制动总泵；5—ABS 电控单元

当 ABS 电控单元计算出的车轮圆周加速度数值低于某一极限值 Q 时，说明车轮开始抱死，电控单元控制液压调节器转换到保压状态，如果车轮继续抱死，电控单元控制液压调节器处于减压状态，并在 Q 值存在的时候一直保持减压状态，这时车轮加速度变大；当加速度超过 Q 值时，调节器又处于保压状态，直到加速度值超过后，液压调节器再进行加压。如此循环控制，车速很快下降，使制动过程既安全又不磨耗轮胎，并且制动距离短。

4. 达科（VI）ABS 系统的工作

如图 5-68 所示为达科（VI）ABS 系统，从整个系统的基本结构与基本原理来说，与上面介绍的完全一样，但液压调节器的结构与工作过程有一定的特点。

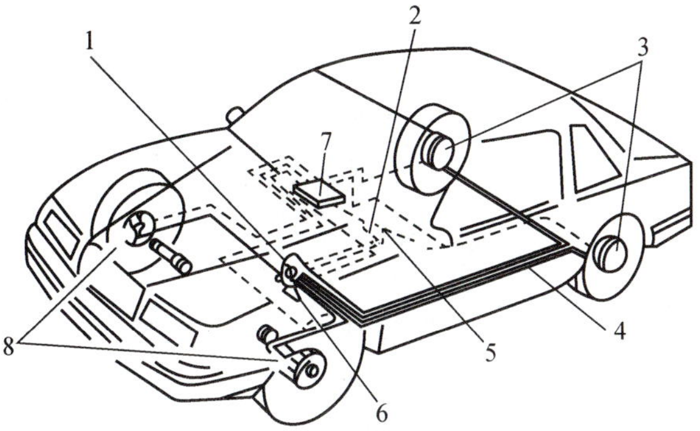

图 5-68 达科（VI）ABS 系统

1—制动总泵；2—制动故障指示灯（红）；3—后制动器（鼓式）；4—制动油管路；5—ABS 故障指示灯（琥珀色）；6—液压调节器；7—ABS 电控单元；8—前轮制动器（盘式）

达科（VI）ABS 系统液压调节器位于制动总泵和分泵之间，与总泵组合成一体。在液压调节器上装有 3 个电磁阀，1 个电磁阀控制 2 个后轮，另外 2 个电磁阀分别独立控制 2 个前轮，但它只在 ABS 电控单元的控制下关闭或接通至制动分泵的油路。单向球阀通过活塞的上下移动来控制开启或关闭，而活塞的上下移动是靠电动机中的驱动齿轮旋转，最终带动螺栓旋转来完成的。

如图 5-69 所示是控制前轮的液压调节器工作原理图。当正常制动时，电磁阀不工作，油路处在开启状态，活塞位于上方，单向球阀也开启，制动总泵的制动液可通过电磁阀、单向球阀到前制动器进行制动。此时电磁制动器 EMB 不通电，即处于制动状态。电动机不能转动，活塞保持在上方位置不动。当 ABS 系统工作时，电磁阀通电工作，油路被切断，这时电磁制动器 EMB 通电使电动机释放，活塞在电动机的驱动下稍向下移动，单向球阀关闭。球阀与活塞之间出现小的空间。ABS 电控单元根据车轮速度传感器传来的车速信号控制电动机旋转，旋转速度通过齿轮减速后传给螺柱，使活塞上下调整。活塞上移，空间变小，油压变大，制动力增加，即加压状态；活塞不动，油压不变，即保压状态；活塞下降，油压变小，即减压状态。就这样减压、保压和加压地循环控制，使车轮的制动保持在最佳状态，车轮不会被完全抱死。

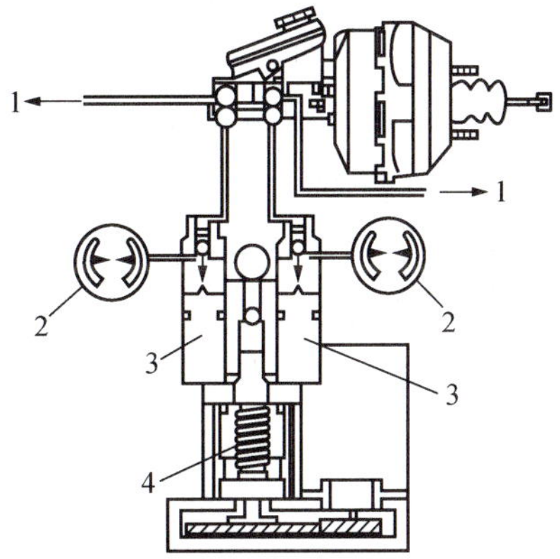

图 5-69 控制前轮的液压调节器

1—液压油流向；2—前制动器；3—活塞；4—螺栓

如图 5-70 所示是控制后轮的液压调节器工作原理图，整个工作过程与前轮的基本相同。电动机驱动螺栓旋转，再通过一平板控制两个活塞上下移动，使两个单向阀与活塞间的小空间变化，实现两后轮保压、增压和减压的 ABS 控制。控制后轮的液压调节器中没有电磁阀，结构较简单。这是因为制动时前轮比后轮承担更大负荷的缘故。

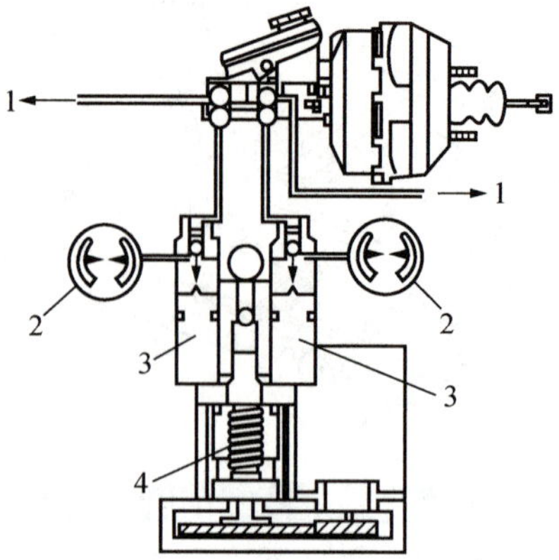

图 5-70　控制后轮的液压调节器

1—液压油流向；2—后制动器；3—活塞；4—螺栓

三、ABS 系统的检修

(一) ABS 系统检修的基本内容

ABS 系统检修的基本内容包括故障诊断与检查、故障排除与修理、定期维护。根据 ABS 的特点，具有一些特殊的检查、诊断和修理方法。

1. 诊断与检查的基本内容

特定的诊断与检查可及时发现 ABS 系统中的故障，是维修中非常重要的部分。对于不同的车型，甚至同一系列不同年代生产的车型，诊断与检查的方法和程序都会有所不同，这一点只要比较相应的维修手册便可知道。但是 ABS 系统基本诊断与检查方法的内容是不变的，它们一般包括如下 4 个步骤。

①初步检查；

②故障自诊断；

③快速检查；

④故障指示灯诊断。

通常情况下，只要按照上述 4 个步骤进行诊断与检查，就会迅速找到 ABS 系统的故障点。故障自诊断是汽车装用电控单元后给修理人员提供的快速自动故障诊断法，在整个诊断与检查中占有极为重要的地位，在后面将集中介绍自诊断方法。

2. 修理的基本内容

通过诊断与检查，一旦准确地判断出 ABS 系统中的故障部位，就可以进行调整、修复或者换件，直到故障被排除为止。修理的步骤通常如下。

①泄去 ABS 系统中的压力；

②对故障部位进行调整、拆卸、修理或换件，最后进行安装。这一切必须按相应

的规定进行；

③按规定步骤进行放气。

小提示

如果是车轮速度传感器或电控单元有故障，可以不进行第①和第③步骤，只需按规定进行传感器的调整、更换即可，如果ABS电控单元损坏只能更换。

3. ABS维修的注意事项

（1）ABS系统与普通制动系统是不可分的，普通制动系统一出现问题，ABS系统就不能正常工作。因此，要将二者视为整体进行维修，不能只把注意力集中于传感器、电控单元和液压调节器上。

（2）ABS电控单元对电压、静电非常敏感，如有不慎就会损坏电控单元中的芯片，造成整个ABS瘫痪。因此，点火开关接通时不要插或拔电控单元上的连接器；在车上进行电焊之前，要戴好防静电器（也可用导线一头缠在手腕上，一头缠在车体上），拔下电控单元上的连接器后再进行电焊；给蓄电池进行专门充电时，要将电池从车上拆卸下来或摘下蓄电池电缆后再进行充电。

（3）维修车轮速度传感器时一定要十分小心。拆卸时注意不要碰伤传感器头，不要把传感器齿圈当作撬面，以免损坏。安装时应先涂覆防锈油，安装过程中不可敲击或用蛮力。一般情况下，传感器气隙是可调的（也有不可调的），调整时应使用非磁性塞卡，如塑料或铜塞卡，当然也可使用纸片。

（4）维修ABS液压控制装置时，切记要首先进行泄压，然后再按规定进行修理。例如，制动主缸和液压调节器设计在一起的整体ABS，其蓄压器存储了高达18 000kPa的压力，修理前要彻底泄去，以免高压油喷出伤人。

（5）制动液至少每隔2年要更换1次，最好是每年更换1次，这是因为DOT3乙二醇型制动液的吸湿性很强，含水分的制动液不仅使制动系统内部产生腐蚀，而且会使制动效果明显下降，影响ABS的正常工作。注意不要使用DOT5硅酮型制动液，更换和存储的制动液以及器皿要清洁，不要让污物、灰尘进入液压控制装置，制动液不要沾到ABS电控单元和导线上。最后要按规定的方式进行放气（与普通制动系统的放气有所不同）。

（6）在进行ABS诊断与检查时，只要掌握扫描仪等专业工具的使用方法，按照维修手册中给出的故障诊断图表做故障诊断就行，可以不拘泥于检查形式和步骤，只要能准确地判断出故障点即可。但是，在更换ABS零部件时，一定要选用本车型高质量正宗的配件，确保ABS维修后能正常工作。

（7）ABS系统与常规制动系统是不可分割的。常规制动系统一旦出现问题，ABS系统就不能正常工作。因此，要将二者视为一个整体进行维修。如果制动系统出现故障，通常应首先判断是ABS系统的故障还是常规制动系统的故障，而不能只把注意力集中在传感器、电子控制器和压力调节器上。

（8）电子控制装置受到碰撞、敲击也极容易损坏，因此，要注意使电子控制装置免受碰撞和敲击。

(9) 高温环境也容易损坏 ABS ECU。一般情况下，ECU 只能在短时间内承受 90℃左右的温度，或在一定时间（约 2h）内承受 85℃的温度。有的 ECU 要求受热不超过 82℃的温度。

(10) 在蓄电池电压低时，系统将不能进入工作状态，因此，要注意对蓄电池的电压进行检查，特别是当汽车长时间停驶后初次启动时更要注意。

(11) 具有防抱死控制功能的制动系统应使用专用的管路，因为该系统往往具有很高的压力，如果使用非专用的管路，极易造成损坏。

(12) 大多数防抱死控制系统中的车轮转速传感器、电子控制装置和制动压力调节装置都是不可修复的，如果发生损坏，应该进行整体更换。由于 ABS 都是针对某一车型而专门设计的，一般并不通用，所以要求选用本车型高质量的正宗配件，以确保维修质量。

(13) 应尽量选用汽车生产厂推荐的轮胎，如要换用其他型号的轮胎，应该选用与原车所用轮胎的外径、附着性能和转动惯量相近的轮胎，但不能混用不同规格的轮胎，因为这样会影响防抱死控制效果。

(14) 装备 ABS 系统的汽车，其制动操作方法和没有装备 ABS 的传统制动系统的方法是一样的。但在紧急制动时，不要重复地踩制动踏板，而只要把脚持续地踩在制动踏板上，ABS 就会自动进入制动状态，不需人工干预。多踩几脚制动踏板，反而会使 ABS ECU 得不到正确信号，导致制动效果不良。

小提示

对于液面制动系统而言，ABS 系统工作时制动踏板会有些轻微振动，或听到系统工作时的一点噪声，这些都是正常现象，表明 ABS 系统正在工作，并非故障。

(二) ABS 系统的诊断与检查

现代汽车 ABS 系统故障检测与诊断的一般程序如图 5-71 所示。

1. 初步检查

初步检查是在 ABS 系统出现明显故障而不能正常工作时首先采取的检查方法，例如 ABS 故障指示灯亮着不熄，系统不能工作。检查方法如下。

(1) 检查驻车制动（手刹）是否完全释放。

(2) 检查制动液液面是否在规定的范围之内。

(3) 检查 ABS 电控单元导线插头、插座的连接是否良好，连接器及导线是否损坏。

(4) 检查下列导线连接器（插头与插座）和导线的连接或接触是否良好。

①液压调节器上的电磁阀体连接器；

②液压调节器上的主控制阀连接器；

③连接压力警告开关和压力控制开关的连接器；

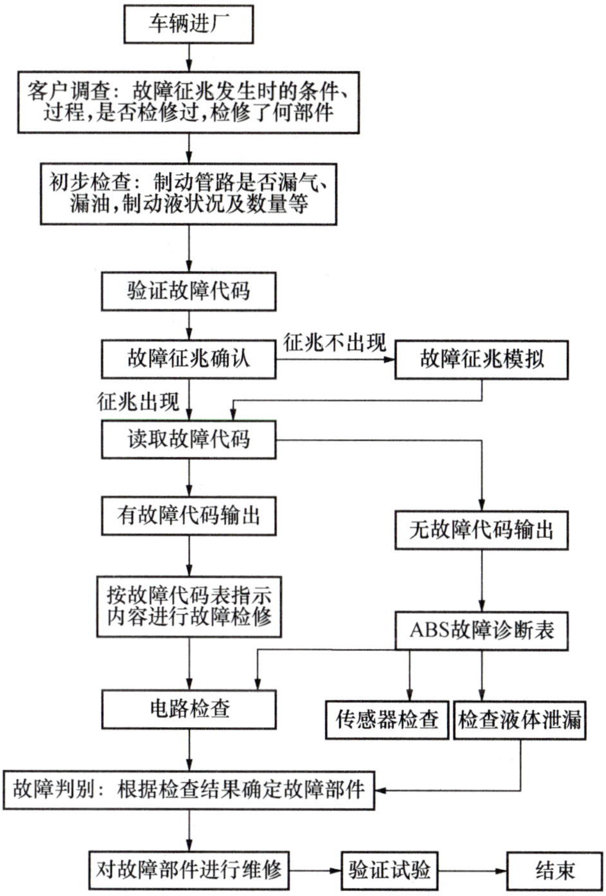

图 5-71　ABS 系统故障检测与诊断的一般程序

④制动液液面指示开关连接器；

⑤四轮车速度传感器的连接器；

⑥电动泵连接器。

(5) 检查所有的继电器、熔断丝是否完好，插接是否牢固。

(6) 检查蓄电池容量（测量电解液密度）和电压是否在规定的范围内；检查蓄电池正、负导线的连接是否牢靠，连接处是否清洁。

(7) 检查 ABS 电控单元、液压控制装置等的搭铁端的接触是否良好。

(8) 检查车轮胎面纹槽的深度是否符合规定。

如果用上述方法不能确定故障位置，就可转入使用故障自诊断。

2. ABS 系统故障征兆模拟测试方法

在 ABS 系统故障检测与诊断中若是单纯的元件不良，可运用电路检测方式诊断。如果属于间歇性故障或是相关的机械性问题，则需要进行模拟测试以及动态测试。

(1) 模拟测试方法。

①将汽车顶起，使 4 个车轮均悬空。

②启动发动机。

③将换挡操纵手柄拨到前进挡（D）位置，观察仪表板上的 ABS 故障指示灯是否亮。若 ABS 故障指示灯亮，表示后轮差速器的车速传感器不良。

④如果 ABS 故障指示灯不亮，则转动左前轮。此时 ABS 故障指示灯若亮，则表示左前轮车速传感器正常；反之，ABS 故障指示灯若不亮，即表示左前轮车速传感器不良。

⑤右前轮车速传感器测试方法与左前轮车速传感器测试方法相同。

该模拟测试，是根据 ABS ECU 中逻辑电路的车速信号差以及警示电路特性，便于检测车速传感器的故障而设置的。

（2）动态测试方法。

①使汽车在道路上行驶 12km 以上。

②测试车辆转弯（左转或右转）时，ABS 故障指示灯是否会亮，若某一方向 ABS 故障指示灯全亮，则表示该方向的轮胎气压不足，也可能是轴承不良、转向拉杆球头磨损，减振器不良或车速传感器脉冲齿轮不良。

③将汽车驶回，在 ABS ECU 侧的“ABS 电源”和“电磁阀继电器”端子间接上测试线和万用表（置于电子挡）。

④再进行道路行驶，在制动时注意观察“ABS 电源”端和搭铁间的电压，应在 11.7～13.5V；而电磁阀继电器端子与搭铁间的电压，亦应在 10.8V 以上。前者主要是观察蓄电池电源供电情况，后者主要是观察电磁阀继电器的接点好坏。

3. ABS 系统故障诊断表

在进行 ABS 系统故障检测与诊断时，应根据 ABS 系统的工作特性分析故障现象和特征，在故障征兆确认后，根据维修资料的说明有目的地进行检测与诊断。为便于检测与诊断查找 ABS 系统的故障，必须首先了解 ABS 系统各主要部件在车上的安装位置。

（1）ABS 系统的故障现象。

由 ABS 系统的工作原理可知，在 ABS 系统工作过程中，会出现一些与传统经验相背离的情况，有些是 ABS 系统的正常反应，而不是故障现象，应加以区别。例如：

①发动机启动后，踩下制动踏板，制动踏板有可能弹起，这表示 ABS 系统已发挥作用；反之，发动机熄火，踩下制动踏板，踏板会有轻微下沉现象，这表示 ABS 系统停止工作，这些都是正常现象。

②踩下制动踏板的同时转动转向盘，即可感到轻微的振动，这并非故障。因为在车辆转向行驶时，ABS 系统工作循环开始，会给车轮带来轻微的振动，继而传递到转向盘上形成振感。

③汽车行驶制动时，制动踏板不时地有轻微的下沉现象，这是道路表面附着系数变化而引起的正常现象，并非故障。

④高速行驶时，如果急转弯，或是在冰雪路面上行驶，有时会出现 ABS 故障指示灯亮的情况，这说明在上述工况中出现了车轮打滑现象，而 ABS 系统产生保护动作，

这同样也不是故障现象。

ABS 系统可能出现的故障有：紧急制动时，车轮被抱死；在驾驶过程中，或者放开驻车制动器时，ABS 操作故障指示灯点亮；制动效果不佳，或 ABS 操作不正常等。

（2）ABS 系统故障诊断表。

ABS 系统各类常见故障的检查内容、检查部位和检查方法，如表 5-2 所示；另外，通过观察仪表板上 ABS 故障指示灯的闪烁规律，也可以对 ABS 系统发生的故障进行粗略的诊断。

表 5-2 ABS 系统常见故障诊断表

故障类型	检查内容及顺序	故障位置及检查调整
紧急制动时，车轮被抱死	ABS 故障指示灯点亮	按故障代码处理
	拉起驻车制动杆，ABS 故障指示灯不亮	检查：（1）驻车制动开关；（2）制动开关；（3）ABS 故障指示灯灯泡
	查看故障代码显示器，有代码显示	ECU 的 PL 端子和 ABS 故障指示灯之间断路
	打开点火开关，3s 后，检查电磁控制阀是否有响声（检查时不可踩下制动踏板）	检查：ECU 的 B 端子和车身之间是否有电压，没有电压则为电路故障，否则查看 ECU 的 E 端子是否搭铁
	在正、负极之间电压低于 12V	蓄电池故障，更换或充电
	踩下制动踏板后，在 ECU 的 STR 和 E 端子之间没有 8～14V 电压	检查：（1）ABS 故障指示灯开关；（2）ABS 故障指示灯开关线路
	检查速度传感器和电磁控制阀	如有不正常搭铁，查清修理
	检查电磁控制阀是否正常	不正常，则拆下修理
行驶过程或放开手制动，ABS 故障指示灯亮	停车时 ABS 故障指示灯不亮	电磁阀故障，检查电磁阀
	检查制动液量	制动液不足时，重新加足
	检查停车灯	工作不正常时，检查线路，更换灯泡
	放开驻车制动器，踩下制动踏板，ABS 故障指示灯不灭	查看故障代码，如果没有则是 ECU 故障
	将 ECU 同系统断开，ABS 故障指示灯仍不熄灭	检查：（1）驻车制动器开关；（2）制动液量开关；（3）ABS 故障指示灯线路；（4）传感器是否失效
	在 ECU 的 B 和 E 端子之间的电压不足 10V	检查电路和蓄电池

续表

故障类型	检查内容及顺序	故障位置及检查调整
行驶过程中放开手制动，ABS 故障指示灯亮	点火开关置于“ON”时，ABS 故障指示灯 3s 内亮	检查：（1）ABS 故障指示灯开关；（2）ABS 故障指示灯线路；（3）电磁控制阀
制动效果不佳，防抱死操作不正常	检查轮胎尺寸，胎压及磨损状况	不正常则应修理或更换
	检查蓄电池的电压	电压如果不足 12V，则应充电
	检查制动管路	不正常时，修理或更换
	未踩下制动踏板时，检查 ECU 的 STR 端子和车身之间是否有电压	如果有电压，则查看 ABS 故障指示灯开关及其线路是否正常
	检查车速传感器和传动齿轮	不正常时，修理或者更换
	检查车速传感器和制动轮毂的齿面	不正常时，修理或者更换

4. 故障自诊断

ABS 系统一般具有故障自诊断的能力，它实质上是以 ABS 电控单元中标准的正常运行状况为准，将非正常的运行（故障）用某种符号记录在存储器中，供人们方便读出以确定故障点的方法。

（1）故障代码。

ABS 系统用某种符号记忆故障并将其存入电控单元中的存储器中，这种符号通常是阿拉伯数字或英语字母或它们的组合，即我们所说的故障代码。

故障代码的含义随车型的不同而异，修理技术人员可在维修手册中查寻。

不同车型的故障代码形式和内容会不同。例如，达科（VI）ABS 的故障代码由字母 A 和数字组成，详尽的故障代码内容给其自身的维修带来了很大的便利。

（2）故障代码的读取与消除。

只知道故障代码的形式和内容不是目的，关键是怎样将故障代码读取出来。故障代码的读取一般有三种方法：一是用专用的扫描仪与 ABS 的故障代码读取接口相连，按程序启动，扫描仪的显示器或指示灯会按人的指令有规律地显示故障代码；二是按规定连接启动线路，通过汽车仪表板上的指示灯或 ABS 故障指示灯闪亮的规律来输出故障代码；三是车上就带有驾驶员信息系统，即中心计算机系统，维修技术人员可启动自检程序，信息系统上的显示器可按顺序逐步显示不同系统的故障代码。目前世界上各种车型 ABS 系统故障代码的读取方法均没有超出上述三种方法。

5. 快速检查

快速检查法是用数字万用表和一些相应设备在 ABS 电路规定的地方进行连续的检测，以查找故障的方法。在自诊断过程中，如果发现有故障代码读出，这时就可进行下一步快速检查法，迅速明确故障的性质，为故障的排除打下基础。

快速检查法可用接线盒与 ABS 导线相连，例如，拔下特维斯上的 ABS32 脚电控单元插头，在连导线的一端连接 T87P-50-ALA 型接线盒，盒上标有 50 个测量点，这时可在相应的点上方便地测量，以确定系统的故障。如果对系统很熟悉，可在电控单元插头拔下后连接导线的一端直接测量。

为了能快速判断故障位置，可以参照维修手册中的测量图表，如表 5-3 所示，它实质上是快速检查表。此表的使用比较简单，例如，检查右后轮（表中是 RR）传感器电阻时，表中就告诉你用数字表（放到 K 挡上）测量接线盒上 6 和 23 两点，如果测量的数据在 800～1 400Ω，说明传感器正常，否则说明传感器有问题，可对传感器做进一步检查，看是接触不良还是传感头内部线圈已损坏，其他情况按表类推。注意：快速检查方法不能测量出系统间歇出现的故障。

表 5-3 快速检查表

检查内容		点火开关状态	测量单位	说明与数据
蓄电池		ON	V	正常电压[①]10min 不变
主电源继电器		OFF	Ω	40～105Ω
		ON	V	正常电压[①]10min 不变
从主电源继电器到电源		ON	V	正常电压[①]10min 不变
主电源电路		OFF	是否导通	导通
车轮速度传感器电阻	(RR)	OFF	kΩ	800～1 400Ω
	(LF)	OFF	kΩ	800～1 400Ω
	(LR)	OFF	kΩ	800～1 400Ω
	(RF)	OFF	kΩ	800～1 400Ω
主控制阀电阻		OFF	Ω	2～5.5Ω
输入或输出电磁阀		OFF	是否导通	导通
		OFF	Ω	5～8Ω
		OFF	Ω	5～8Ω
		OFF	Ω	5～8Ω
		OFF	Ω	3～6Ω
		OFF	Ω	3～6Ω
		OFF	Ω	3～6Ω
制动液缺少警告（浮子在油箱底部）		ON	Ω	＜5Ω
		OFF	Ω	∞
车轮速度传感器电缆线与外部的屏蔽线	(RR)	OFF		不通
	(LE)	OFF	是否导通	不通
	(LR)	OFF	是否导通	不通
	(RF)	OFF	是否导通	不通

续表

检查内容		点火开关状态	测量单位	说明与数据
车轮速度传感器电压	(RR)	OFF②	交流档 mV	50～700mV
	(LF)	OFF②	交流档 mV	50～700mV
	(RF)	OFF②	交流档 mV	50～700mV
	(RF)	OFF②	交流档 mV	50～700mV

①正常电压是 12V；

②更准确的测量应是车轮以 7.2～8km/h 的速度旋转。

6. 故障指示灯诊断方法

在实际应用中，自诊断方法和快速检查法一般都能用来迅速准确地判断出故障。而故障指示灯诊断法则是通过观察红色制动故障指示灯和 ABS 指示灯闪亮的规律，进行判断的一种简易方法，驾驶员也可通过这种方法对 ABS 系统发生的故障进行粗略的判断。正常的 ABS 系统在点火开关打开的时候（ON），琥珀色 ABS 故障指示灯应闪亮一下（约 4s），在发动机发动的瞬间，红色制动灯和琥珀色 ABS 灯应该都亮（驻车制动在释放位置），一旦发动机运转起来，两个指示灯都应熄灭，否则就说明 ABS 系统有故障。不同车型的故障指示灯诊断表可在该车型的维修手册中查找。

（三）ABS 系统的修理

1. ABS 系统的泄压

通过 ABS 系统的检查，诊断出故障后，就可进行故障排除和修理。由于蓄压器中有很高的压力，因此，只要修理到防抱死制动系统中的液压部件就必须对系统泄压，以免高压油喷出伤人。一般 ABS 泄压的方法是将点火开关关闭（停在 OFF 位置），然后反复踏制动踏板，踩踏的次数在 20 次以上。当感觉到踩踏板的力明显增加，即感觉不到踩踏板的液压助力时，ABS 系统泄压完成。有的 ABS 系统在泄压过程中需踩踏的次数较多，其至少需要 40 次。

通常修理以下部件时需要泄压。

①液压控制单元中的任何装置；

②蓄压器；

③电动泵；

④电磁阀体；

⑤制动液油箱；

⑥压力警告和控制开关；

⑦后轮分配比例阀和后轮制动分泵；

⑧前轮制动分泵；

⑨高压制动液管路。

2. ABS 系统电控单元的更换

对于 ABS 电控单元可用替代法来证明它的好坏，即用一个好的电控单元替代原来的电控单元后，再观察 ABS 的工作情况，如果系统恢复正常，就说明电控单元有问题，必须更换。

ABS 电控单元更换的一般步骤如下。

①将点火开关关闭（对准 OFF 位置）；

②拆下电控单元（ECU）上的线束插头，例如，达科（VI）ABS 电控单元需拆下 3 个插头；

③拆下固定电控单元的螺钉并将垫圈放好；

④将好的电控单元固定，垫圈损坏的要更换新垫圈；

⑤插上所有的线束插头，注意线束不能损坏和腐蚀，插头插上后要接触良好；

⑥对角线拧紧固定螺钉；

⑦打开点火开关并启动发动机，红色制动灯和 ABS 灯应显示系统的正常状态。

3. 车轮速度传感器的检修

（1）车轮速度传感器的调整。

车轮速度传感器出现故障，不一定说明传感器已损坏，往往传感器头脏污、传感器的空气隙没有达到要求，都会引起传感器工作不良。这时就可对传感器进行调整，恢复其正常的工作。对绝大多数车辆来说，前轮速度传感器是可调整的，一部分车辆后轮速度传感器也可调整，只有少部分前、后轮速度传感器不可调整。调整传感器可用纸垫片贴紧传感器头的端面来完成，当车开起来时，随着传感器齿圈的旋转，纸垫片就自然消失。如果不用纸垫片，用无导磁性其他材料的垫片也行。前轮速度传感器的调整（见图 5-72）以 TEVES ABS 为例，步骤如下。

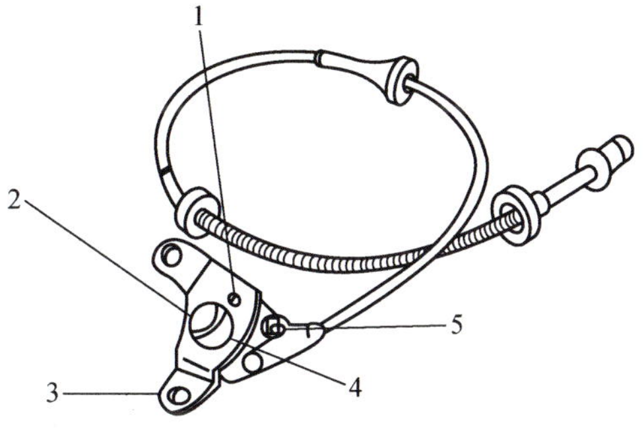

图 5-72 前轮速度传感器的调整

1—传感器固定螺栓；2—调整纸垫；3—传感器支架；4—钢套；5—5mm 螺栓

①举升汽车，拆下相应的前轮胎和车轮装置；

②拧松 5mm 的紧固螺栓（它固定传感器在支架的衬套内），通过盘式制动器挡泥板孔拆下传感器头；

③清除传感器头表面的金属和脏物，用工具仔细刮传感头的端面；

④在传感头端面粘贴一新的纸垫片，在纸垫片上做一“F”标记表示前轮，纸垫片的厚度对 32 脚的 ABS 是 1.3mm，对 35 脚的 ABS 是 1.1mm；

⑤拧松把衬套固定在传感器支架上的螺栓，旋转这个钢衬套，给固定螺栓提供一个新的锁死凹痕面；

⑥通过盘式制动挡泥板孔将传感头装进支架上的衬套里，确定纸垫片在传感头端面上，并在整个安装过程中不会掉下来；

⑦拧紧传感器支架上固定钢衬套的固定螺栓，确保传感器上连线良好；

⑧推传感头向传感器齿圈顶端移动，直到纸垫片与齿圈接触为止，保持这种状态，并用 2.4～4N·m 的力矩拧紧 5mm 紧固螺栓，使传感器头定位；

⑨重新安装好轮胎和车轮等装置，并且放下汽车；

⑩为了检查传感器，可启动发动机，将车开动，观察 ABS 故障指示灯是否燃亮，如果不亮说明系统正常，传感器良好，否则说明 ABS 系统还有问题。

后轮速度传感器的调整方法（见图 5-73）仍以 TEVES ABS 为例。

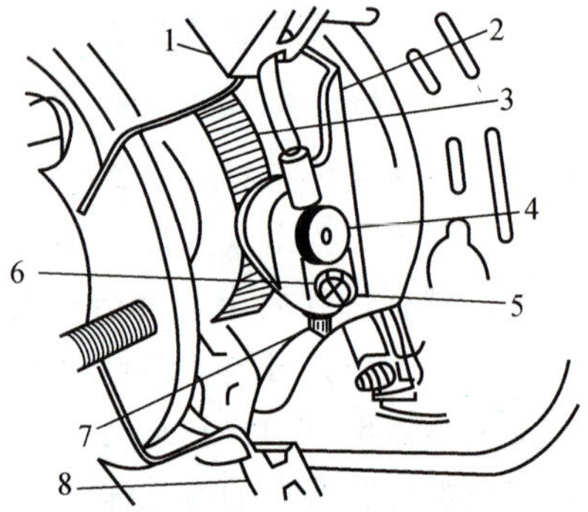

图 5-73　后轮速度传感器的调整

1、8—轮毂；2—传感器支架；3—齿圈；4—后轮传感器；5—锁紧螺栓；6—钢套；7—5mm 固定螺栓

后轮速度传感器的调整步骤如下。

①升举汽车，拆下相应的后轮胎和车轮装置；

②拆下后轮制动钳和转动装置；

③拧松在传感器支架上的 5mm 紧固螺栓；

④拆下传感器衬套固定螺栓和传感器头；

⑤将传感器衬套里外清理干净，保证传感器头能在里面自由滑动，再将传感器头上的杂质、金属清理干净，仔细地用钝刀或类似的工具刮净传感头端面；

⑥在传感头端面贴一纸垫片，在纸垫片上标注“R”以示后轮，35 脚电控单元的 ABS 纸垫片厚 0.65mm，32 脚电控单元的 ABS 纸垫片厚 1.1mm；

⑦装回传感器钢衬套和紧固螺栓，钢衬套的安装保证给螺栓提供一个新的锁死凹痕面；

⑧装回传感器头，拧紧固定螺栓；

⑨推传感头向传感器齿圈顶端移动，直到纸垫片与齿圈接触为止，保持这种状态，并用 2.4～4N·m 的力矩拧紧 5mm 紧固螺栓，使传感器头定位；

⑩重新装回制动钳、车轮装置和轮胎，放下汽车；

⑪启动发动机将车开动，观察 ABS 故障指示灯是否燃亮，如果不亮说明系统正常，传感器良好，否则说明 ABS 系统还有问题。

（2）车轮速度传感器的更换。

如果自诊断发现车轮速度传感器不良，再用万用数字表测量它的线圈电阻，电阻大表明有断路，电阻小表明有短路，无论出现上述哪种情况，一般都要更换传感器头。更换的过程和传感器调整的过程基本一样，只是不同的车型略有不同。

达科（VI）ABS前轮速度传感器位于前端，拆装比较方便，只需调整好传感器头与齿圈之间的空气隙，接牢线束连接器即可。

达科（VI）ABS后轮速度传感器的拆装较麻烦，步骤如下。

①升举汽车，拆下车轮；

②拆卸后轮制动器，注意做相应的记号；

③拆下传感器插头；

④拆下固定后轮轴承和车轮速度传感器组件的螺栓与螺母，旋转轴的凸缘使洞口对准螺栓，以便取出；

⑤拆下轴承总成；

⑥安装时按相反的顺序（记号）进行，最后放下汽车；

⑦试车验证传感器更换情况的好坏。

小提示

螺栓、轴承和传感器拆下之后，制动鼓总成仍挂在制动油管上，若碰或移动制动鼓总成，会损伤制动油管。

4. 液压控制装置（总成）的修理

在修理液压控制装置（总成）以前要按一般方法泄压，要求用专用仪器和工具进行泄压时，维修手册中会有详细说明。除了泄压外，有的ABS系统还会要求进行规定的操作，以防修理液压总成时出现伤害人员的情况。这里以达科（VI）ABS为例说明修理过程。

（1）液压控制装置（总成）的拆卸。

①拔下电磁阀、制动液面传感器和电动机组线束插头。

②将棉丝或抹布放于液压调节器的下边，拆下4个制动油管，再用柱塞塞住打开的油管，防止制动液外泄。

③拆下真空检查阀，拧下两个15mm的螺母，将液压控制装置（总成）与真空助力器分离。

④从车上拆下液压控制装置。

（2）电磁阀的更换。

小提示

如果液压调节器上的电磁阀损坏，一般不能分解修理，只能更换整件。

①拧下电磁阀组件上的两个固定螺栓；

②拆下电磁阀时看O形环是否仍在上面。若在将其取下，若无，则查看液压器上装电磁阀的内孔，最后取出O形环；

③用干净制动液润滑电磁阀O形环；

④选用同规格完好的电磁阀，连同O形环装入液压调节器直至凸缘定位；

⑤用 4～5N·m 力矩交换拧紧两个星形螺栓，固定好的电磁阀，线束插头应能顺利、方便地插上。

(3) 液压控制装置（总成）的分解与组合。

达科（VI）ABS 是整体式的，无论是修理制动总泵还是液压调节器，以及泵中的电动机组，均要进行液压控制总成的分解与组合工作。

①拧松 4 个固定电动机组件的螺栓；

②拧下 2 个星型螺栓，这两个螺栓把液压调节器和制动总泵固定在一起；

③将液压调节器与制动总泵分开，在二者之间有两根油管，它们必须更换，不要再用；

④液压调节器损坏通常不能修复，需整体更换，将同规格完好的液压调节器与修复的制动总泵先组合；

⑤重新组合液压调节器与制动总泵时，需更换新的油管，同时要将两个润滑后的 O 形环装在管的两端；

⑥在液压调节器或制动总泵孔上安装新油管时，要仔细地用手将其推至行程底部；

⑦将液压调节器总成与制动总泵组合并定位；

⑧将螺栓、液压调节器和制动总泵加上 O 形环后，用固定液压调节器和制动总泵的两个螺栓将它们紧固，最后用 15～18N·m 的力矩拧紧；

⑨电动机组件损坏一般也不能拆修，只能更换，将完好的电动机组件安装在液压调节器上，整个液压控制装置（总成）组装完毕。

液压控制装置修理完后，要进行放气。

5. ABS 线束的更换

ABS 线束对系统本身工作有很大的影响，例如线束接头的接触不良、线束被腐蚀、断裂和外部屏蔽损坏等都会使防抱死制动系统无法正常工作，这时要对相应损坏的线束进行更换。

(1) 车轮传感路线束。

达科（VI）ABS 后轮线束的更换方法如下。

①在两个后轮速度传感器上拆下两个传感器插头；

②拆下后轮连接车身线束的插头；

③钻去在底盘上固定线束的铆钉；

④撬开夹片，将损坏的线束取出；

⑤准备好同规格新线束，按相反的顺序装好。

前轮速度传感器的线束的更换方法与后轮更换的方法类似，但有的车型在更换时要同时更换部分或全部的发动机线束。如果只更换一小段线束可用焊接的方式连接，然后再固定结实。

(2) 线束接头。

线束接头通常需要与线束一同更换，个别线束接头确实损坏者，可更换新插头，用焊接方式将导线连接，注意导线号，不能错焊，搭铁线与屏蔽线要焊接牢固。线束接头是塑封的，一般只能与线束一同更换。

很多线束接头必须插接牢固，防止出现接触不良的现象，为此很多线束接头上有固定螺扣和卡销。对于卡销形式的线束接头，拔下接头时，应先拆下卡销，卡销在上时，不能硬拽接头，接头插接后，也不要忘记将卡销插好。

6. ABS 系统制动液的选用、更换及补充

由于 ABS 系统较常规制动系统更为复杂，因此，在选用、更换及补充制动液时应特别注意。

①在 ABS 系统中，制动液的通路更长、更曲折，致使制动液在流动过程中受到的阻力较大；另外，在 ABS 系统中，运动零件更多、更精密，这些运动零件对润滑度的要求也更高。因此，ABS 系统所选用的制动液必须具有恰当的黏度。

②在 ABS 系统中，制动液反复经历压力增大和减少的循环，因而，制动液的工作温度和压力较常规制动系统中的制动液更高。这就要求制动液具有更强的抗氧化性能，以免制动液中形成胶质沉积物和腐蚀性物质。

③在 ABS 系统中具有更多的橡胶密封件和橡胶软管。这就要求所选用的制动液不能对橡胶件产生较强的膨润作用。

④ABS 系统中有更多、更精密的金属零件，因此要求所选用的制动液对金属的腐蚀作用较弱。

⑤ABS 系统在制动过程中会使制动液的温度升高很快，这就要求所选用的制动液具有较高的沸点，以免因制动液发生气化使制动系统产生气阻。

根据以上特点，ABS 系统一般都推荐选用 DOT3 和 DOT4 的制动液。尽管 DOT5 的制动液具有更高的沸点，但是，由于 DOT5 是硅基制动液，会对橡胶件产生较强的损害作用。因此，在 ABS 系统中，一般不推荐选用 DOT5 的制动液。

但是，由于 DOT3 和 DOT4 是醇基制动液，具有较强的吸湿性，随着使用时间的延长，其中的含水量会不断增多。当制动液中含有较多的水分时，不仅会使制动压力调节装置中的精密零件发生锈蚀，迫使制动液的黏度变大，影响制动液在制动系统中的流动，特别是在寒冷的气候条件下，会使制动变得迟缓，导致制动距离延长。另外，制动液中的含水量会对制动液的沸点产生非常明显的影响，随着制动液中含水量的增多，制动系统就很容易发生气阻现象。DOT3 和 DOT4 制动液一般经过 12 个月的使用以后，其中的含水量平均为 2%，经过 18 个月的使用以后，其中的含水量平均可达 3%。因此，建议对 ABS 系统每隔 12 个月更换 1 次制动液。

在对具有液压动力或助力的 ABS 系统进行制动液更换或补充时，出于蓄压器中可能蓄积有制动液的考虑，因此，在更换或补充制动液时应按如下程序进行。

①先将新制动液加至储液室的最高液位标记“MAX”处；

②如果需要对 ABS 系统中的空气进行排除，应按规定的程序进行空气排除；

③将点火开关置于点火位置，反复地踩下或放松制动踏板，直到电动泵开始运转为止；

④待电动泵停止运转后，再对储液室中的液位进行检查；

⑤如果储液室的制动液液位在最高液位标记以上，先不要泄放过多的制动液，而应重复以上③和④的过程；

⑥如果储液室中的制动液液位在最高液位标记以下，应向储液室再次补充新的制动液，使储液室中的制动液液位达到最高标记处。但切不可将制动液加注到超过储液室的最高液位标记，否则，当蓄压器中的制动液排出时，制动液可能会溢出储液室。

在 ABS 系统中，ABS 电控单元通常根据液位开关输入的信号对储液室的制动液液位进行监测。当制动液液位过低时，ABS 系统将会自动关闭，因此，应定期对储液室中的制动液液位进行检查，并及时补充制动液。

7. ABS 系统的放气

ABS 系统中如果有空气，会严重干扰制动压力的调节，而使 ABS 功能丧失，对普通制动系统来说，会使制动踏板发软，制动效果明显下降，制动反应迟缓。因此，对 ABS 进行维护、液压装置修理后，要按规定进行放气，很多装有 ABS 的车辆，可使用助力放气器等专用设备或手动放气方法将液压管道中的空气放出。对液压调节器中的空气一般要用专用仪器按照特殊的规程将空气放出，例如，有的需用扫描仪顺序使液压调节器中的电磁阀通电工作，以排出空气。

达科（VI）ABS 的放气需用 TECH-2 专用设备，将液压调节器的马达定位，以使单向阀顶在开通位置，让空气完全释放。

①找到液压调节器上前轮放气螺栓；

②在前轮放气螺栓上安一泄漏管；

③慢慢拧松放气螺栓 1/2～3/4 转；

④制动液流出，当没有气泡时就可关闭，将液压调节器的马达定位；

⑤按①～④的步骤再进行后轮放气螺栓上的排气；

⑥最后按普通制动系统四轮放气程序放气，放气顺序是右后轮（RR）—左后轮（LR）—右前轮（RF）—左前轮（LF）。

8. 示波器检测方法

轮速传感器之所以会导致 ABS 系统产生一些麻烦的间歇性故障，部分原因在于 EBCM 可能会漏检速度传感器的故障信号。故不仅要对速度传感器的电路完整性进行静态检测，还要对其信号强度进行动态检测。如图 5-74 所示的就是速度传感器的一个稳定正常的波形图。

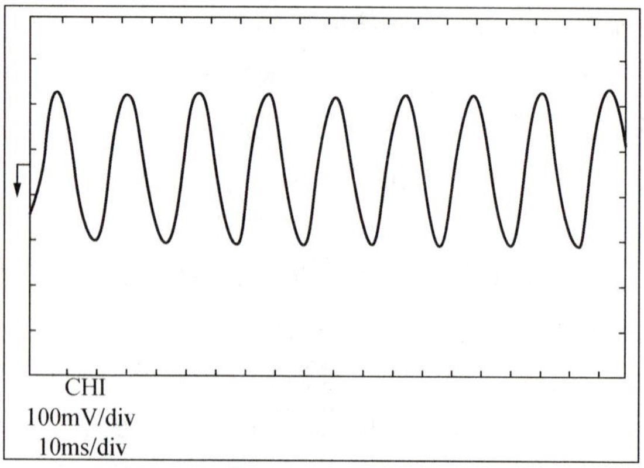

图 5-74　速度传感器的稳定波形图

轮速传感器仅仅是一个变磁阻转子，可以产生较小的交变电流。

由此而知，当轮毂转速增加时，轮速传感器的信号也相应增强。但如图 5-75 所示并非如此，由于传感器依然工作并产生充足的电压，所以在这时并没有出现故障。不过正如杂乱信号所示，要注意到其中所含的噪声干扰。这辆汽车装备有牵引力调节装置和防抱死制动器，而 EBCM 将把噪声干扰误以为是轮速的增加。这样的话，EBCM 就会始终给这个车轮施加一定的制动力，以致顾客抱怨这种车动力不足。另外，驾驶员信息屏会显示“Traction Active”，而你可觉察到汽车正在施加制动。

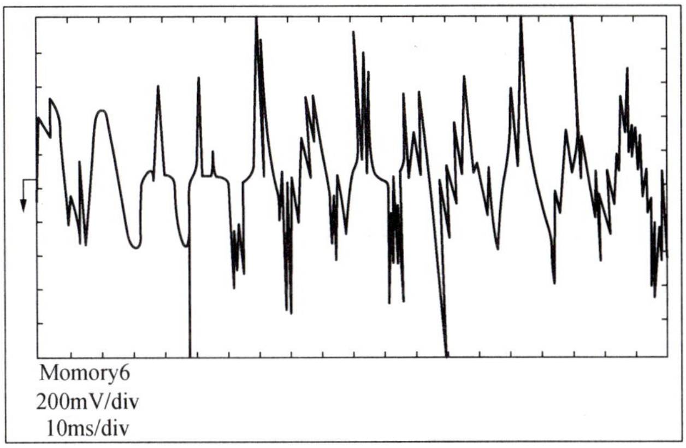

图 5-75 速度传感器的不稳定波形图

控制器是通过发送一系列脉冲给输入输出电磁阀线圈，并模拟一定时间间隔的电流电平来完成自检的。因此，我们只需把一个实验示波器和一电流探针连接到电磁线圈的反馈线上，就可以看清楚 EBCM 究竟测到了什么。

如图 5-76 所示为制动阀线圈正常工作时感应电流曲线的波形。这条感应曲线其实只是线圈通电后达到满电流所需的时间曲线。

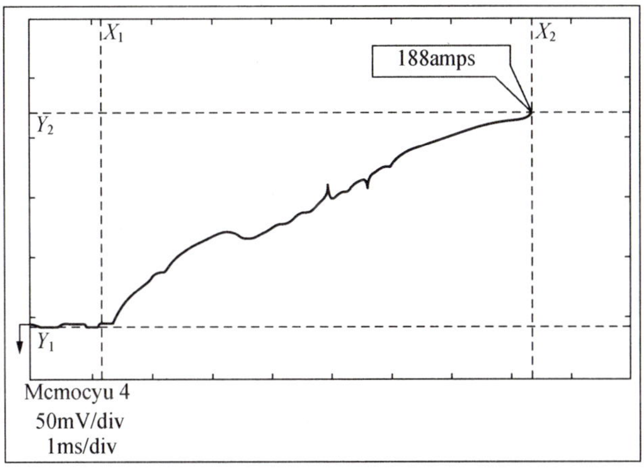

图 5-76 制动阀感应电流线圈

应注意 6Ω 电阻的线圈达到 1.88A 的全饱和电流只花了 8.4ms，并且正如波形 1/3

处峰值所证实的，只用2.5ms就将阀全打开了。当一个传感器（比如继电器的插棒式铁芯）穿过磁场时便会产生这种现象，而这种运动用一个分辨率较低的电流探针就可以轻易地进行跟踪。

如图5-77所示显示的是EBCM真正用作自检脉冲的那部分线圈电流的比例图。要记住的是，在电流探针上采用了1mV/mA的低比例就获得了测试脉冲，而如图5-75所示中线圈电流却采用100mV/mA的比例。

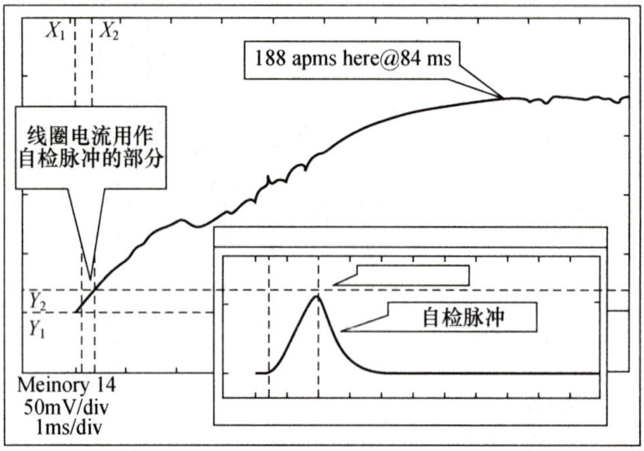

图5-77 自检脉冲部分线圈电流的比例

通过发送测试脉冲并模拟成电流电平，控制器就可以判断线圈在特定电压值下是否适时充电。如果线圈存在阻抗问题，其电流值要么升得太高太快，要么总是很慢才达到临界值，或许也可以对这个线圈设置一个故障码。

许多问题不是出在线圈身上，就是由于与电器配线相连的聚酯带上的焊点不牢。在后一种情况中，就会导致ABS警告灯不时地亮一亮。这一般发生在早晨或天气较冷时，不过当温度回升后，一切又正常了。

当输入或输出电磁阀线圈产生故障时，采用EBCM的测试脉冲法，很容易看清楚。由其缺省的信号就可以看出来，如图5-78所示的就是点火时正前方输入电磁阀圈的故障码，而值得注意的是，EBCM接通点火开关时只花了65ms稍多一点的时间就完成了自检，识别错误，设置故障码，再关闭系统的整个过程。

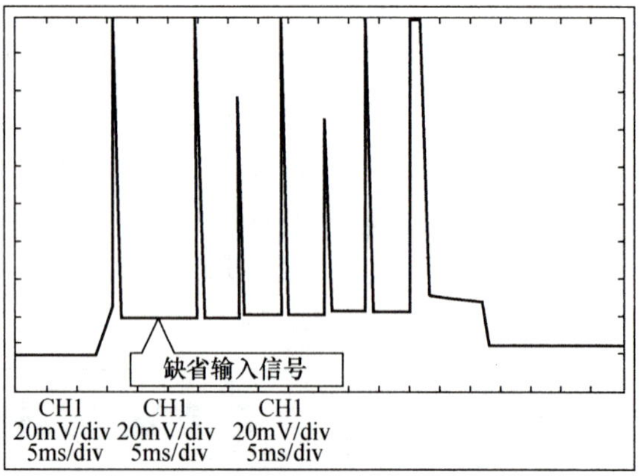

图5-78 点火时正前方输入电磁阀圈的故障码

ATE系统的每一个电磁阀线圈在脉冲线上都有它们各自对应的位置，并且如果线圈缺少或电流电平太高，就会设置相应的故障码。如图5-79所示便是一个常态的测试脉冲序列，它以左前方输出阀线圈电流为开端，在点火开关接通时依次经过各个电磁阀。头 7 个脉冲结束后有 70ms 的停顿，然后左前输入阀开始与其他输入阀线圈的脉冲共同作用，如图 5-80 所示。

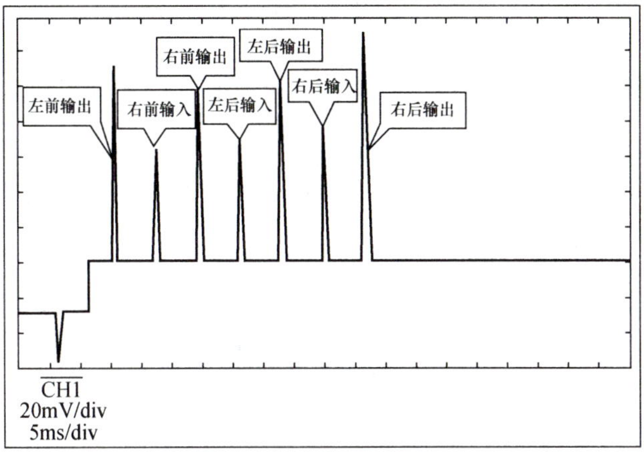

图 5-79 电磁线圈常态测试脉冲序列

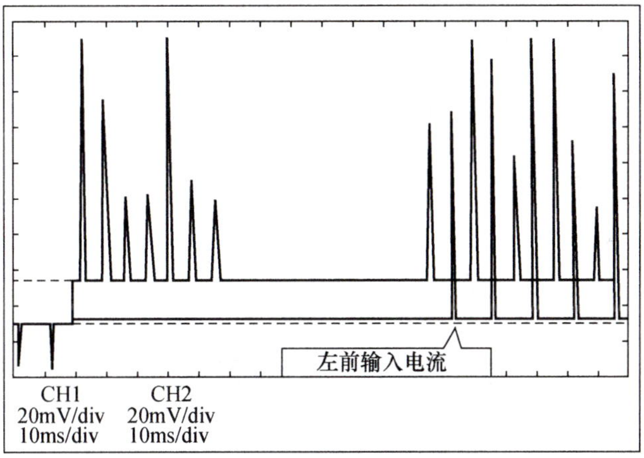

图 5-80 左前输入电流信号图

如图 5-81 所示为右前输出阀的故障，故障码为 42。输出阀脉冲缺省（箭头处）致使 EBCM 设置故障码并关闭防抱死系统。而波形末端处的较大峰值是由所有电磁阀线圈所形成的。这种脉冲只有恰巧在系统关闭前设置一个故障码才能形成。

如图 5-82 所示，描述的故障码为 51，表明右后输入电磁阀出现问题。要建立这种测试模式，只需将小电流的探针与两根线圈模块的反馈线夹紧，再连上示波器即可。

小提示

缺省脉冲检测法快捷且准确。示波探测法不失为一种有效的诊断分析手段。

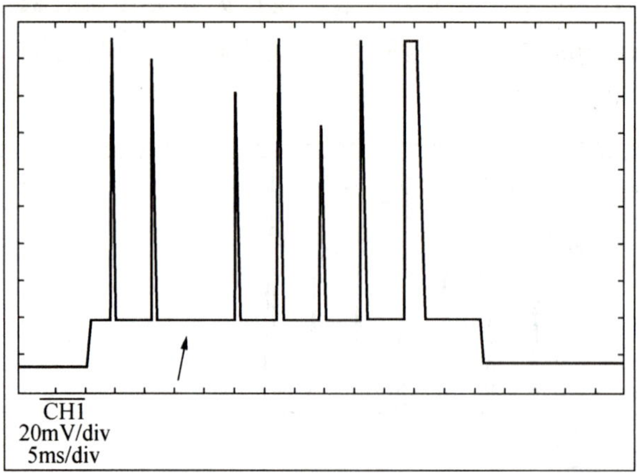

图 5-81　缺少信号的脉冲图

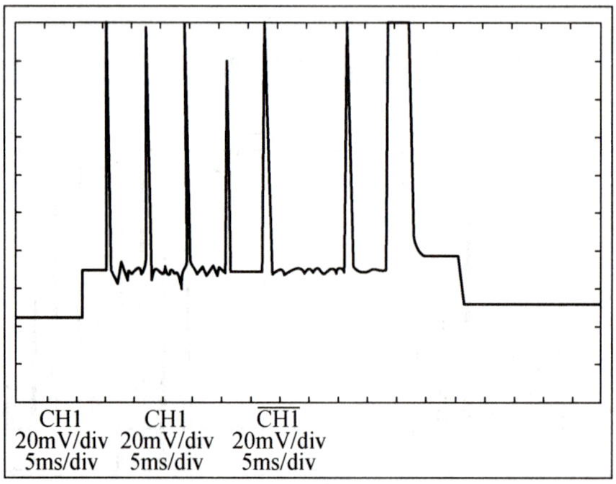

图 5-82　右后输入线圈故障信号图

任务实施

ABS 防抱死制动系统的认识与检测

所需设备：

ABS 示教板 1 台、汽车（带 ABS）1 台、常用拆装工具及专用工具各 1 套、汽车电脑监测仪 1 台。

实训步骤：

1. 拆卸 ABS

拆卸时，要注意以下事项。

首先，断开 ABS 压力调节装置插头和泵电动机插头；其次，断开制动管路，然后拆下 ABS 压力调节装置。

2. 安装

（1）装上 ABS 压力调节装置，然后连接制动管路，并按照规定力矩拧紧螺母；

（2）连接 ABS 压力调节装置插头和泵电动机插头；

（3）对制动系统进行排气，仅在前轮转动的情况下启动车辆；

（4）启动发动机，并且查看 ABS 指示灯是否已熄灭；

（5）驾驶车辆进行路试，并且查看 ABS 指示灯，指示灯应不亮。

实训报告单

<table>
<tr><td rowspan="2">ABS 系统检修</td><td>姓名</td><td></td><td>学号</td><td></td></tr>
<tr><td>班级</td><td></td><td>日期</td><td></td></tr>
<tr><td colspan="5">一、基础知识准备
1. 简述 ABS 系统的功用及分类。

2. 简述 ABS 系统的组成。

3. 简述 ABS 系统的工作原理。

二、实训考核
1. 简述拆卸 ABS 制动系统的实训步骤及注意事项。

2. 指出所拆卸的 ABS 系统各部件的名称及其作用。

3. 检查所拆卸的 ABS 系统零部件是否损坏，如果损坏对制动系统的功用会有什么影响？

三、安全文明生产</td></tr>
<tr><td colspan="2">教师评语</td><td colspan="3">本次实训成绩</td></tr>
<tr><td colspan="2" rowspan="2"></td><td>良好</td><td>合格</td><td>不合格</td></tr>
<tr><td></td><td></td><td></td></tr>
</table>

教师考核方案

ABS 系统检修	姓名		学号	
	班级		日期	

一、基础知识准备（每题 10 分，共 30 分）

1. 简述 ABS 系统的功用及分类。
2. 简述 ABS 系统的组成。
3. 简述 ABS 系统的工作原理。

二、实训考核（每题 10 分，共 30 分）

1. 简述拆卸 ABS 制动系统的实训步骤及注意事项。
2. 指出所拆卸的 ABS 系统各部件的名称及其作用。
3. 检查所拆卸的 ABS 系统零部件是否损坏，如果损坏对制动系统的功用会有什么影响？

三、安全文明生产

1. 学生工具选用、使用错误，扣 5 分；
2. 学生工具、零部件摆放不整齐、无序，扣 5 分；
3. 学生实训过程中出现掉落工具、零件情况，扣 5 分；
4. 学生在操作过程中出现重大违规及危及人身安全情况，扣 20 分。

四、实训评估

采用自评、小组评和教师评的方式对实训情况进行评分，每项分值为 10 分。

评价人	基本知识掌握程度	工作态度	团队合作能力	任务完成情况
自评				
小组评				
教师评				
平均分				

注：总分＞80 为优良；80≥总分≥60 为及格；总分＜60 为不及格。

项目总结

本项目重点讲述了以下内容。

1. 汽车制动系统的组成及分类；
2. 汽车常规制动系统的构造及维修；
3. 汽车防抱死制动系统的构造及维修。

项目检测

简答题

1. 什么是汽车制动系统？制动系统又是如何分类的？
2. 什么是制动力？分析制动力是如何产生的。
3. 简述 ABS 防抱死制动系统的组成及其工作过程。
4. 汽车为什么要安装防抱死制动装置？

测试题

选择题

测试题

判断题

参考文献

REFERENCES

[1] 陈新轩，展朝勇，郑忠敏. 现代工程机械发动机与底盘构造［M］. 北京：人民交通出版社，2002.

[2] 杜瑞丰，刘学武. 汽车底盘车身构造与修理［M］. 北京：高等教育出版社，1996.

[3] 赵新民. 汽车构造［M］. 北京：人民交通出版社，1999.

[4] 孙少明. 汽车底盘构造与维修［M］. 吉林：吉林大学出版社，2009.

[5] 曹德芳. 汽车维修［M］. 北京：人民交通出版社，1997.

[6] 陈家瑞. 汽车构造［M］. 北京：机械工业出版社，2003.

[7] 王望予. 汽车设计［M］. 北京：机械工业出版社，2003.

[8] （美）L. 埃克霍思，等. 汽车制动系统［M］. 北京：机械工业出版社，1999.

[9] 张第宁. 汽车维修［M］. 北京：人民交通出版社，1999.

[10] 肖永清，杨忠敏. 东风系列载货汽车使用维修525问［M］. 北京：人民邮电出版社，2001.

[11] 余志生. 汽车理论［M］. 北京：机械工业出版社，2000.

[12] 丁钊，佟水和. 汽车修理［M］. 北京：人民交通出版社，1993.

[13] 月晟. 底盘修理［M］. 黑龙江：黑龙江科学技术出版社，1999.

[14] 杨文明，等. 中轻型货车使用、保养、维修400问［M］. 上海：上海交通大学出版社，1998.

[15] 浙江省劳动和社会保障厅技工教研室. 汽车底盘维修入门［M］. 杭州：浙江科学技术出版社，2002.

[16]（美）J. 厄尔贾维克，R. 沙尔夫. 汽车构造与检修［M］. 北京：机械工业出版社，1999.

[17] 周大森，等. 汽车安全装置原理与维修［M］. 北京：国防工业出版社，2000.